Belas Letras.

MÚSICA CULTURA POP ESTILO DE VIDA COMIDA
CRIATIVIDADE & IMPACTO SOCIAL

My Effin' Life

My Effin' Life

GEDDY LEE

com Daniel Richler

Tradução de Candice Soldatelli

Belas Letras

Publicado mediante acordo com CookeMcDermid e Agência Riff.
Originalmente publicado em inglês pela Harper Design, uma divisão da HarperCollins Publishers.
Título original: *My Effin' Life*

Este livro é o resultado de um trabalho feito com muito amor, diversão e gente finice pelas seguintes pessoas:

Gustavo Guertler (*publisher*), Marcelo Vieira e Germano Weirich (coordenação editorial), Celso Orlandin Jr. (capa, projeto gráfico e diagramação), Candice Soldatelli (tradução), Caroline R. Horta (preparação), Jaciara Lima (revisão).
Obrigado, amigos.

2023
Todos os direitos desta edição reservados à
Editora Belas Letras Ltda.
Rua Visconde de Mauá, 473/301 – Bairro São Pelegrino
CEP 95010-070 – Caxias do Sul – RS
www.belasletras.com.br

Dados Internacionais de Catalogação na Fonte (CIP)
Biblioteca Pública Municipal Dr. Demetrio Niederauer
Caxias do Sul, RS

L478m Lee, Geddy.
My Effin Life: a autobiografia / Geddy Lee, tradução de Candice Soldatelli. - Caxias do Sul, RS: Belas Letras, 2023.
592 p.: il.

ISBN: 978-65-5537-335-5 (capa dura)
ISBN 978-65-5537-304-2 (brochura)
ISBN 978-65-5537-305-9 (E-book)
Tradução de: My Effin Life

1. Rush (Grupo musical) - História. 2. Música canadense. 3. Heavy metal. 4. Hard rock.
5. Lee, Geddy – Autobiografia. I. Título.
II. Soldatelli, Candice (trad.).

23/54 CDU 784.4(71)

Catalogação elaborada por Rose Elga Beber, CRB-10/1369

Para minha família
passada, presente e futura
com um monte de amor

Somos imortais somente
por um tempo limitado

—Neil Peart

Como um comediante com toda sua seriedade . . .

—Eugene Levy,
interpretando *Bobby Bittman*

NOTA DA TRADUTORA

Quando fui informada sobre o título da autobiografia de Geddy Lee, várias pessoas me mandaram um "boa sorte, tradutora". Realmente é difícil manter aquela conhecida polidez canadense ao traduzir "effin'" – um eufemismo de "fucking" – para o nosso idioma. Como as opções em português não davam conta do sentido preciso e do contexto, optamos por deixar em inglês, até porque o público há meses já se referia ao tão aguardado livro usando o título original.

PRÓLOGO

VOCÊ PROVAVELMENTE ME CONHECE como Geddy Lee, mas meu nome de batismo é Gershon Eliezer Weinrib, em homenagem ao meu avô materno, que foi assassinado no Holocausto. Por tradição, minha mãe, sua irmã e seu irmão batizaram os filhos primogênitos em homenagem ao avô; meus dois primos e eu nascemos com poucos anos de diferença, e todos recebemos o mesmo nome, Gershon.

No velho continente, minha família falava tanto ídiche quanto polonês, o primeiro dentro de casa e sempre que não quisessem que os polacos entendessem o que estavam dizendo. Por isso, todo mundo na minha família tem nomes tanto em ídiche quanto em polonês. Minha mãe, por exemplo, era conhecida como Manya e também como Malka. Na maioria dos documentos oficiais que encontrei, havia os nomes em ídiche, mas, às vezes, eram escritos de um jeito irreconhecível, já que devem ter sido pronunciados por algum burocrata dos governos polonês ou alemão – ou, depois da Segunda Guerra Mundial, da Organização Internacional de Refugiados.

Esse foi o caso do meu avô, que já vi ser citado como Gershon, Gierszon, Garshon *e* Garszon; a identificação dos *émigrés* nunca foi uma questão simples. Por exemplo, o nome do meu pai tinha suas próprias complicações. Seu nome completo em ídiche era Moshe Meir

Pronto para o trabalho com minha caixinha de ferramentas numa mão, martelo na outra e, claro, para proteger meu cérebro, o que qualquer trabalhador precisa: um sombrero minúsculo.

ben Aharon Ha Levi; mesmo assim, num antigo passaporte que encontrei recentemente, estava escrito Moszek Wajnryb e, em sua forma inglesa, Morris Weinrib. Eu nunca tinha ouvido o nome Moszek antes; minha mãe e nossa família geralmente o chamavam de Monyek, Moishe ou simplesmente de Morris.

Depois de onze dias no mar, em 20 de dezembro de 1948, o navio que trouxe meus pais da Alemanha atracou em Halifax, no Canadá. Quando desceram aquela rampa no porto, mal falavam inglês, por isso, nos registros da alfândega e da imigração, o funcionário do governo se saiu com aproximações anglicizadas de seus nomes começando com a mesma letra.*

Assim, Manya virou "Mary" e Moishe ficou "Morris", e, um após o outro, quando seus filhos nasceram, eles deram um nome judeu e seu equivalente em inglês: no meu caso, Gershon e "Gary".

Meu nome do meio é Eliezer, mas, desde o jardim da infância até o final do colégio, na lista de chamada, eu era "Gary *Lorne* Weinrib". Confuso? Eu também! Quando completei 16 anos e estava me preparando para tirar a carteira de motorista e a carteirinha da Federação Canadense de Músicos, pedi à minha mãe uma cópia da minha certidão de nascimento, e ela entrou com o pedido no governo. Quando chegou, abri o envelope e descobri que estava registrado como Gary *Lee* Weinrib. Que porra é essa?

"Mãe", perguntei, "o que aconteceu? Aqui diz que meu nome do meio é Lee, não Lorne!".

Ela desviou o olhar, ficou pensando por um instante e falou, rindo, meio encabulada, "*Oy, takeh*. Sim. Acho que talvez você *fosse* Lee... Seu primo, *ele* é que era Lorne. Eu esqueci...".

---

* Outros recém-chegados, enquanto isso, recebiam nomes ingleses arbitrariamente. Há uma conhecida história de um garoto judeu que chegou a Ellis Island, em Nova York, e foi recebido por um funcionário do governo, que perguntou seu nome. O menino, amedrontado, respondeu em ídiche *"shoin fargesn"*, que significa *"esqueci"*. E o burocrata escreveu... Sean Ferguson.

Como? Você esqueceu? Não sei muito bem o que pareceu mais bizarro para mim: minha repentina perda de identidade ou o fato de que minha própria mãe não conseguia se lembrar da porra do meu nome.

Recentemente, descobri que meu primo Gary Rubinstein foi *de fato* o verdadeiro detentor do nome do meio Lorne. A melhor explicação para essa confusão é que, como minha mãe tinha aprendido a falar inglês poucos anos antes de eu nascer, para ela a versão inglesa de Eliezer não era importante. E, depois que ela e seus irmãos tomaram a decisão de batizar todos os filhos primogênitos em homenagem ao meu avô, ela esqueceu qual era o nome do meio que tinham escolhido para mim.

Mas espera... Tem mais.

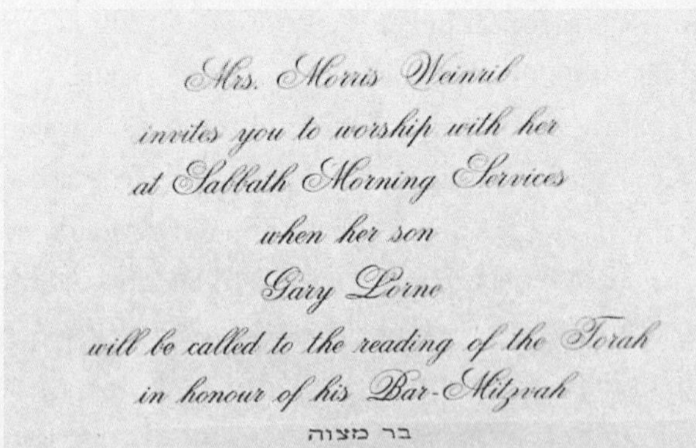

Mrs. Morris Weinrib
invites you to worship with her
at Sabbath Morning Services
when her son
Gary Lorne
will be called to the reading of the Torah
in honour of his Bar-Mitzvah
בר מצוה
on Saturday, August the sixth
nineteen hundred and sixty-six
at nine o'clock
Beth Emeth Bais Yehuda Synagogue
100 Elder Street
Downsview, Ontario

O convite para o meu bar mitzvah *e a prova de que minha mãe não sabia meu nome.*

Minha mãe quase sempre me chamava de Garshon em casa, deixando Gary para quando estávamos em público. Então, certo dia, no começo da adolescência, eu estava na frente de casa com meu amigo Burd quando ela me chamou para entrar porque o jantar estava pronto.

"Ei", disse Burd. "Se o seu nome é Gary, por que sua mãe te chama de *Geddy*?"

"Ela não me chama de Geddy", respondi. "É o sotaque dela que deixa desse jeito."

Ele riu e disse, "Bem, eu também vou começar a te chamar de *Geddy*!". E foi assim que aconteceu.

Quando me tornei músico profissional, o formulário de inscrição do sindicato dos músicos pedia um "nome profissional, artístico ou da banda", e eu pensei *que bacana*. Talvez devesse ter vergonha disso, mas no meu desespero de me encaixar num mundo menos étnico, achava que "Weinrib" não parecia muito rock n' roll.

Lennon, Plant, Clapton, Moon e Hendrix – *esses*, sim, eram nomes de astros do rock. (Numa tentativa de me justificar, perguntei a mim mesmo se Robert Allen Zimmerman tinha pensado a mesma coisa antes de se tornar Bob Dylan.)

Foi assim que combinei meu apelido e resgatei meu nome do meio para criar meu nome artístico profissional e legitimar minha nova e almejada identidade.

Alguns anos depois, dei um passo adiante e mudei meu primeiro nome legalmente para Geddy. Mas, na época, até mesmo meus irmãos já me chamavam de Geddy ou Ged, então não houve problema algum. A quem perguntava, eu explicava que era como no seriado *Leave It to Beaver*, em que o nome verdadeiro do garoto era Theodore, mas todo mundo, até mesmo seus pais, o chamavam de "The Beaver", o castor.

De qualquer maneira, como se pode ver, desde que nasci tive duas identidades: "Gershon Eliezer" e "Gary Lorne".

E, agora, a terceira: "Geddy Lee"...

CAPÍTULO 1

VOCÊ PODE ACHAR QUE OBVIAMENTE nasci numa família que adorava música, que meu desejo de tocar um instrumento surgiu das influências que me cercavam. Mas houve pouca presença dela na minha infância. O rádio do carro estava sempre ligado, mas não me lembro do meu pai falar de música ou mencionar artistas de que gostava, nem mesmo acompanhar as músicas enquanto dirigia. Eu achava que música não era algo importante para ele.

Até que, muitos anos depois de sua morte, quando eu estava fazendo um show em Detroit e reencontrei a família de seu único irmão ainda vivo, Sam, que morava nos subúrbios da Motor City, minha tia Charlotte deixou escapar uma informação surpreendente.

"É tão lindo que você tenha se tornado músico", disse ela como quem não quer nada.

"Afinal de contas, seu pai também era músico". Enquanto meu cérebro processava a informação, ela continuou: "Ah, sim, lá no Velho Continente, ele tocava balalaica, eu acho. Em festas, *bar mitzvahs*, casamentos, coisas assim".

Tudo o que pude balbuciar foi um "*sério?*". Parecia tão nada a ver com o homem que eu achava que conhecia que não havia como acreditar nela. Ele realmente era "músico"? Se sim, deve ter se interessado por música muito cedo e... cara, quantas perguntas eu adoraria ter feito para o meu pai. Mas o que ficou martelando na minha cabeça naquela hora foi por que minha mãe nunca tinha tocado no assunto. Sabendo disso na época que me tornei músico profissional, não acha que teria sido uma informação bem importante para compartilhar comigo? Fiquei mais perplexo do que brabo e, assim que cheguei em casa depois daquela perna da turnê, pedi para ela confirmar essa história e me explicar tudinho.

Visivelmente envergonhada, ela começou a me narrar o seguinte... Por algum tempo depois de sua liberação do campo de concentração, meus pais viveram na Alemanha, no campo de refugiados em Bergen-Belsen, que antes era o quartel dos soldados do campo de concentração onde minha mãe, sua mãe e sua irmã tinham sido encarceradas nos meses finais da Segunda Guerra Mundial. (Obviamente, esta é uma história *muito* mais longa, que vou contar mais tarde). Depois, elas se mudaram para um apartamento numa cidade vizinha, tentando reorganizar suas vidas como muitos outros sobreviventes, até que, finalmente, decidiram emigrar para o Canadá. Enquanto estavam se preparando para partir, meu pai disse que iria levar sua balalaica, mas minha mãe se recusou a permitir que ele cruzasse o oceano "tocando aquele troço". Ela considerava o instrumento uma coisa supérflua; a dedicação dele à música era apenas um capricho que eles mal poderiam bancar enquanto começavam uma vida nova num novo país. Essa, como agora me contava, foi uma decisão da qual ela se arrependeu por muito tempo. Foi uma confissão sentida e significativa, e, para mim, uma revelação quanto à minha própria aptidão musical inata. Acho que a alcancei honestamente! Está na porra dos meus genes! Ainda assim, infelizmente, também explica bem o silêncio do meu pai quanto a tudo relacionado à música e a outros tantos prazeres da vida. Refletindo todos esses anos depois, fiquei me perguntando se deixei escapar algum sinal de sua alma musical. Talvez a decisão de comprar um piano para que minha irmã Susie pudesse fazer aulas tivesse sido um modo de plantar a semente da música e, como tal, de se conectar com seu passado sepultado. Mas nunca vou saber.

Eu tinha uns seis anos quando meus pais compraram aquele piano – para Susie, que era dois anos mais velha que eu. Ao que parece, eles achavam que era assim que as crianças canadenses bem-educadas eram criadas. Contrataram uma professora de piano e, enquanto Susie travava

uma batalha com as teclas, eu ficava quietinho na sala do lado ou escondido debaixo da mesa acompanhando a aula. Susie conseguiu tocar bem o suficiente para participar de um recital na escola, mas não continuou. Depois que passei a desfrutar de certo sucesso na música, ao contrário da minha irmã, minha mãe gostava de contar que, assim que a professora saía lá de casa, eu escalava a banqueta do piano e tocava de ouvido as melodias que Susie estava aprendendo – "perfeitamente", como ela enfatizava. Como história de pescador, essa narrativa definitivamente foi ficando cada vez mais elaborada ao longo do tempo. Me lembro bem de tocar as teclas de marfim depois das aulas de Susie, mas posso assegurar que eu não era nenhum Glenn Gould.

NA LEMBRANÇA MAIS ANTIGA que tenho do meu pai, eu era um garotinho de três anos na janela da nossa casa na Shaw Street, centro de Toronto, esperando que ele voltasse do trabalho. Estava começando a anoitecer num dia de inverno – sempre uma hora melancólica para mim, até hoje – e dava para ouvir ao fundo a bandinha do *Clube do Mickey* na televisão. Eu o observava vindo pela rua depois de descer na parada do bonde na esquina, caminhando pela calçada até entrar em casa com um sorriso e falar cansado "*Ich bin shoyn aheym*!" – "já estou em casa!". Fazia um carinho em mim a caminho da cozinha, ia direto até a prateleira alta do armário e pegava uma garrafa de uísque Canadian Club. Ele se servia de uma dose, tomava num gole só, depois estalava os lábios e fazia um som de que sempre me lembro com um sorriso "ahh...". Era só depois de tomar sua schnapps* que

* Nunca tinha ouvido um adulto chamar uísque de "uísque". O que eu escutava sempre era *bronfen*, que, quando cresci, imaginava ser uma paródia do nome Bronfman, a família moldova-judia-canadense que mantinha uma operação de contrabando nos anos 1920 que originou a mais respeitável Seagram Company. Acontece que *bronfen* originalmente era uma palavra em ídiche para designar bebidas alcóolicas no geral, até mesmo as ilegais. De acordo com Daniel Okrent, autor de *Last Call: The Rise and Fall of Prohibition*, "Era coisa do destino que a família Bronfman faria fortuna vendendo bebidas alcóolicas".

meu pai se sentia livre do labor do dia e podia me pegar no colo e me dar um beijo, espetando meu rosto de um jeito brincalhão com sua barba rala. (Ainda posso sentir o aroma do uísque no seu hálito enquanto escrevo essas palavras). Depois, ele me colocava no chão e fazia a mesma coisa com Susie, e finalmente abraçava e beijava minha mãe.

Esse homem bonito, com a aparência de um europeu de cabelos escuros, veio para o Canadá em 1948 com seus proverbiais 10 dólares no bolso e o amor de sua vida nos braços. Moishe e Manya pisaram em sua nova terra como Morris e Mary – *personae* anglófilas para um mundo anglófilo –, buscando um recomeço num território sem as marcas da guerra e do genocídio. Morris já tinha família aqui: sua irmã, Rose (Ruchla), que tinha trocado a Polônia por Toronto antes da guerra. Para quem tinha perdido o pai e a mãe, cinco irmãos e incontáveis outros parentes, todos assassinados pelos nazistas, reunir-se com ela foi a coisa

Os recém-chegados curtindo um típico fim de semana de verão em Toronto Island. Minha mãe é a segunda da esquerda para a direita; meu pai, com seu elegante bigodinho, está no meio.

mais natural e urgente a fazer. Logo depois de sua chegada, o restante da família da minha mãe decidiu juntar-se a ela e a Morris em sua grande aventura canadense: sua irmã, Ida, seu irmão, Harold, e seus cônjuges; mas, o mais importante, sua mãe, outra Rose e heroína do clã Rubinstein, como vou mostrar em breve.

Meu pai era um pai amoroso, mas rígido. Tinha um temperamento explosivo, mas precisava realmente tirá-lo do sério para que explodisse. Vou parar por aqui mesmo, porque me parece injusto mencionar qualquer um desses maus momentos no meu curto período de vida com ele; injusto porque o fato de que tenha sobrevivido à guerra, o fato de que tenha conseguido chegar às margens abençoadas do Canadá, é um milagre. Basta dizer que eu era craque em provocá-lo e, como muitos pais da geração dele, se qualquer um dos filhos fizesse algo muito errado, bem, todos levávamos uma surra.

Sabíamos que ele e minha mãe se amavam profundamente. Discutiam às vezes, mas, sabe, a vida num lar judeu era assim. O que parece gritaria para os gentios (ou "gente branca", como às vezes nos referíamos a eles) não passava de uma conversa normal à mesa de jantar. Quando a família inteira se reunia para as festas... meu Deus, era uma competição de gritos! Mas o amor que meus pais tinham um pelo outro superava qualquer discussão, e eles sempre demonstravam isso. Lembro quando eu tinha uns oito anos, meu pai parecia muito apaixonado. Estávamos assistindo à TV quando ele discretamente ergueu os braços acima da cabeça para chamar a atenção da minha mãe e fez um movimento de esfregar a mão sobre a palma oposta. Eu não sabia o que isso significava até que os garotos da escola me contaram que era um sinal para sexo. Uau, *sério*? Eca!

Meu pai e minha mãe trabalhavam muito. Motivados a construir uma nova vida e criar uma família, eles suavam a camisa nas fábricas da Spadina Avenue, o centro da indústria *shmatte* de Toronto, ao qual, assim como muitos recém-chegados, se referiam simplesmente como "na Spadina". Quando minha mãe teve Susie, e a mim dois anos mais tarde, parou de trabalhar e meu pai ficou com a responsabilidade de batalhar para sustentar a casa e pagar as contas. Foi uma boa ajuda receberem indenizações do governo alemão, mas, sem dúvida, éramos uma família de classe operária sem muito dinheiro de sobra nem tempo para manter hobbies frívolos como música. Não havia grana para hotéis ou férias chiques, então fazíamos o que muitos imigrantes ainda fazem em Toronto: aos domingos, um piquenique com a família e primos em Toronto Island ou no High Park. Os homens se sentavam sobre uma manta estendida, jogando cartas e rindo, e eu sempre podia ouvir a voz do meu pai mais alta do que a dos outros. Eles bebiam Red Cap Ale e Carling Black Label; se você for canadense, vai se lembrar dessas garrafinhas pequenas e mais grossas. (Lembro que, certa vez, surrupiei um gole de Black Label, mas, naquela idade, o gosto me pareceu horrível.)

Em todas as fotos mais antigas que tenho de mim, pareço um otário completo. Ou minhas calças vão até meu peito ou são de veludo e barras xadrez; e com esse cabelo posso até imaginar alguém dizendo: "Oh, pobre garotinho. Onde foi que acharam ele?".

Em dado momento, meu pai foi contratado por um primo distante para trabalhar na fábrica de "*shoddy*"* dele. Até foi promovido a uma posição de certa autoridade, mas um dia chegou em casa esbravejando porque tinha sido tratado de forma injusta por seu próprio primo e, num rompante, havia se demitido. Contudo, não levou muito tempo para se reerguer. Achou um sócio e começou, orgulhoso, o próprio negócio: Lakeview Felt. Me lembro de ir até lá com ele e ficar zanzando pelo assoalho de tábuas largas, impressionado com as máquinas e o cheiro de lã e óleo. Mas isso também acabou ruindo quando, ao primeiro sinal de dificuldade, o sócio entrou em pânico e fez um acordo rápido com seu antigo patrão pelas costas do meu pai. Depois dessa traição, meu pai ficou desempregado por um longo período. Lembro que ele ficava cabisbaixo pela casa enquanto buscava uma oportunidade. Então, decidiu que não iria mais se preocupar em arrumar um sócio ou trabalhar em uma fábrica e começou a procurar um pequeno comércio. No fim das contas, encontrou um pequeno armazém chamado Times Square Discount numa cidade satélite em expansão chamada Newmarket, em Ontário. Foi uma atitude bem ousada, já que nunca havia trabalhado com comércio antes, mas ele administrou a loja muito bem; os moradores locais gostavam muito dele e até foi publicada uma matéria no jornal local descrevendo-o como um benfeitor da comunidade.

Depois da guerra e durante a minha infância, a população de imigrantes de Toronto estava inclinada a se mudar para o norte. Minha mãe dizia que os judeus foram os primeiros e, quando eles foram ainda mais longe, os italianos chegaram para ocupar seu espaço e assim por diante, como se fossem bairros de segunda mão. Foi um êxodo do centro de Toronto superpopuloso e sujo, onde havia poucas opções além de morar e trabalhar quando chegaram. O charme de uma casa

* "*Shoddy*" era um material de qualidade inferior feito de restos de lã e usado para estofar móveis baratos.

mais antiga não os atraía. Afinal, estavam no Novo Mundo; tudo o que queriam numa casa do Novo Mundo era uma cozinha nova, uma garagem com vaga para dois carros, um quintal e espaço entre as casas de ambos os lados, o mais diferente possível dos prédios deteriorados e apinhados de gente que haviam deixado na Europa. Nossa primeira casa era alugada, ficava na Crawford Street, lugar que hoje chamam de Little Portugal, onde minha irmã Susie nasceu; quando eu nasci, nos mudamos para outra, também alugada, uma quadra acima, na Shaw Street. Quando eu tinha cinco anos, meus pais já haviam guardado dinheiro suficiente para comprar uma casa, e esse investimento os levou para o norte, para o número 53 da Vinci Crescent, um pequeno bangalô no subúrbio de Downsview, na zona norte de Toronto.

Situada na enseada, tivemos a sorte de contar com um terreno amplo em formato triangular e um raro pomar com ameixeiras, macieiras e cerejeiras no quintal, um Jardim do Éden jubiloso que transcendia nossa localização monótona. Eu brincava lá com meus amigos e, quase no fim do verão, colhia os frutos mais maduros. As amoras eram bem doces, contudo as ameixas nunca pareciam prontas para colher apesar da insistência dos meus pais. Talvez fosse mais uma vontade da parte deles, mas provavelmente estavam apenas saboreando o momento, afinal haviam sobrevivido durante a guerra e aqui estavam agora, em seu próprio lar, colhendo seus próprios frutos que, maduros ou não, tinham o sabor de... liberdade. Até hoje, também prefiro comer ameixas um pouquinho mais duras e ácidas.

ÁRVORES FRUTÍFERAS À PARTE, como eram esses subúrbios? Em uma só palavra: insípidos. Em duas palavras: tediosamente insípidos. A arquitetura era sem imaginação e repetitiva; as construções prezavam a praticidade em vez da estética, com garagens protuberantes na frente das casas – a mensagem inevitável de que os carros eram mais importantes que as pessoas que lá viviam. Os bairros não eram arborizados, os quintais eram grandes, mas quase vazios, exceto por um ou dois balanços, com cercas de metal ou de madeira tão baixas que era possível espiar o que os vizinhos estavam fazendo. Ironicamente, muitos anos mais tarde, quando meu filho Julian tinha a mesma idade e nós o levávamos para o subúrbio para visitar minha mãe, ele não queria mais ir embora. Ele perguntava: "Por que não podemos morar aqui no subúrbio, como a *Bubbe*? É tão limpo e tão lindo". Impressionante! Acho que o sonho de uma criança deve ser o pesadelo de outra.

Para os meus pais, é claro, o subúrbio devia parecer o paraíso, um lugar seguro onde seus filhos eram livres para brincar na rua ou andar de bicicleta, mas a verdade é que, tendo sobrevivido à guerra, eles tinham outras coisas para pensar, como construir uma vida nova. Hoje, cada minuto do dia de uma criança é monitorado, mas, naquela época, não havia tempo nem certa inclinação para a superproteção. Eles próprios, quando crianças, viveram sob bombardeios, rotineiramente eram enviados para missões perigosas, como correr para conseguir um pedaço de pão; agora, davam uma espiada sem sair de suas bancadas de trabalho apenas para ouvir se a gente estava ou não em sérios apuros – e não sabiam nem metade do que andávamos aprontando. Lembro de certa vez em que fomos de bicicleta até minha nova escola e vimos alguns garotos mais velhos escalando uma calha para pegar bolinhas de tênis que outros garotos tinham atirado em cima do telhado. Escalamos atrás deles – ou, pelo menos, eu escalei, porque, quando olhei em volta, me dei conta de que meus amigos tinham desistido da ideia. Rastejei pelo telhado e recolhi todas as bolinhas que pude enquanto eles vibravam lá embaixo. Só então me dei conta de como era alto lá em cima e de quanto descer seria mais aterrorizante do que tinha sido subir. Tentei escorregar pela calha, mas resvalei e caí de costas no chão; fiquei sem ar, tentando recuperar o fôlego enquanto olhava para cima, para o vasto domo azul do céu suburbano. No fim das contas, voltei para casa mancando e arrastando a bicicleta e minha pilhagem, passei discretamente pela minha mãe, que estava preparando o jantar, e entrei na banheira para imergir meu corpo dolorido. Fiquei assim por dias. Alguém notou? Ninguém, mas veja bem, assim era a vida de uma criança naquela época.

Na Faywood Public School, eu era meio solitário, um garoto quieto que raramente se metia em encrenca. Fazia meus trabalhos do meu jeito discreto e sem brilho, sem ter uma paixão específica por qualquer matéria em particular. Meus boletins consistentemente apresentavam comentários como "se ele se esforçasse um pouco mais, poderia ir muito bem" ou "Gary tende a ficar divagando em aula". Eu lembro que pensava: *O que 'se esforçar' quer dizer afinal?* Eu fazia o clássico corpo mole; nem ruim o suficiente para ser reprovado, nem bom o bastante para me destacar. É um erro comum presumir que quando um garoto (ou adulto, se for o caso) é quieto é porque ele deve ser algum tipo de grande pensador. No meu caso, era apenas questão de não ter muito a dizer. Nem todas as águas tranquilas são profundas.

Na quinta série, eu cantava no coro da escola – isso era algo que posso afirmar com certeza de que eu gostava. (Não é surpresa para ninguém que eu era soprano.) Participei dos ensaios para o musical *On The Town*, de Leonard Bernstein, como substituto, o que significava que eu só me apresentaria se alguém ficasse doente. Na noite da peça, eu estava meio que vagando pelo colégio, procurando os outros substitutos para ficar com eles; devia parecer que eu estava perdido. Um professor, que tinha me visto antes no pátio da escola e era taxado como muito malvado, veio até mim e perguntou o que estava acontecendo. Dei de ombros de um jeito meio patético. Ele disse "vem comigo!". Então, me levou lá para cima, até a salinha onde operavam o sistema de iluminação do palco. "Gostaria de ajudar?", perguntou ele e, nas duas noites seguintes, fiquei responsável pelos holofotes enormes e quentes que iluminavam o palco. Era totalmente mágico lá em cima, muito mais divertido do que cantar no coro. Ver a produção daquela perspectiva foi surreal, e adorei fazer parte da equipe. Minha primeira experiência de show business, graças a um homem bondoso que me fez sentir útil e valorizado. Obrigado, Sr. Geggie.

Ah, antes de continuar, uma curiosidade do meu tempo de colégio: havia na minha sala um garoto chamado Rick Moranis. Sim, o Rick Moranis de *Os Caça-Fantasmas* e de *Querida, Encolhi as Crianças*. Não éramos amigos próximos ou algo assim, mas estudamos juntos

(ABAIXO) *"Dez dólares são dez dólares, né?" E assim começa minha carreira na comédia...* (EMBAIXO) *Minha turma da quinta série sob a fina tutela da minha prima distante, a Sra. Burns... Ache o nerd (eu, quem mais?). Melhor ainda, tente encontrar Rick Moranis.*

desde o jardim da infância até a sexta série. Em 1981, na época em que já havia se tornado um sucesso como um dos McKenzie Brothers nos esquetes de *Great White North*, na SCTV, ele me pediu para cantar o solo de uma música chamada "Take Off!" para o álbum de comédia deles, *The Great White North*. Seria minha primeira vez no top 20 e o maior hit single da minha carreira!*

Por volta da quarta ou quinta série, nerd como eu era, comecei a colecionar selos. Minha coleção inicial era um velho álbum surrado que meu pai deu para mim. Por muitos anos, fiquei com a impressão de que o álbum pertencia a ele, mas não me lembro do meu pai demonstrando qualquer tipo de interesse em filatelia. Mas, sabendo o que sei hoje sobre sua vida depois da guerra na Europa, suspeito que ele tivesse comprado o álbum no mercado paralelo lá ou, o mais provável, alguém tivesse dado de presente aqui, no Canadá, e ele repassou para mim. De qualquer maneira, havia um garoto na minha turma com quem eu ia nas lojas de artigos para colecionadores sempre que tinha dinheiro para comprar selos de países distantes. Enquanto os selos canadenses pareciam sem graça, exibindo nada além de variações do perfil da Rainha Elizabeth, eu viajava nas imagens coloridas de origens misteriosas e exóticas como "République du Togo" e "Magyar Posta". Adorava os selos como um modo de ver o mundo sem sair do meu quarto (ou da minha mesa na escola, durante as inacreditavelmente chatas aulas de matemática) e, considerando minha natureza obsessiva, quase viciante, penso neles hoje como um tipo de porta para outras drogas mais pesadas. Aqueles selos foram, posso dizer, minha primeira coleção de arte.

* A música chegou ao número 16 da parada da *Billboard* nos Estados Unidos. O single mais bem-sucedido do Rush nos EUA (lançado no ano seguinte) foi "New World Man", que chegou só à posição 21.

POUCO ANTES de começar a sexta série, na primavera de 1964, meus pais, com três crianças pequenas sob seu teto (meu irmão, Allan, nasceu em 1960) e enfrentando uma hora de trânsito até o trabalho, decidiram procurar um lugar para morar mais próximo da loja. Procuramos ainda mais ao norte, bem nos limites da cidade, e encontramos uma casa novinha em folha na Torresdale Avenue, no subúrbio novinho em folha de Willowdale, que era ainda mais suburbano que Downsview; mais novo, mas também mais desolado e sem vida. Visto de cima, parecia o mapa de um projeto de urbanização planejada para algum subúrbio ideal do futuro, com apenas algumas mudas de árvores, casas que pareciam construções com blocos de Lego e pessoinhas de plástico nas ruas, que formavam um padrão de grade. Ficava bem no limite da cidade, como na canção de Pete Seeger, "Little Boxes", que diz: "They all get put in boxes, and they all come ou the same" – "Colocam todos em caixas, e todos saem de lá iguais". Tudo o que sabíamos fazer na adolescência era sonhar em nos mudar para o centro, onde tudo estava acontecendo, onde os hippies estavam, onde os músicos se encontravam. Quanto mais longe se estava do epicentro do que era bacana, menos bacana a gente se sentia, e onde nós estávamos, não tinha como se estar mais desconectado do que era bacana.

A menção a "Willow Dale" e "River Dawn"* em "The Necromancer", a música que o Rush um dia faria para o álbum *Caress of Steel,* era uma referência brincalhona àquele subúrbio sem graça do qual todos estávamos tentando escapar – pense em Pleasantville, se preferir. E oito anos depois, com "Subdivisions", estávamos tentando expressar com mais seriedade alguns desses sentimentos de isolamento e de beco sem saída, quase um lamento doloroso. Ao que parece, essa canção representava a realidade de *muitas* pessoas – incluindo caras como

* O rio que corta Willowdale, na verdade, se chama Don.

o documentarista Michael Moore, que disse que ela realmente "salvou vidas". Não tenho certeza se chega a tanto, mas definitivamente repercutiu com força em muitas pessoas que, ao ouvi-la em suas unidades residenciais idênticas na grande matriz suburbana, ao menos se deram conta de que não estavam sós.

Willowdale era mais uma peça de cerâmica no mosaico do que o idealizado caldeirão cultural de influências canadense. Hesito em usar a palavra "gueto", considerando as condições dos guetos *reais*, dos quais meus pais mal conseguiram escapar com vida na Polônia, mas nossa vizinhança era formada basicamente por famílias judias, contrastando com a comunidade rural antiga além dos limites da cidade – a Steeles Avenue, principal via leste-oeste. Nem todos pareciam felizes em ver uma comunidade judia em expansão bem no meio de seu território; o antissemitismo ainda era predominante naquele tempo, repassado para uma novíssima geração de adolescentes disseminadores de ódio. Os garotos das fazendas e outros moradores viviam à caça de jovens de outras etnias, como eu, para propagar o terror.

Eu, em particular, era um alvo fácil: para começar, era tímido e tinha vergonha do meu nariz protuberante. Já tinha sido ridicularizado de tempos em tempos, mas o abuso agora era pior, e deixar meu cabelo crescer – comecei perto dos doze anos nas minhas primeiras tentativas de imitar meus ídolos do rock – acabou despertando a ira daqueles estúpidos. O bairro era muito recente para ter um colégio secundário, então pegávamos o ônibus até a escola mais próxima, R. J. Lang Elementary and Middle School, que ficava a cerca de 15 minutos. Na chegada, todos os dias, nós, os "Judeus de Bathurst Village", tínhamos que atravessar o corredor polonês do pátio até a entrada principal: se entrasse lá correndo, era pedir para ser perseguido. Às vezes, os garotos ficavam parados de um jeito perturbador, em silêncio, observando cada movimento nosso; outras vezes, nos provocavam, zombando, "judeus imundos", nos cutucando e dando empurrões até que começassem as brigas – até mesmo entre as meninas. Não é exatamente o modo como o mundo enxerga a nós, canadenses gentis e educados, é?

Eu não me apressaria a chamar isso necessariamente de antissemitismo: mais do que qualquer coisa, era uma guerra territorial. Esses babacas que atormentavam judeus nas ruas e nos corredores dos colégios batiam em *qualquer um* que não se encaixasse em sua visão de mundo. Eles realmente não tinham muito discernimento. Mas, pensando bem, sendo a Porra do Povo Escolhido, éramos, *sim*, selecionados para um tratamento especial. Ok, mudei de ideia. Era antissemitismo.

Certa vez, no corredor da escola, eu estava curvado pegando alguma coisa dentro do meu armário e fui empurrado pelas costas e jogado de cabeça entre as prateleiras; humilhado, tive que pedir ajuda para ficar em pé novamente. Outra vez, depois da aula, eu estava na parada de ônibus com um amigo fumando um cigarro (sim, muitos de nós fumávamos aos 12 anos; se você conseguia tragar um Export "A" sem quase morrer tossindo – o que eu não conseguia –, era um homem de verdade) e, quando joguei a bituca fora, dois garotos da zona rural se aproximaram de mim a passos largos e me deram um empurrão; um deles me ameaçou dizendo "*ei*, não gostei do jeito que você jogou isso aí fora".

"Ah, ok. Desculpa. *Desculpa*", falei, prendendo a respiração até que eles fossem embora. Escapei da surra aquela vez, mas a coisa continuou. Com frequência, éramos recebidos quando chegávamos em casa por uns estúpidos que nos esperavam em suas bicicletas na parada de ônibus só para nos importunar, gritando ao longo de todo o caminho até a porta das nossas casas. Aprendemos a correr muito rápido, te garanto. Nunca contávamos nada para nossos pais, em parte porque não queríamos admitir o medo nem para nós mesmos, mas também porque sabíamos que nossa experiência não era nada perto do que eles tinham passado durante a guerra. Mesmo morando no Canadá, tinham o suficiente com que se preocupar, e não queríamos que nos vissem como os estudantes fracos e amedrontados que éramos. A consequência, contudo, foi que nada nunca foi feito para nos proteger. Naquele tempo, eu era um grande fã dos quadrinhos da DC Comics, principalmente do *Super-Homem* e do *Lanterna Verde*, e me lembro de desejar: *Se ao menos eu tivesse o poder de ficar invisível, poderia caminhar no meio desses babacas sem sentir tanto medo*.

Imigrantes da classe operária, como nossos pais, já eram pressionados demais a simplesmente colocar comida em nossos pratos. Nós, crianças, não sabíamos muita coisa e, geralmente, nem nos importávamos, mas algumas vezes aquilo nos machucava. Não saber patinar no gelo, por exemplo, era instantaneamente uma afronta alienante para um garoto canadense e certamente não ajudava um pequeno *pischer* como eu a me enturmar. Ganhei um par de patins, mas tive que aprender sozinho e passei muitas tardes geladas de domingo tremendo, com os dedos das mãos e dos pés

Réquiem para o Maple Leaf Stadium: embalando uma das minhas lembranças.

congelados enquanto tentava me arrastar pelo gelo, mal ficando de pé. Não preciso nem dizer que ninguém me escolhia primeiro nas partidas de hóquei – se é que eu sequer entrava para o time.

Beisebol, contudo, estava no meu sangue – muito antes de a música despertar minha atenção. Na época, Toronto não tinha um time na liga principal, mas, nas tardes de sábado e domingo, eu assistia aos New York Yankees na TV; os jogos eram retransmitidos de estações de Buffalo, com astros como Mickey Mantle, Whitey Ford, Yogi Berra e Roger Maris, assim como seus rivais, o Detroit Tigers, do qual eu era um grande torcedor. Me lembro de pegar o ônibus e o bonde com meus amigos para ir até o centro ver o time dos Maple Leafs, na época o time de Toronto da série A da International League. Eu devia ter dez ou onze anos e não consigo me lembrar da presença de um adulto com a gente, então todas essas lembranças parecem meus primeiros momentos de independência. O Maple Leaf Stadium, na extremidade sul da Bathurst Street, perto do lago, era um típico campo de beisebol das ligas de segunda divisão da época, com arquibancadas altas, assentos de caixa de metal e bancos de madeira circundando de um canto ao outro do campo e também atrás do campo interno. Na verdade, na época em que eu tinha idade suficiente para frequentar, já tinha se tornado um lugar decadente e sinistro, com poucos frequentadores nas partidas; foi demolido pouco tempo depois, em 1968, tão logo o time saiu da cidade para jogar como um clube sem filiação, atraindo jogadores de vários times da liga principal. Apesar de tudo, fotos do velho estádio, com os banners de publicidade se estendendo pelos muros ao fundo, como READ THE STAR FIRST FOR SPORTS, EXPORT e STONEY'S BREAD COMPANY, despertam certa nostalgia em mim. Esses dias aprazíveis estão entre os mais felizes da minha infância.

Passei incontáveis horas na entrada da nossa garagem fingindo ser um arremessador, jogando uma bola de borracha o mais forte que eu podia contra a parede de casa. Eu dizia para mim mesmo "consigo jogar mais forte... *isso!*", com um sentimento de que eu sempre tinha um arremesso mais rápido em mim – mesmo se não tivesse. Quando fiz onze anos, tomei coragem para fazer um teste para o time de beisebol do meu bairro, mas não fui selecionado e fiquei arrasado. Ainda me lamentando, passei o resto da minha carreira nos esportes no pátio do colégio – muito desse tempo dedicado aos cards de beisebol, dos quais éramos ávidos colecionadores. Nós os considerávamos preciosos, mas usávamos os cards num jogo chamado *close-ies*, competindo para ver quem chegava mais próximo do muro da escola, e *lean-sies*, quando se deixava um cartão encostado no muro e nos revezávamos tentando derrubá-lo atirando outro cartão, amassando os cantos no processo. Meu Deus, como dói pensar que hoje aqueles cards, em perfeitas condições, poderiam valer centenas de milhares, se não milhões, de dólares...

Meu pai nunca foi muito fã de beisebol, mas me lembro de assistir *Hockey Night in Canada* com ele – não com muita frequência, porque o programa passava depois do meu horário de dormir. Eu saía de fininho do meu quarto e me escondia debaixo da mobília para assistir sem que ele soubesse, ou pelo menos era o que eu achava, até que ele calmamente dizia "Gary, vá agora para a cama". Flagrado! Mas minha lembrança favorita do meu pai com esportes era observá-lo assistindo às lutas livres. Nossa, ele ficava bem empolgado. Seaman Art Thomas, Sweet Daddy Siki, Haystacks Calhoun, Lord Athol Layton... Cara, ele adorava aqueles truques todos. Não acho que se importava se as lutas eram verdadeiras ou falsas. Ele ficava tão *vidrado* naquilo que gesticulava, imitando as pegadas dos lutadores – tanto que, uma vez, atacou a si mesmo e caiu do sofá, fazendo um estrondo no chão.

Os verões eram preguiçosos e fugidios; meus irmãos e eu brincávamos nas ruas com todas aquelas outras crianças sem qualquer supervisão. Aos sábados, do café da manhã até o almoço, eu ficava inerte no tapete da sala, em frente ao televisor revestido de madeira falsa da marca RCA Victor,* vidrado em *The Bowery Boys*, depois em *Os Três Patetas*, e encerrava a manhã com um conjunto de seriados de velho-oeste com a participação dos caubóis cantores Roy Rogers e Gene Autry, ou com os *westerns* mais "autênticos" estrelados por John Wayne ou Randolph Scott. Nossa, eu adorava todos eles... Ainda adoro! Basicamente, me deixavam assistir à TV o tanto que eu quisesse.

Mas a TV não era só para ficar de bobeira. Ela trazia o mundo para dentro da nossa sala de estar em Vinci Crescent, desde a Crise dos Mísseis de Cuba ao assassinato de presidentes até – em 9 de fevereiro de 1964 – a primeira apresentação dos Beatles no *Ed Sullivan Show*; e, de repente, lá estava minha irmã ajoelhada em frente à televisão, chorando e estendendo os braços em direção à tela como se pudesse encostar nos *Fab Four* e pegar um deles todinho só para ela. Lembro que fiquei rindo por dentro e pensando *o que deu nela?*, mas ver o impacto do rock n' roll na minha irmã definitivamente causou uma forte impressão em mim. Nem preciso dizer, nossos pais pareciam completamente alheios àquilo, mas o rock tinha entrado no nosso lar e, como minha mãe diria, "o resto é história".

Pouco a pouco, esse garotinho judeu meio nerd, filho de imigrantes, estava se entrosando, se misturando e fazendo novos amigos da melhor forma que podia, indo para escolas novas e ouvindo falar de novas bandas quase que diariamente. North York talvez não tenha sido o coração pulsante dos loucos anos 1960, mas, sem dúvida, queria ser parte daquilo. Agora, comprávamos discos. A Invasão Britânica tinha começado – não só com os Beatles, mas com The Kinks, os Stones e Donovan –, e nossas mentes juvenis estavam abertas a novas ideias

* Para o desespero da minha esposa, ainda está lá no porão, ao lado do televisor que foi o modelo para a capa de *Power Windows* – minha tentativa frustrada de colecionar aparelhos de televisão antigos.

de roupas e estilos. Deixei meu cabelo mais comprido, com a franja caindo sobre a testa até cobrir os olhos.*

Mas então, na noite de 8 de outubro de 1965, meu pai morreu enquanto dormia, e a música parou.

ELE FICOU DE CAMA por causa de uma gripe. Era para permanecer em casa comigo, já que eu também estava gripado, mas, enquanto minha mãe se aprontava para trabalhar, ele ouviu sua carona buzinar na frente de casa, pegou a jaqueta e saiu correndo para ir trabalhar. Minha mãe ficou furiosa, então se obrigou a pegar o ônibus para ir até a loja, em Newmarket, e, quando chegou lá, deu um sermão nele e o mandou de volta para casa. Eu lembro que estava na cama, meio delirante por causa da febre, e escutei meu pai entrando de novo em casa. Lembro que ele perguntou como eu estava e lembro que ouvi quando ele seguiu para seu quarto. Foi a última vez que o vi com vida.

Acordei com os gritos. Esfregando os olhos com dificuldade, vi minha mãe de camisola chorando histericamente, depois correndo para a rua pedindo socorro. Pandemônio. Logo os vizinhos se aglomeraram na nossa casa, chamaram a polícia, bombeiros avançavam porta adentro e pisavam forte nos degraus da escada. Minha irmã e eu nos sentamos lado a lado em silêncio na beirada da cama dos nossos pais, com o olhar perdido, aturdidos além da compreensão diante do corpo sem vida do nosso pai, lá onde ele sempre dormia – uma visão assustadora que eu nunca, jamais vou esquecer. Rapidamente, fomos retirados do quarto, e eu fui colocado de volta na cama, ainda febril, enquanto Susie foi levada para a casa de uma vizinha enquanto aquela loucura continuava. Sequer sei onde meu irmãozinho estava ou quem

* Anos mais tarde, quando contei isso a Neil Peart, ele disse que também tinha o mesmo tipo de franja, à qual se referia como "virada tempestade de neve". O motivo? Você fica constantemente virando a cabeça para conseguir enxergar através da franja, e se você tivesse caspa...? Deu para entender.

estava cuidando dele, mas imagino que tenha sido minha avó ou a irmã da minha mãe, a tia Ida.

Caí num sono febril. Algumas horas depois, fui acordado por meus tios, que me disseram para eu me vestir. Tudo ainda estava frenético. Havia gente discutindo.

"Ele deveria vestir um terno!"

"Não, olha pra ele, *der kint chot a feveh*!"

"Mas ele precisa estar bem-vestido, é o funeral do pai dele!"

Isso continuou por todo o trajeto até o carro preto que aguardava diante da porta. No banco de trás, a caminho do cemitério, me perdi em meu próprio mundo. Quando chegamos ao local onde ficava a sepultura, me disseram para esperar dentro do carro. Era final do dia e chovia. Espiei pela janela do carro e havia um grupo de pessoas enlutadas em torno da sepultura aberta do meu pai; as mulheres soluçavam e confortavam umas às outras, um cortejo de homens de casacos escuros, liderados pelo rabino, todos eles fazendo *shokelling,* balançando para a frente e para trás, sem sair do lugar, enquanto rezavam. Então, dois homens, talvez meus tios, começaram a discutir de novo enquanto abriam a porta do carro.

"Ele deveria sair e recitar o *Kaddish*!"

"Não, o menino está doente, e está chovendo! Será perdoado se não o fizer!"

Alguém fechou a porta do carro com toda força e disse para o motorista me levar para casa. Olhei para trás, através da chuva forte, enquanto aquelas pessoas reunidas numa cena terrível e sombria sumiam de vista.

Morris Weinrib morreu com 45 anos. Eu tinha doze. Como se sabe, ele havia sobrevivido aos horrores do Holocausto aparentemente ileso, mas seu coração foi destruído por seis anos de trabalho escravo nos campos de concentração. Acredito que ele tenha sofrido não só física, mas também espiritualmente – e por causa disso havia perdido sua *religiosidade* – se é que algum dia a teve. Depois da experiência nos campos, ele só aceitava tudo isso por causa da minha mãe. Mas é só um palpite, porque ele nunca compartilhou tais pensamentos comigo. Meu pai nunca abriu o coração para mim. Nunca me falou da raiva que sentia dos alemães ou dos nazistas, nada disso. Ele nunca falava da guerra, não que eu lembre. Sempre foi mais reticente a respeito dela do que a minha mãe, e também com relação a quase todas as outras coisas.

Contudo, realmente há uma razão concreta para eu acreditar que ele apenas fingia ser religioso... Quando eu tinha dez anos, acompanhei meu pai e minha mãe até a Eaton's e a Simpson's, as duas grandes lojas de departamentos que ficavam uma em frente à outra no cruzamento da Yonge com a Queen Street, bem no centro de Toronto. Enquanto minha mãe nos arrastava para o departamento de roupas femininas, meu pai disse que ia tomar um café e fumar um cigarro (ele fumava Export "A"; lembro claramente porque achava muito legal a embalagem verde com a garota escocesa e sua linda boina). Entediado demais com a minha mãe, fugi e fui atrás dele, mas quando cheguei no café do andar inferior, parei do alto das escadas em choque. Lá estava meu pai numa mesa, sozinho, com seu café e cigarro... comendo *bacon e ovos*. Quase caí para trás. Meu próprio pai comendo *traif*. Mais tarde, enquanto o observava de longe, esbocei um sorriso maroto. Não apenas adorei o fato de que tinha pegado meu pai no flagra, mas foi plantada na minha mente a ideia herética de que todas essas regras religiosas eram uma bobagem. Foi como ganhar um passe livre, uma carta *Saída Livre da Prisão* de jogo de tabuleiro, e eu soube naquele mesmo dia que a usaria!

No fim, como imagino meu pai é só uma colagem de observações superficiais, minhas e de outras pessoas: era calado até que lhe dirigissem a palavra, era mais de agir do que de falar, exceto nas confraternizações, quando era a alma da festa, sempre brincalhão. Todo mundo da nossa família reassentada o adorava. Tenho fotos dele nas festas em que é possível ver que estava embriagado; os olhos um pouco menos brilhantes do que os dos outros, então suspeito que ele gostasse de tomar umas e outras. Ele brincava com as outras crianças tanto quanto brincava comigo. Não pensava duas vezes antes de colocar meu primo Gary nos ombros e brincar de cavalinho com ele. Se alguém peidava ou se *ele* peidava, se virava para nós e dizia "você *viu* isso?".

Ele era bem cabeça-dura – ninguém queria ver o lado ruim dele –, mas era engraçado, animado, trabalhador, orgulhoso, preenchia perfeitamente o papel de *New World Man*, o Homem do Novo Mundo. Ele tinha *joie de vivre*. Podia afastar quaisquer demônios que estivessem à espreita. Talvez quisesse viver uma vida boa e feliz, mas foi afligido por um coração fraco – uma condição que hoje facilmente teria saída.

Essas são as lembranças que tenho dele, a apresentação de slides que passa na minha cabeça.

No meio das últimas imagens, clara como o dia, está uma de quando eu tinha onze ou doze anos: ele de pé na varanda da nossa casa em Torresdale, me olhando de um jeito sério. Eu estava com a minha bicicleta, conversando com duas meninas. Ele me chamou e falou sem rodeios: "Não converse com garotas. Você é muito jovem". Embora realmente tivesse uma paixão por uma das garotas que morava na nossa rua, eu era só um pequeno *schmeckel*! Não tinha ideia do que estava fazendo. Então, acho que meu pai viu certo brilho nos meus olhos juvenis e se sentiu inclinado a me dar um conselho paternal e um aviso. Mas logo ele se foi, e aquela foi toda a educação sexual que recebi dele. (Minha mãe nunca, jamais tocou no assunto; assim como a maioria dos garotos da minha geração, foi uma coisa que tive que descobrir por conta própria.)

No final, apesar de ainda conseguir visualizar suas expressões, tanto as engraçadas quanto as severas, sinto dizer que mal lembro uma única conversa que tivemos. Não houve muito tempo para termos uma.

CAPÍTULO 2

TUDO NA MINHA VIDA ENTROU EM ESTASE. O luto da minha mãe não tinha fim. Ela ficou arrasada e, embora a vida tenha continuado, nunca se recuperou totalmente. (Ao longo dos anos, toda visita que fez à sepultura do meu pai a deixava tão inconsolável quanto no dia em que ele morreu.) Nossa casa se tornou uma massa confusa de vizinhos, parentes e anciãos religiosos que entravam e saíam sem parar. No Velho Mundo, antes da guerra, a família da minha mãe era formada por judeus ortodoxos, o que exigia deles – e principalmente de mim, como o filho homem mais velho – seguir as rígidas regras do luto. Esses estágios do luto me afetaram profundamente e, acredito, prepararam o terreno para a vida que eu teria dali para frente. Porque, deixa eu te contar, nós, judeus, sabemos como viver um luto. Somos *ótimos* nisso, como se o pesar fosse quase instintivo para nós.

Imediatamente depois do enterro, observamos o *shiva* durante sete dias, geralmente na casa do falecido. Cobrimos todos os espelhos como um lembrete de que não se trata de nós, mas daquele que morreu. Nos sentamos em cadeiras baixas ou removemos os assentos e almofadas dos sofás. (Nunca consegui determinar o motivo exato para isso, presumo que seja para assegurar que estivéssemos desconfortáveis e lembrássemos que a perda é dolorosa). Por sete dias, não podemos sair de casa, exceto no *Shabbat*, para ir à sinagoga. Não trabalhamos, nem nos barbeamos ou cortamos o cabelo. Não tomamos banho, apenas fazemos a higiene essencial. Não usamos cosméticos, calçados de couro ou roupas novas. Nenhuma festividade é permitida, não pode haver relações sexuais (até parece!), nem mesmo qualquer estudo que proporcione prazer.

Depois do *shiva,* há um período de 30 dias de luto chamado *sheloshim,* um retorno gradual a uma vida quase normal, mas, como filho mais velho, também era meu dever recitar o *Kaddish,* a oração pelos mortos, três vezes ao dia – durante onze meses e um dia. Nisso eu era infalível. Durante esse período, você pode fazer parte de celebrações desde que não haja música, então quando de meu *bar mitzvah* no verão seguinte, não houve música nem dança. (Ainda bem que não é proibido receber envelopes com dinheiro dos parentes!)*

Como parte de uma educação judaica normal, a maioria dos garotos do meu bairro ia para o *cheder* (a escola hebraica) ou em tempo integral ou, como eu, depois da escola, entre quatro e seis da tarde, dois dias por semana e aos domingos, mas eu *odiava* aquilo. Achava sem sentido no mundo do qual eu queria fazer parte. O hebraico era

* Cerca de seis meses depois que seu ente querido é enterrado, a lápide é revelada e é dito que, a partir daquele momento, seu luto deve se transformar em recordação. Acho um conceito muito bonito e um bom exemplo da velha sabedoria dos antigos rabinos.

uma língua que eu interpretava como algo que existia apenas em livros e pergaminhos empoeirados, e achava hipocrisia que os professores não parecessem se importar se nós realmente entendíamos as palavras – que recitar as frases foneticamente nas cerimônias de *bar mitzvah* era suficiente. Os professores eram brutais com os castigos corporais, atiravam giz em você pela infração mais leve – não era um ambiente, na minha humilde opinião, no qual se pudesse construir um laço de confiança e de devoção. No momento em que meu pai morreu e não havia mais uma figura masculina de autoridade em casa para obrigar minha presença, decidi parar de frequentar.

Nem preciso dizer, minha mãe ficou muito decepcionada comigo, até mesmo desalentada. Minhas tias e meus tios me repreendiam por causa dos meus recém-descobertos atos de independência ou, como eles definiam, de rebeldia: não apenas por ter desistido do *cheder,* mas por deixar meu cabelo crescer e sair por aí com meus amigos *goyische.* Um dia, enquanto minha família e eu estávamos visitando a sepultura do meu pai, eles começaram a me recriminar. Lembro que um tio me disse: “Você está matando sua mãe! Seu rebelde, seu *delinquente*”. Era para eu obedecer sem questionar e, quando não fazia isso, eles se uniam contra mim. Nenhum parente adulto me perguntou como eu estava lidando com a *minha* perda. Fora uma tia que afastava a franja do meu rosto e dizia “pobre menino; seja um bom filho e corte o cabelo”, ninguém me perguntava “você está bem?”. Nunca os perdoei totalmente, e nunca, *jamais* esqueci o modo como aquele desgraçado do meu tio ultrapassou todos os limites *enquanto eu estava diante da sepultura do meu próprio pai.* De fato, até hoje, lembro muito bem das pessoas que me trataram mal.

A dor e o luto da minha mãe sugavam o ar de todos os cômodos da casa. Por favor, não me interprete mal: eu sentia muita pena dela por ter perdido o amor de sua vida e por agora ter três crianças para criar sozinha, uma hipoteca e um negócio para administrar. Mas levei anos para perdoar meus tios e tias pela indiferença para comigo naquele momento de fragilidade; na verdade, parte de mim jamais os perdoou. Sei que eles também estavam sofrendo com a perda do meu pai, tentando dar um suporte para minha mãe enquanto trabalhavam para reconstruir suas próprias famílias e manter vivas as tradições que tinham sido dilapidadas pelos horrores da guerra. Eles nunca se recuperaram totalmente do Holocausto. Mas eu tinha apenas doze anos e minha vida também tinha mudado num piscar de olhos, e pareceu a mim que todos aceitaram prontamente que eu, minha irmã e meu irmãozinho éramos simplesmente danos colaterais, que deveríamos aprender a nos cuidar sozinhos.

Então, eis que aparece Max Guttman, um homem gentil, generoso e devoto, com cerca de 50 anos e um forte sotaque húngaro, que também estava enlutado por causa dos pais, que haviam morrido fazia pouco tempo. Ele se ofereceu para me buscar todas as manhãs e tardes e me acompanhar até a sinagoga Beth Emeth Bais Yehuda, onde me ensinou como me comportar num *shul* e como fazer todas as orações e cantar as melodias fúnebres. (Uma influência musical de um estilo muito diferente!) Ele demonstrou consideração e me tratava como um jovem adulto aprendendo a lidar com novas responsabilidades. Também me ajudou a me preparar para o meu próprio *bar mitzvah* naquele mesmo ano de luto: "Hoje, sou um homem", e todas essas coisas.

Depois de um tempo, acredito que Max passou a se ver como uma figura paterna substituta. Acho que ele gostava de mim, mas, como muitos religiosos, estava principalmente tentando fazer o que era certo para a comunidade e, especificamente, para minha mãe. Mas eu não estava indo na onda dele. Deixei meu cabelo crescer quase como vingança e, um dia, ele assumiu a tarefa de interceder.*

A caminho de casa depois das orações matinais, ele disse: "Deixa eu te levar ao meu barbeiro. Você não tem que cortar curto, apenas

* Eu falo "como vingança", mas isso só quer dizer que deixei a franja maior e o cabelo crescer um pouco abaixo das orelhas. Durante anos, sequer chegou a cobrir as sobrancelhas, quanto mais chegar até a cintura.

dar uma aparada". Talvez minha mãe tenha pedido para ele fazer isso, não sei. Ela, sem dúvida, ficava me incomodando com isso tanto quanto todos os outros adultos que eu conhecia, incluindo o diretor da escola, o Sr. Church (que nome perfeito, né?) – um verdadeiro pé no saco, um tirano que nos fazia ficar de nariz encostado na parede por uma hora ou mais se nos flagrasse nos corredores com a camisa para fora das calças ou se ousássemos deixar o cabelo comprido o suficiente para encostar no colarinho. Parece estranho agora, mas o Sr. Church, Max, meus tios, todos eles viram o cabelo como o início de uma rebelião e quiseram sufocá-la, quase que literalmente cortar o mal pela raiz antes que se tornasse um problema de verdade. Então, me sentei na cadeira do barbeiro, mas informei ao homem com a maior seriedade possível que eu só queria uma *aparada*. Ele disse ok, mas então captei o reflexo de Max no espelho, a mão dele fazendo sinal para cortar *tudo*. Entrei em pânico, pulei da cadeira e saí correndo, indignado, gritando com ele, chamando-o de mentiroso e falando que ele *não* era meu pai. Depois desse ataque de fúria, ele se afastou e nossa relação estremeceu, o que foi uma pena, porque eu realmente sentia bondade nele e era grato por tudo o que estava fazendo pela minha mãe, pelo tempo em que se dispôs a me instruir e como nunca me culpava de um jeito tão cruel como meus tios faziam.

Tenho que admitir, Max era criativo. Ele pediu a um *cantor* que conhecia que gravasse as partes da Torá que eu precisava aprender para o meu *bar mitzvah*. Meu primeiro show, eu acho! Um *cantor* no judaísmo, caso você não saiba, é a contraparte vocal de um rabino, aquele que canta os salmos e as preces durante o serviço religioso – um trabalho bem mais bacana do que o de um rabino, na minha opinião. Assim, memorizei todas as palavras em hebraico, as melodias tradicionais e as nuances vocais a partir dessa gravação, e, no dia em que eu fui chamado para a Torá, consegui recitar o programa inteiro de cabeça, meio que *fingindo* ler. Vi minha mãe sorrindo, orgulhosa, as lágrimas escorrendo pelo seu rosto do banco da primeira fileira, e meus parentes dizendo: "Uau, que voz bonita. Você deveria ser um *cantor*". Fiz que sim com a cabeça e aceitei de bom grado seus envelopes com o dinheiro do *bar mitzvah* enquanto pensava comigo mesmo: *Ok, certo. Mas desculpa aí, camaradas. Pra mim, chega disso.*

Minha mãe pode até ter chorado de felicidade naquele dia, mas não havia como dialogar sobre fé e religião com ela ou com qualquer outra pessoa da família. Era tudo dogmático e anti-intelectual. Não havia nada a debater. Eles simplesmente agiam conforme o que lhes haviam ensinado. Como eu ousava questionar? Havia apenas um único caminho: fazer o que era esperado dos judeus e se comportar como era espe-

Em todo lar com um garoto que passou pelo bar mitzvah, há exposto num local nobre um retrato de lembrança do dia em que ele se tornou homem. Mas minha mãe tinha tanta vergonha do meu cabelo comprido que se recusou a permitir que tirassem minha foto. Em vez disso, pagou um artista para pintar esse retrato de uma versão idealizada de mim com cabelo mais curto, mais arrumado. O quadro foi orgulhosamente pendurado na parede, perpetuando a Grande Mentira por quase sessenta anos.

rado dos judeus. As crianças no Velho Mundo eram para ser vistas, e não ouvidas. Qualquer outra coisa era desrespeitosa e motivo para punição com a vara da vergonha. (Minha mãe brandia aquela vara com muita destreza – e que pontaria ela tinha!) É claro que, com o tempo, percebi que a fé para eles era um modo de manter viva a lembrança dos mortos, um tributo a eles, uma afirmação de que não pereceram em vão. E, em termos mais práticos, esses sobreviventes tinham se comprometido a reconstruir a população judia. Para a grande maioria de judeus praticantes, o mantra era e continua sendo: "Case-se, tenha muitos filhos e os mantenha fiéis à religião". Dessa forma, não era apenas uma questão passada, mas também futura. Então, sim, com o tempo, passei a entender a motivação deles, mas ainda não consigo me sentir da mesma forma. Por favor, entenda isto: eu amo ser judeu e tenho muito orgulho de tudo que "meu" povo conquistou em tantos aspectos da vida – principalmente, diante do preconceito incessante, do ódio e do genocídio –, mas me considero um devotado judeu *cultural*: amo a história, o humor e até mesmo um pouco da comida! Mas uma crença em Deus e na religião organizada? Não é para mim. Uma fala do filme *A Última Noite de Boris Grushenko*, de Woody Allen, resume muito bem como me sinto: "Se realmente houver um deus... o pior que se pode dizer dele é que, basicamente, ele deixou a desejar".

O fato de que nós três, os filhos de minha mãe, acabaríamos nos casando com pessoas de outras crenças, na cabeça dela, foi um fracasso desolador com relação à criação que nos deu. Mesmo depois que me tornei adulto, ela tentou fazer com que eu me sentisse culpado e voltasse a frequentar a sinagoga: dizia que, por não ser praticante, eu estava cometendo um pecado contra Deus e traindo minha família e todos que haviam morrido na guerra. (Judeus são muito, mas *muito* bons com a culpa, não é?). Mas foi um esforço inútil. Eu tinha rezado pela última vez. Surpreendentemente, quando a ficha caiu que nós não iríamos mudar, *ela* mudou. É um testemunho de sua inteligência inata e maturidade que ela tenha aprendido a aceitar e até mesmo a acolher as pessoas como elas são. Minha mãe se tornou completamente devotada às noras e, sem dúvida alguma, as amou até o dia em que morreu. Acho isso imensamente admirável para alguém com a idade e com o passado dela, e me pergunto se eu teria forças para mudar da forma como ela mudou.

Minha irmã também travou suas batalhas dignamente depois que nosso pai morreu. Ela era a primogênita, a garotinha dele, e claramente tinha gozado de um relacionamento mais próximo com ele do que eu; Susie tinha 14 anos quando ele faleceu, já nos limiares da adolescência, e a morte dele a abalou muito mais visceralmente. Ela tentava escapar de casa sempre que havia uma oportunidade, saía para a rua e ficava fora até bem tarde. Sendo o "homem da casa" (como todo mundo adorava me lembrar), eu tinha que ficar do lado da minha mãe, o que levava a mais brigas. Mas eu também estava louco para fugir, particularmente depois que meus deveres com a sinagoga tinham terminado. Estava mudando discretamente, começando a rejeitar adultos sempre que possível e, assim que meus onze meses de luto terminaram, passei a ficar menos tempo em casa e a procurar novos amigos.

Em 1966, comecei a estudar no colégio Fisherville Junior High, em North York; dava para ir a pé da minha casa. Foi lá também que Susie começou a andar com um grupo de caras durões – "Greasers", como nós os chamávamos. No colégio R. J. Land, durante todo o meu ano de desgraceira, continuei a ser um dos sacos de pancada mais populares. Mas no primeiro semestre nessa escola nova, eu estava voltando para casa a pé quando um desses garotos durões me agarrou pela lapela do casaco, pronto para tornar minha vida ainda mais miserável; então, outro garoto falou: "Ei, deixa ele em paz. Esse aí é o irmão mais novo da Susie". *Ufa.* Salvo pela irmã mais velha!

Depois, quando fiz amizade com um cara com quem frequentava algumas aulas, um cara de ótima personalidade e sorriso largo chamado Steve Shutt, a importunação extinguiu-se por completo. De que jeito? Bem, Shutty já era um astro do hóquei em ascensão na sétima série.

Era reverenciado, superbacana, e, por estar associado a ele, meu traseiro *koscher* estava a salvo. Se você for um aficionado por hóquei, sabe que ele se tornou um All Star eterno dos Montréal Canadiens, parte da linha ofensiva devastadora junto com Guy Lafleur e Jacques Lemaire, marcando 424 gols na carreira; em 1993, foi indicado para o Hall da Fama do Hóquei. Ele era um ano mais velho que eu, então tínhamos poucos amigos em comum, mas gostávamos do mesmo tipo de música e logo nós dois começamos a nos interessar pelo baixo. Ele também estava deixando o cabelo crescer e, nos anos 1960, cara, quem tinha cabelo comprido fazia amizade na hora. (Ele deixava crescer no verão, depois o cortava curto sem hesitar tão logo a temporada de hóquei começava; sabia bem quais eram suas prioridades). Não tenho certeza se Steve realmente tem noção de que foi meu salvador. Nunca falamos a respeito disso. Mas nossa amizade realmente permitiu que eu circulasse ileso no meio dos valentões.

A essa altura, não ficaria surpreso se você estivesse esperando os eletrizantes trechos sobre rock n' roll, por exemplo, a história do Rush, só para começar. Eu *vou* contar tudo a respeito disso, mas sinto que, primeiro, há outras coisas na lista. No capítulo seguinte, vou relatar a experiência dos meus pais durante a guerra.

Afinal, se não fosse pelo que aconteceu com eles, eu não estaria aqui hoje para narrar *minha* história e não seria a pessoa que me tornei.

Muito do que pairava sobre mim quando garoto forjou minha própria personalidade, meu caráter – as coisas ruins e as boas. Mas, mais importante, eu me sinto no dever e me sinto honrado em contar a história *deles*. Em homenagem *a eles*. Se você achar apenas metade angustiante de ler como me senti ao escrever, talvez seja melhor pular essa parte. Se fizer isso, não vou te julgar e te encontro no capítulo quatro, mas incluí este relato no livro porque sinto que estamos vivendo em uma era que parece ter esquecido o que pode e o que vai acontecer se o fascismo retornar. Penso que todos nós precisamos lembrar disso ao confrontar aqueles que ou refutam o passado ou sequer sabem o que aconteceu.

CAPÍTULO 3

QUANDO ÉRAMOS CRIANÇAS, MINHA mãe contava histórias sobre suas experiências durante a guerra, e, às vezes, quando nossos tios e tias vinham nos visitar, eles também narravam o que viveram. Eu ficava muito brabo ouvindo o que tinham presenciado e sofrido nas mãos dos nazistas e, quando ia dormir, chegava a delirar de raiva enquanto caía no sono. Deitado no meu quarto escuro, queria que Hitler surgisse diante de mim num passe de mágica para que eu pudesse destruí-lo com minha força bruta – usando minhas próprias mãos, socando e estrangulando de um modo que Quentin Tarantino aprovaria. Essas histórias lançaram uma dúvida profunda em mim

Tirei esta foto em 1995 diante dos execráveis portões de Auschwitz, apenas um dos horríveis campos de concentração em que meus pais ficaram encarcerados durante o Holocausto.

sobre a existência de um poder divino – certamente de um que tivesse um pingo de compaixão – e do sentido da religião em si. Depois que meu pai morreu, pensei *ei, Deus, o que tem feito por mim ultimamente?* Eu ficava impressionado que minha mãe tivesse sobrevivido a tanto horror sem perder a fé.

A história que se segue foi costurada a partir de retalhos que minha mãe e outros familiares compartilharam comigo e com meus irmãos ao longo dos anos, assim como de alguns relatos publicados de forma independente por sobreviventes em livros que encontrei durante minha pesquisa. Como é normal em muitas narrativas de testemunhas oculares de eventos que aconteceram há tantos anos, particularmente um evento tão traumático como este, foi difícil detalhar algumas coisas, e devemos entender que – assim como Christopher R. Browning escreve na introdução de seu estupendo livro *Remembering Survival: Inside a Nazi Slave-Labor Camp* – "essas são memórias de infância refratadas a partir das experiências horríveis que aconteceram".* Além disso, todos os membros da minha família que sobreviveram à guerra – incluindo minha mãe, que continuou cheia de energia até seus quase 96 anos – agora estão mortos.

Graças aos esforços de várias organizações hebraicas e de outros memoriais dedicados ao Holocausto, muitos relatos entrecruzados foram registrados por escrito ou em vídeo para a posteridade. Surpreendentemente, acabei descobrindo que alguns desses relatos são de sobreviventes da mesma cidade da minha mãe, que sofreram as mesmas experiências cruéis que ela e sua família exatamente nos mesmos lugares. Isso me deu a oportunidade de fazer a referência cruzada no caso de quaisquer lembranças divergentes. Acredito fortemente que

* Um ponto-chave do livro de Browning é a natureza falível das memórias compartilhadas. Ele realmente se sentiu compelido a escrever depois de ver que Walter Becker, o brutal guarda da Gestapo encarregado do extermínio de Wierzbnik, escapou da condenação: os advogados de defesa de Becker conseguiram encontrar pontos cegos nos depoimentos dos sobreviventes, já idosos, cujas lembranças tinham se tornado confusas ao longo do tempo.

essas histórias que relato agora a você não são apenas verdadeiras, mas também capturam a essência e o espírito do que minha mãe e meu pai viveram quando eram adolescentes – o que há de terrível e o que há de bom.

Há, infelizmente, certa escassez de informações sobre a família do meu pai. Como eu disse antes, ele nunca falava da guerra conosco, talvez, em parte, porque soubesse que minha mãe o faria e o fez. O resultado é que há pouca coisa que se ouviu de sua própria boca ou, no caso, de seus irmãos. Ele partiu deste mundo em 1965, e, desde então, coletei pouca informação do lado de sua família que restou. Mas espero que esteja correto o que tenho.

Então, sim, há uma tendência de narrar mais a versão da minha mãe pelo simples motivo de que ela estava mais disposta a compartilhar suas experiências conosco. Contava em detalhes o que ela e sua família tinham enfrentado, como as várias vezes, uma depois da outra, em que minha avó tinha salvado sua vida. Minha mãe contava essas histórias aos filhos como se fosse a coisa mais natural do mundo. Posso garantir que não era. Hoje, tal comportamento materno poderia ser considerado irresponsável, até mesmo impensável; ainda assim, parecia normal na época, e não me arrependo nada de ter ouvido aqueles relatos. Na cabeça dela, compartilhar com os filhos os seis anos de pesadelo não era só um modo de transmitir sua própria história para nós, mas um meio para que ajudássemos o mundo a "jamais esquecer". E pior, por mais bizarro que pareça, provavelmente fazia bem para sua saúde mental conversar sobre essas coisas, mesmo que com seus filhos ainda crianças. Para quem mais ela iria contar? Um psicólogo? Não era uma opção para a geração dela. Se eu tivesse sugerido uma coisa dessas, a resposta com certeza teria sido: ""*Vot,* por que vou pagar para contar isso a um *estranho*?".

AMOR E INFERNO
ESCRAVA #A14254*

MINHA MÃE NASCEU em Varsóvia, Polônia, em julho de 1925. O passaporte canadense diz Starachowice, mas acredito que esteja incorreto; ela e os irmãos sempre insistiram que nasceram e viveram em Varsóvia até ela completar cinco anos de idade. Além do mais, a sua mãe, Ruchla (também chamada de Ruzia ou Rose), nasceu e cresceu em Varsóvia, no distrito de Wielka Wola, morava com a família e trabalhava como modista bem-sucedida quando conheceu e se casou com meu avô, Gershon (Gerzson) Eliezer Rubinstajn.**

Nascido em Wierzbnik, em outubro de 1900, Gershon era açougueiro. Ele e Rose tiveram três filhos, a mais velha sendo a minha mãe, Malka (Manya ou Mary), seguida um ano depois por sua irmã, Ida (Yita), e, depois, o irmão caçula Herszek (Herschel). Eles moravam na parte da cidade que, em 1943, seria palco da Revolta de Varsóvia, mas já tinham ido embora havia tempos quando do violento massacre. Gershon estava com problemas para encontrar trabalho, então, depois de uma conversa com o rabino (para quem os judeus devotos geralmente pediam conselhos sobre assuntos sérios), e apesar de a esposa estar indo muito bem como modista, em 1930, decidiram mudar-se com a família para 160 quilômetros ao sul, até Starachowice-Wierzbnik, onde os Rubinstein

* Todos os prisioneiros nos campos nazistas tinham números tatuados nos braços, mas isso era uma indignidade particularmente para os judeus porque é proibido na Torá: "Não deverás fazer marcas em sua carne pelos mortos, ou incisões de quaisquer marcas em si mesmos: eu sou o Senhor". Quando minha mãe falava da guerra, quase sempre apontava para o antebraço como se para dar vida à história. Ela, minhas tias e meus tios, todos tinham tatuagens. Como reflexo de tempos mais modernos, e uma espécie de reivindicação de identidade, suponho, meus dois filhos optaram por fazer tatuagens, o que sempre escondemos dela – mesmo quando Julian tatuou a Estrela de Davi no braço. Mas, àquela altura, acho que ela não teria se importado. O que realmente importava era que amava os netos e eles a amavam. Quanto a mim, nunca enfiei agulha nenhuma no meu braço. Já percebi como isso vicia. Depois que Jules fez duas tatuagens, para quebrar o feitiço nele, pedi que concordasse com uma moratória de um ano. Duas semanas depois, ele apareceu com um piercing no lábio, mas, ao menos, não era permanente!

** O sobrenome polonês original, mais tarde com a grafia alemã Rubinstein.

moraram e trabalharam num clã unido, e onde ele se juntou a sua mãe e a dois de seus irmãos trabalhando num próspero açougue. Lá encontraram um lar bom e estável; moravam no número 6 da Rua Kolejowa, numa casa pequena do outro lado dos trilhos do trem, e rapidamente passaram a viver como uma típica família de classe média de judeus ortodoxos do Leste Europeu. (Fiquei surpreso ao ouvir da minha mãe que só aprendeu a falar ídiche quando chegou lá; como residentes da cidade de Varsóvia, maior e mais sofisticada, basicamente só falavam polonês, mesmo uns com os outros.) Meu avô, um homem generoso, logo se tornou um respeitável líder comunitário, chefe de um *shtiebel** local, que sempre convidava forasteiros necessitados para jantar com sua família no *Sabbath*.

Starachowice era dividida em duas áreas distintas pelo Kamienna, um afluente do Vístula, o maior rio da Polônia. Era uma cidade industrial pequena, mas em franca expansão com suas minas e metalúrgicas, cujas fábricas, antes da guerra, produziam armas para o exército polonês. Já Wierzbnik era mais um *shtetl*, um tipo de bairro judeu formado principalmente por casas de madeira e onde 90% da população judia morava. Aquele riozinho dividindo a cidade já foi descrito como um símbolo do antissemitismo regional, separando os judeus do resto dos polacos; mesmo antes de os nazistas chegarem, já era proibido que judeus trabalhassem na fábrica de munições de Starachowice. Outro sobrevivente dessa cidade, meu primo Zecharia Grynbaum (Zachary Greenbaum), escreveu em sua autobiografia: "Os judeus e os gentios moravam juntos, suficientemente em paz, mas o ódio sempre esteve ali, ardendo nas profundezas". De fato, meu tio Harold lembrou que, assim que a guerra começou a se aproximar, os polacos de Starachowice foram ficando menos inibidos em demonstrar sua verdadeira face, se colocando em frente a lojas judias para desencorajar os moradores a fazer negócios com judeus "sujos".

* "Sinagoga residencial", uma capela modesta montada numa casa.

Em 1938, rumores de uma invasão alemã começaram a se espalhar; ainda assim, minha família, juntamente com muitas outras, não deu muito crédito a tais comentários. Como a maioria dos moradores da cidade, lamentavelmente foram pegos desprevenidos naquele dia de outono em que as forças armadas alemãs bombardearam e invadiram suas vidas, deixando-as em ruínas.

Numa tarde de sexta-feira, 1º de setembro de 1939, como era rotineiro, minha mãe e sua prima e amiga Miriam, ambas com 14 anos, tinham sido mandadas para Starachowice, do outro lado do rio, para comprar pão para o *Sabbath*. Elas deveriam voltar para casa antes de escurecer, mas ainda estavam a caminho quando as bombas começaram a cair. Soldados poloneses gritavam e se arrastavam enquanto pulavam nas trincheiras cavadas em preparação para um ataque assim – embora, como todos sabem, tenha havido pouca resistência –, e minha mãe e sua prima foram forçadas a se esconderem numa dessas valas. A batalha continuou por mais de um dia enquanto elas se abrigavam lá. Quando o sol finalmente raiou e a cidade parecia calma, elas rastejaram para fora da trincheira, em meio a muitos poloneses mortos e feridos, e começaram a caminhar de volta para Wierzbnik.

No trajeto, ouviram histórias a respeito de duas garotas judias que tinham sido mortas no ataque. Chegaram ao bairro onde moravam e encontraram as ruas desertas. Como minha mãe descreveu, "parecia que éramos as únicas pessoas caminhando na face da Terra". Elas foram de casa em casa, procurando suas famílias, quando finalmente abriram uma porta e encontraram seus pais, Gershon e seu irmão Josek (Yankel), recitando o *Kaddish* para as filhas desaparecidas. Sendo judeus ortodoxos, as mulheres não podiam rezar no mesmo cômodo que os homens, então, quando as garotas entraram na casa, seus pais as abraçaram bem apertado de encontro ao seus *tallitim* (os xales de oração) até que a prece terminasse e, depois, as levaram até suas esposas e irmãs para mostrar que ainda estavam vivas.

Em questão de dez dias, a ocupação começou. Um dos moradores, Yitzhak Edison-Erlichsohn, descreveu da seguinte forma: "O mercado inteiro estava repleto de soldados nazistas. No dia seguinte, começou a perseguição e a tortura aos judeus; sequestravam-nos para trabalhos forçados, davam-nos surras amedrontadoras, roubavam nossos pertences, e sofríamos com os risos e o deboche dos nossos vizinhos de milhares de anos – os polacos".

O país agora estava sob o rígido controle do Governo Geral da Alemanha, liderado pelo chefe da SS, Heinrich Himmler, que, em 1942, seria encarregado da "Solução Final" dos nazistas. Sob seu comando, as importantes fábricas de Starachowice se tornaram legalmente a Companhia Siderúrgica de Brunsvique, que pertencia ao conglomerado Reichswerke Hermann Göring.

Novas regras para os judeus foram rapidamente estabelecidas e violentamente colocadas em vigor. Numa mensagem sinistra para os cidadãos judeus de Wierzbnik, pouco depois do final do feriado de *Yom Kippur*, a sinagoga central da comunidade foi incendiada e reduzida a cinzas. As escolas agora eram proibidas para os judeus; havia toques de recolher, e um gueto foi criado para limitar ainda mais sua circulação. A degradação pública dos judeus se tornou a norma. A palavra em alemão para judeu, "*Jude*", foi pintada em todas as vitrines das lojas judias, e se tornou obrigatório que os judeus usassem em público uma insígnia amarela no formato da Estrela de Davi, ou amarrada com uma faixa no braço ou costurada na roupa.

A operação padrão dos nazistas durante a ocupação era ir de casa em casa, as armas em punho, remover todos os homens judeus adultos (ou outros indesejáveis) que fossem considerados uma ameaça em potencial ao seu comando. Ou os levavam até um local isolado e os assassinavam em massa à queima-roupa, ou os transportavam de trem até a prisão ou as câmaras de gás em Treblinka ou qualquer outro destino onde teriam o mesmo fim terrível. Esse foi o destino brutal do meu avô Gershon.

Minha mãe costumava nos contar, com culpa e arrependimento, que, antes de os alemães chegarem, o pai dela tinha pensado em fugir para a União Soviética, mas ela ficava tão atormentada com qualquer menção do pai deixar a família que ele abandonou a ideia e ficou na Polônia, se deparando com sua ruína. Foi uma dor que ela teve que carregar a vida inteira.

A SS bateu à sua porta no inverno de 1940, no meio da noite. Ordenaram que Gershon saísse da cama dizendo: "Levante-se, judeu imundo, você vem conosco". Quando minha avó ousou questionar o motivo, levou um tapa no rosto. Gershon, de apenas 40 anos de idade, foi o primeiro homem adulto da cidade a ser preso dessa forma. Ele foi levado em meio ao caos, ao choro e aos protestos de sua família. Minha mãe correu atrás deles. Ela conseguiu alcançá-los e agarrou o braço do pai, se recusando a soltar até que os soldados a agredissem e ela cedesse, ficando inconsciente, caída sobre a neve. Minha avó só a encontrou algumas horas mais tarde.

Ainda naquele dia, um policial que era amigo de Gershon informou a Rose que os presos seriam transportados de trem até a cidade de Radom naquela mesma noite. Minha mãe e um de seus primos fugiram de casa sorrateiramente e foram até a estação, onde encontraram os homens em fila, acorrentados, aguardando o trem. Minha mãe deixou o primo vigiando de uma distância segura para tentar chamar a atenção do pai. Ela chegou muito perto e tropeçou, caindo aos seus pés. Enquanto Gershon discretamente implorava para que a filha fugisse antes que fosse tarde demais, um soldado alemão se aproximou e apunhalou a mão dela com a baioneta, furando a pele em seu polegar (quando éramos crianças, ela nos mostrava a cicatriz) e ordenando aos gritos que saísse de lá.. Enquanto o primo a arrastava para longe dali, ela olhava para trás, para seu pai, que nunca mais veria.

À medida que as condições se agravavam, Rose lutava para saber o paradeiro do marido, até que descobriu que ele ainda estava vivo numa cela em Radom. De acordo com os registros da prisão, ele foi preso em 14 de janeiro de 1942, acusado de "distribuição ilegal de carne" e sentenciado a um ano e três meses de detenção. (A fome era um problema real nos guetos. Os alemães racionavam apenas 100 gramas de pão por pessoa por dia, portanto contrabandear comida era questão de sobrevivência. Sendo açougueiro, Gershon conseguiu organizar um esquema com amigos de fora do gueto, recebendo acesso a algumas vacas de um curral para ajudar a prover a comunidade. *Esse* foi o crime atroz que cometeu.)

Os registros também mostram que, em março de 1942, Rose e um advogado conseguiram autorização para ver Gershon. A família da minha mãe era quase toda loura e não compartilhava os muitos traços físicos típicos dos judeus (diferente de mim!), assim Rose podia se passar por polaca e escapar do gueto simplesmente removendo sua Estrela de Davi amarela.

Apesar de já ter cumprido cinco meses de prisão, a sentença de Gershon só começou oficialmente em 29 de maio de 1942 e foi marcada para encerrar um ano mais tarde, mas uma anotação e um carimbo nos documentos do presídio indicam que, em 18 de agosto de 1942, ele foi deportado, provavelmente para Treblinka, onde se encontrou com a morte. Fico pensando e tentando entender por que os alemães e a polícia polonesa sob seu comando adotaram um procedimento tão tortuoso para eliminá-lo, enquanto tantos outros foram mortos à queima-roupa por, digamos, vadiagem. A única resposta que tenho é que, nos primeiros dias da Solução Final, meu avô devia ter sido considerado um homem de certa importância em Wierzbnik, tanto que as autoridades sentiram a necessidade de uma documentação "legítima" do crime e de sua punição. Como sabemos pelos extensos registros da guerra, os nazistas tinham elaborado não apenas um sistema para prender e assassinar judeus, mas também uma rotina para manter arquivos documentando tudo. Nada como a banalização do mal.

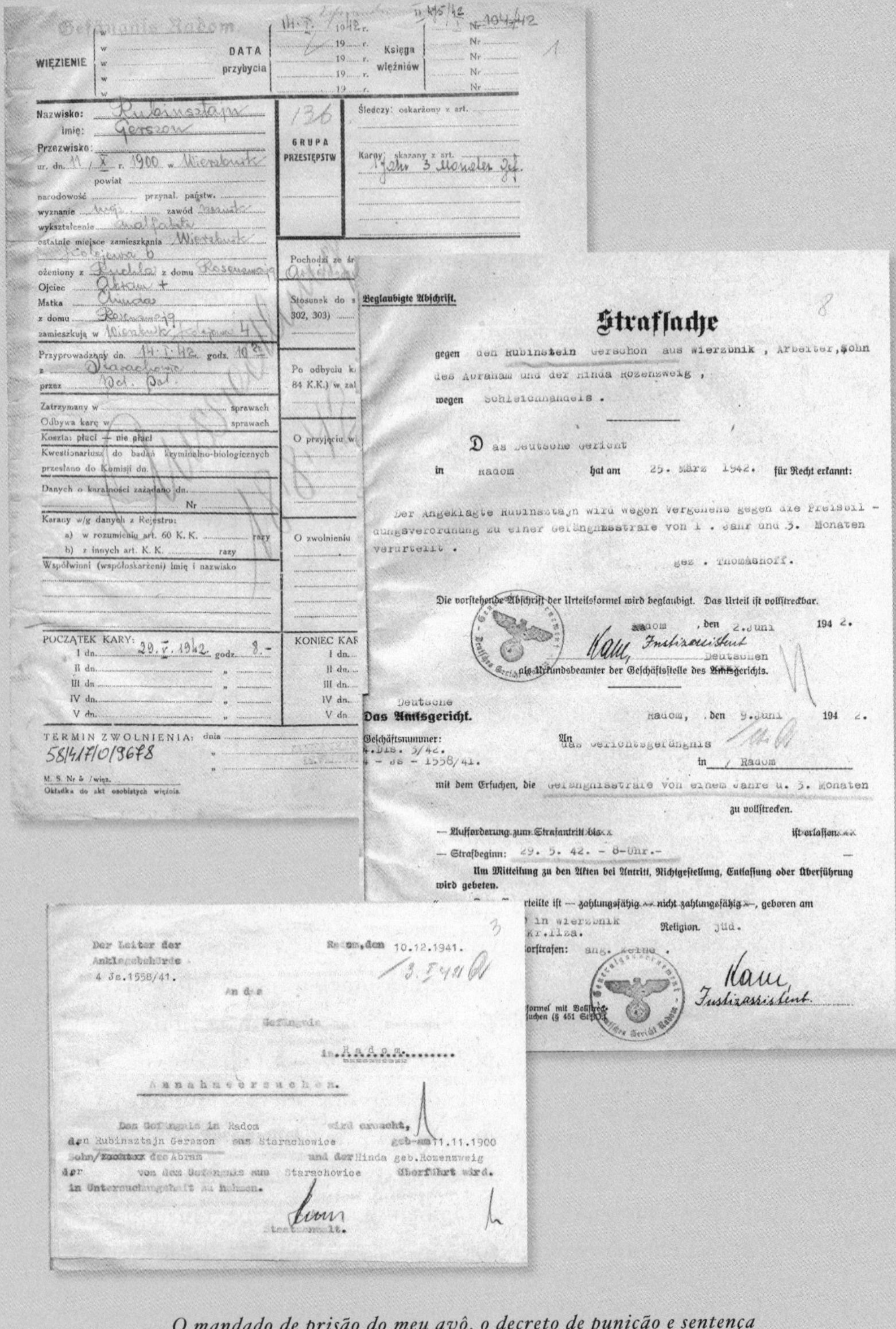

O mandado de prisão do meu avô, o decreto de punição e sentença e a ordem de deportação – resumindo, sua pena de morte.

A família não teve outra escolha a não ser seguir em frente sem seu patriarca. Semelhante aos judeus em outras cidades em toda a Polônia, eles agora estavam vivendo sob patrulha armada numa área pequena e superpovoada da cidade, chamada Gueto de Wierzbnik. Havia mais de 3.500 judeus locais e cerca de mil outros vindos de outras cidades, todos vivendo confinados em poucas vielas escuras e estreitas. Minha família ficou relativamente bem-acomodada, já que sua casa ficava na extremidade do gueto e eles tinham conseguido permanecer no próprio lar, embora apinhados com muitos outros moradores. O tratamento brutal, os tiros repentinos e os enforcamentos públicos haviam agora se tornado comuns. À medida que tentavam se adaptar a uma vida de medo, minha mãe loura removia sua estrela e saía do gueto com seu amigo Oscar, sem levantar suspeitas, para comprar um pouco de comida nos mercados da cidade.

Nos primeiros dias da guerra, uma organização foi criada pelos alemães e chamada de Judenrat, um comitê formado por judeus que atuava como agência administradora entre os alemães e a população judia de cada gueto. É claro, pela natureza de sua criação, seus poderes eram limitados, mas a Judenrat de Wierzbnik intercedia o máximo que podia, fosse oferecendo suborno para melhorar as condições de alguns ou obtendo permissões de trabalho para outros. Para os oficiais alemães corruptos, fornecer permissões de trabalho se tornaria um mercado paralelo próspero. Os membros da Judenrat eram providenciais em persuadir seus inspetores que se beneficiariam da máquina de guerra se construíssem campos de trabalho para abrigar os *Arbeitsjuden*, ou "operários judeus", próximo a metalúrgicas, olarias e fábrica de munições. Eles apostavam que, se tivessem sucesso, o plano poderia protelar o transporte de judeus para locais ainda mais mortais, como Treblinka.

No outono de 1942, de acordo com a política da Solução Final dos nazistas, os guetos judeus da Polônia começaram a ser extintos num processo que os alemães chamaram de *Aktion*: a SS reunia os judeus numa localização central e aqueles que eram jovens demais, pequenos demais ou velhos demais para trabalhar eram executados ali mesmo ou transportados para um dos campos de extermínio. À medida que a notícia se espalhava e o medo aumentava, alguns moradores pensavam em escapar para as florestas, enquanto outros, como a minha família, ainda estavam em negação, adotando a postura de "isso não vai acontecer aqui", pensando equivocadamente que, devido à importância da produção de munição e de aço em Starachowice, eles, de alguma forma, seriam poupados.

No amanhecer de 27 de outubro de 1942, uma *Aktion* chegou ao gueto de Wierzbnik. As pessoas foram arrancadas de suas casas com a SS gritando "Judeus, fora! Fora!" e ordenando que se reunissem na *rynek*, ou praça do mercado. Disseram para deixar seus pertences para trás, mas alguns já tinham escondido itens de valor no meio das roupas ou mochilas, enquanto outros pegaram as coisas que eram mais fáceis de levar. O pânico se instalou enquanto tiros rasgavam a noite, muitos de dentro das casas daqueles que ou eram lentos demais para sair, ou lentos demais para caminhar. No caos terrível daquela *Aktion*, qualquer movimento aleatório interpretado pelos soldados como resistência significava morte instantânea. Meu primo Chuna Grynbaum (Henry Greenbaum) certa vez descreveu como, naquela manhã, seu tio, foi assassinado em casa enquanto rezava.

Outro sobrevivente, e chefe da Judenrat de Wierzbnik, Simcha Mincberg, descreve aquela experiência terrível com as seguintes palavras:* "Aquele dia maldito, 27.10.1942, ficou gravado na minha memória como um dia sombrio e amargo, um dia de crueldade e matança... Judeus humilhados e torturados escoavam pelas ruas, os pés trôpegos e os rostos aflitos; homens, mulheres e crianças foram todos levados

* *Wierzbnik-Starachowitz, a memorial book* (Wiekzbnik, Polônia). Título em inglês de *Sefer Wierzbnik-Starachowice.* Editado por Mark Schutzman (Tel Aviv, 1973). Sem tradução em português.

ao ponto de encontro. Pouco depois, toda a praça estava tomada por cerca de cinco mil judeus, tanto locais quanto refugiados.

"O local estava cercado por brutos sedentos por sangue, liderados por Becker (*chefe de polícia*), que estava com uma pistola na mão. Dezenas de judeus, homens e mulheres, foram mortos naquele dia amaldiçoado, e seus nomes estão gravados neste livro *Yizkor*... Entre os que sobreviveram, alguns foram considerados aptos a trabalhar e enviados ao campo de trabalhos forçados na floresta, chamado 'Strzelnica'. O res-

Wierzbnik-Starachowice: gueto, fábricas e campos de trabalhos forçados. A casa da minha mãe ficava nos limites do gueto, próxima aos trilhos do trem.

tante, a maioria do nosso povo, foi levado para a estação de trem, onde embarcou em vagões da morte a caminho da aniquilação."

Das sete da manhã até depois do meio-dia, eles permaneceram em fileiras de cinco esperando para serem escolhidos para a primeira de uma série de "seleções" naquele dia. Os que receberam permissões de trabalho foram escolhidos primeiro e enviados para se perfilarem na extremidade mais longínqua da *rynek*, depois aqueles que pareciam fortes e com idade suficiente – geralmente, 12 anos ou mais– foram selecionados para se juntarem à fila dos operários. Após a seleção, seguiram em marcha e foram forçados a correr até o campo de trabalhos forçados de Strzelnica. Todos os judeus restantes, considerados incapazes – os idosos, os muito jovens e os enfermos – foram colocados numa fila do outro lado da praça e transportados de trem até as câmaras de gás de Treblinka.

O mesmo policial que conhecia meu avô arriscou a vida novamente para interceder em nome da minha família. Ele obteve permissões que os designavam para trabalho escravo – mesmo meu tio Herschel, que mal tinha idade para isso, recebeu uma e foi empurrado para a fila de trabalho. Prefiro acreditar que esse homem agiu pela amizade em vez de pelo suborno, mas, independentemente disso, sem dúvida alguma, naquele dia ele ajudou a salvar minha família. Essa seria apenas a primeira de muitas seleções excruciantes que eles teriam que enfrentar nos campos nos três anos seguintes.

De acordo com o livro de Christopher Browning, apenas em Wierzbnik, os alemães mandaram cerca de 1.600 judeus – 1.200 homens e 400 mulheres – para esses campos de trabalhos forçados e deportaram cerca de 4 mil para Treblinka. Como Browning explica, o fato de que mais de 25 por cento dessas pessoas não tenham sido assassinadas imediatamente era algo bem atípico para a SS na região; a taxa de deportação durante esses extermínios geralmente era de 90 a 95 por cento. É difícil saber se foi intencional ou um acaso do destino. Foi por causa da proximidade das fábricas e da demanda urgente por mais trabalho escravo? Foi o número de subornos recebidos em troca de permissões de trabalho? Browning sugere que a Judenrat conseguia subornar e manipular soldados e administradores alemães a pensar que era do interesse deles manter os judeus vivos e explorar seu trabalho. Seja lá qual for a explicação, na história do Holocausto na Polônia, o número de judeus sobreviventes da região em que minha mãe vivia é altamente anômalo.

Três campos foram construídos na área de Starachowice. As filas de trabalhadores eram divididas em dois grupos: um ia para um campo menor ali perto, conhecido como Tartak, que ficava localizado no terreno de uma serraria e uma madeireira já existentes; os outros prisioneiros eram enviados para Strzelnica, do outro lado da fábrica de munições em franca expansão, que produzia invólucros de bombas e granadas. Minha mãe, Herschel e minha avó, Rose, juntamente com sua tia Rachu e sua prima Miriam, mais duas irmãs dela, foram selecionados e enviados para um terceiro campo, Majówka, que ficava mais próximo da metalúrgica, do alto-forno siderúrgico e da olaria de Rogalin, enquanto a irmã de minha mãe, Yita, e seu tio Yankel permaneceram em Strzelnica.

Algumas cidades, como Ostrowiec (que incluía o minúsculo subúrbio de Gozdzielin, onde a família do meu pai morava), já tinham sido destruídas em outubro daquele ano. Ele foi um dos 110 jovens fortes poupados da morte e enviados para se unirem à mão de obra nos campos da vizinha Starachowice. E foi assim que, provavelmente, meu pai acabou conhecendo minha mãe...

Quando chegavam, sob pena de morte, os prisioneiros eram ordenados a entregar todos os seus objetos de valor e outros pertences. Era uma decisão dilacerante, já que a maioria sabia a importância do suborno dentro do campo. O tio da minha mãe, Yankel, por exemplo, ficou encarregado da cozinha graças a alguns subornos bem-alocados, embora ainda fosse revistado. Quando encontraram dinheiro com ele, apanhou até ficar à beira da morte. Ser muito grande e forte foi a única coisa que o salvou naquele dia, mas a surra que levou foi impossível de esquecer para os outros prisioneiros.

Minha mãe foi designada para fazer tijolos em Rogalin, não muito longe do alto-forno onde meu pai trabalhava, enquanto sua irmã e seu irmão pegavam no pesado na fábrica de munições e minha avó Rose servia comida aos alemães, levando as marmitas para os alojamentos e residências dos oficiais.

Esses adolescentes não tinham escolha a não ser se adaptarem rapidamente a uma vida trabalhando como escravos em condições deploráveis. Os campos foram construídos às pressas e, infelizmente, careciam de condições mínimas de higiene. Não demorou muito para que Majówka e, principalmente, Strzelnica se tornassem locais insalubres para se viver, infestados de piolhos e surtos de tifo; além das inúmeras doenças, um reino de terror e assassinato era comandado pelo sádico chefe de segurança do campo Bergen-Belsen, Ralf Alois "Willi" Althoff. O quanto esse cara era sádico? Bem, meu tio Herschel lembrava que, pelo menos uma vez por semana, Althoff escolhia um grupo de judeus só para fazê-los correr num grande círculo enquanto atirava neles aleatoriamente, como se praticasse tiro ao alvo. Durante um período de três meses no final de 1942, ele perpetrou tantos assassinatos em massa e ataques contra os doentes que a força laboral foi dizimada, e judeus de outras regiões tiveram que ser trazidos ao campo para manter a produtividade.*

No final do verão de 1943, Strzelnica apresentava condições sanitárias tão deploráveis que foi abandonado. Yankel e minha tia Yita se juntaram ao restante dos familiares em Majówka. A vida nesses lugares era como andar numa corda bamba mortal. Os prisioneiros podiam le-

* Depois que foi afastado do comando, em março de 1943, Althoff desapareceu, vivendo o resto de sua vida sob outra identidade. Ele nunca foi investigado, nem respondeu pelos seus crimes perante a justiça.

var um tiro ao bel-prazer de um soldado qualquer ou apanhar de um *Kapo** com um cassetete. Depois da guerra, Miriam contou como eram tratados: "Se não gostassem de você, ou até mesmo se não gostassem do seu olhar, simplesmente atiravam, como se você não fosse diferente de uma galinha".

Apesar dos riscos, o suborno era um método essencial para melhorar as chances de sobrevivência em todos esses campos, e os prisioneiros contrabandeavam zlotys poloneses ou qualquer outra coisa que pudessem esconder. Os mais abastados traziam joias e dinheiro (geralmente dólares americanos comprados no mercado paralelo) costurados no forro de suas roupas, atrás de botões ou enfiados no meio do pão. Comparados à maioria dos campos de concentração, esses ao redor de Starachowice ficavam próximos às antigas casas dos detentos, e há relatos de que alguns puderam contar com a ajuda de uns poucos amigos poloneses leais do lado de fora para contrabandear quaisquer itens de valor que houvessem deixado para trás.

ÀS VEZES, MINHA MÃE ia até a cozinha ver o tio Yankel, que gostava muito dela, e conseguia batatas extras. Mas a conversa se espalhou, causando ressentimento nos alojamentos. Com medo de que o marido fosse morto se as autoridades descobrissem, tia Rachu pediu que ela parasse de ir até lá.

Minha mãe e as amigas conheceram outros adolescentes nas brigadas de trabalho. Ela contava uma história de seu tempo trabalhando na área de carga com alguns homens em Majówka, quando um garoto polonês ofereceu um pedaço de pão. Desconfiada, ela recusou, mas ele continuou a procurá-la. Foi nessa época que também reparou num ga-

* Os detentos judeus que trabalhavam para a SS como policiais, supervisores, vigias de blocos ou administradores do campo em troca de tratamento preferencial. O sistema *Kapo* era uma parte integral dos protocolos nazistas de "dividir e controlar".

roto mais velho e forte que trabalhava no guindaste, carregando o ferro fundido de um lado para outro. Continuamente, seu olhar encontrava o dele, e ela presumiu que um rapaz tão forte deveria ser polonês, não poderia ser judeu. (*Ei, como assim?!*) Mal sabia que o cara forte também estava de olho nela e, um dia, ele apareceu com o garoto polonês para perguntar por que ela não aceitava o presente. Minha mãe ficou chocada ao saber que o rapaz não apenas era judeu, mas que era ele quem estava por trás das ofertas de pão. Muitos anos depois, ela admitiu para nós que, num primeiro momento, tinha se sentido bastante intimidada por ele. Afinal, ele era cinco anos mais velho, musculoso e muito bonito. Mas um romance estava nascendo, mesmo naquele lugar brutal.

(DA ESQUERDA PARA A DIREITA) *Meu pai com três de seus quatro irmãos: Icek (eu acho), Pinkwas e Shloima. Somente ele e Shloima sobreviveram.*

Seu nome, é claro, era Moczek (Moishe) Wajnryb, mais conhecido como meu pai. Ele nasceu e morou num vilarejo chamado Gozdzielin, a cerca de 30 quilômetros de Wierzbnik. Seu pai era Ahron Wajnryb; sua mãe, Chaja Sura Wajnryb, com sobrenome de solteira Cytrinbaum. Segundo todos os relatos, a família deles era a única judia de Gozdzielin e sofreu uma perda terrível durante a guerra: além do pai e da mãe, meu pai perdeu três irmãos e duas irmãs por causa dos alemães. Somente seu irmão Shloima (Sam ou Szlama) e ele sobreviveram aos campos, enquanto sua irmã Rose, como mencionei antes, conseguiu escapar totalmente do Holocausto emigrando para o Canadá antes da guerra.

Moishe continuou a fazer o que podia para melhorar um pouco a vida da minha mãe naquele ambiente cruel. Tentando garantir a ela um trabalho menos árduo, subornou um dos altos oficiais com um pouco de ouro que trazia escondido no sapato. Em seguida, ela foi designada para espirrar água no ferro quente com uma mangueira e, sempre que possível, ele ia vê-la no trabalho. Num desses encontros, revelou que tinha uma foto dela que havia sido dada a ele pelo irmão dela, Herschel. Nitidamente, meu pai estava muito apaixonado pela minha mãe.

Durante o tempo que passaram em Majówka, meus pais estiveram envolvidos numa tentativa de fuga. Um garoto que minha mãe conhecia, Alter, contou a ela que alguns prisioneiros iriam fugir e pediram que se juntasse a eles. Numa noite, ele veio buscá-la, mas Rose se recusou a deixá-la ir. Um cabo de guerra começou e minha mãe caiu e torceu o tornozelo. Incapaz de caminhar, ela só pôde assistir enquanto Alter e vários outros, incluindo o irmão do meu pai, Shloima, pulavam a cerca. Meu pai também iria junto, mas, quando viu que ela não estava acompanhando o grupo, hesitou, e foi naquele momento em que os tiros começaram. Ele conseguiu se esconder no barracão enquanto outros, incluindo Alter, foram mortos ou ficaram gravemente feridos. Tio Shloima foi um dos poucos que conseguiram escapar e se escondeu durante boa parte da guerra numa fazenda polonesa. Os feridos, contudo, foram arrastados de volta para o campo e, para servir de exemplo, foram deixados lá, sangrando até a morte diante de todo mundo.

O flerte continuou durante todo o encarceramento. É difícil acreditar que, sob tais circunstâncias horríveis, qualquer pessoa pudesse pensar em romance, mas devemos lembrar a idade que eles tinham e a resiliência da juventude, a necessidade de acreditar em alguma coisa além da morte iminente. E no que acredito que deva ser entendido como humor de sobreviventes, por anos meu pai brincou com a minha mãe dizendo que ela salvou a vida dele só porque torceu o tornozelo.

Com a proximidade do verão, os campos de Majówka e Tartak foram fechados. Minha família e outros prisioneiros sobreviventes foram levados para outro campo recém-construído no terreno da fábrica de munições. As tensões haviam se elevado durante a primavera, já que outros sobreviventes de Lublin chegaram, trazendo histórias do que tinham visto e ouvido ao longo do caminho: a confirmação dos rumores de câmaras de gás em Majdanek e Treblinka. Só posso imaginar o impacto que essas notícias devem ter tido neles. Como ficava cada vez mais óbvio que seu tempo em Starachowice logo terminaria, muitos tentaram fugir, mas foram mortos a tiros enquanto tentavam pular a cerca.

Então, na noite abafada de 28 de julho de 1944, os judeus sobreviventes, incluindo minha mãe, a família dela, meus primos e meu pai, foram empilhados e trancafiados em vagões de carga com apenas duas janelinhas, para percorrer o trajeto de 225 quilômetros até o campo de concentração Auschwitz-Birkenau. Os vagões estavam completamente lotados, principalmente o primeiro, que levava de 120 a 150 homens, entre eles o tio Yankel.

Tiveram que suportar uma viagem torturante de 36 horas sem água e, quando tentavam buscar espaço para respirar, surgiam brigas. No momento em que o primeiro vagão parou na estação de Birkenau, pouco antes do amanhecer de domingo, 30 de julho, cerca de 30 pessoas haviam morrido só naquele carro, incluindo Yankel. Depois da guerra, meu primo Chuna Grynbaum, que também estava lá, contou: "Eles nos amontoaram como sardinhas. Foi quando a confusão começou, com brigas durante o dia, todo mundo tentando pegar um pouco de ar por aquela janelinha, todos se acotovelando e ficando raivosos". Se morreram sufocados, desidratados ou pelas mãos de alguém, só podemos especular.

Entre 1940 e 1945, o complexo de Auschwitz-Birkenau compreendia mais de 40 campos e subcampos de extermínio. É difícil para alguém racional e com um coração completamente sadio conceber que tipo de mentalidade poderia imaginar e construir um local com o único propósito de exterminar seres humanos, e numa escala tão impensável. Obviamente, de forma alguma os nazistas viam judeus, ciganos e outros "depravados" como seres humanos.

O vagão que levava minha família parou em Birkenau, passou pelos portões principais de Auschwitz, onde, em ferro forjado, bem acima da entrada, estavam as palavras cinicamente pervertidas *Arbeit Macht Frei* ("o trabalho liberta").* Enquanto as pessoas eram retiradas dos vagões e desciam a rampa, o caos imediatamente se intensificou para um nível ainda mais terrível.

Minha mãe descreveu esse momento diversas vezes para nós. "Quando chegamos, ouvimos gritos e tiros, e mal conseguíamos respirar por causa da fumaça. Os guardas gritavam: 'Para a direita! Para a esquerda!'. Minha mãe e minha irmã foram para a direita, mas eu

* Não há espaço no meu livro para aprofundar a história perversa dessa frase (mas pesquise!). Basta dizer que ela estava nos portões de pelo menos quatro campos de extermínio nazistas – não apenas de Auschwitz, como popularmente se imagina.

fui para a esquerda. Minha mãe saiu da fila, mesmo que pudesse ter sido morta ali na hora, me puxou de volta para perto dela e de Yita e disse: 'Se nós formos, vamos as três *juntas*'."*

Logo seriam separados em campos por sexo, o que significava que minha mãe e meu pai não poderiam mais se ver. De acordo com os registros de recém-chegados, 1.298 mulheres e 409 homens foram levados para serem tatuados naquele dia, cada um com seu próprio número no braço.

Minha mãe agora era oficialmente a Escrava nº A14254. Dali em diante, os nazistas passariam a se dirigir aos prisioneiros somente por seus números, jamais por seus nomes, de modo a desumanizá-los ainda mais.

Depois disso, foram levadas como gado para tomarem banho. Havia um medo terrível de que, em vez de água, saísse gás Zyklon B das duchas, porque os prisioneiros agora estavam bem conscientes daquele *outro* tipo de "chuveiro". Minha avó espiava de um lado para o outro, vendo que pessoas estavam saindo do outro lado das duchas, então concluiu que estavam a salvo. Depois que se lavaram, foram levadas para que raspassem a cabeça e recebessem os uniformes listrados da prisão e os tamancos de madeira sem meias.

Considerando tudo o que já havia passado até esse momento, foi a perda de seu "lindo cabelo louro" que abateu minha mãe de vez. Foi a ferida em seu orgulho adolescente que a destruiu, e ela ficou histérica. Entre lágrimas, gritava: "Eu não *quero* ser libertada!".

"Minha filha querida", minha avó a consolava, "você tem uma cabeça e vai ter cabelo, tanto cabelo que vai ter que ir ao cabeleireiro de novo. Pode não ter hoje, mas, um dia, seu cabelo vai crescer".

---

* Os relatos dos sobreviventes e testemunhas oculares da chegada dos trens lotados de judeus vindos de Starachowice são estranhamente distintos a respeito do momento daquela primeira seleção, se ela aconteceu ou não imediatamente na chegada a Auschwitz ou nos dias que se seguiram. Meus familiares descreviam consistentemente que aconteceu logo no desembarque, mas é possível que seja um daqueles exemplos de memória coletiva ou compartilhada; no livro *Remembering Survival*, Browning repassa várias entrevistas com sobreviventes e registros de campos de concentração, e apresenta um argumento bastante convincente do porquê ele acredita que foi isso que aconteceu. De qualquer forma, não há dúvida de que essas seleções excruciantes realmente aconteceram, e mais de uma vez, durante o confinamento deles em Auschwitz.

Minha mãe costumava dizer para nós: "Nos campos, sua avó sempre sabia como conversar comigo e me acalmar. Ela foi minha salvação".

Elas ficariam em quarentena no "Campo dos Ciganos" por um tempo, antes de serem levadas para barracões em outra área daquele vasto complexo. Naquele primeiro dia, enquanto caminhavam até lá, com o cheiro de morte literalmente pairando no ar, teriam que enfrentar ainda mais uma injúria castigante. Nos alto-falantes, tocava uma canção folclórica alemã alegre chamada "*Arbeit macht dein Leben süß*", que significa "o trabalho adoça sua vida". Todas as manhãs, por todo o tempo que durou sua prisão neste campo de extermínio, essa música iria acompanhá-las enquanto caminhavam com dificuldade para executar seu trabalho forçado.

No que diz respeito à higiene, os internos na verdade achavam as condições de Auschwitz consideravelmente melhores em comparação à imundície em que viviam nos campos de Starachowice; ainda assim, a qualidade e a quantidade de comida eram outros quinhentos. Para alguns, incluindo minha família, a facilidade de praticar suborno em Majówka e a presença do tio Yankel na cozinha significava que havia mais comida disponível para eles e, assim, estavam menos desnutridos do que outros recém-chegados da Hungria e de outros lugares, o que lhes garantia uma probabilidade de sobrevivência levemente maior.

Minha tia Yita descreveu as rações escassas em Auschwitz da seguinte forma: "Éramos acordados às seis da manhã e havia uma chamada às seis e meia. O café da manhã era apenas água, depois éramos levados para trabalhar. Para almoçar, nos davam um pedaço de pão tão fino que chegava a ser transparente, e, para jantar, era sopa com água e legumes, como se fosse comida de cavalo". Contudo, minha família também contava histórias de um cozinheiro polonês que, por alguns dólares, contrabandeava porções de comida para elas.

Um dos momentos mais doces em Auschwitz foi quando minha mãe ganhou um par de sapatos, cortesia do meu pai. Ele havia subornado um dos guardas para arranjar um par, depois tentou repassá-lo para uma mulher que costumava caminhar perto da cerca entre os campos dos homens e das mulheres. Perguntou se conhecia Manya Rubinstein. Quando ela disse que achava que sim, meu pai pediu que levasse os sapatos para minha mãe. A mulher se recusou, achava muito perigoso, mas ele insistiu, sugerindo que levasse um de cada vez e ela, então, concordou. Escondeu um dos sapatos, levou até minha mãe e, algumas semanas depois, trouxe o outro. Minha mãe ficou maravilhada. Não apenas era uma mensagem de que Moishe ainda estava vivo, mas que ele estava pensando *nela*. Contudo, logo seriam todos transferidos novamente, e levaria algum tempo antes que soubessem o destino um do outro.

A fumaça que saía dos fornos parecia um lembrete diário de como agora era tênue a linha entre vida e morte. Durante seus quatro meses em Auschwitz-Birkenau, eles viveram o medo constante da próxima terrível seleção. As seleções aconteciam sem aviso, e era sempre o mesmo ritual horrendo de reunir todos e de separar um por um em duas filas: uma significava trabalho, a outra os levava para os chuveiros – o que significava, é lógico, o fim da linha. As posições dessas filas mudavam diariamente, assim os prisioneiros nunca sabiam se seria seu último dia na face da Terra ou não. Minha avó garantia que ela e suas filhas sempre ficassem na mesma fila, e a sorte as encontrava todas as vezes.

Entre as muitas ameaças e indignidades sofridas nas mãos dos nazistas em Auschwitz, e uma que quase matou minha mãe e a irmã dela, estava a coleta de sangue. Josef Mengele, conhecido historicamente como o Anjo da Morte, era o oficial médico da SS encarregado das seleções. Já assisti a vários vídeos com depoimentos de sobreviventes descrevendo-o como um homem bonito, de cabelos escuros, que ficava parado calmamente em meio ao tumulto dos prisioneiros que chegavam, de luvas brancas e apontando pessoalmente para cada alma triste que iria diretamente para a fila da câmara de gás.

Ele também conduzia os experimentos médicos em Auschwitz e era obcecado por experiências em gêmeos. Mesmo que minha mãe fosse um ano mais velha que a tia Yita, elas eram muito parecidas. Minha mãe nos contou: "Mengele achava que éramos gêmeas, e eu dizia não, não, não somos gêmeas! Ainda assim, ele coletava nosso sangue com muita frequência".

Minha tia confirmou a história: "Nos tiraram muito sangue, a cada dois dias, por cerca de um mês ou mais. Depois, ele dizia que podíamos ir, mas, quando nos levantávamos, caíamos no chão desmaiadas. Ficávamos tão fracas, ainda assim tínhamos que ir trabalhar de alguma forma".

Chegou ao ponto em que minha mãe já não se importava com mais nada e falou a seus captores num tom desafiador: "Por que precisam do meu sangue? Sou *judia*, vocês sabem. É sangue *judeu*!".

A resposta foi simplesmente "seu sangue combina com o sangue dos soldados".

Puro sangue ariano uma ova! Minha tia também conta que, quando estava por um *fio*, disse para o próprio Mengele em pessoa: "Não consigo mais aguentar isso".

Mengele se virou para ela e respondeu com frieza: "Para que *você* precisa de sangue? *Nós* é que precisamos". A conclusão era óbvia.

O complexo de Auschwitz-Birkenau foi libertado em 27 de janeiro de 1945, mas, quando os soviéticos chegaram naquele dia, encontraram o campo em silêncio e praticamente abandonado. Os milhares de prisioneiros que lá permaneciam, escondidos nos barracões, simplesmente tinham sido deixados lá para morrer. Mas para onde tinham ido todos os outros?

No final de 1944, os alemães já podiam perceber que os soviéticos se aproximavam, e o pânico se instalou entre a cúpula nazista. Enquanto tentavam desesperadamente destruir evidências do que tinha acontecido ali, os judeus e outros prisioneiros sobreviventes foram transportados às pressas para fora da Polônia e levados para campos dentro da Alemanha. Auschwitz não foi o único campo a ser evacuado repentinamente; o mesmo estava acontecendo por todo o *Reich* à medida que os Aliados fechavam o cerco. Trens abarrotados cruzavam o território alemão numa tentativa desesperada do regime nazista, já em franco declínio, de adiar o inevitável. Se não houvesse trens disponíveis, os pobres coitados eram forçados a marchar para o oeste, em direção à Alemanha ou a estações de trem mais distantes, às vezes por quilômetros; estima-se que essas marchas tiraram a vida de mais de 15 mil prisioneiros doentes e desnutridos. Minha mãe acredita que meu pai teve de encarar uma dessas marchas mortais. O irmão dela, Herschel, mal sobreviveu a uma durante quatro longas semanas, com 3.400 pessoas que saíram do campo de Buchenwald até Munique. Quando foram libertados, em 1945, restavam apenas 142 sobreviventes.

De acordo com minha tia, havia uma *Kapo* em seu alojamento, uma mulher tcheco-eslovaca que era muito rígida, mas que também tinha certo carinho por mães que lutavam para proteger suas filhas. Parece que ela percebeu que, a menos que fossem removidas dali, minha mãe e minha tia Yita não sobreviveriam à obsessão de Mengele por elas. Yita contava: "Ela não suportava nos ver sofrendo tanto quando voltávamos da coleta de sangue". Um dia, quando o trem chegou para transportar prisioneiros até o campo de concentração Bergen-Belsen, na Alemanha, apesar de se arriscar, essa *Kapo* garantiu que minha família não perdesse a chance.

Quando a minha mãe estava voltando para o barracão depois de alguma tarefa, a *Kapo* disse a Yita: "Vá ali fora, fique na praça e faça um sinal para que sua irmã venha até você". Quando Yita tentou acenar, um guarda alemão a agarrou pelo pescoço com violência, mas ela conseguiu se soltar e subir no trem com minha mãe. É de certa forma um alento saber que, em meio àquele inferno, ainda era possível haver um ocasional pingo de decência. Ainda bem, essa não seria a última vez que ficariam diante de alguma intervenção bondosa.

Em outubro de 1944, minha mãe, minha avó e a tia Yita chegaram a Bergen-Belsen, na Baixa Saxônia, Alemanha. Estabelecido como um campo para prisioneiros de guerra no ano anterior, foi convertido rapidamente em três subcampos menores à medida que a guerra seguia e a demanda por espaço aumentava: o campo de prisioneiros de guerra (*Kriegsgefangenenlager*), o campo de alojamento (*Aufenthaltslager*) e o campo de prisioneiros (*Häftlingslager*). Com a chegada diária de milhares de judeus e outros vindos de toda a Europa, logo as três instalações ficaram superlotadas.

Auschwitz tinha sido projetado especificamente como uma máquina de matar eficiente e sistemática; Belsen não era bem assim. Era um lugar onde essas pessoas desafortunadas basicamente eram abandonadas para morrer. As condições eram atrozes além do que se pode imaginar. Uma sobrevivente húngara, Alice Lok Cahana, também adolescente na época, disse simplesmente que "Bergen-Belsen era o inferno. Era o inferno... dia e noite".

Quando minha mãe chegou lá, o inverno estava se aproximando rápido. Já fazia frio e chovia, e elas foram forçadas a morar em tendas até que mais barracões fossem construídos. Depois de longas horas de chuva torrencial, acordavam em poças de água e cercadas por aqueles que haviam morrido durante a noite. Havia pouca comida; sobreviviam basicamente com um tipo aguado de sopa de repolho. (No Canadá, minha mãe costumava dizer que só o cheiro de repolho já a deixava enjoada.) Doença e inanição eram comuns. Dezenas de milhares morreram sob tais condições, e, no final da guerra, os alemães nem mais se davam o trabalho de enterrar os corpos, que se amontoavam por todo o campo. Minha mãe nos disse certa vez: "Naquele momento, parecíamos zumbis. Vivíamos e até mesmo dormíamos entre os mortos, às vezes levava três dias até que alguém os tirasse de lá. Depois, os corpos eram apenas empilhados do lado de fora. Estávamos entorpecidos, como se não tivesse restado qualquer sentimento". Eram histórias quase insuportáveis de ouvirmos quando crianças, mas minha mãe queria enfatizar o milagre que foi ter sobrevivido.

Na verdade, ela chegou a contrair um caso grave de tifo enquanto estava em Belsen e foi levada para o que chamavam de hospital, que não passava de outro barracão. Era assim em todos os campos: soldados chegavam a esses lugares à noite, removiam os doentes e atiravam neles – se não pudessem trabalhar, não tinham serventia alguma. Minha avó tinha feito amizade com uma enfermeira alemã que se ofereceu a avisá-la em quais noites os soldados viriam e, juntas, elas removiam minha mãe pela janela, levavam de volta para o alojamento e a escondiam na latrina. Na manhã seguinte, durante a inspeção, minha avó a apertava junto ao peito o máximo que podia, escondendo seu rosto de modo que não pudessem ver o quanto a menina estava doente; depois, a escondia sob o feno no assoalho do alojamento até escurecer. Então, levava minha mãe de volta ao hospital, onde, é claro, já não havia mais paciente algum. A doença foi tão séria que esse leva e traz durou mais de um mês.

Sem que minha mãe soubesse, enquanto lutava para sobreviver, tia Yita foi escolhida por um dos "comandantes" alemães (fiquei sabendo que os sobreviventes tendem a se referir a qualquer alemão com patente como comandante) para selecionar mais seis pessoas para um trabalho especial. Entre outros, Yita escolheu os primos. Num primeiro momento, ficaram brabos com ela, com medo da tarefa horrível da qual seriam encarregados, mas foram levados para uma sala para separar e consertar as roupas dos mortos e repassá-las aos vivos. Comparado aos trabalhos forçados exaustivos e, geralmente, pavorosos da maioria dos prisioneiros, esse era estranhamente são e tranquilo. Eles fizeram o que foi ordenado e até mesmo puderam escolher algumas roupas para si; e, no final do primeiro dia, o comandante lhes trouxe comida, incluindo sopa quente feita com arroz e leite para compartilhar com seus familiares.

Yita permaneceu naquele trabalho por semanas, mal acreditando na sorte que teve. No fim, descobriu que o *Kommandant* estava agindo motivado pelo desejo de secretamente fazer uma boa ação. Quando minha tia perguntou por que ele a estava ajudando, ele respondeu: "Tenho uma filha da sua idade, e você me lembra dela". Certo dia, quando viu Yita chorando, perguntou o que havia de errado, e ela respondeu: "Minha irmã está muito doente, com tifo, e tenho medo de que não vá sobreviver". Ele chegou a conseguir antibiótico escondido e entregou a ela. É muito provável que esse único ato de bondade tenha salvado a vida da minha mãe. De fato, minha mãe nos contava que acordou com uma picada, abriu os olhos e viu a enfermeira ao lado dela com um sorriso no rosto. Yita nunca soube o nome do comandante; os prisioneiros não podiam se dirigir aos alemães pelo nome, apenas pela patente ou por "senhor". Pouco após a libertação, esse raro homem, capaz de um gesto de decência, se matou com um tiro no rosto, em vez de encarar a justiça por aquilo de que, por vontade própria ou não, tinha feito parte.

Finalmente, em 15 de abril de 1945, o 63º Regimento Antitanque e a 11ª Divisão Armada do Exército Britânico adentraram os portões de Bergen-Belsen para libertar cerca de 60 mil prisioneiros que mal estavam conseguindo sobreviver. Minha mãe descreveu a cena para nós: "Eu estava trabalhando num depósito, empilhando madeira. Estávamos todos desnutridos ou doentes, e reparei por uma das janelas que os alemães estavam de pé, com ambas as mãos para cima. Cheguei a brincar com os outros por causa disso. 'Olhem!', eu disse, 'Agora estão saudando Hitler com *as duas* mãos'. Trabalhamos mais 30 minutos depois da nossa libertação porque não nos demos conta de que os britânicos haviam chegado. Quando nos disseram para sair e que estávamos livres, mal pudemos acreditar. Ficamos em choque. Achávamos que não havia mais ninguém vivo para nos salvar. Que outra explicação haveria para ninguém ter vindo antes?".*

* Quando contei esta história a Neil Peart, no começo dos anos 1980, ele e eu ficamos nos perguntando o quanto desesperançada uma pessoa deveria estar para acreditar que a única explicação para seu encarceramento interminável era que não havia mais ninguém vivo no mundo para salvá-los. Essa conversa levou à composição de nossa canção "Red Sector A".

A experiência de Yita foi bem diferente: "Quando os britânicos chegaram, eles me colocaram em cima do primeiro tanque. Enquanto os guiava ao redor do campo, eu estava tão feliz, foi o melhor dia da minha vida!".

Minha mãe continuou: "Quando saímos do depósito de madeira, os britânicos ficaram tão atordoados ao nos ver que não podiam acreditar. Ficaram lá, sentados, e, sabe, eles choravam. Não podiam acreditar no horror que viam. E, ainda assim, nós estávamos acostumadas àquilo tudo".

Há pouco tempo, assisti a algumas filmagens comoventes dessas cenas sobre as quais minha mãe falou. Isso me levou às lágrimas, e não pela primeira vez enquanto escrevo este relato. Os soldados britânicos *estavam* visivelmente devastados, muitos deles choravam copiosamente e estavam nauseados diante do que tinham encontrado. Eles forçaram os agora prisioneiros alemães a remover centenas de corpos jogados em pilhas ao redor do campo, levando-os dentro de caminhões até as covas coletivas, enquanto os agora prisioneiros recém-libertos gritavam e os amaldiçoavam numa Babel de idiomas.

"Mas os soldados também cometeram alguns erros", disse minha mãe. "Eles colocavam os nazistas nos caminhões, mas se esqueciam de revistá-los – alguns tinham armas escondidas e começaram a atirar nos inocentes. Assim, mesmo que a guerra tivesse terminado, alguns prisioneiros morreram *depois* que foram libertados."

"Os britânicos não podiam ter feito mais por nós. Nos deram comida, qualquer coisa que tivessem, doces ou algo assim, o que minha mãe nos proibiu de comer. Ela recolheu tudo e nos dava só um pedacinho por dia, o que foi muito inteligente da parte dela porque não estávamos acostumadas a esse tipo de comida. Muitos ficaram doentes por causa disso e, sem remédios suficientes para ajudá-los a se recuperar, alguns chegaram até mesmo a morrer. Portanto, até o último minuto, minha mãe continuou a nos salvar."*

* Tragicamente, dos cerca de 40 mil prisioneiros que morreram em Belsen entre os anos de 1943 e 1945 (incluindo uma de suas mais famosas prisioneiras, Anne Frank, e a irmã dela, Margot), mais de 13 mil prisioneiros estavam doentes demais para se recuperarem e morreram depois que foram libertados.

Honestamente, não consigo imaginar nem por um segundo onde encontraram forças e coragem para seguir em frente. Muitos sobreviventes, como minha própria família, se agarraram desesperadamente à fé para viver; o que me choca é que sua crença em Deus persistiu ao longo de todos aqueles seis anos de carnificina. Outros confiaram em sua própria resistência com uma mentalidade de sobrevivência do mais apto; outros, bem, esses simplesmente tentaram não sucumbir pelo maior tempo que pudessem. Meu primo Zecharia descreveu sua libertação da seguinte maneira: "Por causa de algum de milagre, eu sobrevivi. Deus faz milagres, mas este não foi um milagre de Deus. Sou um homem religioso, mas não sei onde Deus estava naquela época".

Por toda a minha vida, sempre que penso nas experiências horrorosas pelas quais meus pais passaram, sinto uma admiração imensurável por sua força e uma enorme tristeza pelo que tiveram que enfrentar. Também entendo por que tantos *filhos* de sobreviventes enfrentam dificuldades em suas vidas. Parece absurdo que o filho de um sobrevivente sinta culpa por alguma coisa com a qual não tenha nada a ver, mas isso é real. Entendo que viver à sombra de tanto sofrimento pode gerar emoções profundamente estressantes, até irracionais, e que algumas pessoas jamais consigam superá-las. Para encontrar felicidade na vida, tenho feito o melhor para me reconciliar com tais sentimentos por meio de terapia, autoanálise, aceitação. O modo mais saudável de lidar com isso, por experiência própria, é conversar sobre o assunto – então, sou grato pela minha mãe ter nos contado suas histórias à mesa de jantar; elas são prova de que o espírito humano supera adversidades terríveis, sem jamais esquecer aqueles que sacrificaram *tudo* para tornar a felicidade possível para mim e para aqueles que amo.

Como mencionei antes, os detalhes da sobrevivência do meu pai depois de Auschwitz são bem incompletos, mas acredito que ele tenha sido transferido ou marchado para longe na mesma época em que minha mãe foi mandada para Belsen. Por muito tempo, imaginei que ele tivesse ido parar naquele protótipo de campo de extermínio, Dachau, nos arredores de Munique, e minha irmã recentemente descobriu um papel no meio dos pertences da minha mãe que não apenas confirma essa informação como traz a lista de *todos* os campos em que ele ficou encarcerado, até sua libertação final, em 5 de maio de 1945; um total inacreditável de sete campos, o que torna sua sobrevivência ainda mais milagrosa: Starachowice, Auschwitz, Flossenburg, Landsberg (também conhecido como Kaufering, um dos onze subcampos que faziam parte do campo de concentração de Dachau), Buchenwald, Leipzig e Mauthausen. Ele nunca falou sobre como conseguiu sobreviver. Sou obrigado a presumir que foi devido a sua força física e capacidade de continuar trabalhando, mas seu corpo pagou um preço terrível, porque, depois da

MORRIS
CAMPS.
STARACHOWICE.
AUSCHWITZ
FLOSSENBURG
LANDSBERG
BUCHENWALD.
LEIPZIG
MAUTHAUSEN
this was dead March.
For months.
until LIBERATED.
MAY 5. 1945.

Este bilhete com a letra da minha mãe lista os lugares onde meu pai ficou preso. Por "dead March", "Marcha Morta", ela quis dizer "death March", "Marcha da Morte".

guerra, ele foi diagnosticado com um sério problema cardíaco, que custou sua vida quando tinha apenas 45 anos de idade.

Sabemos que, em algum momento, depois de sua libertação de Dachau naquela primavera, ele foi parar no campo de refugiados de Feldafing, a 32 quilômetros ao sul de Munique, na Zona Americana, onde, incrivelmente, esbarrou no irmão da minha mãe, Herschel. Todo dia depois daquele reencontro, eles checavam os murais onde eram publicados os nomes dos sobreviventes na Alemanha e em outros lugares na esperança de encontrar qualquer notícia de suas famílias. Foi então que meu pai soube que apenas ele e seu irmão Shloima haviam sobrevivido. Até que um dia, ali impressos em preto e branco, ele viu os nomes Manya, Ida e Ruchla Rubenstein. Inacreditavelmente, todas estavam vivas e residindo em Bergen-Belsen. *Aleluia, porra!*

Inicialmente, planejavam fazer a viagem de quase 600 quilômetros até Belsen juntos, mas Herschel precisava pegar suas coisas no lugar onde estava morando em Munique. Quando retornou para Feldafing, meu pai, impaciente e desesperado para se reunir com minha mãe, já tinha partido sem ele. Eles viajaram separados a pé e de trem em vagões de carga, com inúmeros outros sobreviventes em busca do restante de suas vidas.

Enquanto isso, minha mãe e a família dela estavam se recuperando no campo de refugiados de Bergen-Belsen – basicamente nos alojamentos dos soldados e oficiais, ao lado do campo de concentração. Ali elas ainda precisavam fazer fila para pegar comida, principalmente sopa nesses primeiros dias após a libertação. Durante aquele período, um policial chamado Leon ficou interessado na minha mãe. Ele dava atenção especial a ela e até mesmo trazia porções extras de sopa, e, quando percebeu que ela estava dividindo o quarto com outra família, conseguiu acomodações privativas para ela, Ida e sua mãe. Claramente, ele tinha *intenções*. Quando minha mãe disse que tinha namorado, mesmo que não soubesse onde ou se ele havia sobrevivido, o policial respondeu: "Bem, se ele não estiver vivo, então eu serei seu amigo".

Sempre que ela o encontrava, levava uma prima junto como acompanhante. Um dia, foram a uma festa com algumas pessoas da cidade natal de Leon, Ostrowiec – uma região que incluía a cidade do meu pai, Gozdzielin. Naquela festa, uma pessoa contou a Leon que tinha uma carta para alguém chamada Manya Rubinstein e que foi instruída a entregá-la somente em mãos. Depois de algumas idas e vindas, minha mãe arrancou a carta das mãos dele e saiu correndo, dizendo "eu a conheço, vou entregar para ela!".

(Na paranoia dominante daquela época, ninguém gostava de anunciar quem era. Todos os sobreviventes sofriam diferentes distúrbios de estresse pós-traumático – e alguns deles mantiveram hábitos estranhos até seus últimos dias de vida. Minha mãe, por exemplo, não tolerava portas destrancadas, mesmo se estivéssemos brincando bem ali, na frente de casa, porque tinha medo de que os alemães pudessem chegar e invadir. Ela sempre nos dizia "pode acontecer de novo!".)

Ela pegou a carta e, sem saber se continha boas ou más notícias, correu para ler a sós. Então, deu um grito e correu para casa para compartilhar a notícia incrível, mas estava tão enlouquecida que minha avó teve de dar um tapa nela para que se recompusesse. Finalmente, ela conseguiu falar: "Herschel e Moishe estão vivos e vindo ao nosso encontro!".

Alguns dias depois, apresentaram uma ópera no campo de refugiados. Enquanto caminhava com Yita, minha mãe viu alguém na multidão que achava ter reconhecido. Pediu que Yita chamasse seu nome, o que ela fez, mas não houve resposta. Continuaram até chegarem a um pequeno córrego que tinham que atravessar para chegar à ópera. Ela fez uma pausa e pediu à irmã que esperasse um momento. "Alguma coisa estava me atraindo para ir até lá e ver quem eram aquelas pessoas. Eu queria muito que fosse ele. Então, me aproximei e chamei alto, 'Moishe?', e ele se virou para mim. Era *ele*."

Embora minha mãe soubesse que Herschel também estava vivo e a caminho, quando o viu quatro dias depois da janela do segundo andar de seu alojamento, mal pôde acreditar que o irmão também estava ali, em carne e osso, e suas pernas ficaram bambas. Ela se dependurou tanto no parapeito da janela que minha avó teve que segurá-la para não cair.

Em 21 de novembro de 1946, minha mãe e meu pai se casaram no refeitório dos oficiais de Bergen-Belsen. O que tinha sido um salão cheio de perseguidores implacáveis e cruéis era agora um lugar repleto de amor, família e com a promessa de um novo futuro juntos.

A VIDA DEPOIS DA GUERRA

DEPOIS DE CASADOS, meus pais viveram juntos no Campo de Deslocados de Guerra. A Alemanha e a Polônia no pós-guerra eram lugares bombardeados, castigados, divididos em setores diferentes e controlados pelas polícias militares britânica, americana e soviética. Inevitavelmente, era uma terra sem lei enquanto pessoas devastadas tentavam se alimentar e recolher os cacos de suas vidas destroçadas pela guerra. Nesse período, meu pai, que tinha entrado no campo de concentração sem nada e saído com 10 dólares, tentou ganhar dinheiro vendendo joias com um amigo e se arriscando no mercado paralelo com o irmão; isso significava com frequência perambular pela Alemanha de carona, e sua ausência deixava os nervos da minha mãe em frangalhos. Até que ele foi preso e jogado numa cadeia em Celle, perto de Bergen-Belsen, e obviamente minha mãe ficou desesperada para tirá-lo de lá. Com sorte, quando ela chegou ao presídio, todos os guardas tinham saído para lidar com algum protesto grande que estava acontecendo em outra parte da cidade, deixando ninguém de vigia. Prender contrabandistas era uma ocorrência diária naquela época, e não se tratava de um assassino ou de um criminoso, por isso a segurança era frouxa e ela conseguiu libertá-lo.

Dessa vez, minha mãe disse "chega!" e ele abandonou o mercado paralelo. Depois, ficaram com tanto medo de que a polícia viesse buscá-lo para voltar à prisão que, quando lhes disseram que havia um apartamento vago em Wörth an der Donau, perto de Regensburg, a 450 quilômetros dali, eles agarraram a chance. Isso significava ter que deixar minha avó e o resto da família para trás, mas o melhor era ficar o mais longe possível daquela cadeia em Celle. É lógico que a polícia jamais apareceu. Em meio ao caos daqueles tempos, tinham que lidar com problemas maiores.

(ESQUERDA) *Minha mãe e meu pai posando para a foto depois do casamento, em frente à sua casa no alojamento do campo de refugiados de Bergen-Belsen.* (DIREITA) *Dá para imaginar um casamento num lugar desses? De alguma forma, minha avó conseguiu juntar material suficiente para fazer um lindo vestido de noiva para minha mãe.*

Meus pais ficaram revoltados com o fato de que os poloneses haviam traído os judeus tão prontamente, e tinham medo de como seriam recebidos caso retornassem para casa. Apesar de tudo, decidiram voltar para a Polônia para descobrir o que havia restado de suas casas e de suas posses – e, o mais importante, encontrar qualquer informação que pudessem sobre parentes desaparecidos. Eles pegaram carona com um grupo de pessoas – embora a ensolarada palavra "carona" disfarce o quanto essa foi uma jornada perigosa cruzando um território de desespero que ardia em chamas no pós-guerra. Assim que chegaram à Polônia, começaram a se dar conta de que as feridas da traição de seus antigos vizinhos poloneses ainda estavam abertas. Os sobreviventes que retornavam quase sempre eram recebidos com raiva e resistência por parte dos moradores locais, que alegavam terem ganhado ou comprado suas antigas casas – mesmo que, dentro de algumas delas, ainda houvesse os pertences dos proprietários originais. No final de tudo, a viagem foi dolorosa demais e houve muitos conflitos. Eles desistiram e deram as costas à sua antiga terra natal, jurando jamais falar a língua polonesa novamente.

A única coisa de valor que minha mãe conseguiu reaver foi uma foto do pai dela vestindo o uniforme do Exército Polonês na Primeira Guerra Mundial. Até hoje, é a única foto que ela ou qualquer membro da família tem do meu avô. Onde quer que morássemos quando eu era criança, eu via essa foto num lugar de destaque, e ela sempre esteve em evidência até o dia em que minha mãe morreu.

Com a ajuda da irmã do meu pai, Rose, que já morava no Canadá desde antes da guerra, finalmente meus pais decidiram emigrar. Tiveram que esperar mais dois anos, mas conseguiram os documentos de autorização para viagem e, na véspera de Natal em 1948, sob a neve caindo, chegaram a Toronto, Ontário. Começariam sua nova vida nessa terra estrangeira como Mary e Morris Weinrib.

(ACIMA, À ESQUERDA) *A vida na Alemanha pós-guerra: não conheço as circunstâncias exatas desta foto, nem quem eram essas pessoas, a não ser minha mãe e meu pai (à direita, no fundo), mas parece que estavam num cemitério. Os rostos sérios e os caixões de madeira aos seus pés nos dizem tudo o que precisamos saber.* (ACIMA, À DIREITA) *Meu tio Herschel Rubenstein e um primo não identificado (na última fileira), tia Yita Rubenstein, minha mãe (fileira do meio) e o rabino do campo, Dr. Tvi Helfgott (na frente), meu primo que celebrou a cerimônia de casamento dos meus pais.* (ABAIXO) *A única foto que restou do meu avô, Gershon Eliezer Rubinstajn.*

POSTSCRIPT

EM 1995, MINHA MÃE recebeu uma carta da associação de sobreviventes da guerra de sua cidade natal, a Wierzbniker Society. Era um convite para que ela e sua família participassem das cerimônias oficiais celebrando o quinquagésimo aniversário da libertação de Bergen-Belsen. Muitas cidades na Polônia tinham uma dessas associações criadas para ajudar seus antigos cidadãos e, principalmente, os sobreviventes do Holocausto. O grupo de Toronto é impressionante, porque se trata da maior comunidade de sobreviventes do Holocausto originários daquela região.

Então, um dia, meu telefone tocou e minha mãe estava do outro lado da linha. De um jeitinho bem acanhado, ela disse: "Recebi uma carta da Wierzbniker Society. Do escritório central, em Nova York".

"Ah, mesmo?", respondi. Silêncio no outro lado da linha. "*E*?"

"Bem, eles estão organizando uma cerimônia na Alemanha, em Bergen-Belsen, e estão convidando alguns sobreviventes para participar."

"Sério?", disse eu. "É algo que interessa a senhora?"

"Bem... ", disse ela. "*Talvez* eu pudesse ir..."

Comecei a rir e disse: "Ah, *talvez*? Mãe, a senhora está me pedindo para entrar em contato com eles? Me parece que quer *muito* ir".

Ela respondeu daquele típico jeito passivo-agressivo dela: "Bem, se *você* quiser ir, eu vou".

Dei outra risada. "Tudo bem, mãe, que tal eu ligar para eles e organizar uma viagem em família? Susie, Allan e eu, nós todos vamos com a senhora, o que acha?"

"Tudo bem...", disse ela. "É uma boa ideia. Certo, nós vamos."

Muito bem, Sra. Weinrib, muito bem.

O plano era pegar um voo até a Alemanha para a cerimônia em Bergen-Belsen e, depois, fazer uma excursão até a Polônia. Passaríamos alguns dias pesquisando as origens dela em Varsóvia, depois iríamos de carro em direção ao sul, parando na cidade natal de Starachowice, rumo ao campo de concentração de Auschwitz-Birkenau. A viagem terminaria perto de Cracóvia.

Minha mãe, surpreendentemente, parecia entusiasmada em retornar, mas também estava um pouco nervosa, e achei corajoso da parte dela fazer essa viagem. Meu irmão e eu concordamos em dividir a responsabilidade de gravar vídeos e áudios, reconhecendo esta como uma bela oportunidade para entrevistá-la sobre seu passado e registrar suas memórias para a posteridade – assim como entrevistar outros sobreviventes e militares que encontrássemos pelo caminho e que estivessem dispostos a falar.

Chegamos a Celle, a cidade mais próxima a Bergen-Belsen. Naquela noite, participamos de uma cerimônia no Schlosstheater. Lá conhecemos vários outros sobreviventes com suas famílias e um soldado britânico chamado Frank Chapman, que tinha vindo de sua casa em North Yorkshire acompanhado da esposa. Frank fez parte do primeiro

(ESQUERDA) *Minha mãe na entrada do campo* (DIREITA) *e com um de seus salvadores, o Sr. Frank Chapman, ainda assombrado pelo horror com que o Exército Britânico se deparou naquele dia em abril de 1945.*

batalhão de tanques que entrou no campo naquele dia extraordinário em abril de 1945. Era um cavalheiro, ficou emocionado em ver minha mãe e os outros enquanto contava histórias sobre as tarefas horrendas que sua brigada teve que encarar na chegada a Belsen. Sua esposa me contou que ele ainda tinha pesadelos com aqueles dias, e ela esperava que a viagem pudesse trazer algum tipo de cura tanto para ele quanto para as pessoas que ele tinha libertado. Posso afirmar que o rosto dele se iluminou quando minha mãe pegou as mãos dele e o agradeceu por ter salvado sua vida, e eu realmente espero que essa experiência tenha ajudado a tranquilizar sua alma atormentada.

Na manhã seguinte, nos reunimos com outros sobreviventes e suas famílias e fomos de ônibus até o campo para as cerimônias, inclusive com a presença do chanceler Helmut Kohl, que faria um discurso.

Quando eu digo campo, me refiro na verdade a um memorial, porque, já em 1945, as autoridades britânicas e alemãs decidiram colocar tudo abaixo. Cinquenta anos depois, restava pouco além dos montes

(ESQUERDA) *As covas coletivas de Bergen-Belsen na época e* (DIREITA) *cinquenta anos depois. Por mais difícil que possa ser olhar para a foto de 1945, ela é igual às imagens gravadas nas minhas lembranças de infância, e também nas dos meus irmãos, e deixa claro por que o gentil Sr. Chapman – cuja principal tarefa era operar as escavadoras – ficou traumatizado pelo resto da vida.*

das covas coletivas e placas em memória às vítimas. Na época da libertação, o motivo – ou mais precisamente, a *desculpa* – que deram para sua destruição imediata foi que havia muita contaminação por doenças, principalmente tifo; para a proteção de todos, o lugar foi incendiado até não restar mais nada. O tifo realmente foi uma ameaça aos prisioneiros do campo – minha mãe quase não sobreviveu a essa doença –, mas as coisas eram bem mais complicadas que isso. O real motivo provavelmente foi político. No final da guerra, o governo alemão (ainda que irrelevante) estava pressionando os Aliados a não permitir que tal lembrança vil do que havia acontecido em seu próprio solo permanecesse em pé, principalmente tão próximo da população local.

Contudo, os barracões e os alojamentos dos oficiais ainda estavam de pé e, enquanto nós almoçávamos numa das mesas compridas no grande refeitório, minha mãe fez um anúncio impressionante. Como se estivesse no meio de um pensamento, disse: "Sim, acho que foi neste salão que me casei... Sim, depois da guerra, moramos naquele prédio ali e, quando seu pai finalmente nos encontrou, logo nos casamos... bem *aqui*, *neste* salão. Tio Helfgott celebrou a cerimônia e fez com que todos os soldados britânicos deixassem o local durante o casamento".* Meus irmãos e eu ficamos em silêncio enquanto assimilávamos o que ela havia dito. Ali estávamos nós, almoçando, comendo um frango emborrachado no exato local onde meus pais tinham se casado, 49 anos antes.

Enquanto o almoço continuava, uma mulher com mais ou menos a mesma idade da minha mãe se aproximou e perguntou seu nome. Acontece que elas não apenas tinham vivido juntas no mesmo alojamento, mas dormiam *no mesmo beliche*. Lá havia beliches; minha mãe dormia no topo e a outra moça, na cama debaixo. Dormiam nove mulheres em cada estrado – em fileiras de três, a cabeça de uma encostada nos

* Hermann Helfgott (mais conhecido como Dr. Zvi Asaria), rabino-chefe da zona de ocupação britânica na Alemanha, era, na verdade, um primo, filho do irmão da avó da minha mãe (tente falar isso cinco vezes rapidamente!), mas eles o chamavam de "tio" por respeito.

pés de outra. Nossa prima Miriam, certa vez, descreveu como era: "Se uma pessoa se virasse na cama, *todas* tinham que se virar também. Dá para imaginar dormir amontoada desse jeito, tão espremidas sobre o estrado de madeira, com apenas uma camada de feno? Parecíamos sardinhas!". (A irmãzinha de dois anos de idade de Miriam e sua avó tinham sido ambas assassinadas pela SS no dia da *Aktion*, ao passo que, incrivelmente, ela viveu quase toda a guerra com suas duas irmãs e sua mãe no mesmo alojamento da minha mãe, minha tia e minha avó. Milagrosamente, todas sobreviveram a *três* campos de concentração e de extermínio diferentes juntas.)

Foi um dia solene que passamos ouvindo os discursos e perambulando pelos amplos montes gramados – o local de descanso de inúmeros homens, mulheres e crianças assassinados. Ficamos profundamente abalados, mas era hora de seguir para outro e possivelmente mais devastador destino: a Polônia de Manya Rubinstein.

No dia seguinte, chegamos a Varsóvia e um motorista simpático, que mal falava inglês, veio nos buscar. Minha mãe começou a conversar com ele fluentemente no idioma que tinha evitado por quase 50 anos. (Ela e meu pai geralmente falavam ídiche dentro de casa, então esse idioma nós entendíamos; eles só falavam polonês quando queriam conversar algo em privado ou quando minha avó nos xingava por nos comportarmos mal.) Foi ali que notei pela primeira vez que algo havia mudado nela.

Na Alemanha, ela parecia um pouco frágil e quieta, pesarosa pelo momento obviamente, e meus irmãos e eu tínhamos tomado todas as decisões com relação à viagem, desde o roteiro até a logística. Estávamos sendo seus *guias*. Mas, na Polônia, ela desabrochou. Já naquele primeiro dia, caminhando pela praça do mercado no centro histórico, podíamos ver como parecia animada por estar ali à medida que as lembranças da infância voltavam como uma torrente (mesmo que toda a praça hoje seja uma réplica da original, que foi completamente destruída durante a guerra). Embora estivesse ainda um pouco ansiosa, o efeito geral foi positivo e, de alguma maneira, ela se tornou a mais forte de todos nós; agora, era minha mãe quem lidava com os moradores locais, nos apresentando na recepção do hotel, fazendo o pedido nos restaurantes e dando as direções para nosso motorista – ao passo que nós voltamos a ser apenas crianças.

Ela ficou um pouco desorientada quando chegou a Starachowice. Afinal, haviam se passado 50 anos, e a arquitetura e a organização da cidade, é claro, tinham mudado. Mas logo se localizou e instruiu o motorista a seguir os trilhos do trem até onde costumava ficar Wierzbnik. Em questão de minutos, estacionamos em frente à antiga casa dela, que não apenas ainda estava lá, mas, incrivelmente, para ela parecia igualzinha como da última vez que tinha visto o lugar. Ela apontou para a janela de seu quarto, e meu irmão e eu saímos para tirar umas fotos e gravar alguns vídeos. Mas, tão logo saímos do carro, ela começou a gritar.

(ESQUERDA) *Veja esta modesta, aparentemente insignificante, casa em Wierzbnik, o lar da infância da minha mãe. Pode imaginar estar reunido ali com sua família quando, no meio da noite, soldados da SS invadem seu lar para levar seu pai embora?* (DIREITA) *Praça de Cracóvia. Falei para um morador local: "Está me dizendo que estamos a apenas uma hora de carro de Auschwitz e que ninguém sabia o que estava acontecendo? Sim, conta outra".*

(ACIMA, ESQUERDA) *A estrada para Auschwitz-Birkenau. As dimensões do terreno em si me deixaram chocado.* (ACIMA, DIREITA) *O portão pelo qual o trem superlotado carregou minha família até a plataforma de seleção.* (MEIO, ESQUERDA) *O que restou de uma das câmaras de gás.* (ABAIXO, ESQUERDA) *O barracão dos prisioneiros no setor das mulheres no campo de concentração que minha mãe chamou de casa por três meses antes de ser enviada para Bergen-Belsen.* (ABAIXO, DIREITA) *Dentro do barracão, onde dormiam nove mulheres num único estrado "como sardinhas".*

"Voltem para dentro, não é seguro! Alguém pode atirar em vocês!"

Se a reação dela pareceu extrema, é preciso lembrar que, na última vez em que havia estado ali, a Europa estava devastada e ardendo em chamas, enquanto os sobreviventes encaravam a realidade de que haviam se tornado cidadãos sem um país. Só em junho de 1945, onze judeus foram assassinados por poloneses residentes de Starachowice quando tentaram retomar a posse de suas propriedades. A traição do povo polonês jamais seria esquecida. Nem os moradores locais se importavam em ser lembrados disso novamente. Essa foi nossa primeira viagem para lá, mas muitos outros judeus já tinham retornado antes de nós em busca do passado perdido, e alguns poloneses mais velhos entendiam isso como bisbilhotice. No curto tempo em que estivemos lá, embora tenhamos sido recebidos com gentileza, nossa presença provocou mais de um incidente com bêbados nos importunando, até mesmo nos memoriais, despejando palavras de ódio contra nós, judeus. Não é surpresa que muitos sobreviventes desistiram e deram as costas à sua terra natal para sempre.

Não permanecemos muito tempo em Starachowice; continuamos rumo ao sul, até Cracóvia e nosso próximo destino, Auschwitz-Birkenau. Foi uma jornada que, posso te dizer, nos encheu de pavor. Fizemos o melhor para manter o astral elevado pela minha mãe, mas, quando chegamos lá, o ar parecia pesado.

Enquanto cruzávamos aqueles portões debaixo da infame frase *Arbeit Macht Frei*, todos ficamos arrepiados. Minha mãe olhava para o chão com frequência; os olhos se enchendo de lágrimas. Ela tentava se localizar, mas as instalações lá eram um pesadelo de desorientação: cabines de exibição repletas de quantidades imensas de óculos, próteses, malas e outros pertences, e fotografias com imagens que ninguém jamais conseguirá esquecer. Seguimos os trilhos do trem e vimos a rampa construída junto a eles, onde todos os recém-chegados enfrentavam a primeira seleção. Depois, abrimos caminho até o setor de alojamentos, onde minha mãe tentava lembrar em qual barracão tinha vivido durante aqueles quatro meses em 1944. Finalmente, seguimos até as câmaras de gás bombardeadas e os fornos que ainda estavam de pé. Um grupo de uma escola de Israel caminhava solenemente à nossa frente.

Diante das circunstâncias, minha mãe aguentou firme. Lentamente voltamos para o carro e seguimos em direção a Cracóvia – bem na hora, devo dizer. Eu estava precisando muito tomar uma bebida forte e tenho certeza que meus irmãos também (e, provavelmente, você também neste momento). Cracóvia é uma cidade linda, antiga e surpreendentemente descolada, repleta de estudantes universitários, e perambular por suas ruas medievais e ouvir a música pulsante que vinha dos clubes e dos bares nos porões foi um bálsamo para a alma. Em pensamento, ergui um brinde:

"*L'chaim!* À vida!"

Mas devo deixar as últimas palavras deste relato para minha mãe. Quando estávamos ao lado dela, no campo de concentração em Bergen-Belsen, ouvindo o discurso do chanceler Helmut Kohl, ela disse para nós três: "Enquanto ouço esses discursos, me dei conta, talvez pela primeira vez, de que, na verdade, fui eu quem venceu a guerra. Ainda estou aqui, em solo alemão, com meus três filhos, e os nazistas estão todos mortos. Eu só queria que minha irmã e meu irmão tivessem vindo conosco para o evento, teria feito bem a eles!".

Depois de 50 anos, ela havia triunfado. Isso, sim, que é conclusão.

CAPÍTULO 4

A primeira foto conhecida em que apareço tocando violão: verão de 1966, numa visita a Detroit, impressionando meus primos com "For Your Love" (e minhas novíssimas botinas dos Beatles). Tem como ser mais cool que isso?

ANTES DE PERDER MEU PAI, EU ESTAVA dolorosamente consciente de que era um garoto nerd muito solitário. Você vai se lembrar do ano de luto e do isolamento que isso me trouxe, que só aumentou minha angústia e reduziu ainda mais as chances de deixar de ser essa persona solitária, mas, se há uma coisa que se pode dizer sobre as regras judaicas do luto, é que são absolutamente práticas. Eu tinha cumprido meu dever e, embora fosse agora um garoto de 13 anos passando por emoções radicalmente conflitantes, fui formalmente encorajado a retornar à terra dos vivos. Minha mãe sabia que eu tinha sido bonzinho o suficiente por recitar o *Kaddish* três vezes ao dia sem reclamar muito e permitiu que eu andasse com meus amigos e voltasse a ter algum tipo de agito. Em junho de 1966, com o fim do ano letivo, eu ainda estava inconsolável por causa da minha perda, mas me sentia um pouco impaciente para entrar na sociedade adolescente.

Pode imaginar o quanto foi alienante aquele ano sombrio e cerimonioso para um garoto de 12 anos que só queria experimentar o gostinho do rock n' roll? No meu ano de luto, nenhuma música era permitida dentro de casa (nem mesmo como estudo). Às vezes, eu escutava música nas lojas ou no carro de alguém, e o rádio sempre estava ligado ao fundo da loja, que minha mãe passou a administrar sozinha, mas, quando emergi daquele período, ainda era um peixe fora d'água. Não conhecia nenhum dos hits do momento, tinha perdido contato com as minhas bandas favoritas e, infelizmente, parecia fora de sincronia com meus amigos e colegas de escola. Eu estava envergonhado e louco para me atualizar.

Aquele ano de frustração tinha me deixado com fogo no rabo. Fiquei obcecado por comprar discos, a maioria compactos, gastando tudo o que ganhava com meu trabalho na loja: "Oh, Pretty Woman", de Roy Orbison; o clássico dos Yardbirds, "For Your Love"; "Down in the Boondocks", de Billy Joel; e "Pay You Back with Interest", do The Hollies, direto do álbum *Stop! Stop! Stop!*, que foi um dos meus primeiros discos favoritos. Nesse meio-tempo, minha mãe tinha começado a vender discos, principalmente lançamentos mais antigos que comprava com desconto no atacado, mas, às vezes, eu encontrava no cesto um Motown ou alguma preciosidade pop (desde antes de minha voz mudar, sempre me senti atraído pelas vozes de Aretha Franklin e das Supremes; gostava do alcance delas e ficava viajando nas notas na minha cabeça). Me lembro de ter ficado embasbacado com a capa de *Are You Experienced*, com a foto de Jimi Hendrix, Noel Redding e

Mitch Mitchell com o efeito da lente olho de peixe emoldurada por um amarelo-ouro exuberante e aquela fonte púrpura psicodélica fabulosa. Eu ia até a casa de um amigo que morava no fim da rua para colocar meu compacto *Surfer Girl*, dos Beach Boys, no toca-discos: canções como "Little Deuce Coupe" e "In My Room" eram as minhas favoritas, a última mais ainda porque foi com ela, naquele porão, pela primeira vez na minha vida, que beijei uma garota enquanto dançávamos música lenta.

Meu vizinho Terry Kurtzer contou que estava vendendo o violão dele. Havia palmeiras pintadas de ambos os lados da boca do instrumento, o que era meio esquisito, mas a ideia de ter meu próprio violão de verdade me parecia extremamente *cool*. Implorei à minha mãe para me dar dinheiro para comprar e, surpreendentemente, ela topou – mesmo que estivesse com um pé atrás. Gostaria de poder lembrar o que me fez achar que eu seria capaz de aprender a tocar violão, mas tudo que sei é que eu *realmente* queria muito. Depois que comecei a dedilhar e tirar um som, fiquei empolgado ao descobrir que conseguia reproduzir as primeiras notas de "Oh, Pretty Woman". Me esforcei para aprender mais alguns acordes e logo consegui tocar parte de "For Your Love" de ouvido (não fique impressionado demais; essa música tem basicamente quatro acordes!). Depois que comecei, não parei mais.

Minha primeira banda era formada por alguns garotos do bairro. Ensaiávamos no quarto do meu amigo sem amplificadores – eu tocava violão. Até que a mãe do baixista decidiu que não queria que ele andasse com a gente, um bando de degenerados. Ninguém queria assumir o baixo, então tiramos no palitinho e eu "venci". Na verdade, por mim estava tudo bem – para começo de conversa, tinha menos cordas, e eu não tinha progredido muito com seis –, mas, infelizmente, eu não tinha um baixo. De novo, apelei para minha mãe e esgotei a paciência dela para me adiantar a grana do meu salário na loja.

Com os 35 dólares que ela me emprestou, comprei um baixo elétrico todo preto da marca japonesa Canora. Eu não tinha aprendido a tocar muita coisa no violão, a não ser alguns acordes, e nunca tinha tentado fazer um solo, mas aprendi rapidamente esse novo instrumento e fiquei obcecado por isolar as partes de baixo de qualquer música que eu escutava. Comecei a praticar no instrumento *pra* valer, comprava mais e mais discos e ouvia sem parar, determinado a me tornar o melhor músico que eu pudesse. Eu tinha que conhecer *todas* as bandas, as músicas mais bacanas e as mais obscuras, e me conectar com todos os outros garotos que soubessem tocar. Além da música ser a única coisa que despertava meu interesse, foi a rota mais rápida para ser aceito pelos meus pares, sem falar na melhor maneira de ser notado pelas garotas do sétimo e do oitavo anos. Eu levava tudo aquilo *muito* a sério. Na verdade, antes de começar a escrever este livro, não tinha me dado conta de como levava a sério e como, naquele ano, abandonei meu lado nerdola de vez e criei calos.*

Naquela época, Shutty e eu saíamos juntos com frequência e íamos a shows, a maioria na North York Centennial Arena ou no YMHA local. Assistimos a bandas excelentes, como o Kensington Market; The Paupers, cujo baterista, Skip Prokop, mais tarde foi um dos cofundadores do Lightouse, e cujo baixista, Denny Gerrard, nós dois idolatrávamos; e Mandala, um grupo de blue-eyed soul com o cantor George Olliver e o guitarrista de Toronto Domenic Troiano, que fez certo sucesso no Canadá com o single "Opportunity". Troiano era uma lenda local com seu som funkeado e agudo de Telecaster.

* Os calos podem ser a medida de quanta seriedade se tem como músico: naqueles primeiros dias, pressionar as cordas grossas do baixo machucaram tanto as pontas dos meus dedos que havia dias em que eu mal conseguia tocar – e isso piorou quando soube que John Entwistle e Chris Squire usavam cordas *roundwound* e, então, comprei o mesmo tipo para o meu baixo. Tentei colocar esparadrapos nas pontas dos dedos, mas isso deixava o som abafado; tentei usar aquela coisa que imita pele, Nu Skin, mas não deu certo. No final, não havia nada a fazer a não ser tocar com dor mesmo até que os nervos ficassem entorpecidos e a pele criasse calos duros com sulcos onde as cordas se encaixavam. Depois, ao voltar para os ensaios intensivos após uma pausa, notei que os calos tinham amolecido e que eu teria que passar por todo aquele processo novamente. Somente depois de muitos anos de abuso, meus dedos perderam a sensibilidade permanentemente – e eu podia até mesmo atravessar alfinetes nas pontas deles para entreter o pessoal nas festas.

Todos os jovens músicos precisavam de algum ídolo local em quem se inspirar e, numa cidade com muitos guitarristas estupendos, ele se destacava imensamente como pioneiro e um dos grandes guitarristas de funk-rock. Sua reputação ultrapassou as fronteiras do Canadá quando ele assumiu o lugar de Joe Walsh no James Gang, no subestimado álbum *Straight Shooter*, e, depois, se juntou ao The Guess Who.

Meus amigos e eu, "hippies de final de semana", costumávamos pegar o ônibus até Yorkville Village no centro para circular entre os hippies *de verdade*. Na época, o lugar era o equivalente em Toronto ao Haight-Ashbury, em São Francisco, com uma porção de clubes e cafeterias, como o Riverboat, o Gaslight, o Mynah Bird, o Penny Farthing e o Uppercrust, onde dividíamos uma baguete e um bule de chá pelo máximo de tempo que podíamos, tentando parecer descolados e esperando esbarrar em nossos ídolos locais.

O pai de um dos meus amigos abriu um restaurante numa ruela próxima a Yorkville, chamado Cabbage Roll, onde meu amigo e eu trabalhamos lavando pratos. Nos intervalos, fumávamos cigarros num beco dos fundos, tentando fazer amizade com os hippies – um grupo bem mais velho, mas isso não importava para nós. Um clube de rock chamado The Flick compartilhava o mesmo porão que o restaurante, e me lembro de entrar escondido pela porta dos fundos numa tarde qualquer para olhar o equipamento de uma banda chamada Stitch in Tyme, que estava montado num palco baixo.* Fiquei lá, impressionado com os amplificadores que reluziam na penumbra, só pensando: *É isso que eu quero fazer...* Aquilo era um sonho!

* Era uma banda psicodélica que tinha um hit no Canadá com uma cover de "Got to Get You into My Life", dos Beatles. Mais curiosidade de pub: originalmente, eles se chamavam The Golden Earring, mas tiveram que trocar de nome porque souberam que havia uma banda holandesa chamada The Golden Earrings – que também mudou de nome quando eliminou o "The" em 1967 e o "s" em 1969!

Denny Gerrard, do The Paupers (retratado aqui no Monterey Pop Festival, em 1967), foi meu primeiro ídolo do baixo. Depois que Steve e eu o vimos tocar, decidimos aprender a tocar baixo. Eu persisti com aquele pedaço de madeira de quatro cordas; ele optou pelos tacos de hóquei. Boas decisões!

É VERDADE ou não que, às vezes, do caos surge a ordem? Faz a mente se concentrar. Em retrospecto, posso ver que o baixo sempre esteve, como dizem, no meu sangue e nos meus ossos. Ouvindo o rádio do carro dos meus pais a caminho do trabalho, era quase sempre a linha de baixo, geralmente em canções da Motown, como "In the Midnight Hour" e "My Girl", que me levava a gostar de uma determinada música. (Eu também costumava batucar no painel do carro. O rádio minúsculo simulava a vivacidade da caixa da bateria, enquanto bater as mãos no painel oferecia aquele grave extra que o AM não trazia. Eram tantos garotos que faziam isso que tenho certeza de que parte da bateria que se ouve nos discos dos anos 1960 e 1970 era uma recriação subconsciente desse som. Ouça os sons de caixa que Bill Szymczyk costumava obter quando produzia os álbuns dos Eagles e me diga se ele não estava canalizando essa mesma lembrança nostálgica!)

Enquanto isso, minha mãe estava se revelando uma mulher de negócios forte e altamente capacitada. Apesar do fardo que carregava sozinha, transformou a loja num negócio tão próspero que logo comprou o prédio da antiga Canadian Tire, que ficava a algumas quadras de lá, ocupou metade do imóvel com a loja e alugou a outra metade. Temos que tirar o chapéu para ela; minha mãe tinha esse espírito de sobrevivência, era inteligente e não tinha medo de arriscar, mas é claro que significava um peso para ela o fato de que eu estivesse mais interessado em rock do que na escola. A ironia de que o filho, sem saber, estava seguindo os passos musicais do pai com certeza a deixava encucada.

Eu estava imerso no mundo da música: imitava os artistas que adorava, sonhava com nada mais a não ser fazer parte de uma banda e escapar daquele lugar contaminado pelo luto que nosso lar tinha se tornado. Comecei a ouvir bastante muitas bandas de São Francisco, como Grateful Dead e Jefferson Airplane – por causa de Phil Lesh e, principalmente, de Jack Casady, cujo som e criatividade me deixavam embasbacado: eu adorava sua tendência ousada de ir construindo suas próprias melodias dentro de uma música, com um toque de bom gosto para temperar tamanha audácia. Eu gostava de músicos como Paul Samwell-Smith, dos Yardbirds, mas, às vezes, parecia o exagero dos exageros aquele som grave e a relutância em dar um passo ousado além da seção rítmica. Paul McCartney era o melhor de todos – suas notas se destacavam mais melódica e inventivamente, assim como os primeiros baixistas da Motown, como James Jamerson –, mas foi só depois de ouvir Casady e Jack Bruce, do Cream, que passei a ter uma noção diferente do papel que o baixo poderia ter, assumindo um som mais encorpado, sombrio e autoritário, dominando a atenção do jeito que se espera de um guitarrista solo, só que no subespaço do espectro do áudio. Dali em diante, eu sempre ia atrás de músicos como Casady, Bruce, John Entwistle e Chris Squire, treinando meu ouvido para escutar esse som, sintonizá-lo e, de certa forma, me apropriar dele.

Logo passei daquela banda no quarto para outra, com meu amigo baterista Burd – o mesmo cara que me apelidou de "Geddy". Despertados pela imaginação hiperativa dele, chamamos a banda de vários nomes psicodélicos vanguardistas, incluindo The Dusty Coconuts (Os Cocos Empoeirados), The Aqua-Lined Dimension of the Mind (As Dimensões Mentais Cercadas Por Água) e The Blueberry Hyena Underwater (A Hiena-Mirtilo Submersa). O que você esperava? Sou cria dos anos 1960, cara! Isso aconteceu durante aquela fase de queimar incenso e até mesmo de "meditar" ouvindo nossos discos. Éramos uns esquisitos suburbanos que queriam ser hippies, fãs de Frank Zappa e abertos a coisas estranhas como The Fugs e Sky Saxon and the Seeds. Eu adorava rock mais pesado, mas achava canções do Fugs, como "C.I.A. Man" e "Kill for Peace", ousadas, relevantes e engraçadas. (Preste atenção à letra de "Wide, Wide River", com eles cantando "*river of shit*" – "rio de merda" – numa harmonia em três vozes!) Esses caras podiam surpreender com sua habilidade melódica em canções como "Morning, Morning", mas como um adolescente não adoraria uma banda que xingava e protestava contra "o sistema" nos álbuns? Pense naquela época, quando até mesmo os canadenses foram afetados pelo movimento antiguerra dos Estados Unidos pós-Kennedy. Os caras que fugiam da convocação para a Guerra do Vietnã vinham para o norte e se estabeleciam anonimamente por todo o país, e nós, adolescentes, queríamos nos identificar com esse movimento, nos expressar, mesmo que não compreendêssemos todo o teor da situação (Burd e eu éramos tão fãs do Fugs que, em outubro de 1968, fomos vê-los no Massey Hall, em Toronto. Tuli Kupferberg ficou por lá depois do show para conversar com alguns dos fãs na primeira fila. Meus olhos brilhavam enquanto eu conversava com um verdadeiro rockstar, mesmo que um rockstar improvável e consideravelmente obscuro. Ele ficou tanto tempo lá respondendo às nossas perguntas que o resto da banda foi embora sem ele, e Burd e eu tivemos que ajudá-lo a chamar um táxi na rua. Sua natureza generosa nesse meu primeiro contato com a fama deixou uma impressão duradoura em mim.)

Por meses, Shutty, um dos primeiros amigos que fiz fora do meu "gueto" judeu suburbano, ficou insistindo para que eu conhecesse certo garoto louro que ele conhecia – alguém que eu já tinha notado na escola com aquele sorriso iluminado de querubim, o cabelo louro curto penteado de lado e uma camisa branca e púrpura com estampa *paisley*, que estava super na moda naquela época. Shutty não sabia pronunciar o sobrenome sérvio do cara, chamava-o de "Zivonovich". De fato, entre

Aula de metalurgia do nono ano. Sr. Wilson (que apelidamos de "Fuzzby" por causa do excesso de tufos de pelo protuberantes em suas narinas) disse "se juntem ao redor do torno mecânico, por favor", enquanto Alex e eu tentávamos prender o riso.

todos os nossos amigos, somente eu sabia pronunciar corretamente: Alexandar Živojinović...

Todo mundo gostava de Alex no colégio, mesmo ele sendo o queridinho dos professores. Você conhece o tipo: sentava na primeira fileira, com postura ereta e sorriso no rosto. Mas, depois que finalmente nos conhecemos naquela mesma aula, teve início a confusão proverbial. Sentávamos juntos na última fileira e ficávamos de brincadeira, provocando um ao outro, caindo na gargalhada e compartilhando obsessivamente nosso amor pelo rock mais pesado, com raízes no blues, quando deveríamos estar prestando atenção na aula. Alex nos descreve naquele tempo como uma "pequena ilha", isolados em nós mesmos – não de um jeito hostil com o resto do pessoal, mas simplesmente não tão interessados mais em ficar com eles.*

Não havia tempo suficiente durante o dia para conversar sobre bandas, músicos, técnica e estilos musicais: John Mayall and The Bluesbreakers, The Who, Ten Years After... Durante o intervalo e na hora do almoço, Burd e eu cantávamos todas as músicas do Mothers of Invention de cor. ("Brown shoes don't make it / Quit school, why fake it?" – "Sapatos marrons não chegam lá / Largue a escola, por que fingir?") Entre os outros jovens músicos parceiros do pátio da escola, tudo se resumia à velocidade, sempre debatendo qual guitarrista ou qual baixista era mais rápido.

"Jimmy Page é o mais rápido, cara!"

"Nada a ver, cara. Alvin Lee é muito, *muito* mais rápido!"

"Mas e o Mick Taylor em 'Driving Sideways'? As partes dele são incríveis!"

---

* Devo mencionar que escrever este livro me deu a oportunidade de me reunir com Alex e trocar reminiscências, comparar anotações e verificar a precisão das minhas lembranças. Ele tem uma memória inacreditavelmente específica para coisas que eu já esqueci há muito tempo – e vice-versa. De muitas maneiras, nossos caminhos neurais operam de um jeito complementar. Mas vou deixar isso para meu programa de ciências da próxima semana!

Alex ia lá em casa depois do colégio para a gente fazer um som e ouvir discos, e foi nessa época que ficamos loucos pelo Cream. Jack Bruce, Eric Clapton e Ginger Baker elevaram o patamar para nós, com *Fresh Cream* praticamente grudado no meu toca-discos enquanto tentávamos tirar "Sleepy Time Time", "Rollin' and Tumblin'" e "Spoonful". (Num futuro não muito distante, essas canções se tornariam constantes nos primeiros setlists do Rush.) Estávamos o tempo inteiro juntos; escolhíamos as mesmas aulas, selecionávamos as que achávamos mais fáceis, por exemplo... datilografia, e, certa vez, até mesmo trocamos nossos nomes numa prova. Apesar do nosso *bromance* embrionário, ainda estávamos tocando em bandas com outras pessoas; Alex e seu amigo John Rutsey fizeram parte primeiro de uma banda chamada The Projection e, depois, formaram um trio com um vocalista e baixista chamado Jeff Jones... Foi o irmão mais velho de John que sugeriu que *aquela* banda se chamasse "Rush".

Um dia, enfiamos na cabeça a ideia de pintar nossos instrumentos como uma imitação horrível da Gibson SG psicodélica de Clapton. Aplicamos pontinhos de algum material verde fluorescente colante aos headstocks, pintamos "BLUES" em laranja fluorescente em toda a área da ponte até o captador e, ainda num estilo que não chegava *nem perto* do que o The Fool* havia criado. Que otário! Eu daria tudo para ver *aquela coisa* mais uma vez!

Então, certo dia, Alex (o autoproclamado "Maconheiro Supremo do Universo") me contou todo empolgado que tinha conseguido um pouco de maconha.

"Uau", disse eu. "É ilegal, né?"

"Bem, sim, mas é bacana", ele me assegurou. "Vamos até o pátio da escola fumar um."

* Formado por Simon Posthuma e Marijke Koger, The Fool era um coletivo de arte que ficou famoso por decorar o Rolls Royce de John Lennon e a loja da Apple dos Beatles.

Nos sentamos perto das salas móveis,* e eu fumei meu primeiro baseado – o primeiro de vários milhares, mas de perto de um zilhão para Alex. Fiquei tão fodasticamente chapado que parecia que estava caminhando na lua. Então, entrei em pânico porque lembrei que tinha um ensaio na casa de Burd. Alex e eu fomos até lá caminhando juntos, mas, quando chegamos, obviamente, eu não conseguia tocar. Burd, por outro lado, era o sujeito mais careta do mundo e, apesar de ter uma imaginação fértil, não tinha o menor interesse em fumar uma erva. Ele ficou lívido e ameaçou contar para minha mãe. Fui embora, mas me sentia paranoico demais para ir para casa. Alex disse: "Não se preocupe, vamos até o posto de gasolina pegar uma Coca-Cola. A Coca vai te trazer de volta, cara, você vai ficar bem". Alex, o cientista, ao resgate – exceto, é claro, que não adiantou nada. O melhor que pude fazer foi entrar em casa escondido, ir direto para o meu quarto, fechar a porta, ouvir música e esperar o barato passar.

Pode não parecer surpresa alguma que, naquela época, Alex quase sempre estava enrascado com os pais, chegando a fugir de casa e dormir em um dos parques da vizinhança. "Eu era muito emotivo", me contou. "Era um rebelde sem causa, essa coisa normal de adolescente, acho; explodia do nada e dizia coisas como: 'Você não manda em mim! Foda-se, tô caindo fora daqui'. Eu dormia num parque por um dia e depois voltava para casa e falava: 'Oi! O que tem para comer?'."

Ele vinha até a porta dos fundos da minha casa, e eu pegava um pouco de comida para ele escondido da minha mãe; quase sempre bolinhos de mirtilo, que ela sempre tinha em casa para o lanche dos filhos. Quando ficou cansado de dormir ao relento, sugeri que escalasse a antena de TV e entrasse no quarto da minha irmã, onde eu estaria esperando. Depois, íamos para o meu quarto e ele dormia no chão. É claro que, certo dia, dormimos até tarde e acordamos com a minha

---

* Salas de aula temporárias feitas de madeira, que ficavam do lado de fora do prédio principal da escola.

mãe gritando porque tinha uma garota loura dormindo embaixo do cobertor no chão, ao lado da minha cama. Quando se deu conta de que era Alex, ficou só um pouquinho aliviada. Depois, encheu o garoto de perguntas e ligou para a mãe dele, Mellie. E assim foi o começo de uma comunicação incessante entre as mães sobre o que poderiam fazer com seus filhos rebeldes. Oh, não, o que iria acontecer com a gente?

Minha banda de porão não via a hora de fazer um show de verdade. Tomamos coragem o suficiente para participar de uma audição da Batalha das Bandas no colégio Fisherville Jr. High. Os pais de Burd nos ajudaram a levar o equipamento até a escola e montamos tudo dentro de uma sala de aula. Dois professores apareceram e se sentaram à nossa frente enquanto apresentávamos a primeira música. Estávamos indo bem e quase terminando quando Burd, um fã radical do The Who, decidiu imitar Keith Moon. Caixas, pratos e bumbo rolaram e se espatifaram pela sala de aula enquanto os professores ficaram sentados lá, pasmos; nosso guitarrista e eu ficamos imóveis, morrendo de vergonha. Vendo nossas expressões de desapontamento, os professores nos disseram que ainda poderíamos tocar – mas só se encontrássemos outro baterista. E foi o que fizemos.

Não consigo lembrar o nome do baterista que substituiu Burd, mas me lembro perfeitamente do show. Alugamos dois amplificadores brancos pequenos da marca Ace Tone e os colocamos um de cada lado da bateria, no palco do refeitório. Tocamos alguma coisa do Blues Project com Al Kooper e o ótimo guitarrista Mike Bloomfield, entramos em "As Tears Go By", de Marianne Faithfull, e terminamos sob fortes aplausos. Depois do show, Susie me disse como estava orgulhosa de mim com lágrimas nos olhos, algo típico da minha irmã, muito emotiva. Essa lembrança me faz sorrir até hoje.

Minha amizade com Burd ficou estremecida depois desse episódio, o que foi muito ruim porque ele realmente me apresentou a muitas bandas diferentes que me ajudaram a me reintegrar com outros garotos da nossa idade depois do meu Ano de Luto.* Naquele momento, eu estava me conectando com outros músicos da área, tentando montar uma nova banda. Até então, contava com o equipamento de amigos nos ensaios, mas não tinha um amplificador próprio. Em casa, percebi que, se eu encostasse a curva do baixo na cômoda, o som reverberaria pelo móvel, mas não ficava alto o bastante para tocar acompanhando um disco; depois, tentei fazer uma gambiarra com meu aparelho de som estéreo, o que deu certo, mas não dava para tocar e ouvir o disco ao mesmo tempo. Finalmente, depois de me apertar e economizar durante um ano inteiro o que ganhava trabalhando na loja da minha mãe, já tinha grana suficiente para comprar um amplificador Traynor Bass Master com dois alto-falantes de 15 polegadas cada, com o qual eu sonhava toda vez que passava em frente à vitrine da Long & McQuade, a loja de música mais bacana da cidade. Eu ia até lá só para ficar babando nos baixos Fender e Rickenbacker que eles tinham, além da grande variedade de guitarras e amplificadores, mas, num dia de nevasca naquele inverno, Burd e eu pegamos o ônibus até o centro para fechar o negócio.

Só depois que fiz o pagamento e eles me trouxeram o amplificador dentro da caixa, pronto para levar, é que nos demos conta de como era grande e pesado. Puta merda, agora tínhamos que carregar aquilo até a parada de ônibus, pegar o transporte de volta para o subúrbio e, de algum jeito, levá-lo até a minha casa debaixo de neve.

Para nossa sorte, fazia *tanto* frio que o chão era puro gelo, e nós pudemos deslizar a caixa de papelão no último trecho do trajeto. Finalmente em casa, desembalei o amplificador e pluguei. Parecia gigante e deslocado entre a cômoda e a cama de solteiro, e, enquanto as válvulas aqueciam, ele exalava aquele aroma incrível de amplificador

---

* O nome verdadeiro de Burd era Steven Fruitman. Anos depois, descobri que seu amor pela música não tinha diminuído nada. Ele tinha se tornado e até hoje é DJ e se orgulha de promover a música canadense, principalmente folk, apresentando seu próprio programa de rádio sobre vinis clássicos na pequena estação universitária CIUT-FM, de Toronto.

novo. Eu não podia dar todo o volume que queria, mas nunca vou esquecer como, enquanto tocava, meio hesitante, o primeiro estrondo fez a mobília vibrar. O brilho vermelho da luz-piloto iluminou meu quarto a noite toda, como se um OVNI tivesse pousado ali no meio, mas eu estava empolgado demais para desligar. Eu estava em êxtase. Meu próprio amplificador profissional. Melhor dia da minha vida.

Pouco depois, fui apresentado a um guitarrista chamado Peter Daniels, que pediu para que eu me juntasse à banda que ele estava formando para tocar num *bar mitzvah*. Peter amava o som do Grass Roots, e eu também – "Midnight Confessions" e "Let's Live for Today" estavam no meu top 100.* Também naquela banda havia um baterista muito bom chamado Sammy Roher, que era meu amigo desde que eu tinha cinco anos e morava na Vinci Crescent (e que acho que substituiu Burd depois do desastre da Batalha das Bandas). Tocamos alguns covers típicos de bandas daquela época, como "Hold On, I'm Comin'", de Sam and Dave, e "In the Midnight Hour", de Wilson Pickett. Não apenas foi um sucesso, mas pode ter sido o primeiro show pelo qual fui pago.

Faz bem pouco tempo, eu estava dando uma olhada no Instagram e uma foto daquele show, que eu nunca tinha visto antes, apareceu no meu feed, postada por um fã-clube. Mal pude acreditar no que vi. É uma das duas únicas fotos que existem em que apareço tocando naquele longínquo período pré-Rush. Você pode ver meu novíssimo amplificador Traynor, brilhando ao fundo, e um baixo que tive apenas por um curto período: um Hagstrom HBII com o painel de controle Futurama. Agora, pode até não ser grande coisa para a maioria das pessoas, mas é para mim, já que recentemente publiquei um livro com os mais de 250 baixos que tive na vida, mas esse em particular, uma relíquia, eu nunca consegui encontrar. Essa foto me trouxe algumas lembranças fragmentadas,

* Na época, eu não sabia que Kenny Fukomoto era um dos raros baixistas que também era vocalista. Também não sabia até recentemente que Creed Bratton, que aparece como si mesmo na versão americana de *The Office,* foi vocalista e guitarrista de uma das formações do Grass Roots!

mas ainda não consigo lembrar onde comprei esse baixo nem onde ele foi parar; é possível que eu logo o tenha trocado pelo meu primeiro Fender Precision. De qualquer forma, postei a foto no meu próprio perfil do Instagram e – oi, internet! – a irmã de Anthony, o garoto do *bar mitzvah*, entrou em contato comigo. Muito gentilmente, ela me mandou uma versão mais bem acabada da fotografia, assim como uma foto dela mesma na frente da banda enquanto tocávamos.

Depois, na manhã de 13 de setembro de 1968, Alex me telefonou. Achei que ele queria pegar meu Traynor emprestado, mas, em vez disso, falou: "Ged, temos um problema. Jeff não vai poder tocar hoje à noite. Pode substituir ele?". Falei que não conhecia o setlist, mas ele me assegurou que poderíamos carregar o equipamento cedo e ensaiar até que eu me sentisse confortável. Então, fui até lá.

Risinho travesso e assim tudo começou...

Montamos tudo no porão da Igreja St. Theodore of Canterbury, em Willowdale, que uma vez por semana servia de centro de convivência para adolescentes da vizinhança, chamado de Coff-In. Não havia palco, só um salão vazio com a gente numa das extremidades. Não tínhamos sequer um pedestal para o microfone, então improvisamos usando uma velha luminária, prendendo o único microfone disponível com fita adesiva. Eu já tinha visto o baterista da banda, John Rutsey, por aí, mas não conhecia realmente o cara, e os ensaios começaram de um jeito meio estranho. Não tivemos tempo de aprender mais que sete ou oito músicas naquele dia e teríamos que tocar algumas delas duas vezes para preencher o tempo, mas ainda bem que eu já conhecia algumas: “Fire” e “Foxy Lady”, do Jimi Hendrix Experience; uma música do Yardbirds, “Shapes of Things”; uma de John Mayall; e encerramos com uma longa *jam* da versão do Cream para o clássico de Willie Dixon, “Spoonful”, que, por muito tempo depois, seria figurinha carimbada nos nossos shows.

Tocar esse tipo de música num trio realmente dava ao baixista mais espaço para se estender e passear pelo braço do baixo, ou pelo menos ir o máximo que minha habilidade na época permitia. Fiquei superfeliz com isso. Não havia muita gente presente naquela noite, mas os organizadores pediram que voltássemos na semana seguinte. Dividimos o pagamento da noite, cerca de seis dólares para cada um, e John sugeriu que celebrássemos indo até o Pancer’s Deli, na Bathurst Street. “Eles têm umas batatinhas com molho deliciosas”, disse ele. Assim, começou nosso primeiro ritual, o “encontro pós-show”, e toda vez que tocávamos no Coff-In, terminávamos a noite no Pancer’s. No dia seguinte, Alex me ligou e perguntou se eu consideraria me juntar à banda de forma permanente, o que fiz sem hesitar. Tocamos no Coff-In regularmente até meados de janeiro de 1969, e assim surgiram nossos primeiros fãs.

CAPÍTULO 5

ALEX, JOHN E EU ENSAIÁVAMOS NO porão da minha casa; meu irmãozinho, Allan, ficava sentado nos degraus da escada ligando e desligando as luzes no ritmo da música, o que tirava minha avó do sério. Ela gritava epítetos para nós em polonês, chamando meus colegas de banda *goyische* de "pequenos Hitlers" e batia as panelas em protesto.* Certa vez, vi uma faca voando da cozinha, deslizando pelo chão até parar aos nossos pés com a ponta apontando para nós, o que os caras acharam

* Só ouvia minha avó falar a língua dos polacos quando estava furiosa com a gente – e, mesmo assim, ao que parece, era apenas um rastro de palavrões em polonês (o mesmo idioma que, depois da guerra, tinham jurado jamais falar novamente), geralmente misturados com ídiche: "*Cholera psiakrew! Bootska medla!*". Se eu perguntasse à minha mãe o que queria dizer, ela ficava envergonhada demais para explicar, então nunca descobri exatamente o que significavam, mas tenho certeza de que captei o sentido.

muito emocionante. John costumava chamá-la de "Crazy Head" – "Malucona" –, o que nos inspirou a escrever uma canção brincalhona de mesmo nome. Pobre mulher, ela devia pensar: *Sobrevivi a uma guerra para esta* mishegas*?*

Com a Motown tocando no rádio o tempo todo, o funk foi uma grande influência para nós; assim como adorávamos os deuses da guitarra britânicos que se apropriaram do blues – Eric Clapton tocando Robert Johnson, Jimmy Page se apropriando de Otis Rush, qualquer coisa que John Mayall fizesse –, estávamos bem conectados ao blue-eyed soul e também ao funk-rock. A instrumental "Apricot Brandy", do Rhinoceros, era uma música obrigatória para aprender, com seus riffs contagiantes de guitarra e baixo.* Tocamos como trio por um tempo – o que eu adorava –, mas à medida que nossos gostos musicais se expandiam, John nos incentivava a injetar mais musicalidade e ainda mais diversidade ao nosso som. Perto do começo de 1969, chamamos um amigo de Alex, Lindy Young, para tocar guitarra e piano elétrico e cantar. Ter um piano nos permitia tocar músicas como "Kaleidoscope", do Procol Harum, e sua potente guitarra base tirou um pouco da pressão em cima de Alex, de modo que ele pudesse se expressar melhor como solista sem ter que se preocupar em preencher o som. No geral, esse acréscimo nos tornou uma banda melhor e mais bem-acabada. Lindy também tinha uma ótima voz, mais grave e mais rockabilly que a minha, e nós nos demos bem juntos, com ele fazendo os backing vocals ou assumindo a voz principal em certas músicas.

Gosto de cantar e não me sentia inseguro com relação a isso. Naquele ponto, eu ainda não estava gritando igual aos "condenados uivan-

---

* Esta banda dos EUA tinha dois canadenses em sua formação, o vocalista John Finley e o tecladista Michael Fonfara, que, mais tarde, foi da Downchild Blues Band; assim, de certa forma sua origem era local. (*Canucks,* acostumados a ser ignorados no palco mundial, são bizarramente sensíveis à proveniência!) Anos depois, Alex, Neil e eu ainda tocávamos "Apricot Brandy" durante as passagens de som. Pode nos chamar de proggers se quiser, mas sempre estávamos nos questionando de dava para funkear o hard rock. É claro, nunca nos compararíamos ao Parliament/Funkadelic ou a qualquer um dos verdadeiros mestres do universo funk, mas não queríamos ser apenas outra, digamos, banda branca mediana.

do diante de Hades" (como minha reputação mais tarde se consolidaria); eu cantava Cream e as canções de blues num estilo de tenor/soprano ou, se preferir, de soprano/*castrato*. Era fã de caras com um alcance mais alto, como Steve Marriott, do Small Faces e do Humble Pie. (*Performance: Rockin' the Fillmore*, do Humble Pie, seria um disco muito influente para mim e para a maioria dos meus colegas; dá para ouvir a influência de "I Don't Need No Doctor" no começo da minha carreira como vocalista.) Não éramos tanto um produto do blues americano em si, mas sim do blues americano que havia chegado à Inglaterra, sido amplificado, recebido uma camada de rock e, depois, sido mandado de volta através do Atlântico até mim; eu que estava lá, sentado em Toronto, aguardando que a minha vida inteira começasse. Mais tarde, por muitas vezes me compararam a Robert Plant, e mesmo que Plant certamente tenha me impulsionado para os registros mais agudos, acho que a comparação com Marriott talvez fosse mais precisa. Ele tinha uma voz cheia de sentimento com um vibrato forte, mas também era *bem* rock n' roll.

Logo o jeito doce de cantar de Jon Anderson também me influenciaria. Ele tinha um alcance alto, mas sua voz não era estridente nem áspera; era linda, cheia de sentimento e emoção, não muito diferente da voz de um menino corista. Outro cantor que me impressionava era Roger Hodgson nos primeiros discos do Supertramp, e eu gostava muito de Paul Simon e Joni Mitchell. (Ao longo dos anos, é claro que houve muitos outros. Fui um grande fã de Björk já mais tarde na minha carreira. Ninguém pensaria em fazer tal conexão, mas há certas letras do Rush que eu canto de um jeito muito parecido com o dela.) Eu não estava buscando aspereza; apenas reagia intuitivamente à música que criávamos. Minha voz fluía conforme era necessário, se adequando ao que escrevíamos e ao tom em que escrevíamos. (Também não nos preocupávamos muito quando se tratava do tom. Se aquele que usávamos para uma canção parecesse certo, eu tinha que dar um jeito.

O que aprendemos com o tempo é que, em certos registros mais graves, minha voz não tinha potência alguma, mas quando eu subia uma oitava, aí, sim, havia potência!)

Assistindo recentemente ao filme *No Ritmo do Coração*, fiquei impactado com a cena em que o professor do coro tenta extrair as frustrações internas de sua aluna, persuadindo que cante com toda sua força interior (ela é a única pessoa ouvinte em uma família surda). Mesmo que saia um som feio, diz ele, vai te fazer se sentir bem. Transforme sua angústia em poder! E me dei conta de que meu primeiro estilo de vocal também deve ter tido raízes na minha infância, ao ouvir as histórias do que meus pais tinham enfrentado na guerra, ao sofrer com todo aquele bullying e alienação. Assim, quando realmente comecei a cantar, aquilo tudo veio à tona como um demônio urrando. Eu estava liberando todas

Gatinhas, calças boca de sino e os Beatles: Kathy e Nancy curtindo um som no quarto do porão, 1969. (Provavelmente estávamos fazendo barulho ensaiando no cômodo ao lado.)

aquelas emoções suprimidas simplesmente por me colocar diante do microfone gritando "*ooh yeah*!".

É claro, depois tive que aprender a cantar de verdade...

Na casa de Lindy também havia um porão onde podíamos ensaiar – e onde ficava o quarto de sua irmã ruiva, Nancy. Eu já a conhecia fazia um ano, quando ela convidou Alex (que já era amigo dela e de Lindy) para ir até a casa de uma amiga, Kathy, e ele pediu que eu fosse junto. Meio tímido, acabei concordando, e nós quatro nos sentamos no sofá, espremidos e rindo enquanto assistíamos a Vincent Price na TV, no filme *A Mosca da Cabeça Branca*. ("Help me! Help me!" – "Me ajude! Me ajude!") Era tudo muito inocente, mas para um adolescente sem namorada firme, também era tentador. Eu tinha ficado com algumas garotas, mas custei a me apaixonar de verdade. Agora, um ano depois, ali estava eu, no ensaio da banda, de olho em Nancy sempre que ela passava vestindo um *collant*, com aquele seu feitiço, indo e voltando do quarto para o banheiro. Eu olhava para ela, encantado, como se Nancy estivesse desfilando numa passarela enquanto nós trabalhávamos na nossa música e ela balançava a cabeça, tapando os ouvidos, deixando bem claro que o barulho a estava deixando maluca. Ela subia as escadas olhando para a gente de cara feia e gritando até sair pela porta, mas nada disso me incomodava, já que eu discretamente estava me apaixonando por ela... E, no devido tempo, descobriria que o sentimento era, na verdade, recíproco.

ALEX E JOHN decidiram trazer para o grupo um empresário, um cara chamado Ray Danniels, que eu já tinha visto em vários shows na cena de Yorkville e também nos cafés. Ele não tinha barba e estava sempre mexendo no cabelo, que era louro e comprido e ia até o ombro – costumava alisar com chapinha. Ray tinha deixado sua casa em Waterdown, Ontário, e, batalhador como era, ganhava dinheiro do jeito que dava. Ele tentou cantar numa banda, mas não deu certo, então virou agente. Quando o encontrei pela primeira vez, seu telefone e a papelada estavam espalhados no chão, que basicamente servia de escrivaninha. Sua primeira agência se chamava Universal Sound, depois criou a Music Shoppe, que, em 1973, se tornou a SRO. Era ambicioso, esperto, um vendedor nato. Claramente, viu alguma coisa de que gostava na nossa banda. Mas não era eu.

Assim, numa tarde, enquanto ia a pé para o ensaio, vi Lindy vindo em minha direção, atravessando o campo a caminho da casa dele, e perguntei aonde ele estava indo.

"Oh, oi, Ged", disse ele, olhando para o chão. "Hum, olha só... O ensaio foi cancelado, e, hã, bem, a banda acabou."

De volta para casa, entrei em contato com os outros caras, mas eles pareciam esquisitos e muito distantes ao telefone. Tudo levava a crer que o Rush tinha *acabado*, embora eu suspeitasse que não haviam me contado toda a história. Tentei não ficar pensando no assunto e comecei a ligar para outros músicos que eu conhecia, procurando alguma coisa, mas, então, em maio, ouvi que Alex, John e Lindy tinham formado uma nova banda chamada Hadrian (por causa do imperador romano Adriano) com um novo baixista chamado Joe. Tudo não passou de uma artimanha. Mentiram na cara dura para mim!

Ray tinha se oferecido para ser empresário deles, mas tinha deixado claro que não me achava o cara certo para a banda. É importante dizer, contudo, que a ideia nem partiu dele num primeiro momento. Só *50 anos depois*, me falaram que, na verdade, tinha sido sugestão de Rutsey. Faz bem pouco tempo que questionei Alex sobre aquela época – uma coisa que sempre ficou na minha cabeça, mas que eu nunca trouxe à tona. (Talvez eu estivesse com medo da resposta, sei lá.) Meio envergonhado, Alex respondeu que, na época, era do tipo que só seguia o fluxo, e que a decisão de me substituir tinha sido sugerida por John, ávido para reinventar a imagem da banda e em busca de alguém mais descolado...

Seja lá o que isso queria dizer. "Eu não queria ficar de mal com John", ele me contou. "Você *sabe* como ele tinha a personalidade forte. Ele tomava todas as decisões. Quanto a Ray, ele estava apenas sendo oportunista." Para o meu lugar, convidaram um amigo de John chamado Joe Perna, um cara bonitão que não tocava muito bem, como perceberiam depois.

Seja lá de quem partiu essa ideia, o modo como eles conduziram tudo foi desonesto e, francamente, covarde, e eu fiquei estarrecido e magoado. Ainda assim, não quis ficar por aí com pena de mim mesmo, então eu pensei, *Fodam-se*, e decidi começar minha própria banda. Sempre me vi como um garoto quieto, me deixando levar pela multidão, mas os mistérios revelados à medida que volto no tempo para

A banda Hadrian nos degraus da Yorkview Public School, em 1969: (DE CIMA PARA BAIXO, EM SENTIDO HORÁRIO) *o empresário Ray Danniels (com o cabelo de chapinha recém-feita), Lindy Young, Joe Perna, John Rutsey e Alex. E aí, estão contentes agora?*

escrever este livro são, digamos, reveladores! Eu não podia ter sido um completo tonto ou não teria a *chutzpah* para seguir em frente. Claramente, a música significava tudo para mim e, apesar da minha suposta falta de confiança, instintivamente eu sabia que tinha que assumir o controle do meu próprio destino, nem que fosse na esperança de que meu sucesso se tornasse um tipo de vingança.

Como todo mundo, suponho, me dei conta de que, com o tempo, esqueci ou bloqueei muitas coisas. Só de escrever o nome Hadrian agora muitas coisas vieram à tona. Primeiro, meu cérebro me transportou para uma caminhada que eu e minha esposa fizemos alguns anos atrás entre Bowness-on-Solway e Wallsend – ao longo da Muralha de Adriano (Hadrian's Wall) – quando, avançando com dificuldade ao lado dela, surgiu repentinamente esta memória: o Hadrian ia fazer seu primeiro show numa igreja local, a Willowdale United, e eu estava curioso para ouvir a banda. Fui àquele show, mas para isso tive que abrir mão de um par de ingressos para outro show no Maple Leaf Gardens, naquela mesma noite. Nada de mais; na verdade, era apenas... *Jimi Hendrix Experience*.* Dã! Que idiota. Eu achava que poderia assistir à banda da próxima vez que viessem à cidade, mas Jimi morreu 16 meses depois. Ir ao show do Hadrian foi um erro também em outro sentido. Não foi nada divertido ver meus antigos colegas de banda. Eles tinham um público decente, bastante entusiasmado, mas tocavam de um jeito meio desleixado. Não havia química, e Joe parecia perdido e fazendo muito esforço. Honestamente, não senti muito prazer em testemunhar a mediocridade deles.

Enquanto isso, eu já tinha começado minha própria banda com Sammy Roher e Xavier "Sam" Dangle, cujo jeito de tocar, acelerado e ágil, era inspirado em Alvin Lee. Nos chamávamos de Ogilvie Blues Band. Era um nome bobo, mas sua própria tolice nos fazia rir. Tocávamos músicas

* Na verdade, aquele show no Gardens (em 3 de maio de 1969) quase não aconteceu: Jimi foi preso por posse de drogas naquele dia no Aeroporto Internacional de Toronto e foi solto bem a tempo de entrar no palco às 10 horas da noite.

de John Mayall, Paul Butterfield e do Ten Years After, até mesmo compusemos algumas próprias, que ficaram muito boas levando em conta o pouco tempo (éramos apenas uma banda de blues, mas imitadores muito bons sendo tão jovens), e marcamos vários shows no sul de Ontário no final da primavera e começo do verão de 1969.

Certa vez, cerca de uma hora antes de entrar no palco de um clube pequeno em Ancaster, gênio que eu era, decidi tomar LSD. Ao começar o set, fiz o melhor que pude para não viajar e entrar no território do surreal. Não importava como o público parecia meio estranho ou como a banda soava para mim naquele momento, eu *tinha* que ignorar aquilo tudo, encarar com toda minha força de vontade os trastes do meu baixo e tentar desesperadamente cantar as palavras certas na ordem certa. Como conseguimos terminar aquele show eu jamais vou saber, mas, por sorte, era blues, e não rock progressivo – então, como vocês sabem, há certo espaço de manobra ali. Ninguém disse nada desfavorável sobre a apresentação, então presumi com grande alívio que conseguimos tocar bem. Fico pensando se Dock Ellis passou pela mesma coisa naquele dia em que ele fez um arremesso perfeito sob o efeito de ácido. Talvez ele tenha curtido a viagem, mas eu certamente não. Tudo que resultou em mim foi uma dor de cabeça imensa e uma lição muito importante: misturar psicotrópicos e tocar música, principalmente diante do público, é uma ideia muito estúpida.

Depois, ouvi falar que Lindy havia perdido o interesse no Hadrian e saído da banda pouco antes do segundo show. Sempre gostei de Lindy. Ele era um cara amável que eu sabia que nunca se sentiu bem por ter sido obrigado a mentir sobre o fim da banda. Era realmente um bom músico, envergonhado de seguir tocando com alguém que claramente não tocava muito bem e frustrado com a desorganização dessa nova banda. Entrei em contato com ele e perguntei se ele viria ao ensaio para conferir a *minha* nova banda. Tocamos bem, e ele concordou em se juntar a nós no longo prazo, o que me pareceu bom depois do que tinha acontecido. Naquele ponto, Ray Danniels já tinha começado sua própria empresa, a Universal Sound, esperando agendar shows para o Hadrian e (veja os culhões do cara!) também para nós. Contudo, achou nosso nome peculiar meio problemático e pediu algo mais fácil de pronunciar. Assim, na época em que Lindy se juntou a nós, trocamos o nome da banda para Judd; nunca gostei muito do nome, que não era lá muito mais atraente, mas se resultasse em mais trabalho, tudo bem.

Com frequência, eu esbarrava em Alex e John no "escritório" de Ray – o apartamento que ele dividia com nosso amigo e primeiro roadie, Ian Grandy. Quanto a Alex e John, apesar de ter sido demitido por eles, ainda nos tratávamos cordialmente, o que significava sair de vez em quando e ficar chapados juntos. Me refiro àquele tempo como o "Verão do Ácido", já que ficávamos tão entediados e impacientes entre um show e outro que, invariavelmente, acabávamos fumando um baseado ou tomando um comprimido; depois, assaltávamos a geladeira de Ray e comíamos qualquer coisa que encontrássemos lá. Ele chegava em casa e começava a brigar: "Quem comeu meu salame? Quem comeu meu *salame*?"; e a gente dava risada.

A propósito, essas viagens de ácido eram quase um rito de passagem inevitável da nossa era, mas eu raramente curtia aquilo. Quase sempre acabava paranoico e, sem dúvida, infeliz. Ao chegar em casa evidentemente fora do ar, eu tinha que desviar da minha mãe quando ela perguntava: "O que tem de errado com seus olhos?". Eu só dava a desculpa de que tinha tomado cerveja e, então, corria escada acima. Só quando me enfiava debaixo das cobertas, colocava os fones de ouvido e ouvia a rádio CHUM-FM,* podia relaxar e me deixar levar até adormecer. Não era pela música *per se*, mas parecia uma ilha de alucinações tranquilas, diferente da extrema ansiedade que eu sentia quando viajava em pú-

* Eram os primórdios da rádio livre na CHUM-FM, em Toronto. No "Verão do Amor" de 1968, o famoso DJ nova-iorquino Murray the K ajudou a lançar o formato rock progressivo, liderando uma brigada de personalidades jovens das rádios locais, que incluíam meu colega de colégio Rick Moranis.

blico, vendo os rostos das pessoas derretendo ao meu redor e o meu coração saindo pela boca, cada barulhinho surrealmente amplificado, e me convencia de que *todo mundo* sabia que eu estava curtindo um barato ilegal.

Certa vez, quando minha mãe me ouviu chegando em casa, quis conversar comigo sobre os problemas que estava tendo com a minha irmã. Foi uma das coisas mais difíceis que tive que fazer na vida: escutar aquela pobre mulher, que havia perdido o marido, cuja filha adolescente ficava na rua até altas horas e que só queria um pouco de conforto do filho mais velho – que ela não tinha percebido que *estava viajando no ácido*. Lembro que me sentei na beirada da cama, assentindo com a cabeça e pensando *segura as pontas aí, segura as pontas aí, segura as pontas aí*. Estava olhando para os grampos no cabelo dela, e eles começaram a *ganhar vida própria*. Quando ela finalmente saiu do meu quarto, senti um alívio imenso ao me enfiar debaixo das cobertas e curtir minha viagem.

Uma das razões pelas quais parei de usar drogas com 20 e poucos anos foi porque tomar ácido e fumar maconha traziam à tona minhas inseguranças. Ficar chapado interferia na minha personalidade: sóbrio, eu podia ser mais engraçado, pensar mais rápido e reagir do jeito que eu quisesse, questionar tudo ao meu redor; mas se estivesse chapado com alguém por perto, geralmente eu me calava. Ou simplesmente me transformava em Woody Allen, tagarelando e brincando, como quando ele fala em ficar chapado e tentar tirar as calças pela cabeça.

Gosto de falar que "a vida já me deixava chapado o suficiente, cara", mas a verdade é que durante todo o período da minha adolescência até me tornar adulto, e mesmo quando criancinha, havia esses momentos repentinos de extrema consciência da minha própria existência que me deixavam apavorado: episódios críticos e imprevisíveis durante os quais tudo ao meu redor parecia real ao extremo. Acho que hoje chamamos isso de "angústia existencial", mas, na hora, eu não tinha palavras para explicar; apenas que eu passava tempo demais sozinho dentro da minha própria cabeça. Quando criança, eu não tinha como interpretar esses momentos pelo que realmente eram: minha luta para assimilar o conceito do metafísico. Só muitos anos depois, quando li alguma coisa escrita por Ayn Rand, é que me dei conta de que vivenciar tais episódios não era tão incomum assim.

*A existência é de forma perceptiva um fato autoevidente na base de todos os outros conhecimentos, digamos, de que "a existência existe". Ser é ser alguma coisa, existência é identidade. Ser é ser uma entidade de uma natureza específica feita de atributos específicos.**

Hum, em essência, ela estava argumentando que você pode seguir com sua vida apenas se aceitar que a existência existe. Coisa bem intelectual, né? Uma explicação chique para o vagar em seus próprios pensamentos, talvez, mas achei reconfortante.

Ainda passo por momentos assim. São bem menos frequentes e já não me apavoram mais como no passado, mas a sensação é como aquele amigo antigo, inquieto. Se eu parasse agora mesmo, no meio da frase, e desse uma olhada ao redor da sala, essa sensação tomaria conta de mim: estou parado no tempo e no espaço, do lado de fora dessa conversa, como se minha própria câmera pessoal tivesse se afastado da cena, focando em mim e na minha vida, me congelando naquele momento...

ONDE EU ESTAVA? Ah, certo: o Hadrian estava tendo dificuldades para conseguir shows, se é que conseguia algum. "Levei minha nova namorada, Charlene, para um show na St. Timothy ou algo assim", me contou Alex há pouco tempo, "e lembro que foi horrível. Foi totalmente *descontrolado*. Ninguém sabia tocar. Bob Vopni, nosso novo vocalista e segundo guitarrista, ficou lá sentado, falando bobagem – lendo em voz

* Rand, Ayn (1996) [1961] *For the New Intellectual: The Philosophy of Ayn Rand*. Nova York: Signet, ISBN 0-451-16308-7.

(ACIMA) *Uma amostra da nossa primeira sessão de fotos de divulgação oficiais, c. 1970.* (ABAIXO) *Consegui chegar ao 1º ano do Ensino Médio, viva. Quem é o fodão?*

alta, eu lembro, de óculos e uma luz acesa, '*The fool on the hill...*', com aquela voz de autoimportância, e eu pensava *meu Deus, não! O que está acontecendo aqui?* Depois daquele show, a banda simplesmente acabou."

No outono de 1969, Rutsey me ligou para pedir que eu voltasse – parecia estar sentindo vergonha e remorso. Ele sabia que tinha feito merda e que agora só dependia dele mesmo consertar as coisas. "Com Rutsey geralmente era assim", diz Alex, "depois de um mês ou seis semanas, ele de repente virava a chave. E, do nada, você se tornava o melhor amigo dele!"

A razão pela qual não guardei rancor por muito tempo era que eu realmente sentia saudade de tocar com Alex, e ainda achava que o Rush era uma alternativa mais empolgante do que a banda que eu tinha começado. Eu via potencial para alguma coisa mais pesada e mais original, e o cara prático que sou estava disposto a deixar de lado qualquer ressentimento. O golpe que tomei no ego tinha ficado para trás, e não vou negar que é doce o sabor dos seus ex-colegas de banda admitindo que cometeram um erro, confessando que precisam mais de você do que você deles. No final, toda essa experiência dolorosa fez com que meu eu de dezesseis anos se tornasse mais seguro, para não dizer mais cético, o que, vamos combinar, não é ruim de ter na sua caixa de ferramentas – principalmente como será largamente ilustrado a seguir, quando eu começar a falar da indústria fonográfica.

Alex e eu não estudávamos mais juntos, já que ele tinha se mudado para a zona leste e agora estudava numa escola diferente. Na escola Newtonbrook Secondary, passei a andar com um cara chamado Oscar, guitarrista com um honesto pedigree musical – era filho do grande pianista de jazz canadense Oscar Peterson. O que nos uniu num primeiro momento não foi a música, mas nosso amor mútuo pelo *Monty Python's Flying Circus*, cujos esquetes a gente sabia de cor, mas logo passamos a falar só de música. Nunca tinha conhecido alguém tão apaixonado como ele, e nos tornamos inseparáveis.

Em Oscar descobri um companheiro para me acompanhar no caminho do rock progressivo, e seus gostos musicais tiveram um forte efeito catalizador nos meus próprios gostos. Quando entramos na era dos álbuns conceituais e óperas rock, ficamos obcecados por Yes, Genesis, ELP, King Crimson, Jethro Tull, Van de Graaf Generator, além de artistas mais folk, como Strawbs, Amazing Blondel, Paul Simon e Joni Mitchell. Os álbuns do The Who e do Cream estavam no topo da lista para nós dois, mas o *prog* teve um impacto poderoso em mim não apenas como músico, mas como músico sonhador e aspirante a compositor de rock.

Assisti a vários artistas clássicos com Oscar, incluindo Pink Floyd, na turnê *Dark Side of the Moon,* Jethro Tull, na turnê *Thick as a Brick* (outro álbum que sabíamos de cor), e ele, eu e Alex passamos a noite toda na fila do lado de fora do Maple Leaf Gardens para comprar ingressos para o show do Yes – a única vez que fiz isso por uma banda –, congelando nossos traseiros naquele ar gelado de final de outubro, nos revezando para pegar café, a galera ao redor se abrigando em barracas montadas na calçada e curtindo até o amanhecer. Mas valeu a pena porque conseguimos ingressos para a segunda fileira. Oscar e eu também assistimos ao primeiro show do Genesis em Toronto, abrindo para Lou Reed no Massey Hall (uma daquelas combinações nada a ver que não levam em conta as alianças tribais dos fãs). O Genesis chegou atrasado e sem grande parte de seu altamente elogiado sistema de iluminação, mas a banda desnuda ainda era tão poderosa, tão hipnotizante, que, na hora em que Reed começou seu set, mais despojado, muita gente já estava se encaminhando para a saída – inclusive nós.

Também adorávamos ficar chapados juntos. Não sei que merda a gente tinha na cabeça, mas, uma vez, cheguei até a tomar ácido dentro da escola. Estávamos no meio da aula quando comecei a viajar, e tudo em que eu conseguia pensar era *merda, tenho que sair daqui*, o que nós dois fizemos assim que tocou o sinal. Geralmente, matávamos aula e íamos para casa, fritávamos uns bolinhos, escutávamos música e tocávamos juntos.

Se nosso encontro foi um mero acidente social ou se foi porque éramos párias raciais, instantaneamente nos tornamos amigos. Nós dois nos sentíamos excluídos; assim como ele foi o primeiro negro que conheci na vida, eu geralmente era o primeiro judeu que muitos dos meus amigos conheciam. Ele também era, em certo sentido, órfão de pai como eu. Seu pai, que ele admirava profundamente e que, naquela época, tinha se divorciado de sua mãe, sempre estava em turnê. Lembro que fui ao aniversário dele e vi Oscar esperando o pai telefonar. A ligação nunca aconteceu. Ele só deu uma risada, e nós celebramos assim mesmo, mas seu desapontamento era perceptível. Aquilo me deixou abalado; eu não podia imaginar como um pai poderia esquecer o aniversário do próprio filho. Mas ele tinha um senso de humor do capeta, e seu jeito de lidar com essas coisas difíceis era rir nos momentos mais inapropriados. (Por exemplo, ele riu durante todo o filme *O Exorcista*, enquanto eu fiquei tão apavorado que dormi com a luz acesa naquela noite. Oscar achou o filme uma porra de uma comédia; em retrospecto, talvez fosse mesmo.)

ENQUANTO ISSO, O RUSH estava colocando mais peso em seu som. E o que aconteceu em 1969 para levar a isso?

Em Toronto, na esquina da Yonge Street com a Davenport Road, se encontrava um venerável prédio antigo pelo qual a maioria de nós passava muitas vezes a caminho da vizinhança de Yorkville Village sem prestar muita atenção. Tinha sido construído para ser um templo maçom, mas, em 1969, o edifício de discrição máxima tinha se tornado o clube de rock n' roll mais badalado da cidade, o Rock Pile. Em fevereiro, John foi um dos poucos presentes num show que aconteceu lá de uma banda desconhecida chamada Led Zeppelin. Naquela época, a principal atração era o guitarrista, ex-integrante do Yardbirds, Jimmy Page, mas

Rutsey ficou particularmente embasbacado com o baterista, John Bonham, cujo estilo e tom eram unicamente sólidos e potentes sem que parecessem complexos demais. Ele não parava de falar da banda, então, assim que o primeiro álbum foi lançado, corremos para a filial local da rede de lojas de discos Sam the Record Man só para nos darmos conta de que a novidade tinha se espalhado rápido e o disco já estava esgotado. Quando o novo estoque finalmente chegou, conseguimos um, corremos para casa e colocamos no toca-discos. Ainda me lembro de nós três, sentados lá na cama, completamente maravilhados, ouvindo o peso de "Good Times Bad Times", o fogo de "Communication Breakdown" e, nossa, aquele som da bateria! O alcance vocal extremo de Plant e a teatralidade da guitarra de Jimmy colocava essa banda num nível muito acima das outras, e para mim as linhas de baixo emotivas de John Paul Jones se fundiam perfeitamente às partes de bateria, assentando as bases da banda e criando uma seção rítmica para uma nova era do rock. Com o The Who a entrega era completa, com um rock pesado e melodicamente brilhante; Jimi Hendrix era esse vodu musical e a encarnação da extravagância; o Cream era uma exibição de virtuosismo do blues; mas isso? Isso era realmente pesado, cara. O Led Zeppelin tinha reconfigurado o blues num estilo explosivo e bem inglês, que atraiu nossa geração de músicos como nenhuma outra banda. Para nós, havia o rock antes do Led Zeppelin, e havia o rock *depois* do Led Zeppelin. Esse era o nosso novo paradigma.*

Tentamos aprender algumas músicas deles, mas estavam muito além da nossa capacidade na época; mesmo quando quase conseguíamos acertar as notas, o som estava errado. (O Led só iria entrar no nosso setlist quando o Rush estava tocando nos bares, com "Living Loving Maid", do álbum *Led Zeppelin II*.) Independentemente disso, o

* Na década de 1980, um acadêmico de Boston disse que o Led Zeppelin tinha emprestado à pungência do Mississippi Delta Blues toda a sutileza de um estupro termonuclear. Mas, ei, não tem como agradar todo mundo o tempo todo.

Led Zeppelin desafiou o modo como nos sentíamos em relação ao nosso próprio som: agora, se não fosse *pesado*, parecia apenas bunda-mole.

Quando 1969 chegou ao fim, a banda passou por um período de inatividade – o que quer dizer *zero* show. Nos sentimos ignorados por Ray, que estava colocando toda a energia da Universal Sound em bandas mais comerciais; não éramos "fáceis de vender", porque insistíamos em inserir muito material original no nosso set. Não estou dizendo que éramos compositores talentosos, mas resistíamos a tocar canções que tinham tornado outras bandas famosas. Reconhecíamos que, para chegarmos a algum lugar, precisávamos escrever nosso próprio material.

Num final de semana, eu estava numa reunião de família e conversei com meu primo Manny (casado com a sobrinha do meu pai). Eu gostava dele; tinha 30 e poucos anos, era um cara gentil com um cabelo cacheado revolto e um sorriso largo, e sempre foi bom para mim, principalmente depois que meu pai faleceu. Manny também era o único adulto que eu conhecia que fumava maconha, o que fazia dele o cara mais legal

Observe a primeira grafia do meu nome. No final, acrescentei mais um "D" para parecer, digamos, mais sofisticado.

do meu clã, com certeza. Ele me perguntou da banda e, quando contei que achávamos que não estávamos indo a lugar nenhum, disse que conhecia alguém que talvez pudesse nos ajudar. Pouco tempo depois, apareceu em um de nossos ensaios na casa de Lindy com um amigo chamado Vince. Eles se sentaram nos degraus do porão e ficaram ouvindo a gente tocar, balançando a cabeça – sem se importar nem um pouco com o volume intenso. Depois do ensaio, Vince disse que tinha gostado de nós e que, se estivéssemos interessados, poderia ser nosso empresário. Quando penso nisso agora, nem mesmo perguntamos se ele tinha alguma experiência, só presumimos estupidamente que sim. Bem, estávamos desesperados, e eu realmente confiava em Manny. Decidimos em conjunto que não havia nada a perder.

Nessa época, Lindy tinha voltado para o Rush, mas o gosto dele pelo rock não tinha como competir como nosso desejo avassalador de ser o próximo Led Zeppelin. Ele gostava mais de Procol Harum e desses caras mais do blues; tinha uma sensibilidade musical mais variada do que a nossa. Gostava de folk rock e de muitas coisas que exigiam uma banda de quatro integrantes. Resumindo, foi nosso primeiro encontro com as raízes atemporais que já causaram o fim de incontáveis bandas: "diferenças musicais". Pouco depois da audição com Manny e Vince, ele decidiu sair de vez da banda, e nós voltamos a ser um trio formado por John, Alex e por mim. Enquanto isso, o Zeppelin voltou para fazer dois shows no Rock Pile em agosto daquele ano e eu não tinha grana para o ingresso, então fui até a Church Street e penhorei a máquina de escrever que minha avó tinha comprado para mim no meu aniversário. Me senti super culpado, mas, como Lindy, aquela máquina de escrever não teria oportunidade comigo.

Vince falou que precisávamos de um material de divulgação apropriado e marcou nossa primeira sessão de fotos profissionais – que esperávamos acontecer num estúdio de fotografia de verdade, mas que acabou sendo apenas no escritório do cara, com paredes nuas e espaço vazio. Ainda assim, era o mais próximo de uma situação profissional que tínhamos vivenciado até então; antes, simplesmente pedíamos que nossos amigos tirassem fotos da gente ao ar livre, em parques ou em qualquer outro lugar que achávamos que servia de fundo – e onde não precisava de iluminação artificial.

No estúdio improvisado, Vince ficou na parte de trás, sugerindo poses. O fotógrafo tinha nos enrolado num cobertor de modo que só nossas cabeças aparecessem (será que ele estava pensando na foto promocional do Pink Floyd de um ano antes, com a banda enrolada num lençol rosa?), e bem quando estava pronto para bater uma foto, Vince disse:

"Caras, façam um olhar chapado. Como se vocês estivessem chapados!"

Esse cara tá falando sério? Quero dizer, como se faz "um olhar chapado"? Depois, ele orientou Alex a esticar as mãos na frente do rosto, com os olhos espiando a câmera por entre os dedos. Seja lá qual efeito

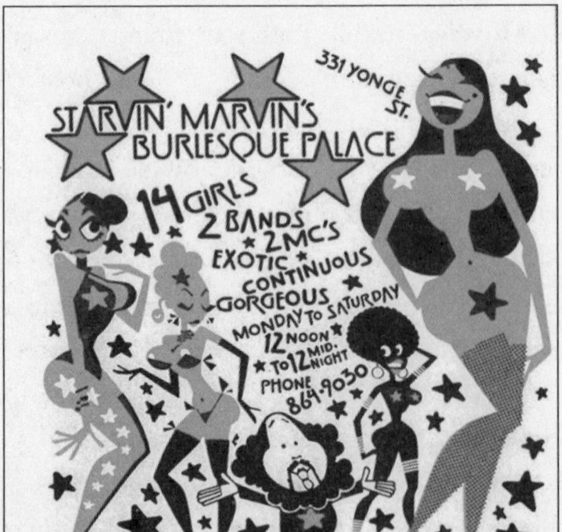

Um anúncio na Toronto Life, agosto de 1971. Que porra é essa? Nada contra as garotas que trabalham, você entende, mas este esquema específico parecia uma bela merda.

psicodélico buscava, quando vimos as fotos alguns dias depois, caímos na gargalhada porque Alex parecia um pateta.

Ele nos pediu para o encontramos num clube que ficava no segundo andar de um prédio na Yonge Street, para falarmos com o proprietário, um conhecido dele chamado Marvin. Primeiramente, ficamos animados com a possibilidade de fazer um show de verdade e concordamos, mas, quando subimos as escadas, fomos recebidos por placas de propaganda de um clube de *striptease* chamado Starvin' Marvin's Burlesque Palace. Vince nos apresentou a esse cara barbudo e rechonchudo, que nos avaliou e fez algumas perguntas sobre nossas músicas. Ficou imediatamente claro que Vince estava nos preparando para ser a banda residente daquele lugar, tocando sets entre os shows das *strippers*.

Não falamos nada e saímos do clube bem arrasados, a indignação crescendo a cada passo que dávamos para longe daquele lugar. Cada instinto do meu corpo me dizia que aquilo não era certo. Finalmente, os caras olharam para mim e disseram: "Ged, isso é uma merda. Não vamos fazer isso nem fodendo. Tem que ligar para o Manny e nos tirar dessa".

Manny ficou meio chateado num primeiro momento, mas realmente não havia escolha. Afinal, éramos primos. Ele disse que iria cuidar de tudo, e foi o que aconteceu. Nunca mais falamos do assunto depois disso, nem mesmo vi Vince, o cabeleireiro, novamente, mas "façam um olhar chapado" entrou para sempre no léxico do Rush, e toda vez que tivemos que fazer sessões de fotos de divulgação, eu e Alex caímos na gargalhada nos lembrando disso.

Pouco depois disso, perguntaram se estaríamos interessados em tocar num *bar mitzvah* – mas, diferentemente do *bar mitzvah* de Anthony, a festa no porão em que toquei quando tinha 15 anos, este era um jantar importante e apropriado, num salão alugado com palco, iluminação e tudo mais. Naquela época, estávamos tocando mais em colégios e tínhamos juntado um pouco mais de equipamento, mas ainda não estávamos fazendo quase nenhum show e aceitaríamos (quase) qualquer proposta que surgisse. Montamos o palco no dia e tudo parecia estar indo muito bem... Até que ligamos os motores e começamos a tocar. Os jovens pareciam estar curtindo, mas, em pouco tempo, os convidados mais velhos, principalmente as senhoras com seus penteados bufantes e vestidos de babados, correram para a saída cobrindo as orelhas e gritando: "Faça-os parar! Faça-os parar!". O pai do garoto do *bar mitzvah* veio até a frente do palco agitando as mãos e gritando: "Eu pago vocês, mas não toquem mais nada. É isso, o show acabou!". Meio estupefatos, não tivemos escolha a não ser desmontar o equipamento, mesmo que várias daquelas *bubbes* continuassem a reclamar: "Oh, *givalt*. É isso que vocês chamam de *música*?". Ainda consigo ver o rosto do pobre do garoto nos vendo recolher o equipamento e parecendo perdido. Desculpa, garoto. Não queríamos arruinar o seu grande dia.

ENQUANTO ISSO, EU TINHA chegado a uma encruzilhada na minha educação. Em 1968, comecei o 1º ano do Ensino Médio no colégio Newtonbrook, mas, apenas um ano e meio depois, já estava sem rumo. A única coisa que me impedia de desistir da escola era saber que minha mãe ficaria de coração partido.

A decisão que deveria ser tomada em breve estava me destruindo por dentro. Tudo o que eu pensava era em música, ouvir discos e aprender músicas, desenvolver minha habilidade e tentar compor meu próprio material. A essa altura, estávamos tocando em shows e bailes de colégios. Sim, você leu direito: bailes. Sei que é difícil imaginar, mas realmente tocamos nesses *Sadie Hawkings*, em que as garotas convidavam os caras para dançar sob uma bola espelhada de discoteca, que girava sem parar, e também em festinhas de Halloween com todo mundo fantasiado. Para ser sincero, nesses eventos, o pessoal raramente dançava de verdade com nossa música... E olhe que nós ainda nem tocávamos em 7/8.

Certa vez, agendamos um show num colégio perto de Magnetawan, Ontário, a cerca de 300 quilômetros de Toronto. Pegamos a estrada assim que as aulas terminaram, mas subestimamos o tempo de viagem. Chegamos lá atrasados, fomos recebidos em frente ao ginásio pelo público de braços cruzados e tivemos que carregar o equipamento para dentro sob vaias. O público assistiu ao nosso show lá do fundo do salão. Me lembro de pensar enquanto tocávamos: *Estranho, será que eles sabem que a gente não morde?* Talvez estivessem intimidados pelo volume ou talvez realmente tenham detestado nosso som, mas, de qualquer maneira, no final, eles acabaram curtindo um pouco. O show não foi um sucesso arrebatador – mas um alerta para mim sobre prioridades.

Não tínhamos muito equipamento – dois amplificadores, uma guitarra, um baixo e uma bateria. Para fazer shows na vizinhança, implorávamos para que um de nossos pais fizesse algumas viagens com os instrumentos, aproveitando cada espacinho do veículo, mas, como estávamos tocando em lugares cada vez mais distantes, começamos a depender de alguns amigos que tinham carteira de motorista e acesso a um carro ou van. Havia Gary "Doc" Cooper, um vizinho de Alex e de John, que tinha carro próprio e nos levava para qualquer lugar desde que pagássemos a gasolina; outro era Larry "Label" Back; e havia um cara chamado Ron, que tinha uma Kombi. Por muitos anos, eles nos ajudaram a carregar o equipamento, alugar um reboque U-Haul ou o que fosse necessário. Ainda consigo me ver lá, encolhido sobre o amplificador no fundo da van por horas, dolorosamente transformado num pretzel humano, mas feliz porque *estávamos na estrada*.

Por mais tarde que voltássemos para casa, adotamos a rotina de comer alguma coisa numa lanchonete 24 horas chamada Fran's, onde eu automaticamente pedia um sanduíche aberto de rosbife – uma lembrança que parece muito trivial, mas que conjura todo aquele sentimento de camaradagem e de aproveitar a vida. Deveríamos estar na escola, sendo doutrinados para nos tornarmos cidadãos exemplares, mas, em vez disso, estávamos em busca do nosso sonho. Talvez seja por isso que, na carreira inteira com o Rush, tomar um drinque sozinho com Alex e Neil depois de quase todos os shows era tão importante para mim; era uma lembrança, noite após noite, de que *deu tudo certo*.

Inevitavelmente, com as minhas frequentes faltas, as minhas notas já medíocres desabaram e fui chamado para uma reunião com o orientador, o Sr. Woodhouse, que se pode dizer que foi meu primeiro terapeuta. Ele queria saber tudo: minha história, meus objetivos e por que eu estava com dificuldades na escola. Depois de algumas sessões, me perguntou se eu fumava cigarro, o que eu fazia (naquela época, quase todo garoto que eu conhecia fumava). Ele trancou a porta, e nós acendemos um cigarro. Fiquei muito impressionado com o fato de ele estar mais preocupado em ganhar minha confiança do que em seguir as regras. Às vezes, íamos de carro até uma deli ou cafeteria perto do colégio para fumar, conversar e tomar café. Ele foi o primeiro homem adulto, desde a morte do meu pai, que me tratou como um igual. Claramente, seu objetivo principal era me manter na escola, mas senti que ele também queria que eu aprendesse a tomar decisões por conta própria.

Assim que compreendeu meu dilema, o Sr. Woodhouse propôs um acordo: eu poderia montar meus horários de aula de modo que terminasse os estudos perto da uma ou duas da tarde e pudesse pegar a estrada a tempo de chegar aos shows em quase qualquer lugar da província. Escolhi artes dramáticas, artes cinematográficas e artes gráficas, mais inglês, história e educação física. (Se houvesse mais matérias de artes, eu teria escolhido essas.) Ele observou que minhas opções no Ensino Superior, depois da escola, seriam inexistentes se eu largasse tanto matemática quanto ciências, mas, já que eu não tinha intenção alguma de ir para a universidade, não dei importância. Esse horário, eu esperava, me manteria no colégio por tempo suficiente para que minha mãe se resignasse com o fato de que eu estava me tornando músico em tempo integral.

Mas não deu muito certo. Eu até conseguia chegar aos shows a tempo, mas ainda assim chegava tão tarde em casa que levantar sonolento para começar a aula às 8h45 era quase impossível, e, depois de alguns meses, estava de volta à mesma encruzilhada. As palavras de Robert Johnson "Believe I'm sinkin' down" – "Acho que estou afundando" – nunca fizeram tanto sentido. Eu sabia quanta angústia estava causando à minha mãe, mas eu tinha que largar a escola. Naturalmente, o Sr. Woodhouse ficou desapontado, mas prometeu que me ajudaria a explicar minha decisão a ela, e, quando fez isso alguns dias depois, obviamente ela caiu no choro. Me senti *muito mal*, mas estava irredutível e esvaziei meu armário no colégio. Agora, eu era um músico de verdade, mas também um cara que largou a escola e ganhava apenas alguns dólares por semana. Eu estava assustado, mas resoluto. Tive que arrumar um modo de me sustentar agora com nada mais que um sonho e uma banda (que havia me expulsado certa vez), nem que fosse para justificar o que eu estava fazendo minha mãe passar. Quando cheguei em casa, ela não falou comigo. Sempre brincam dizendo que pais judeus querem que os filhos se tornem médicos ou advogados, mas ela realmente achava que eu estava *louco*. A música e a cultura eram totalmente estranhas para ela. Minha mãe pensava que eu estava com os dois pés rumo ao caminho do vício em drogas; na melhor das hipóteses, era o equivalente a fugir de casa para me juntar ao circo.

Pensando nesse momento crítico da minha vida, fico impactado com a pessoa diferente que me tornei em comparação a quem tinha sido quando era um garotinho. Por muitos anos, fui cronicamente indeciso, procrastinador, vago e sem objetivos, com pouquíssimas opiniões formadas. Nem meus pais nem meus professores realmente me incentivaram a tomar minhas próprias decisões sobre o que quer que fosse. Eu era protegido. Eu era uma página em branco. Minha mãe e meu pai simplesmente diziam para fazer o que me dissessem para fazer, e eu obedecia. A única coisa útil que minha mãe disse para mim nesse sentido foi depois que me viu brincando com um bando de garotos da minha rua e percebeu que tudo que eles faziam, *eu* fazia. Foi quando me chamou de lado e disse: "Garshon, seja um líder, não um seguidor". Mesmo que nunca tivesse me ensinado na infância *como* ser um líder – pelo contrário, na verdade –, aparentemente esperava que eu fosse um. Só posso imaginar que as lembranças da guerra – com uma raça inteira de pessoas seguindo umas às outras para dentro das câmaras de gás – tinham ensinado isso a ela da forma mais difícil possível.

Essa frase na voz dela vai reverberar no meu cérebro por toda a minha vida. Enquanto eu crescia, fiz esforços conscientes para formular opiniões, para me educar de modo que eu pudesse participar de uma conversa e examinar meus próprios sentimentos sobre qualquer assunto. Investi *muita* energia interior tentando crescer de um modo que me permitisse realmente *ter* interesses; absorver coisas; reagir às coisas e depois analisar essas reações – em resumo, formar opiniões, que, afinal, é o que cria a personalidade de um indivíduo. E um dos resultados do desenvolvimento de uma personalidade foi que me tornei mais decidido. Ainda assim, é engraçado: ela me deu o conselho certo, mas, à medida que *realmente* comecei a ser um líder, não mais um seguidor, e que minhas decisões iam de encontro ao etos dela – abandonar a escola, me juntar a uma banda –, percebi que a questão realmente era "seja um líder, não seja um seguidor – desde que você concorde comigo!". Depois que larguei o colégio, entramos – na falta de um termo melhor – numa guerra fria.

Mas, cara, o Sr. Woodhouse era tudo que alguém poderia esperar de um orientador. Depois de todo o sucesso que mais tarde eu viria a alcançar, às vezes me perguntava se ele fazia ideia de como teve uma influência profunda na minha vida. Mais de uma vez, pensei em procurá-lo, mas acabei não tendo coragem. É tarde demais para dizer obrigado?

CAPÍTULO 6

ALEX SEMPRE PEGAVA CARONA PARA o centro da cidade para ver uma garota que era colega de quarto da irmã de Lindy, Nancy, e, numa noite dessas, fui com ele a uma festa no apartamento delas. Alex e eu costumávamos fazer um aquecimento antes das festas com uma mistura alcóolica que ele chamava de Mijo de Pantera, uma fusão diabólica de uísque, vodca e vinho *kosher* (ou, no caso dele, *slivovitz*, um *brandy* de ameixa iugoslavo asqueroso), que a gente surrupiava no que imaginávamos ser quantidades imperceptíveis de cada garrafa de bebida alcóolica que havia nos armários dos nossos pais, mas, nessa ocasião, demoramos tanto tempo preparando nossa mistura, depois indo até o centro, tomando todas num parque local e nos perdendo que, na hora em que chegamos, já era bem tarde da noite.

Batemos na porta – lá dentro tocava Procol Harum –, mas, quando entramos, não havia festa alguma – estavam lá apenas a namorada de Alex, Beverly, e Nancy Young, linda com seu longo cabelo ruivo e um sorriso malicioso. Sim, tudo tinha sido armado. Alex desapareceu com Bev bem rápido, enquanto eu timidamente observava Nancy me servir uma taça de vinho rosé barato. E, bem, a natureza seguiu seu curso enquanto nos beijamos ao som das ondas orquestrais de "Nights in White Satin" – um momento capturado para a posteridade por Beverly, que estava escondida num canto com sua câmera fotográfica. Se eu reparei? Não, nada, nem parei para respirar. *Informação demais*, você pode achar, mas quantos caras podem ostentar um relacionamento de mais de 50 anos e ainda guardar uma foto de seu primeiro beijo?

Agora, você pode estar se perguntando como pode uma ruiva tão sexy se sentir atraída por este judeu quieto e esquisito de 18 anos. Bem, em primeiro lugar, realmente havia uma atração física tremenda, mas também nos conhecíamos como amigos antes de ficarmos juntos e já *gostávamos* um do outro. Eu era dolorosamente introspectivo, ao passo

O beijo diz tudo.

que ela podia falar sem parar, não tinha problema algum em socializar e era engraçada; tudo de bom para se estar por perto. Às vezes, era difícil quando ela ficava conversando com todo mundo num determinado lugar, mas isso também me ajudou a sair do casulo. E, quanto ao que viu em mim, bem, eu era um cara tímido, de cabelo comprido, pensativo, e dizem que algumas mulheres acham isso atraente! Mas falando sério: quando eu finalmente abria a boca, quase sempre a fazia rir, o que ela adorava. Sozinhos, éramos muito carinhosos um com o outro. Éramos voluntariamente órfãos, como se pode dizer, com relação às nossas próprias famílias: a minha estava de birra com minhas ambições musicais, enquanto a dela a deixava infeliz por inúmeras razões (que são assunto privado dela, é claro; basta dizer que Nancy já tinha demonstrado ter um espírito independente e determinado ao viajar pelo Canadá, pegando carona com um namorado quando tinha apenas 16 anos). Eu a respeitava como alguém com opiniões contundentes e, muito antes de ter começado sua própria empresa de design, chamada Zapata, um viés criativo forte estava em evidência.

Ensaiando para o meu futuro.

Ela foi uma das poucas pessoas da minha vida naquela época que jamais questionou meus sonhos absurdos de fazer sucesso no rock n' roll. Nós construímos um ninho nos braços um do outro. Havia compreensão mútua e, da melhor forma possível, romance incondicional. Demos um ao outro a confiança de nos desenvolvermos por conta própria como indivíduos.

Não demorou muito para nosso relacionamento ficar sério. Eu ia de carona até o centro da cidade sempre que podia para encontrá-la no mercadinho em Rosedale, onde ela trabalhava – uma oportuna conveniência, já que eu tinha pouco ou nenhum dinheiro e podia contar com ela para meu estoque de cigarros e iogurte. Que romântico! Saíamos para dar caminhadas pelas ruas da vizinhança com casas bonitas, brincando que um dia moraríamos num lugar assim. Certa tarde, paramos diante de um amontoado de tijolos velhos que mais parecia um castelo que uma casa de família, onde se ouvia a *Overture 1812*, de Tchaikovsky, tocando a todo volume pelas janelas escancaradas bem acima da porta de garagem em forma de arco. Naturalmente, tive que impressionar minha nova namorada e fingi conduzir a orquestra por tempo suficiente para ela tirar uma foto – foto que parece uma imagem de bola de cristal, não apenas porque aquela *overture* seria um ponto de virada para o Rush e para mim, mas porque Nancy e eu, no final das contas, moraríamos naquele mesmo bairro por mais de 40 anos.

OS MORADORES DE TORONTO ADORAM A "região dos chalés", uma terra de muitos lagos que fica a 150 quilômetros ao norte da Big Smoke. Chamam essas casas de "chalés", mas enquanto algumas não tem estrutura alguma para encarar o inverno, outras são verdadeiras mansões; nós não tínhamos grana alguma, nem mesmo dinheiro para nos hospedarmos num hotel de beira de estrada, então restava acampar nos parques públicos da província de Ontário. Sempre que não tínhamos shows marcados, Alex, Nancy, nossos amigos e eu montávamos barracas, levávamos um fogareiro e um *cooler* para o acampamento e ficávamos lá, ao ar livre, tocando violão, cantando e bebendo todas.

Certa vez, enquanto estávamos pregando as estacas das barracas no chão, Alex chutou uma colmeia e o enxame veio para cima de nós; elas pareciam furiosas. Entramos em pânico e corremos para todos os lados. Levei algumas picadas – tive que tirar uma abelha com ferrão e tudo do meu traseiro –, então ouvi um estrondo glorioso. Corri em direção ao som e vi a frente do Mustang de Alex erguida e abraçada a uma árvore, o vapor ainda saindo do capô e as rodas dianteiras girando sem parar. Tememos o pior, mas logo o encontramos na beira do lago, com sangue escorrendo pela boca. Enquanto tentava fugir das abelhas, Alex pensou em ir de carro até o lago e mergulhar, mas elas entraram pela janela aberta atrás dele, zunindo em fúria ao seu redor, até que perdesse o controle do carro. Agora, estava em choque, balbuciando sem parar: "Hahaha, que ótimo isso, né? Meu pai vai me *matar*. Meu pai vai me *matar*".

Alex foi parar no hospital, todo inchado por causa de dezenas de picadas de abelhas, e fizeram um curativo; mas o pior foi que tinha quebrado os dentes inferiores por causa do impacto no volante e iria precisar de um procedimento odontológico. Que catástrofe. O carro, disse ele, sequer tinha seguro. Dormimos nas nossas barracas naquela noite, fumando baseados para aliviar a dor, chapados demais, cantando músicas do *Led Zeppelin III,* já que, juntos, imitávamos o zumbido que dá início a "Celebration Day". No final, morremos de rir com nossas vozes ecoando pela floresta, a boca deformada de Alex e o absurdo daquilo tudo. O que mais poderíamos fazer?

Tentando conseguir uma grana extra naquele verão de 1971, tocamos no piquenique do *Canada Day* de uma empresa de seguros – só nós dois, com violões e algumas músicas populares, como "As Tears

Go By", dos Stones, e "Babe I'm Gonna Leave You", do Led. Por duas horas, tocamos as mesmas músicas repetidas vezes e de um jeito cada vez mais desleixado à medida que nos ofereciam cerveja. Ninguém notou, contudo, porque os executivos estavam ainda mais bêbados que nós. Esses caras do mundo dos negócios, com sua aparência respeitável, que educadamente interagem com seus colegas, perderam toda a inibição e os flertes discretos se transformaram num festival de pegação, com os homens literalmente perseguindo as mulheres mata adentro – um deles, um *boge** mais velho e encorpado, usando nada além de uma cueca samba-canção. *Ooh! Que nojo! Alex, tape os olhos!*

Como éramos menores de idade, ainda não podíamos trabalhar em bares, mas, para nossa sorte, no ano em que fizemos 18 anos, a província de Ontário reduziu a idade mínima para beber álcool de 21 anos para 18. Um empreendimento peculiar daquele tempo eram os tradicionais *beer halls,* salões de cerveja, ou "*men's rooms*". Eram exatamente isto: bares só para homens; tavernas e restaurantes licenciados eram os únicos lugares em Ontário que aceitavam ambos os sexos. No dia em que a lei da idade mínima para beber mudou, a primeira coisa que fizemos para usufruir do nosso direito legal de beber álcool foi entrar num desses lugares meio deprimentes, iluminados por lâmpadas fluorescentes. Eram totalmente sem graça e fediam a solvente, com o piso de linóleo acinzentado e mesas pequenas, redondas e baixas, que acomodavam até quatro caras sisudos, ocupados em afogar parte de sua renda numa cerveja com gosto de mijo depois de um dia de trabalho. Os garçons vendiam cerveja por copo, mas discretamente tentavam te empurrar uma jarra. Era estrita-

* Não confudir com "bogue" ou "boga", um peixe *acanthopterygii.* O termo "boge" era uma palavra essencial do léxico do Rush – algo que restou da minha amizade com Burd, que costumava se referir aos pais dele como "The Boges". Adotamos o termo para descrever qualquer pessoa de qualquer idade que agisse como um velho, quadrado e mal-humorado. Desse modo, você podia ser um boge com 50 ou 18 anos; era um estado de espírito a ser evitado. (Sim, havia e ainda há um léxico do Rush, como a maioria das bandas tem piadinhas internas e códigos para trocar confidências na frente de outras pessoas. Eu compartilharia mais termos com você, mas isso significaria uma quebra de confiança e uma ideia *drurken*, ou seja, algo a ser evitado.)

Entre os verões de 1971 e 1972, houve poucos shows. Assim, quando não estávamos fazendo coisas estranhas, como tocar para boges alcoolizados, íamos acampar. Era barato e animado! Repare nas nossas primeiras camisetas do Rush, com a estampa RUSH – ENERGIZED ROCK. Nós mesmos pagamos para fazê-las – só algumas para o pessoal da banda, nossas namoradas e nossos amigos (incluindo Oscar, que se vê aqui segurando uma serra de arco).

mente quantidade acima de qualidade. Ainda bem, esses lugares sem vida eram uma espécie em extinção. A repentina clientela mais jovem da província forçou uma grande virada nesse ramo de negócio, e muitos *men's rooms* foram transformados em bares de rock para ambos os sexos, e para nós esses novos bares foram o lugar certo na hora certa.

Era chegado o momento de nos tornarmos músicos profissionais e nos filiarmos ao sindicato. Acreditávamos que isso traria legitimidade às nossas ambições; era um meio de provar não apenas aos outros, mas *a nós mesmos*, que estávamos levando a profissão a sério. Alex pôs um ponto final em ter que soletrar seu longo nome estrangeiro, escolhendo uma tradução direta do sérvio para o inglês: "Živojinović" literalmente significa "son of life", "filho da vida", e assim ele se tornou "Alex Lifeson". Com meu próprio novo apelido, eu estava aproveitando a chance de me livrar daquele ar de garotinho triste que eu tinha sido por muito tempo. Minha vida sempre pareceu desimportante à sombra de tudo o que meus pais tinham enfrentado nos campos de concentração, e mais ainda quando minha mãe ficou viúva e teve que ir à luta. Depois da turbulência da morte do meu pai, esta era uma chance de me reinventar e me destacar na multidão.

Quando entrei na adolescência, particularmente depois da morte do meu pai, sem dúvida bati em retirada. O ambiente da minha casa sugava toda a minha energia, e lembro claramente como eu ficava sempre quieto na companhia de adultos e de novos amigos na escola. A adolescência é uma fase esquisita para todo mundo, é claro, mas meu pai morreu bem quando mudamos para um subúrbio desconhecido e tomado por antissemitismo, e, quando saí do meu ano de luto, minha timidez foi reforçada pela vergonha de ser órfão de pai e pela pena que sentiam de mim em razão da minha perda. Me sentia desajeitado, constrangido, deslocado e extremamente sensível à ideia de que, graças ao meu grande e velho *schnozz*, eu não apenas parecia judeu, mas parecia *extremamente* judeu. Seja lá que pouca autoconfiança eu tinha, ela foi substituída por medo, e passei pela adolescência de cabeça baixa. Tentando me enturmar no meu círculo social formado basicamente por gentios e motivado pela ideia de que eu precisava ser uma pessoa "melhor", suprimi minhas origens judaicas, me escondi atrás de uma cortina de cabelo comprido e lutei para manter uma atitude *cool*. Se eu quisesse parecer bacana, pensava, então eu deveria *ser* bacana, certo? E como já estava deslocado de qualquer maneira, por que não dobrar a aposta e assumir meu jeito esquisitão?

Mas eu também queria ter voz. Falar o que pensava e me expressar bem. Mas, para fazer isso, sabia que precisava me tornar mais inteligente. Trabalhei nisso com seriedade, primeiro através da música; felizmente, eu tinha aptidão para isso, e praticar meu instrumento deixava meus dedos falarem por mim. Também me tornei obsessivamente versado em bandas e álbuns, dos bem-conhecidos aos mais obscuros, e logo pude me juntar às discussões no pátio da escola sobre

Et voilà! *Gary Weinrib e Alexandar Živojinović se transformam em Geddy Lee e Alex Lifeson!*

quais músicos eram *cool* e quais não eram. Depois, voltei minha atenção ao cinema, o que fez com que eu ganhasse o respeito dos meus amigos, mas ainda não era o suficiente. Me sentia meio afastado dos debates a respeito de livros, então comecei a ler – primeiramente fantasia (Valeu, maconha! Valeu, Sr. Tolkien!) –, adquirindo vocabulário para me expressar com mais clareza.

O mais importante é que percebi que, se eu não entendesse alguma coisa, era melhor começar a fazer perguntas. Foi um esforço imenso porque eu me arriscaria a ser visto com desprezo por admitir minha ignorância, mas, para minha surpresa, minhas perguntas geralmente eram bem-vindas (ao menos até quando meus questionamentos incessantes começaram a deixar os engenheiros de som malucos). Deixo aqui uma dica valiosa para você, algo essencial que aprendi sobre pessoas: elas adoram compartilhar suas opiniões.

Mesmo agora, depois de adulto, minha timidez ocasionalmente ameaça me puxar para baixo, mas, sendo o velho e calejado profissional no assunto que sou, quase sempre consigo deixá-la de lado. Um desses momentos aconteceu em 2017, quando fui ensaiar "Roundabout" com o Yes, antes da indicação deles ao Rock and Roll Hall of Fame. Primeiramente, fiquei lá, atônito, olhando em volta e observando essas versões mais velhas dos meus ídolos da juventude – músicos que eram *certamente* mais experientes do que eu –, e precisei de um momento para me recompor. Tudo o que bastou foi um abraço afetuoso de Steve Howe para me ajudar a me enturmar, mas essa breve hesitação foi um lembrete de que, apesar da minha idade cronológica, ainda consigo voltar a ser aquele garotinho dos subúrbios de Willowdale.

NA MAIOR PARTE desses 40 anos de vida na estrada, o Rush seria basicamente uma banda de grandes arenas que evitaria tocar em bares, mas os clubes que se formaram a partir dos extintos *men's rooms* foram a oportunidade de que realmente precisávamos, uma injeção de autossuficiência, uma chance de trabalhar todas as noites, em vez de só nos finais de semana, e uma brecha para tocar diante de um público mais velho, embora ébrio. Contudo, logo nos depararíamos com obstáculos, pois descobrimos que esses lugares eram resistentes a uma banda que ousava achar que tinha potencial para grandes shows. Era normal na época sermos contratados para fazer quatro sets de quarenta minutos, mais um set de 15 minutos para fechar a noite, e depois havia ainda as detestáveis matinês de sábado. Nunca gostei de me levantar mais cedo do que precisava, principalmente depois de tocar até tarde da noite, então era uma tortura ter que deixar minha voz pronta para um show no meio da tarde. E os bares de Ontário não apenas não eram acostumados a bandas barulhentas como a nossa, eles também não gostavam muito de bandas que tocavam seu próprio – e desconhecido – material. Para sermos contratados, tínhamos que submeter uma amostra do nosso setlist, e quando o Rush fazia isso, éramos rapidamente enquadrados: "Acrescentem alguns hits do momento ou pelo menos alguns covers, caso contrário não serão contratados". Quando a gente conseguia tocar em bares de hotéis fora de Toronto, as garçonetes reclamavam que não conseguiam ouvir os pedidos.

Desde o início, compus sozinho algumas canções inteiras, como "In The Mood" (que, depois, faria parte do nosso primeiro disco); para outras, John criava algum título bacana, e Alex e eu trabalhávamos na melodia enquanto esperávamos as letras que viriam depois. (É interessante que ambos os bateristas do Rush acabariam ficando responsáveis por grande parte das letras, não é?) Trabalhando lado a lado, geralmente desenvolvíamos melodias vocais antes de termos as letras, porque John raramente as entregava prontamente. Paul McCartney falou disso, de não ter as palavras para a melodia do que se tornaria "Yesterday"; por dias, ele andou por aí cantarolando para si mesmo "Scramble eggs/ Oh, my baby, how I love your legs" – "Ovos mexidos / Ah, querida, como amo suas pernas" –, até que finalmente as palavras certas surgissem. Mas nós subíamos *no palco* sem as letras estarem prontas. Eu só criava algo ali na hora. É uma coisa estúpida e assustadora de se fazer, mas fiquei muito bom nisso e aprendi a formar padrões que sugeriam palavras; o que o pessoal do jazz chama de "scat" tomaria a forma de versos, e os versos se tornariam uma letra. Fazer isso permitiu que eu antecipasse o fraseado, acrescentando um respiro aqui ou tirando uma palavra dali, de modo que, quando a letra finalmente ficasse pronta, eu já teria a articulação e o ritmo certos.

A questão é, enquanto nossas composições originais eram ingênuas e bem cruas naquele estágio, sabíamos que ninguém jamais chegou ao topo tocando covers (exceto Joe Cocker, com sua voz rasgada cheia de soul e tanto carisma que você ficaria feliz em ouvi-lo cantar a lista telefônica). Então, nos comprometemos – sempre uma palavra horrorosa para nós, até mesmo naquele tempo – a temperar nossos setlists com músicas de grandes nomes, mas apenas as menos conhecidas. Era um meio de podermos fazer as coisas também do nosso jeito. Adicionamos músicas como a versão dos Rolling Stones para o clássico de Buddy Holly "Not Fade Away", "Simple Sister", do Procol Harum, "Spoonful", do Cream, "Living Loving Maid", do Led Zeppelin e, depois, "Suffragette City", de David Bowie (essa se tornou uma canção bem popular nas nossas apresentações nos bares); todas elas remodeladas para acrescentarmos um pouco de nós mesmos. Por exemplo, tocávamos uma versão de 15 minutos de "Road Runner", de Junior Walker and the All Stars, fazendo uma *jam* total com um solo pesado no pedal Echoplex, cortesia de Alex. Deu certo, e começamos a *lotar* a agenda.

No comecinho dos anos 1970, o circuito de Toronto basicamente consistia no Abbey Road Pub, que ficava no andar superior do George's Spaghetti House, na Queen Street, no Gasworks e no Piccadilly Tube, ambos na Yonge Street. Eram tempos anteriores aos *moshpits* e ao *crowd* *surfing*, então a única vez em que tive *esse tipo* de interação com o público foi quando fiquei bêbado no meu aniversário, caí no meio da multidão e eles, muito gentilmente, me empurraram de volta para o palco. Havia também o Meet Market (rebatizado de Colonial Underground no auge do punk), com um público bem ruidoso – pouco antes de um show que fizemos lá, Alex tinha extraído um siso, então estava tão fora do ar por causa dos analgésicos que teve que tocar sentado numa cadeira, com a boca inchada e sangrando. O lado bom foi que ele assistiu de camarote a uma briga que começou bem na sua frente *enquanto tocávamos* "You Can't Fight It"! Depois, houve um show bizarro no Centro de Saúde Mental Queen Street,* com pacientes dançando/convulsionando de todas as formas possíveis, e eu discretamente murmurando a letra "They got some crazy little women there / And I'm gonna get me one" – "Eles têm umas mulheres loucas lá / E vou pegar uma para mim" –, um cover roqueiro de "Kansas City", de Wilbert Harrison, que tocávamos na época. Rimos disso por vários anos, mas a verdade é que foi triste e perturbador. Só posso desejar que tenha sido uma verdadeira festa para eles.

Como não podíamos contar apenas com o sucesso em Toronto, Ray nos mandava para shows por toda Ontário, bem longe da cidade. Ele agendou alguns lugares bem obscuros (para nós, pelo menos), às vezes ao longo de uma ou duas semanas de cada vez. O Russell Hotel, em Smiths Falls, foi um desses lugares de festa decadente. Depois, houve a inesquecível residência de duas semanas no Finnigan's, no Thunder Bay Motor Hotel, sabe, em Thunder Bay, onde nossa acomodação de luxo consistia em dois quartos grandes com camas dobráveis espalhadas e nada de calefação. Lembro que dormi com um secador

* Inaugurado em 1850 como Asilo Para Lunáticos da Província, se tornou Asilo Para Insanos em 1871, e nos anos 1990, depois que as atitudes com relação à saúde mental evoluíram, tornou-se o Centro de Saúde Mental e Dependência Química. Mas nossos pais se referiam ao lugar simplesmente como "999" – "Você vai fazer o que estou mandando ou vou te mandar para...".

de cabelo debaixo das cobertas, que tinha que ligar de hora em hora para me aquecer. Quando acordávamos, tomávamos um gole de uísque só para ativar a circulação do sangue. O proprietário era um verdadeiro pau no cu que não nos dava adiantamento; estávamos quebrados, não podíamos comer nada além de um hamburguer de 99 centavos e tínhamos que fazer as refeições no hotel fiado, que, depois, seria descontado do nosso pagamento. Seu único gesto de bondade foi pouco antes da última matinê de sábado (com um público de dois ou três hospedes bêbados), quando ele nos serviu dois canecos de cerveja, que, é claro, viramos antes da metade do set, que terminou com Alex e eu tocando na horizontal. O público nem se importou, porque estava no mesmo estado. Me lembro de um cara gritando: "Neil Young nasceu aqui! Neil Young nasceu aqui! Neil Young nasceu aqui!". Ok, cara, obrigado por nos informar... de novo.

O lado bom é que termos suportado todos aqueles anos de vaias e pedidos arrastados de "Smoke on the Water" formou nosso caráter e nos tornou cascudos. Agora oficialmente músicos profissionais, simplesmente apertamos o passo e encerramos nossos dias de banda de bar em julho de 1974 como atração principal do Colonial Tavern, o aclamado clube de jazz onde artistas do calibre de Cannonball Adderley e Thelonious Monk haviam tocado certa vez; foi o único lugar em que alguns de nossos pais foram nos assistir, já que se podia reservar uma mesa no mezanino, de frente para o palco, e apreciar o jantar enquanto agitávamos lá embaixo.

Agora, essa coisa toda de escrever meu livro de memórias é uma proposição arriscada, principalmente quando alguém já está com a idade avançada de, *aham*, 69 anos. (Putz, falei isso em voz alta?) Falando por mim, sinto muitas dúvidas e me recrimino quando o velho disco rígido aqui falha em localizar um arquivo quando preciso dele. Algumas lembranças são sólidas como rocha – geralmente triunfos ou fracassos, reviravoltas, momentos de tristeza ou de perda –, mas outras

Além dos bares, ainda tocávamos nos colégios espalhados por toda a província de Ontário (e espalhados por todo o palco). A primeira foto (ACIMA) *inspirou o estilo "retrô" do palco para o bis final da turnê* R40, *em* 2015.

(ACIMA) *21 de dezembro de 1970, no colégio A.Y. Jackson. Um dos muitos shows que fizemos antes de permitirem que tocássemos em bares.*
(ABAIXO) *Vícios da estrada.*

são... um vazio. Isso é preocupante. Você imaginaria que a vida que levei, principalmente entre 1968 e 1972, tinha tanta novidade e era tão emocionante que as lembranças ficariam impressas permanentemente nas pequenas células cinzentas, ainda assim, para meu desalento, há extensões de tempo e até mesmo relacionamentos que se foram como folhas voando com o vento.

Por quê? Por que tantos shows esquecidos? Suponho que alguns não tenham sido muito relevantes, enquanto outros foram simplesmente dolorosos demais para recordar. Mal posso recordar, por exemplo, a contratação do guitarrista Mitch Bossi, os shows que ele tocou com o Rush e até mesmo a minha relação com ele. Por quê?

Trazê-lo para a banda foi ideia de John, já que os dois eram amigos. Ele começou conosco no final do outono de 1971, talvez no começo da primavera de 1972. Era um cara gentil e um guitarrista base decente; isso eu lembro. Ele nos trouxe um som mais encorpado; assim como Lindy antes dele, suas partes davam mais liberdade para Alex solar, e, sem dúvida, parecia muito *cool* no palco, com seu corte de cabelo em camadas. À medida que fizemos mais e mais sucesso no circuito de bares, o próprio John passou a usar roupas mais estilosas e cortou o cabelo em camadas com um toque mais moderninho. Será que era essa a razão pela qual John queria Mitch na banda? Em certo sentido, combinavam em termos de moda. Alex e eu não estávamos muito preocupados com o apelo visual, mas acho que seguimos a onda. Depois de alguns meses, contudo, decidimos que não estava dando certo. Alex lembra que, certo dia, Mitch estava abrindo o case da guitarra, e John deu a notícia a ele. Mitch simplesmente fechou o case, pegou as coisas dele e saiu sem dizer uma palavra.

Além disso, tudo o que guardei na minha mente por anos foram imagens de Mitch sentado num estacionamento com a gente e, numa outra ocasião, numa cadeira de engraxate. Mas ao explorar esses arquivos antigos, descobri que esses dois "momentos", na verdade, eram fotos de divulgação daquela época. Num panorama geral, sinto dizer, nossa conexão foi, no máximo, tênue.

EM CASA, APESAR de mal falar comigo porque eu havia largado o colégio, minha mãe parecia ter se resignado com o fato de que o filho não iria mudar de ideia. Ela me ajudava com um pouco de dinheiro e pagou minhas aulas de direção, e até mesmo fiquei com o antigo carro dela, um Pontiac Grand Parisienne surrado, que eu costumava usar para ir até shows em lugares como Oshawa. Ela era uma fortaleza, tenho que reconhecer: enquanto criava sozinha meu irmão de 10 anos de idade, fez a loja em Newmarket prosperar a ponto de considerar expandir. Contudo, enfrentava dificuldades para se entender com a minha irmã, Susie, que se casou fora da religião (e deu à luz meu sobrinho Robbie), e eu sabia que ela acharia muito difícil aceitar a ideia de que

A única foto que tenho de um show com Mitch Bossi (acredito que no Abbey Road Pub)...

eu faria o mesmo. Abandonei a religião depois da morte do meu pai, portanto o fato de Nancy não ser judia nunca foi um problema para mim, mas essa não era a vida que minha mãe tinha imaginado depois de ter sobrevivido à guerra! A menos que as coisas ficassem sérias – sérias a ponto de *me casar* –, havia pouco a ganhar ao aumentar as preocupações dela e, embora eu ainda estivesse tecnicamente morando com minha mãe, quase sempre estava na rua, então foi fácil esconder dela meu relacionamento com Nancy.

Falei em "sérias a ponto de me casar"? Na verdade, as coisas andavam meio estranhas entre Nancy e eu. Já é difícil para qualquer pessoa, imagine para alguém tão independente quanto Nancy se apaixonar por um músico, mas a pressão extra que colocamos sobre nós mesmos ao manter nosso relacionamento em segredo tornava mais difícil nosso entendimento. Cada vez mais, parecia que precisávamos ficar mais independentes um do outro, e, um dia, ela sugeriu que ter-

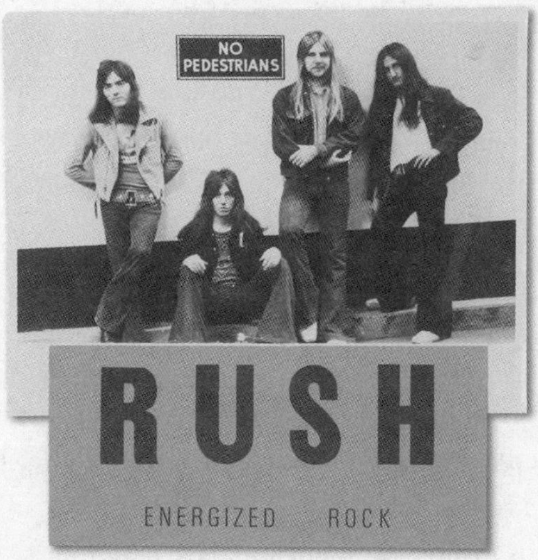

... e uma das únicas fotos de divulgação com ele (sentado).

minássemos. Num primeiro momento, fiquei boquiaberto e magoado, argumentando que poderíamos fazer dar certo, mas ela estava determinada a virar a página. Então, pensei que talvez o momento não fosse tão ruim. Ela queria sair e se divertir, enquanto eu estava mais preocupado com a banda e em compor músicas. Alex também estava solteiro e havia comprado um MG 1963 – uma "bosta", nas palavras dele, com o capô preso por um cabide de roupas –, que poderíamos usar bastante na nossa jornada como dois solteirões baladeiros. Então, encarei a rejeição dela com mais leveza. (Aquele carro realmente era uma bosta: numa viagem até um show em Newmarket, o capô se ergueu e bateu no para-brisa, bloqueando a nossa visão e nos deixando apavorados. Provavelmente, por causa do grande susto, acabamos no acostamento da rodovia dando gargalhadas.)

ENTRE O ABBEY Road, o Gasworks e uma velha taverna reformada chamada Larry's Hideaway, o Rush consolidou seu público local, e todos esses lugares se tornaram vitrines para executivos de gravadoras irem nos conhecer. Os donos e os gerentes do Abbey Road gostavam bastante de nós; lá fazíamos shows com tanta frequência que parecíamos banda residente. Depois de fechar o bar, a gente ficava com o pessoal, contando histórias e bebendo até altas horas, antes de sair trôpego e costurar nosso caminho até em casa.

ESTÁVAMOS DESESPERADOS para gravar um disco e conseguir abrir um show na turnê de alguma banda importante, mas nossa marca "Energized Rock", como nossos adesivos e camisetas alardeavam com orgulho, foi rejeitada por *todas as gravadoras* do Canadá. Felizmente, quando somos jovens, também somos arrogantes: se alguém te criticar por algum motivo, você só pensa que o cara está sendo um cuzão.

Justificamos qualquer crítica ruim dizendo "esse cara não sabe do que está falando". Portanto, ficamos desapontados com as rejeições – e as rejeições depois dessas, e as outras que se seguiram –, mas não destruídos. Entendíamos que não éramos comerciais. Eles estavam buscando hits, e nós não éramos uma banda de hits. Tínhamos um som bruto e sabíamos. E gostávamos dele.

Provavelmente não foi apenas falta de viabilidade comercial. Naquela época, as gravadoras no Canadá basicamente eram filiais sem muita autonomia quando se tratava de assinar contratos, e a matriz geralmente ficava na Europa ou nos Estados Unidos. Nós, canadenses, só conseguíamos fazer sucesso nos EUA depois de nos estabelecermos num circuito de turnê lá. Sem o precioso tempo de radiodifusão de um hit, tínhamos que vender nossa música diretamente aos

A parte um do plano máster da SRO começa com a celebração da nossa assinatura do contrato com o novo selo de Ray e Vic, a Moon Records. (AO FUNDO, DA ESQUERDA PARA A DIREITA) *Vic Wilson; Ray; S. Maley, SRO; eu; o engenheiro do nosso primeiro disco, David Stock; J. McDonald* (À FRENTE) *Alex e John.*

fãs – toda aquela coisa do boca a boca. A porta se abriria para nós com o crescimento da AOR, ou "Album Oriented Rock", como ficou conhecido na indústria, que tocava nas estações FM para onde o público poderia ligar e pedir nosso tipo de música.

Naquela época, Ray Danniels tinha se tornado sócio de Vic Wilson, um veterano da indústria (e saxofonista do The Downchild Blues Band, entre outros), para criar a SRO Management. Era uma empresa maior, com mais funcionários e um rol de artistas que incluía Max Webster, Fear, uma banda cover dos Beatles chamada Liverpool e outro artista novato chamado The British Are Coming!, que tocava covers de todas as bandas da Invasão Britânica dos anos 1960. A SRO não fazia segredo: essas duas últimas bandas eram descaradamente comerciais e estavam, de certa forma, pagando nosso cachê. Mas, no fim das contas, Ray e Vic decidiram resolver o impasse do Rush e fizeram isso com uma linha de ataque em duas frentes.

Primeiramente, precisávamos de um álbum e, já que não tivemos sorte alguma com as gravadoras, eles teriam que abrir seu próprio selo. Poucos empreendedores ambiciosos e independentes do Canadá já tinham tentado fazer isso. O inigualável Bernie Finkelstein foi um deles: seu selo, True North Records, que lançou talentos do folk como Bruce Cockburn e Murray McLauchlan – que ele também agenciava –, foi uma inspiração. Mas enquanto começar uma gravadora independente foi relativamente fácil, ganhar dinheiro com ela seria bem mais difícil.

Em segundo lugar, com um disco a ser lançado, a SRO se estabeleceria como produtora de shows. Nesse sentido, poderia nos encaixar como número de abertura de qualquer banda importante que viesse do exterior e se conectar com agentes do mundo todo. Com sorte, esse plano ambicioso nos levaria a uma turnê por todo o país, para um público mais amplo (e mais sóbrio?) que aquele que estávamos encarando nos bares e, quem sabe, descolaria um contrato com uma gravadora nos EUA ou em outro país.

Gravar nossas próprias músicas era uma aposta potencialmente cara. (Tínhamos gravado apenas uma única vez antes – só algumas músicas* num estúdio especializado em demos chamado Sound Horn, que ficava nos fundos de um edifício-garagem debaixo do famoso prédio da Rochdale College.** Nenhum empresário nem nenhuma banda querem gastar seu próprio dinheiro se puderem evitar – e nenhuma gravadora também, pois, como descobriríamos mais tarde, é para isso que servem os adiantamentos –, o que significava reservar uma sessão num estúdio pequeno no meio da noite, quando custava mais barato. Na época, tocávamos cinco sets por noite no Gasworks, depois tínhamos que desmontar o equipamento à uma da manhã, quando terminávamos nosso último set, e transportar tudo para o Eastern Sound Studios, na Yorkville Avenue, gravar nossas músicas madrugada adentro, tirar tudo de lá antes da primeira sessão do estúdio da manhã seguinte, ir para casa, dormir um pouco, levar o equipamento de volta para o Gasworks e, depois, fazer tudo de novo. Ainda bem que conseguimos gravar o disco em apenas duas sessões.

O Studio B do Eastern Sound era uma sala pequena com mesa de oito canais. Alex lembra que, na nossa primeira noite, entrou sem querer no Studio A, onde a gravação de um comercial estava acontecendo. Um cara bem ríspido se virou, olhou para ele com desprezo e bufou. Alex só retrucou "*boge* estúpido" e fechou a porta. Para mim, entrar naquele lugar, naquela noite, foi como entrar na caverna do Aladdin; parecia um impressionante mundo de maravilhas. Não importava que fosse minúsculo e equipado apenas com uma mesa de oito canais; parecia a cabine de um avião supersônico, com seu cheiro de equipamentos eletrônicos, os painéis termoacústicos, os botões e os relógios que pareciam ilimitados. Quando você fechava a porta

---

* Engenharia de som por Billy Bryans, mais tarde baterista e cofundador do Parachute Club.
** Rochdale tinha sido construída para receber estudantes num tipo de ambiente educacional experimental livre, mas entrou em decadência com moradores de rua, gangues de motociclistas e traficantes circulando pelos corredores. Fechou em 1975.

Aqui estamos nós na nossa melhor forma, tocando no venerado Gasworks. Mergulhados nas tendências do glam, vestíamos nossas roupas com lantejoulas e tachinhas dentro de um camarim minúsculo que ficava debaixo de um banheiro – várias vezes, sofremos com goteiras e entramos no palco fedendo a urina.

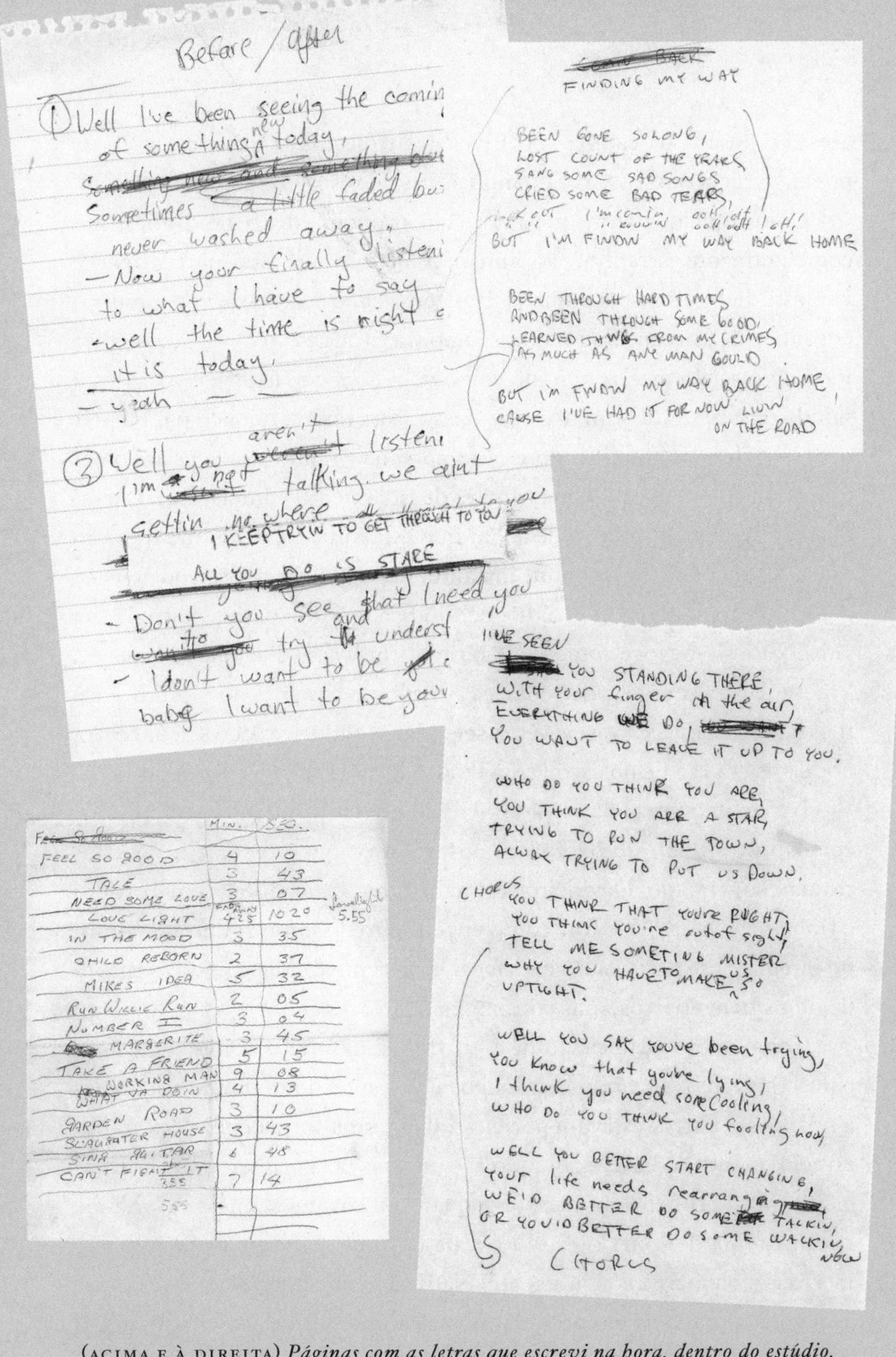

(ACIMA E À DIREITA) *Páginas com as letras que escrevi na hora, dentro do estúdio, para "Before and After" e "What You're Doing" (e "Finding My Way", antes das sessões com Terry Brown).* (ABAIXO À ESQUERDA) *Pensando no que gravar: os cálculos de John para todas as nossas músicas.*

grossa e pesada da cabine vocal, ficava envolto num silêncio a vácuo – nossa, parecia que eu estava dando adeus ao resto do mundo.

Como qualquer um que grava seu primeiro disco num ambiente completamente estranho, não tínhamos ideia do que estávamos fazendo. Um estúdio é um espaço que isola a acústica, e é necessário confiar no engenheiro para capturar o modo como você toca ao vivo e na sua melhor forma – ou pelo menos o modo como você *acha* que toca –, e o que está saindo das caixas de som não é bem isso. Não ter um público para reagir ou o som de seus amplificadores zunindo ao vivo numa sala, criando entusiasmo, é bem difícil. Uma câmara de isolamento é implacável. Quando se toca ao vivo, você pode achar que está afinado, e, mesmo que não esteja, o momento se vai num instante, não vai ficar registrado se você realmente foi mal; já no estúdio, aquilo fica gravado para o resto da sua vida. Num show, você começa meio rígido, mas à medida que se aquece e a musculatura se solta, você começa a entrar no ritmo; já no estúdio, você toca a mesma música várias vezes seguidas, e todo seu foco se concentra nos erros em vez de no astral e na fluidez da performance no geral.

Isso exigiu uma adaptação imensa e bem intimidante para nós. Fizemos um milhão de perguntas ao produtor que nossos empresários tinham contratado, David Stock, um britânico que morava em Toronto e trabalhava para Vic e Ray como engenheiro de som/produtor em tempo integral. Ele parecia um cara legal, e nós embarcamos nessa aventura de olhos bem abertos, mas confiantes.

Como seção rítmica, John e eu tínhamos muito a aprender, mas, como estávamos tocando sets longos noite após noite durante semanas a fio, nossas partes estavam perfeitas; da mesma forma com Alex, tanto no solo quanto na base, dobrando as guitarras pela primeira vez. Foi mágico e, num primeiro momento, enquanto tocávamos juntos no volume 11 do sistema de som do estúdio, achamos que as faixas tinham ficado incríveis... ou incríveis o suficiente. Naturalmente, queríamos reproduzir a energia, a potência e o peso das nossas apresentações ao vivo, e, quando falávamos "David, tem como deixar o som da guitarra... sabe... um pouco mais pesado?", com a autoridade e o *know-how* técnico de uma banda que nunca tinha estado num estúdio antes, ele respondia "não se preocupem, rapazes, vou arrumar tudo na mixagem".

É claro que concordávamos com a cabeça e falávamos "ok". Com o tempo, aprendemos que essas são as palavras *exatas* que um músico *jamais* deveria ter que ouvir.

Gravamos todas as faixas-guia na primeira noite, incluindo a de "Working Man", uma música que tínhamos criado, com um riff pesado e uma longa *jam* no meio, com o claro objetivo de provar que éramos os gatilhos mais rápidos de Willowdale, e, diante da insistência do nosso empresário, gravamos também o cover de "Not Fade Away", dos Stones, que também era popular nos bares. Na segunda noite, eu estava animado e nervoso porque era o momento de gravar a voz. Embora estivesse cansado de cantar a noite inteira no Gasworks, minhas cordas vocais eram jovens e resilientes, e eu me sentia pronto para o desafio.

Como já mencionei anteriormente, enquanto aguardava John trazer as letras definitivas das músicas, eu criava palavras substitutas ali na hora para fazer as coisas andarem e, depois de várias apresentações, essas substituições às vezes geravam padrões. Ainda bem que eu tinha essa prática porque, na segunda noite no estúdio, ninguém sabia onde John estava. Nós o aguardamos, na esperança de que ele aparecesse, mas não apareceu. Depois, recebemos uma mensagem dele. Não lembro o conteúdo exato, mas basicamente dizia: "Não fiquei satisfeito com as letras, então rasguei tudo".

Fiquei atordoado.

Ele nunca realmente se explicou para Alex nem para mim, nem naquela noite nem depois, e, pensando bem, acho que nem mesmo ele compreendia suas próprias ações. John nunca se desculpou porque, para começo de conversa, não era do tipo que pedia desculpas. Sempre guardava as coisas para si. Pouco tempo depois, ficou claro que ele se envergonhava do que tinha feito, mas só porque tinha revelado uma falha de sua própria personalidade. O que eu e Alex realmente compreendemos a partir daquela noite, tão claro quanto o dia, é que John havia sido derrotado por seus próprios demônios.

John era um cara temperamental. Era muito inteligente e tinha ótimo senso de humor, mas também era cínico. Podia iluminar uma sala com um comentário sagaz da mesma forma com que poderia te destruir só com um olhar. Sabia fazer alguém se sentir seu melhor amigo ou acabar com a pessoa com um único comentário sarcástico. Era um cara difícil no camarim. Em alguns dias, você chegava e ele estava feliz, e quando ele estava feliz, todo mundo ficava feliz. Mas em outros, você chegava e ele estava puto, e se falasse uma coisa errada para ele, ele retrucaria, te reprimindo com uma única frase. É impressionante o contraste depois que Neil se juntou à banda: dá para contar nos dedos de uma única mão o número de comentários sarcásticos que fizemos uns para os outros em mais de 40 anos. Se quiséssemos argumentar, argumentávamos com humor, não de um jeito desagradável. Alex diz que, por insegurança, John descarregava seus sentimentos nas pessoas que justamente mais se importavam com ele e que estava revoltado com seus próprios problemas de saúde, como se tivessem arrancado dele a chance de ter uma vida boa. Ele sofria de diabetes tipo 1, o que nós suspeitávamos ter sido bem difícil para ele na infância (e ainda tinha que aplicar insulina todos os dias), mas, sejam lá quais fossem as causas, as alterações de humor de John podiam ser cansativas.

Mesmo antes de entrarmos no estúdio, já estava difícil trabalharmos juntos. Enquanto Alex e eu nos aperfeiçoávamos e nos tornávamos mais ousados como músicos, brincando com compassos estranhos que ecoavam nosso amor pelo Yes e pelo Genesis, John parecia mais interessado em Free, Bad Company, Rolling Stones e Small Faces – bandas que tocavam um rock mais direto e, consequentemente, *pareciam* mais bacanas. Cinquenta anos depois, parece injusto e meio indelicado tentar adivinhar as causas de seus conflitos internos – havia muita coisa que nós não sabíamos; éramos adolescentes entrando na casa dos 20 anos, cada um tinha que lidar com suas próprias merdas –, mas isto eu posso afirmar: embora John realmente gostasse de música e de estar numa banda, se apresentando nos shows com figurinos cada vez mais *glam* e brilhantes, ao mesmo tempo ele parecia sofrer com o medo do sucesso. À medida que nossos shows melhoravam, a saúde dele se deteriorava e suas batalhas internas aumentavam. Alex e eu éramos contrários a substituí-lo,

mas com o episódio confuso, e no pior momento possível, das letras desaparecidas, foi como se o caso estivesse encerrado.

Mas, primeiro, com o relógio do estúdio correndo sem parar, eu me vi numa situação bem difícil. Pedi a David que me desse mais algumas horas, enquanto Alex trabalhava nas partes da guitarra, e me sentei para completar as letras das músicas que já tínhamos na fita, uma por uma, baseadas nos meus improvisos no palco. Relutantemente, agora eu era o letrista da banda. Estávamos atônitos com a ausência de John, mas, naquela noite, quando finalmente comecei a cantar, achei que ficou foda. Até mesmo aprendi o básico para duplicar minha voz – essencialmente, eu tinha que cantar acompanhando a faixa que havia acabado de finalizar para fazer a voz soar mais ampla – e, depois, a fazer o overdub das harmonias para os meus próprios vocais principais. Havia muito a aprender!

Assim que terminei, Alex finalizou os solos e, depois, hora de mixar – outra primeira vez para nós e outro choque de realidade. Na terceira noite, enquanto fazíamos nosso show do Gasworks, David mixou o disco inteirinho. Um *álbum inteiro* em duas horas? Depois do show, fomos até o estúdio para ouvir o resultado e ficamos arrasados. (Falando a respeito disso recentemente, Alex e eu usamos a mesma palavra ao mesmo tempo: "desnorteados".) Música após música, o som parecia *insignificante*: faltava potência na bateria, os vocais pareciam fracos e os efeitos de eco nos vocais eram totalmente equivocados. E *piegas*, principalmente em "Not Fade Away". Ou David não tinha entendido a gente ou, para ser mais agradável, foi incapaz de capturar nosso som no pouco tempo que tinha. Não importa o que possa ter acontecido, nosso som não tinha peso algum, nem na estrutura nem na forma.

Até hoje, me dói ouvir "You Can't Fight It". Dizer que é legal como *relíquia* parece uma descrição muito generosa. Me traz de volta a decepção que senti no estúdio naquela noite em que foi mixada pela primeira vez. Eu ficava pensando: *O que é isso? Fomos castrados!* Desde o final dos anos 1960, tocando em festas dos colégios, depois em bares e, agora, de vez em quando, em algumas arenas pequenas, ficamos tão acostumados com um som maior no palco com relação ao que ouvimos na primeira gravação que ficamos chocados ao ver o quanto esses elementos que nos davam potência e abrangência ao vivo tinham sido podados. Não parecia a gente de forma alguma.

Espumando de raiva, fomos até o escritório de Ray e Vic. Eles prometeram encontrar alguém para recuperar o álbum, mas insistiram em lançar dois singles para ajudar a promover nossos shows. O que poderíamos dizer? Não parecia que tínhamos escolha nessa questão.

CAPÍTULO 7

EM SETEMBRO DE 1973, A MOON RECORDS lançou a mix de David para "Not Fade Away" b/w* "You Can't Fight It". Cerca de 500 cópias daquela produção de má qualidade foram prensadas, e até hoje é o nosso fraquíssimo primeiro lançamento. Não tinha como aceitarmos que um álbum inteiro fosse lançado com um som daqueles, não com nosso nome na capa, mas, enquanto refletíamos sobre o que fazer com o restante daquela coisa deplorável, agora ao menos éramos uma banda com um contrato de gravação autêntico – "Artistas da Gravadora Moon Records, Rush", dizia o comunicado de imprensa – e tínhamos shows para fazer.

Em outubro, Ray e Vic cumpriram a promessa de usar sua influência como produtores para alavancar nossa carreira. Eles nos agen-

* "Backed with", ou seja, estavam no mesmo single.

daram como banda de abertura do New York Dolls, uma sensação da época com sua *vibe* glam-punk andrógina. Um show num teatro era um legítimo avanço comparado ao circuito de bares. Guardo memórias bem vívidas daquela noite e algumas daquela banda e da equipe deles com um forte sotaque de *Noo Yawk*, mas prefiro compartilhar a descrição que Alex escreveu sobre o show num artigo do jornal *West End Phoenix*:

> *O local do show era o Victory Theatre, construído em 1921 e casa do teatro de variedades em Toronto até fechar as portas, em 1975. Nos sentimos honrados em tocar no mesmo palco que artistas do* strip *como Knackers Knock, Ineda Man e Cupcakes Cassidy, cujas fotos de divulgação ainda decoravam as paredes cinzentas e sujas do lounge. Os camarins mais pareciam a Torre de Londres do que chiques e alegres.*
>
> *O Victory, em seus dias de declínio, estava desaparecendo. Qualquer que fosse o charme que tivesse tido em 1922 ou 1962 já havia sumido fazia muito tempo e se tornado apenas outro prédio escuro, empoeirado e mal-assombrado, com o encanamento enferrujado, aquele cheiro de mofo e de umidade. As lâmpadas solitárias nos corredores e no camarim criavam o cenário perfeito para um filme de terror. Mas a comida era boa!*
>
> *Naquela noite, o desnude, ou pelo menos o nosso desnude – trocávamos de figurino várias vezes –, começou antes do primeiro set, depois de novo após o primeiro set, depois tudo de novo antes do segundo set, seguida de mais uma troca ao final do segundo set. Desde o primeiro acorde, o público ficou encantado com nossa apresentação e mal podia esperar a última música. Entre essas notas, fizeram alguns comentários sobre atos solitários de sexo, nossas mães e pediram para desligar nossos amplificadores.*
>
> *O Rush estava numa boa situação financeira nesse momento, então eu só precisei pegar carona na metade do caminho para casa.*

Estava com a minha guitarra e caminhei por 10 minutos na noite fria, até que um casal parou. Me acomodei, espremido no banco traseiro, e agradeci por pararem. Foram gentis e eram inteligentes, então achei que se tratava de universitários.

Enquanto conversávamos para saber mais uns sobre os outros, perguntei o que eles andavam fazendo naquela noite.

"Estávamos no show do Dolls, no Victory, e foi ótimo, exceto pela banda de abertura, que era horrível", disse o jovem alegre que estava na

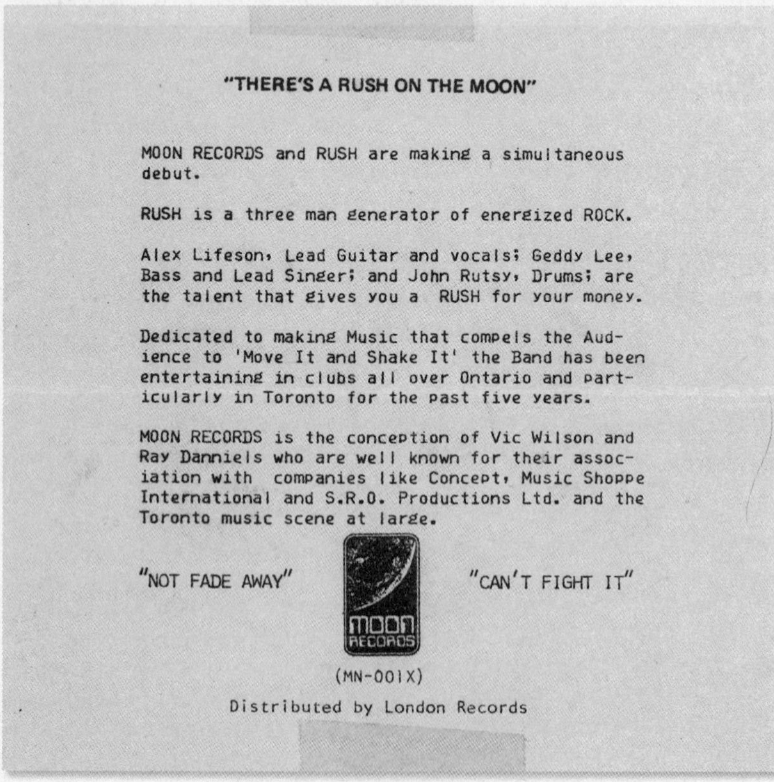

"THERE'S A RUSH ON THE MOON"

MOON RECORDS and RUSH are making a simultaneous debut.

RUSH is a three man generator of energized ROCK.

Alex Lifeson, Lead Guitar and vocals; Geddy Lee, Bass and Lead Singer; and John Rutsy, Drums; are the talent that gives you a RUSH for your money.

Dedicated to making Music that compels the Audience to 'Move It and Shake It' the Band has been entertaining in clubs all over Ontario and particularly in Toronto for the past five years.

MOON RECORDS is the conception of Vic Wilson and Ray Danniels who are well known for their association with companies like Concept, Music Shoppe International and S.R.O. Productions Ltd. and the Toronto music scene at large.

"NOT FADE AWAY" "CAN'T FIGHT IT"

MOON RECORDS

(MN-001X)

Distributed by London Records

Nosso primeiro release para a imprensa. Erros gramaticais e hipérboles. Até mesmo o sobrenome de John está escrito errado. Ainda assim, foi uma espécie de apresentação para a sociedade.

direção. "Sim", disse sua encantadora e angelical namorada. "Eu queria cortar fora a cabeça daquele vocalista..." E foi ali que ela se virou para mim e disse "com um fio de arame farpado enferrujado". Depois, se virou para a frente novamente e não quis mais falar. Nem eu.

No semáforo seguinte, pulei discretamente pela janela e iniciei a caminhada curta de 35 quilômetros até a minha casa sob a garoa fininha de outubro. Não peguem carona, crianças.

Algumas semanas depois, Vic sugeriu que nos reuníssemos com seu amigo britânico, o engenheiro e produtor Terry Brown, que tinha um estúdio chamado Toronto Sound na zona leste dos subúrbios. A princípio, ele não pareceu muito interessado, mas concordou em reservar o dia para nós. Ouviu o disco e falou que havia identificado os seguintes problemas: o som da bateria estava fraco (fora de fase, na verdade), faltava peso às guitarras, as coisas que deveriam parecer grandiosas soavam pequenas. Àquela altura, já havíamos escrito algumas músicas novas: "Finding My Way", "Need Some Love" e "Here Again" (com letra de Alex). Depois que Terry foi assistir a um show nosso num bar, para nos ouvir tocar ao vivo, ele recomendou que substituíssemos algumas das antigas pelas novas. Então, demos adeus a "Not Fade Away" e "You Can't Fight It", e elas continuam sendo as únicas músicas órfãs daquelas sessões.

Em novembro, fomos ao estúdio dele e trabalhamos sem parar por três dias até que obtivemos a versão do álbum tal como ela existe hoje. Foi um alívio e tanto para nós, nem sei como começar a explicar. *Tudo* soava tão melhor. Se tivéssemos mais grana – ou, mais precisamente, se a SRO tivesse aumentado o orçamento da gravação –, teríamos regravado *todas* as faixas-guia originais. Ainda assim, desde os acordes de abertura de "Finding My Way", nos sentimos bem-representados, com o bônus de que encontramos em Terry um mentor com os mesmos interesses que nós – alguém que era culto e

Quem faz suas unhas, Ged?

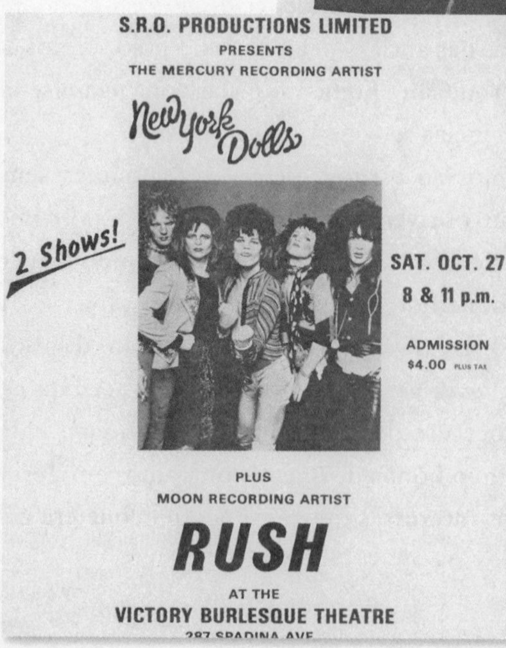

que tinha bom gosto quanto ao rock pesado, que sabia como fazer a bateria e a guitarra arrebentarem e que, ainda por cima, era divertido para se trabalhar.

Uma das primeiras coisas que Terry nos ensinou foi a não nos preocuparmos se uma das guitarras de Alex soasse levemente fora de tom quando ele as estivesse duplicando. "Não, não, deixa assim", ele dizia. "Isso faz o som da guitarra ficar mais amplo, *maior*." Acabou se tornando uma piadinha de estúdio sempre que uma guitarra saía do tom: "Vai parecer maior agora, não é?". Essencialmente, era o mesmo que um efeito de *chorus*: quando você passa a guitarra pelo pedal chorus, está usando um *delay* apertado que é levemente fora do tom, que tem o efeito de tornar o som mais amplo no espectro estéreo. Isso também vale para os vocais depois de duplicados. Se você duplica o canal de forma muito precisa, não parece mais duplicado: se ficar certinho demais, pode até entrar em fase consigo mesmo e o som, na verdade, vai parecer mais estreito. O ideal é que soe quase como se duas pessoas separadas estivessem cantando juntas.*

Multiplicar canais era como um brinquedo novo e divertido para nós, mas também uma faca de dois gumes. No estúdio, você pode empilhar quantos instrumentos quiser, mas, depois, quando for tocar a mesma música ao vivo e o solo entrar, cadê a guitarra base? *Não há* guitarra base! Nos anos seguintes, como seção rítmica de um trio, Neil e eu teríamos que compensar isso tocando partes mais complexas, por isso nosso estilo se desenvolveu da forma como se desenvolveu (boa desculpa para tocar muitas notas, né?). Também apelei para um grave *e* um tom agudo que me ajudaram a ocupar o espaço da guitarra base que faltava.

Como já disse, pode ser doloroso ouvir nossos discos novamente, mas eu diria que *alguns* se mantiveram em um bom nível com certa folga. Por exemplo, fico surpreso com *Fly By Night* e o quanto esse ál-

* Parte da assinatura do som do Sting com o The Police eram justamente esses vocais duplicados de forma mais solta. Soava como um bando de Stings. Uma colmeia de Stings?

bum foi bem gravado, e realmente sinto um respeito renovado por todo o trabalho que fizemos com Terry, porque, no começo, ele fazia tanto a produção quanto a engenharia de som, e era um tremendo engenheiro. (Ainda é: enquanto escrevo este livro, Terry está mixando para nós algumas faixas ao vivo de 1981.) Portanto, todos os elogios para ele por salvar nossa pele, mesmo que, ouvindo o primeiro álbum de novo depois desses anos todos, muita coisa *ainda* pareça inócua para mim.

De todas as músicas daquele primeiro disco, a mais notável para mim é "Working Man". Sempre foi uma das minhas canções favoritas de tocar. Ela tem uma contundência especial porque é a única da era John Rutsey que mantivemos no repertório pela maior parte desses quarenta anos, geralmente tocando para fechar o show. Escrevi a versão final da letra na véspera da gravação, inspirado pelas observações que fiz enquanto tocava em todos aqueles bares decadentes por Ontário, vendo os caras tomando cerveja depois do trabalho, outros vivendo de seguro-desemprego e gastando o máximo que podiam antes de ir para casa. Em certo sentido, eu estava cantando sobre qualquer pessoa que realmente dava duro, qualquer um que tentava ganhar a vida mesmo sem ter muita perspectiva. A música fala de querer mais da vida do que só isso. Comparado a esses caras, meu trabalho não parecia difícil. Lá estava eu, tentando ganhar a vida num palco de meio metro de altura, num salão que fedia a cerveja azeda e velha, mas não me levantava às sete para ir trabalhar às nove. Tocar numa banda era um sonho. (Lembro que, quando um jogo começa, o árbitro diz "Play ball!" – "Joguem!" –, e não "Work ball!" – "Trabalhem!".) Desde a primeira vez que me sentei num salão de cerveja desses como um garoto que havia acabado de completar 18 anos e olhei em volta para todos aqueles homens, me perguntando como eram suas vidas, disse a mim mesmo: *Tem que haver mais do que isso.* Você tem que exigir mais da vida.*

* Não apenas foi nossa primeira música que estourou nos Estados Unidos, mas também seria a última que o Rush tocaria – no LA Forum, em 1º de agosto de 2015.

Começamos a tocar um pouquinho nas rádios, aqui e ali, bem tarde da noite – "Working Man", na WMMS, ao sul da fronteira, e tanto "In the Mood" quanto "Finding My Way", no Canadá. Me lembro de escutar "Finding My Way" no rádio pela primeira vez, e foi muito, muito, mas *muito* emocionante. Foi quase uma experiência transcendental ouvir o disco que você mesmo fez de repente sair dos mesmos alto-falantes de onde todos os discos *de verdade* saíam – e não só dos seus alto-falantes, mas de outras pessoas em todo lugar! Depois, nossos familiares e amigos começaram a bombardear a CHUM-FM com pedidos, e a novidade começou a se espalhar... Contudo, não lembro a primeira vez que encontrei nosso disco numa loja, embora me lembre muito bem de achar que a cor do logo na capa nunca foi impressa igual, mas em vários tons de rosa, alguns meio amarelados, outros vermelho-escuro, o que dava para dizer que foi o começo de uma frustração de uma vida inteira para *acertar*. (Uma nota pessoal: peça para dar a última palavra em tudo!) Ainda assim, foi incrível ver o disco nas lojas – e, é claro, sempre que a gente via, colocava o disco na parte da frente da prateleira.

Algumas noites depois, minha mãe e seu novo marido, Max, vieram nos assistir na Colonial Tavern. Sim, ela tinha se casado novamente. E, sim, era estranho. Max Rubenstein era um primo distante, do Velho Mundo, que morava a apenas algumas quadras de nós, tinha dois filhos e havia perdido a esposa para o câncer. Ele e minha mãe concordaram que um casamento seria do melhor interesse da filha caçula dele e do meu irmão caçula, Allan. Era um pensamento bem de Velho Mundo, sem dúvida, mas com certeza isso ajudou a abrandar os problemas dela comigo e com minha irmã, trazendo certa normalidade à residência.

Na mesma época, com o aumento gradual do prestígio que o rádio trazia, minha mãe começou a enxergar mais favoravelmente minha escolha de profissão. E, depois que fizemos um show incrível no colégio

Laura Secord Secondary School, em St. Catharines, que foi televisionado no *Canadian Bandstand*, transmitido pela CKCO em Kitchener,* se qualquer um perguntasse o que o filho dela fazia da vida, ela poderia dizer sem qualquer *naches*:** "Ah, sim, ele é um *artista de entretenimento*. E aparece na *televisão*". Não creio que ela chegou a ouvir nossa música no começo, mas, mais tarde, ficava com a Q107 ligada o tempo todo e *adorava* quando tocavam nossas músicas. Ela nos contava religiosamente quem estava recebendo mais tempo de transmissão, principalmente se fosse outra banda de Toronto, e se tornou uma microespecialista em talentos locais. Me relatava tudo e ficava bem aborrecida, ameaçava ligar para Ray Danniels e dizer: "Você precisa conseguir mais tempo de rádio!". Também grudava pôsteres na vitrine da loja dela e dava o álbum de graça para garotos que não tinham dinheiro.

A história que vou contar brevemente agora está bem documentada nos anais do Rush on-line e em outras fontes: Bob Roper, um amigo nosso que trabalhava na A&M Records na época, começou a enviar cópias de nosso LP para diretores de programação de rádios por todo o Canadá e Estados Unidos. Donna Halper, da WMMS, em Cleveland, também gostou muito do disco. Ela tocava várias músicas, mas achava que seus ouvintes se identificavam principalmente com "Working Man". Na verdade, os telefones não paravam de tocar, como diziam, e *Rush* se tornou um dos álbuns mais pedidos da rádio, apesar de só haver a versão importada disponível nas lojas dos Estados Unidos.

Os telefones também começaram a tocar na SRO. Dessa vez, eram as gravadoras, e Ray e Vic mergulharam nas negociações. Aqui está o que me foi dito naquela época: logo que fecharam um acordo com a

---

* É uma curiosidade que imploro que você assista no YouTube, se é que ainda não viu – nem que seja só para dar uma olhada no primeiro registro em vídeo do meu primeiro baixo Fender (antes de ser esculpido num formato de gota na cor azul-celeste), meu pingente de orelha maneiro e o colar de Alex, Rutsey se dirigindo a um público adolescente apático de trás de sua bateria e o espetáculo do apresentador em seu terno xadrez estiloso.

** Em ídiche, *shep naches* quer dizer sentir orgulho ou prazer.

Casablanca Records (que havia recém-contratado o KISS), eles receberam um telefonema do chefe de promoção nacional de rádio da Mercury Records, de Chicago, Cliff Burnstein. Ele implorou para que esperassem um ou dois dias, já que era final de semana e ninguém estava no escritório em Chicago além dele próprio, dizendo que tinha ficado louco pelo disco, que já conhecia o desempenho nas rádios e que a Mercury havia tido recentemente um grande sucesso com outra banda canadense, o Bachman-Turner Overdrive. Sabiamente, Ray disse que esperaria. Dois dias depois, a Mercury fez o que Ray nos disse ter sido uma proposta melhor do que a da Casablanca, e nós assinamos um contrato de longo prazo com o selo. Em Cliff tínhamos um cara que realmente acreditava em nós e isso fez toda a diferença do mundo, e fico feliz em dizer que somos bons amigos até os dias de hoje. Nos conhecermos por causa daquele disco mudou a sorte das nossas vidas, como Cliff conta:

Nossos heróis e salvadores, Cliff Burnstein (ESQUERDA) *e Donna Halper* (DIREITA).

Final de junho de 1974, segunda-feira de manhã. Meu trabalho é "Promoção Nacional de Álbuns". Chego ao escritório da Mercury, em Chicago, pouco antes das 9h e a assistente do presidente da gravadora passa no meu escritório com uma cópia de Rush, da Moon. Ela diz para eu ouvi-lo imediatamente e recomenda um "assina ou passa" com urgência.

Por que eu? Não é meu trabalho. Irwin está em LA; o chefe de A+R não está no escritório. Parece que sou o único ali que pode ter ouvido para esse tipo de música.

O álbum vem com um bilhete dizendo que foi enviado por um agente da ATI. A banda é canadense, mas o álbum está estourando em Cleveland. Alega que 6 mil cópias foram vendidas lá.

Fico perplexo. Eu li na Creem *a respeito de uma banda canadense chamada Mahogany Rush, com um guitarrista "incrível". Poderia haver duas bandas canadenses chamadas Rush?*

Coloco o disco para tocar. Fico impressionado com "Finding My Way". Fico um pouco ansioso. Faz só um ano que trabalho na Mercury, logo depois de sair da faculdade, e não quero que o chefe pense que fico animado com qualquer coisa que colocam na minha frente.

É por volta dessa hora que Donna Halper, diretora de programação da WMMS (Cleveland), chega ao escritório. Vou ver se ela confirma esse relatório de vendas de importados. Estou cético.

Donna conta que a WMMS está tocando o álbum e, é verdade, o disco vende bem mesmo sendo importado. Diz para eu esperar até ouvir "Working Man", "vai te deixar impressionado".

Desligo o telefone e coloco o lado B. Com certeza, "Working Man" é um tour de force. *O departamento de publicidade ouve a música saindo do meu escritório e entra sem cerimônia. Surgem comparações com Cream, Led Zeppelin e Sabbath.*

Me sentindo mais confiante agora, deixo um bilhete dizendo que acho que a Mercury deveria contratar a banda.

*Esse foi provavelmente o dia mais memorável da minha carreira. Ele estabeleceria as fundações para o meu futuro na indústria fonográfica.**

Na época, pelo que eu tinha entendido, o embate de 11 horas entre a Mercury e a Casablanca foi um tipo de negociação dramática que parecia coisa saída de filme. A verdade foi que a Casablanca acabou desistindo de nós, e a Mercury apareceu na hora certa. Também convenceram Alex, John e eu de que Ray estava fazendo de tudo para conseguir um acordo melhor com a Mercury. Isso era bem o estilo de Ray. Ele adorava fazer leilão; se não houvesse competição, ele inventava uma! É isso que um ótimo negociante faz – e Ray sempre foi um mestre da negociação.

Não, na verdade, como Larry Harris, executivo da Casablanca, confessou, não houve guerra de propostas. Em seu livro, *And Party Every Day: The Inside Story of Casablanca Records,* ele escreveu:

> *Um agente que se tornou empresário da ATI queria nos dar preferência numa banda que ele representava: um trio canadense de Toronto. O clube onde aconteceria o show era um lugar escuro e lúgubre chamado Colonial Tavern, que tinha um sistema de som surrado que mal conseguia acompanhar a banda. Pude apreciar o fato de que o trio tinha uma performance cheia de energia. Aos meus olhos, a aparência deles é que não combinava. Eles eram feios. Eu teria apostado neles, mas não havia dinheiro suficiente na Casablanca para pagar sequer um sanduíche de presunto, então decidi não fazer uma proposta. À medida que os anos passavam, o erro da minha escolha só ficou ainda mais evidente. Até hoje, morro de vergonha só de olhar para essas palavras: a banda que escolhi não contratar era o Rush.*

* Cliff Burnstein mais tarde fundaria a Q Prime com Peter Mensch, agência de Metallica, Red Hot Chili Peppers, Smashing Pumpkins, Madonna, Cage the Elephant... A lista é imensa. O cara é foda.

CAPÍTULO 8

R*USH* FOI LANÇADO PELA MOON RECORDS em 1º de março de 1974 e, para distribuição internacional, pela Mercury na primeira semana de agosto. O álbum da Mercury era a mesma versão que a canadense, com exceção do nosso logo na capa, que foi estranhamente (ou apenas desleixadamente) mudado de um tipo de vermelho-vivo para uma tonalidade rosada – mas, ei, nós podíamos tolerar isso! Em maio, tocamos num festival em East Lansing, Michigan, com o New York Dolls e várias bandas do catálogo da SRO, incluindo a banda cover dos Beatles, Liverpool. O que sempre vai me deliciar com relação àquele show não é a empolgação pelos Estados Unidos em si ou sequer tocar para os americanos: eu já tinha visitado os EUA antes e cresci assistindo à televisão norte-americana. Mas essa foi a primeira vez que cruzei a fronteira para trabalhar lá como *músico profissional*.

Em junho, marcaram um show para atender à demanda do burburinho que Donna Halper tinha iniciado em Cleveland: graças à programação na rádio WMMS, fomos adicionados como convidados especiais num show cuja atração principal era o ZZ Top, juntamente com uma banda da Hungria chamada Locomotiv GT na abertura. Cara, ficamos embasbacados com toda aquela experiência. Donna nos levou para conhecer o pessoal, orgulhosa de ter lançado o Rush praticamente sozinha e nos tratando com uma gentileza que nunca havíamos recebido antes. Ela nos levou para o centro da cidade, embora Cleveland fosse uma cidade em expansão sem um real centro vibrante – a vida lá acontecia principalmente nos subúrbios* –, mas fomos até algumas lojas de música e caminhamos pelas ruas, passando pelo Alle Theatre, onde tocaríamos naquela noite. Quando entramos no palco, a reação do público foi infinitamente mais expressiva do que tínhamos no Canadá. Eles simplesmente nos deixaram maravilhados. Conheciam todas as nossas músicas – principalmente, é claro, "Working Man" – e nos chamaram para o bis, mas o show estava atrasado, então nossa noite ali já tinha acabado. Ainda assim, foi uma ótima experiência e um gostinho do que estaria por vir.

Nos bastidores, contudo, começava a se desenrolar certo drama. Mesmo depois do nosso sucesso na rádio de Cleveland, John ainda parecia meio reticente. O gostinho de uma vida em turnê pelos EUA tinha deixado Alex e eu muito animados, mas não John. Seu comprometimento parecia cada vez mais desleixado. Sabíamos que alguma

* Tocaríamos lá muitas vezes ao longo dos anos. Num de nossos primeiros retornos, Alex foi a uma festa com os integrantes de uma banda de rhythm and blues chamada Electric Sparks, amigos do nosso road manager, Howard. Eles ficaram muito chapados juntos. Havia uma garota afro-americana olhando para Alex, ambos totalmente altos, e ela disse: "Cara, vocês têm uma boca profunda". Ele ficou pensando o quê? Que porra é essa de "boca profunda"? Meu Deus, como éramos brancos. Mas a expressão pegou e se tornou outro jargão para debocharmos de Lerxst para sempre!

coisa teria que mudar mais cedo ou mais tarde. Naquele momento, já tínhamos feito alguns shows com nossos parceiros da SRO, a banda Max Webster, que tinha um baterista excelente chamado Paul Kersey. Vic conversou com Paul para que ele se juntasse ao Rush, mas, depois de refletir muito e de uma rápida reviravolta, ele decidiu continuar no Max. Para nós, contudo, não havia volta. Numa reunião na SRO, John concordou que seria melhor para todos se ele deixasse a banda, e foi assim que aconteceu. Seu último show com a gente seria abrindo para uma certa banda novata americana chamada KISS, no Centennial Hall em London, Ontário, em 25 de julho de 1974.

Há tempos que os rumores da saída de Rutsey dizem que foi parcialmente por causa de sua diabete, mas não foi bem assim. Ele deve ter se questionado, sim, se poderia aguentar uma turnê longa na estrada,

Allen Theatre, Cleveland, 28 de junho de 1974.

porque tinha que tomar insulina todos os dias, mas o principal problema eram as diferenças musicais. Para dar só um exemplo, Alex e eu tínhamos composto uma melodia em 7/8, que, depois, faria parte de "Anthem", e que John não tinha interesse algum em tocar. Como falei antes, Alex e eu estávamos nos influenciando cada vez mais por bandas de prog rock, enquanto John estava ouvindo rock n' roll simples e direto; nós estávamos curtindo Bill Bruford, do King Crimson, enquanto um de seus bateristas favoritos era Simon Kirke, do Free e do Bad Company. Talvez, em algum ponto de sua vida, ele temesse por sua saúde, mas a questão principal que estava se tornando cada vez mais crucial havia muito, muito tempo, era que não estava contente tocando o que nós queríamos tocar.

Ele foi se distanciando de nós nesse período, saindo cada vez mais com seu grupo de amigos; a maioria, desconhecidos para Alex e eu.

Último show de John.

Nunca tive uma conversa com ele sobre sua saída. Mal mantivemos contato. A única vez que ele e a banda estiveram no mesmo local novamente foi em 1976, quando ele e Neil se sentaram à mesma mesa no meu casamento! Aquele seria, é claro, um grande ano para o Rush, e só posso imaginar o que se passava na cabeça dele na época. Não sei quais arrependimentos ele chegou a ter – se é que houve algum.

BEM QUANDO John saiu, agendamos um show grande nos Estados Unidos como banda de abertura do Uriah Heep, na Pittsburgh Civic Arena... Mas espera um momento. Como na famosa fala de um dos filmes mais exibidos de todos os tempos no ônibus do Rush, *Alta Ansiedade*, "Ei, Norton... Não tá faltando nada?"; John saiu da banda em julho, e aqui estávamos nós falando em começar uma turnê pelos EUA em 14 de agosto? Precisávamos de um baterista! Tínhamos *trabalho* a fazer! Cancelamos todos os shows pendentes no Canadá, chamamos bateristas para fazer testes e montamos todo o equipamento numa sala de ensaios em Pickering, a leste de Toronto. Acredito que a data histórica tenha sido 28 de julho.

Nem Alex nem eu havíamos participado de uma audição antes, muito menos uma para nossa própria banda, então foi terrivelmente constrangedor para nós. Não lembro nada do primeiro candidato, sinto dizer, mas sei que o cara seguinte foi Gerry Fielding, um músico bom e sólido que conhecíamos e de quem gostávamos, e que havia outros dois agendados. Depois que Gerry saiu, um Ford Pinto estacionou na área de carga e dele saiu um cara meio pateta e magricela de cabelo curto e sem camisa, cuja bateria estava acondicionada em sacos de lixo – um kit Rogers, acredito, com dois bumbos de 18 polegadas, os menores que eu já tinha visto; quando se sentou atrás da bateria, o cara parecia um gigante. Lembro que ele checou cuidadosamente o posicionamento dos bumbos, depois o resto do kit, então começou a tocar tercinas, que com aqueles bumbos pequenos produziam o som de uma *metralhadora*. Ficamos de olhos arregalados! Um sorriso meu se abriu de uma orelha a outra, e, enquanto repassávamos algumas canções, aquele sorriso jamais deixou o meu rosto. Cara, ele era *tão* bom, *tão* poderoso. Sugeri que fizéssemos uma *jam* com a mesma música que mencionei que John não estava interessado, e ele arrasou. Quero dizer, *arrasou* mesmo. Nem precisei ouvir mais ninguém.

Seu nome, é claro, era Neil Ellwood Peart.

Não tinha como eu deixar Neil escapar. Depois de sua audição, nos deitamos no chão e começamos a conversar sobre uma variedade de coisas – *O Senhor dos Anéis*, *Monty Python*, figurinos de palco e mais –, animados ao descobrir que tínhamos tanta coisa em comum com ele, e ainda mais que o cara conseguia tocar tercinas em 7/4 no bumbo duplo. Alex parecia quieto, contudo, chateado comigo porque tínhamos concordado de antemão em não selecionar ninguém antes de ouvir todos os candidatos, e lá estava eu, agindo como se Neil já tivesse o emprego garantido. Mais tarde, tive que me desculpar e concordar em ouvir os outros. Foi uma grande inversão de papeis para nós: Alex geralmente era o cara que tomava decisões por impulso, enquanto eu quase sempre era mais metódico. Mas não pude me conter. Ali estava o baterista dos nossos sonhos.

Pouco antes de ele sair, escutei Neil conversando com um dos caras da nossa equipe enquanto fumava um cigarro perto da mesa de mixagem no corredor. Ele perguntou a Neil por que queria se juntar à nossa banda, ao que Neil respondeu: "Eu realmente gosto de matérias-primas". Para mim, aquele comentário revelou menos sobre nossa habilidade como músicos e muito mais sobre as próprias ambições dele. Eu poderia ter me ofendido, mas, na verdade, gostei que ele estivesse pensando grande – não apenas para fazer um bico, mas para fazer parte de uma coisa que poderia ser moldada a partir dessa *matéria-prima*.

De qualquer forma, o baterista seguinte chegou e montou seu kit em silêncio. Ele tinha feito partituras de bateria para todas as canções do nosso álbum. Tocou acompanhando corretamente e, sinto dizer, de modo submisso. Depois de Neil, o coitado não tinha a mínima chance, e até mesmo Alex estava piscando para mim; ele também sabia que já tínhamos encontrado nosso cara. Telefonamos para Neil à noite, e ele veio no dia seguinte para se juntar oficialmente à banda. Foi meu aniversário de 21 anos naquele dia. *Que presente de aniversário.*

Três trios tinham influenciado enormemente o som do Rush no começo: Cream, Led Zeppelin e The Who.* Nosso primeiro single, "Working Man", com sua longa *jam*, tinha sido inspirado em particular por "Spoonful", uma música que tocávamos no começo da carreira. A configuração de blues de 12 compassos, com a bastante conhecida linha de walking bass, foi na verdade meu primeiro padrão de baixo "complexo", mas fui avançando com o passar do tempo porque sempre temi que ficássemos com um som meio vazio, e, quando Neil se juntou à banda, passei a ter um cúmplice, outro cara que gostava de tocar de forma complexa. Ele gostava de me seguir tanto quanto eu gostava de segui-lo; nós dois pensando *quem está seguindo quem agora*? Ficou imediatamente claro que nossa interação seria explosiva. A seção rítmica hiperativa havia nascido!

Começamos a ensaiar imediatamente, e também festejamos como se tivéssemos nos dado bem no programa *Porta da Esperança*. Assinamos com a Mercury Records um contrato de cinco anos, com o Rush se comprometendo a entregar dois álbuns por ano durante esse prazo. Com o contrato veio nosso primeiro adiantamento, então corremos para a Long & McQuade para comprar instrumentos para a turnê. Eu estava de olho havia tempos num Jetglo Rickenbacker 4001, o mais próximo que eu podia chegar do meu ídolo do momento, Chris Squire, do Yes (o baixo dele era um 4001S branco de 1964; você já sabia disso porque leu meu *outro* livro, né?). Alex comprou uma Les Paul Deluxe Tobacco

* Eu sei que, estritamente falando, os dois últimos não eram trios, mas, com vocalistas que tocavam gaita de vez em quando, sua arquitetura musical era a mesma de um trio.

Sunburst de 1974, enquanto Neil pegou uma lindíssima bateria Slingerland prateada com dois bumbos poderosos de 22 polegadas; nada mal para quem estava na banda fazia menos de uma semana. Era a realização de um sonho para nós todos, mas vamos fazer uma pausa aqui para um breve choque de realidade: isso mesmo, eu disse dois álbuns *por ano*. E esse adiantamento que mencionei, na verdade "adiantamento de royalties", era apenas um empréstimo que seria descontado dos *ganhos futuros* – então, sim, parecia que estávamos gastando o dinheiro deles, mas na verdade era o nosso.

Imaginem o que aquelas primeiras semanas devem ter sido para Neil. Vários anos antes, tinha deixado o conforto de casa, iludido com expectativas, e se mudado para o Reino Unido em busca do sucesso. Ele se associou a alguns músicos excelentes, mas, durante um período de 18 meses, sofreu uma série de decepções e acabou como gerente de uma

Esta foto foi tirada três semanas depois que Neil se juntou à banda. Éramos praticamente estranhos atirados na estrada juntos, compartilhando longas viagens de carro, curtas estadias em hotéis de beira de estrada e shows de 26 minutos. Sim, havia pressão, mas ele parecia se sentir acuado? De jeito nenhum. Nós três estávamos felizes como pintos no lixo.

loja de *souvenirs* na Carnaby Street – se deparando com a escolha, como escreveu em seu livro *Música para viagem: a trilha sonora da minha vida e do meu tempo,* "entre tocar música boa e passar fome, ou ganhar dinheiro tocando música ruim". Então, voltou para St. Catharines resignado a tocar em bares nos finais de semana e passar o dia vendendo implementos agrícolas na Dalziel Equipment Ltd. ao lado do pai, Glen Peart, proprietário da loja. De repente, um Corvette branco chegou com uma proposta que mudaria sua vida. Dois caras saíram do carro; um deles, barbudo e robusto, com um disco em mãos, que se apresentou como Vic Wilson, empresário do Rush. Ele contou a Neil que havia escutado coisas incríveis a seu respeito, que a banda tinha um contrato de gravação internacional em mãos e uma turnê pronta para começar nos Estados Unidos, mas não havia baterista. Neil compreensivelmente ficou em dúvida. Disse que tinha que assimilar tudo antes de concordar em participar do teste. Para nossa sorte (e de todos os *air drummers* do mundo), ele deixou a hesitação de lado e concordou em ir tocar. Em questão de poucas semanas, tendo escolhido a bateria que queria, era um homem totalmente armado e perigoso, aquecendo para nosso show com Uriah Heep e Manfred Mann's Earth Band na Civic Arena, em Pittsburgh, Estados Unidos. Que reviravolta.

ANTES, NO VERÃO DE 1974, com a Mercury entrando em cena, Vic e Ray começaram a nos pressionar para assinar um contrato de direitos autorais com sua empresa, a Core Publishing Co. John estava doente em casa, então Alex e eu participamos de uma grande reunião sem ele na casa de Vic. O advogado deles era um negociador habilidoso, enquanto o nosso... Ei, só um minuto – a gente não *tinha* advogado! Estávamos literalmente por conta própria.* Naquela época,

* Nosso único advogado em potencial era um parente distante de Alex por parte da esposa dele, mas ao conhecê-lo, nosso contador nos deu uma olhada como se dissesse "quem é esse aí?". Ao que parece, mais tarde esse cara se meteu em tanta confusão que fugiu para a América do Sul antes que as autoridades começassem a investigá-lo e nunca mais foi visto.

era bem comum as bandas abrirem mão de seus direitos autorais, mas eu fiquei instintivamente cético e insisti com Alex que *não* cedêssemos nada. Com eles nos seduzindo com a promessa de um contrato de gravação e uma grande turnê nos EUA diante de nós, contudo, Alex estava pronto para ceder, e, depois que o fez, fiquei sozinho para impedir o ataque. Era uma posição terrível de se estar e, todos esses anos depois, ainda implico com Alex por causa disso. Quando o alfinetei de novo recentemente, ele resumiu a tensão do momento perfeitamente: "Lembro que estavam alimentando o São Bernardo deles com uma porrada de *bifes*. Estávamos sentados na sala, e a esposa de Vic estava preparando uma tigela com um monte de carne para o cachorro, e eu estava pensando como *adoraria* comer um bife lindo daqueles, mas que não tinha dinheiro para isso. Como era fácil para eles simplesmente tirar vantagem de nós!".

Minhas entranhas se contorciam para decidir. Ficava piscando *ERRO! ERRO!* no meu cérebro. Mas eu ainda não tinha a confiança nem o aconselhamento jurídico nem a influência para recuar, então também acabei cedendo e assinando o contrato. Depois, até mesmo o advogado *deles* disse: "Não acredito que vocês confiam nessa gente desse jeito". Dã!

Ray e Vic podem até argumentar que não podemos culpá-los pelo que estavam exigindo. Naquele tempo, a indústria fonográfica canadense fazia pouco sucesso. Havia apenas quatro fontes de renda significativas: vendas de disco, radiodifusão, vendas de ingresso e diretos autorais. Outros artistas canadenses, como Neil Young, Anne Murray e Gordon Lightfoot, tinham hits e lotavam arenas de médio a grande porte, assim como BTO, April Wine e The Guess Who, mas havia poucas bandas de rock que faziam turnês em arenas grandes, nada de Led Zeppelin ou Cream ou mesmo Van de Graaf Generator; contudo, por mais que almejássemos isso, ainda não tínhamos cacife para tanto. O Rush caiu, então, num buraco negro musical. Nossas músicas não eram talhadas para tocar no rádio, e, enquanto nossos empresários ganhavam uma comissão dos nossos shows, o que ganhávamos tocando em bares e colégios e raros teatros nunca seria suficiente para encher os bolsos de ninguém. Então, eles precisavam buscar outras fontes de renda.

Uma fonte de grana potencialmente significativa que restava eram os direitos autorais – tão significativa que, se você fosse um cantor-compositor que escrevia músicas populares que *outros* artistas talvez quisessem gravar, podia se dar bem assinando um contrato com uma das grandes editoras musicais antes mesmo de entrar para uma gravadora. Os direitos autorais garantiam dinheiro obtido pela radiodifusão e, se uma canção se conectava com o público, também haveria a venda de discos. O bolo dos direitos era dividido ao meio: metade para o artista e metade para a editora.

Versões pop da música do Rush não tocariam tão cedo em estações de rádio, ou em elevadores ou consultórios dentários, mas nossas músicas talvez pudessem ser um investimento valioso para o futuro. Se um dia realmente alcançássemos certo sucesso, quem detivesse os direitos poderia ser recompensado por ter tido a visão de assinar com uma banda novata. Se não, bem, não haveria grande prejuízo – seria considerada uma parcela perdida do seu próprio fundo de investimento. Com esse espírito, Ray e Vic tinham fundado a Core Publishing e estavam agora em busca da parte dos direitos de nossa música. (A parte do artista era paga diretamente a quem escrevia a música, então não havia o que discutir nesse sentido.)

Isso aconteceu muito antes de artistas como nós se darem conta de que poderíamos facilmente abrir nossas próprias editoras. Esse tipo de erro ingênuo (ou momentos de exploração, dependendo da sua perspectiva) era a norma em vez da exceção. Bem práticos, vimos que ceder nossos direitos era o preço de uma passagem para o mundo mais amplo do rock n' roll, do qual estávamos desesperados para fazer parte e ao qual poucas outras bandas canadenses do nosso tipo tinham acesso.

Contudo, eu estava aprendendo. No final, contratamos um advogado tributário em vez de um típico advogado da indústria fonográfica – um cara legal, que tinha boas ideias – e, quando entramos numa longa e interminável renegociação com a SRO, endurecemos a conversa. É claro, isso não aconteceu imediatamente. Foi somente depois do sucesso de *2112* que aprendemos a colocar as cartas na mesa. Na época, eu também estava sendo aconselhado por outros empresários, que eram nossos amigos e nos diziam o que era justo. Eu estava fazendo meu papel. Me tornei consciente de como Ray empregava a clássica estratégia de dividir para conquistar, chamando cada membro da banda em separado, levando cada um de nós no papo, nos dizendo o que queríamos ouvir; e eu convenci os caras de que, dali por diante, eu iria responder pelas renegociações: "Ray vai chamar vocês, mas não digam *uma palavra*". Dessa vez, eu estava pronto para endurecer a conversa, e, embora tenha levado algum tempo, acabamos melhorando o acordo consideravelmente.

POR MEIO DA NOSSA agência dos Estados Unidos, a ATI, agora tínhamos nosso primeiro tour manager, um cara amável e hilário chamado Howard Ungerleider. Ele conseguiu esse posto inicialmente para relatar tudo o que estava acontecendo conosco para seu superior, mas logo se tornou incrivelmente leal a nós. Era um mestre em deturpar palavras intencionalmente em busca de um efeito cômico – dizia coisas como, por exemplo, "Whip an Egg", em vez de Winnipeg, ou acrescentava o som "hern" a nomes próprios aleatórios, como New Haven se tornava New Havehern, Lock Haven se tornava Lock Havehern, e assim por diante. Assim, ele ficou conhecido como Herns, e suas derrapadas linguísticas como "hernsitudes". Também era um contador de histórias incomparável, que amava uma plateia e nunca deixava os fatos atrapalharem um conto engraçado. Ele tinha trabalhado com Savoy Brown e Brian Auger, e aprendeu muito sobre iluminação

A equipe de três integrantes do Rush, em 1974 (sentido horário). Howard no traje completo de "Herns", que ele sempre vestia nos hotéis; um Liam "Leaf" Birt muito jovem testando suas asas e Ian Grandy montando a mesa de mixagem.

(ESQUERDA) *Os bons tempos: três fardos de cerveja, duas garrafas de Blue Nun, uma dose de Southern Comfort e outra de Jack. Festaaa!* (DIREITA) *Curtindo com Neil no hotel.*

ao longo do caminho. No começo, como qualquer tour manager, Herns era responsável por reservar hotéis, fazer o trabalho de preparação – por exemplo, ligar para o produtor para revisar nosso rider técnico e os detalhes do show, alugar carros – e acertar o cachê depois de cada show, e assim por diante. Uma rotina bem objetiva para uma banda de abertura, pode-se dizer. Só não deixe nosso cachê sobre o capô do carro, exatamente o que ele fez depois de um dos nossos primeiros shows nos Estados Unidos. (Ainda bem que percebemos antes de ligar o carro.)

Antes de Howard juntar-se a nós, tínhamos uma equipe formada por dois caras: Ian Grandy, que esteve conosco desde o Dia Um e antes que sequer pudéssemos pagar o salário dele, era nosso leal faz-tudo; depois, no final de 1971, Liam Birt se juntou a nós com apenas 17 anos e ainda faltando um ano para poder beber álcool, então tínhamos que fazer com que entrasse escondido nos shows em bares. Ele era nosso defensor valente e amigo e, como Herns, fez parte da equipe até o último show, em 2015; se algum dia eu sair em turnê novamente, espero que tanto Howard quanto Liam estejam na estrada comigo.

Naqueles primeiros dias, não tomávamos conhecimento de regra alguma. Éramos uma pequena banda local tentando dar os primeiros passos no cenário internacional e fazendo merda enquanto seguíamos em frente. A gente nem sabia o que *per diem* significava! Tínhamos luxo nenhum no camarim e viajamos de carro alugado por anos, até que começamos a ganhar um pouco mais de dinheiro como headliners. É quando o trabalho de um tour manager se torna arte: checar quais despesas alegadas pelos produtores são legítimas e quais não são. Em 1974, era a maior responsabilidade de Howard, mas, anos depois, quando seguiu sua verdadeira vocação e se tornou diretor de iluminação em tempo integral, esse trabalho ficou com Liam – que, posso falar, era um escocês mal-humorado. Fazendo jus ao cargo, Liam checava as miudezas de cada porra de recibo. Quero dizer, ele exigia recibos até mesmo de *nós*. Não deixava 15 centavos sem contabilizar e torturava qualquer produtor ou funcionário até que fizesse o que era solicitado. Era uma coisa linda de se ver ao vivo.

Para o grande show nos Estados Unidos, em 14 de agosto de 1974, com Uriah Heep e Manfred Mann's Earth Band, Ian e Liam levaram nosso equipamento, cruzando a fronteira num caminhão alugado, enquanto nós pegamos um avião com Howard. Não demorou muito para que aprendêssemos nossa primeira lição de Agressividade Americana Nível 1: enquanto saíamos do aeroporto, outro carro nos cortou e nosso taxista gritou pelo vidro aberto: "Seu desgraçado do caralho, vou cortar sua garganta!". Eita. Nós pensamos *calma, cara, você está com passageiros canadenses gentis a bordo, ok*?

Estávamos impressionados com tudo. Foi a primeira vez que pegamos um avião para os EUA, o que parecia mais profissional do que qualquer outra chegada a um show que tínhamos vivenciado antes, e era novo e emocionante trabalhar numa cidade da qual tínhamos ouvido falar apenas nos filmes e nos programas de televisão e documentários – todas essas múltiplas sílabas pronunciadas no noticiário: "Pittsburgh, Pensilvânia"! A arena era uma estrutura arredondada imensa, a maior onde já havíamos tocado e, antes do show, fomos caminhar, dando a volta em toda circunferência para ver tudo. Não parecia real para mim. Era mágico, era como sonhar acordado. Não tinha certeza se eu sequer pertencia àquele lugar. Além disso, uma arena vazia tem sua própria atmosfera especial; é sempre emocionante chegar para a passagem de som enquanto o evento ainda está sendo montado. Depois de 40 anos, é claro, você meio que se acostuma, mas éramos o mais inexperientes possível. Nem mesmo tínhamos cases de transporte, ainda estávamos transportando os cabos em engradados de plástico, daqueles de carregar leite; simplesmente uma banda de segundo escalão constrangedora.* Depois, esbarrei

* Liam lembra que depois subimos de nível com orgulho, passando a usar baús e cases feitos de papelão de alta densidade.

em Ken Hensley e Gary Thain, do Uriah Heep, enquanto eles saíam da limusine, parecendo verdadeiros astros do rock daquele tempo – em toda sua experiência e glória, uma história de sucesso no rock n' roll em carne e osso. Era onde eu queria estar. Para eles era o fechamento de sua bem-sucedida turnê Wonderworld, enquanto para nós era só o começo. Nem preciso dizer, estávamos de olhos bem abertos, ávidos para aprender e absorver tudo. Eles foram superlegais com a gente, mas, hoje, quando eu olho para a foto em que estou posando com eles e me vejo tão convencido, me pergunto se estavam secretamente pensando: "Caramba, que coisa de principiante".

O dia passou voando e, antes de me dar conta, faltavam 10 minutos para entrarmos no palco. Sendo o primeiro show de Neil conosco depois de apenas duas semanas de ensaios, estávamos *muito* nervosos. Herns tinha nos aconselhado a pedir um rider de camarim bem modesto com uma bandeja de frios, cerveja Heineken e vinho Blue Nun, mas eu pedi uma garrafa de Southern Comfort porque tinha lido que

"Essa porra desse cara de novo não!"; eu com o Manfred Mann's Earth Band, no Charleston Civic Center, 17 de agosto de 1974.

estrelas do rock bebiam aquela coisa; quando chegou a hora, tomei um grande gole daquilo. Subiu direto para a cabeça, e, quando entramos no palco, eu estava tão trôpego que achei que ia cair lá de cima.

Seja lá em que condição você se encontra, se requer um ajuste imenso sair de um clube com as pessoas bem perto de você para se dar conta de que agora você é só um pontinho tentando alcançar o público que está lá no fundo, nas arquibancadas. Agora, há um espaço enorme entre você e eles: você fica *bem mais* alto, há um fosso para os fotógrafos e uma barricada, e atrás dela apenas rostos que se fundem num tipo de unicidade surreal. Paradoxalmente, contudo, o palco se torna um tipo de santuário onde você se ocupa de trabalhar com seus colegas sem ter muita consciência se está ou não projetando para a massa. Sem tempo de assimilar tudo isso, entregamos tudo o que tínhamos. O público ainda estava chegando e procurando seus lugares enquanto os acordes de abertura de Alex para "Finding My Way" ressoaram pelo cavernoso prédio de concreto praticamente vazio. Incendiamos o lugar com nosso set de 26 minutos para receber uma educada rodada de aplausos e... foi isso! Terminou antes mesmo de começar. Foi duro. Quando se é uma banda de abertura, você toca essa meia hora para pessoas que, em sua grande maioria, nunca ouviram falar de você e estão te julgando o tempo todo. Não há amor instantâneo. Você dá um duro danado, toca o mais rápido que pode, se concentra feito louco para causar uma boa impressão: a primeira música passa, depois você entra na segunda e, quando os dedos começam a aquecer e você começa a suar e entrar no ritmo, é hora do "Obrigado! Boa noite!". Com o passar do tempo, é claro, você se acostuma e aprende a saborear esses preciosos 26 minutos da melhor forma possível, mas, quando deixamos o palco em Pittsburgh, pensamos *o que acabou de acontecer?* Ainda assim, com nosso primeiro show concluído, corremos triunfantes de volta para o camarim para ficar chapados e beber o resto das nossas bebidas "grátis", depois saímos para assistir às outras bandas. Na metade do show do Heep, o teto retrátil da arena se

Bem-vindos à Big Apple! Fotos no Central Park, por David Gahr. (Quando um garoto passou, David o colocou no enquadramento. Onde estará esse menino hoje?)

abriu e aquela catedral de concreto sem alma foi invadida pelo ar suave e quente da noite de verão. Foi pura magia.

A gravadora nos disse que precisávamos de uma foto de divulgação decente, e marcou para nos encontrarmos num dia de folga em Nova York com o renomado fotógrafo David Gahr. Sua tarefa era nada invejável. Não que nós, *Canucks* desconhecidos, tivéssemos qualquer tipo de imagem, mas Neil sequer tinha seu próprio figurino; para a ocasião, ele pegou emprestada minha jaqueta de veludo azul com flores bordadas, enquanto Alex (a quem David se referia constantemente como "Eric") vestiu uma camisa com babados e jeans, e eu – à frente de John Travolta cerca de três anos, só para lembrar – usei um terno branco. Ele nos levou até o Central Park e nos colocou diante de seus locais favoritos, onde permanecemos imóveis. Tentou de tudo para fazer a gente se soltar, incluindo "ok, sorriam... seus *paus no cu*", o que nos fez rir tempo suficiente para que ele capturasse alguma coisa aceitável diante de um dos muitos arcos do parque.

Eu costumava brincar com meu cabelo. Nas minhas fotos do começo dos anos 1970, dá para ver como era volumoso, mas, nas fotos dessa turnê, dá para ver como foi ficando mais fino no topo, e eu tinha que penteá-lo de forma a cobrir as entradas cada vez mais pronunciadas. Depois de apenas algumas semanas na estrada, peguei uma doença chamada alopecia areata e fiquei realmente com medo de perder *todo* o meu cabelo. O tratamento consistia em injeções frequentes de cortisona aplicadas diretamente nas áreas calvas. *Yowie, mama*! Também me deram uma pomada tópica esteroide, que Alex aplicava em mim. Esse, sim, é um amigo de verdade. Sim, cara, eu estava todo virado em esteroides, que, *sim*, explicam meu físico de machão.*

As coisas foram acontecendo rápidas e intensas com a gente pelo resto de 1974, à medida que percorríamos o território em ziguezague

* Ninguém realmente sabe a causa da alopecia, mas meus médicos sugeriram que era devido ao estresse da turnê. Talvez. Quero dizer, eu não me sentia excessivamente estressado, apenas empolgado! (Você pode achar que agora sabe a inspiração por trás da nossa música "I Think I'm Going Bald", mas vai ter que esperar para saber mesmo.)

sempre que nossos empresários ou agentes conseguiam um lugar para tocarmos – geralmente, um acréscimo de última hora a uma turnê que já estava em andamento. Até mesmo aparecemos num programa cafona da TV diurna para adolescentes chamado *Barry Richards Rock and Soul*. Só imagina: um apresentador falando muito rápido, anunciando uma série de grupos pop, a garotada dançando e, do nada, aparece um trio de heavy metal, depois eles passam para Martha and the Vandellas. Bem esquisito! Na frente da câmera, Barry Richards me perguntou: "Ei, como é tocar com o Uriah Heep?".

Eu disse: "Tem sido ótimo".

E foi isso.

Voltamos correndo para Pittsburgh para abrir para o Blue Öyster Cult, no Stanley Theatre, e nos deparamos com o ar-condicionado do teatro queimado, o evento atrasado e modificado e nosso set reduzido a duas músicas – basicamente "Olá, Pittsburgh!", seguido por "Obrigado! Boa noite!". No outono, seguimos para o sul para abrir para Rare Earth, T. Rex, KISS e, de maneira insensata, Sha Na Na. Sim, bem isso, nosso agente idiota nos colocou num show deles em Baltimore, onde seu público bagunceiro, encharcado de brilhantina, cheio de imi-

Os primeiros três show com Neil Peart na bateria. Bom ver nosso nome no papel, não é? (Tente nos localizar.)

tadores de Fonzie, não gostou nada de ter que ouvir nosso tipo de hard rock e nos vaiou até sairmos do palco.

Em St. Louis, alguns dias depois, abrimos para o Climax Blues Band e para os prog rockers italianos PFM (Premiata Forneria Marconi) no Ambassador Theatre, e fomos chamados para fazer nossa primeira entrevista de rádio importante na poderosa estação KSHE, mas nossa festa depois do show saiu do controle porque alguém distribuiu um pouco de mescalina (ou seria STP?), nos deixando a noite inteira acordados, rindo de coisas ridículas. Eu ainda estava chapado na manhã seguinte, quando Herns ligou para dizer que todo mundo tinha apagado, mas que ele e eu tínhamos que sair para ir até a rádio em 20 minutos. Graças a Deus ele estava comigo. Minha resposta a quase todas as perguntas que me fizeram começava com uma pausa "reflexiva", antes de despejar uma resposta aceitável que Herns tinha sussurrado na minha orelha. Quando voltamos para o hotel, os caras me garantiram que eu tinha ido bem. Obrigado, seus mentirosos!

Lição de Rockstar nº 1: NÃO use psicotrópicos antes de uma entrevista.

Estávamos agendados para ser a atração principal do Agora Ballroom, em Cleveland, na noite seguinte. Fumamos alguns baseados no caminho como de costume, e Alex e eu estávamos tocando violão no banco traseiro, criando o que depois seria "Making Memories" – um título inevitavelmente apropriado, considerando o que aconteceu logo em seguida. Estávamos lá, fazendo um som, quando um de nós reparou numa placa onde se lia MEMPHIS 120 MILHAS. Eu disse: "Ei, Herns... Memphis fica a caminho de Cleveland?". Em pânico, ele parou numa área de descanso para caminhoneiros e, sem dúvida, estávamos indo para o sul e agora estávamos a 10 horas de carro de onde deveríamos realmente estar. Howard enfiou uma pequena fortuna em moedas numa cabine telefônica (lembre-se, nada de celulares ou Google Maps naquele tempo) e reservou um voo para Cleveland saindo de Evansville, Indiana, que ficava a 225 quilômetros dali. Enquanto cortávamos caminho por uma rede de rodovias e estradas cada vez mais estreitas, começou a chover e, cruzando alguma cidade bem no meio de uma enxurrada, nosso carro ficou cercado por água. Estávamos nos arrastando pelo asfalto e, finalmente, chegamos ao aeroporto de Evansville, bem a tempo de ver nosso avião decolando. Sem perder o ânimo, Neil pulou atrás do volante e dirigiu noite adentro; chegamos tão tarde no Travelodge, em Cleveland, que já tinham cancelado nossas reservas. Conseguiram umas camas de armar e as colocaram numa sala de conferências, e eu nunca vou esquecer como Neil dormiu imediatamente, apagando em questão de segundos. Dizer que nada poderia acordá-lo é pouco.

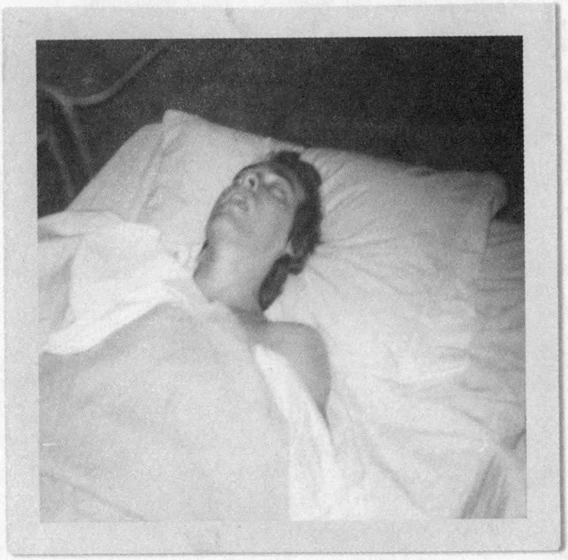

Dormir... Talvez dormir.

Aquecendo para o Nazareth na Universidade de Western Ontario, em 23 de outubro de 1974.

Depois de Cleveland, havia um show à tarde na Feira Estadual de Minnesota, daí corremos de volta para o leste no dia seguinte até Asbury Park, Nova Jersey, e fizemos dois shows rápidos no Canadá. Ainda estávamos ganhando quase nada, vivendo com 100 dólares por semana que recebíamos combinando nossos pagamentos modestos e a verba de suporte à turnê. O carro era o único meio de transporte que cabia no bolso, então aprendemos a dormir sobre a bagagem no fundo da perua alugada, empilhados como universitários numa cabine telefônica, engolindo ao longo do caminho alguma coisa comprada numa IHOP ou num Howard Johnson's. É bom ser jovem e resiliente, mas é ainda melhor se houver um suprimento de erva para te entreter na interestadual! Ficávamos chapados, dormíamos em cima das malas ou encolhidos num canto e, quando acordávamos, tínhamos o rosto todo amassado. Às vezes, dormíamos de roupa mesmo num Holiday Inn e ficávamos gratos só por ter uma cama.

Em Evansville, por sinal, abrimos para o KISS, tendo Billy Preston como convidado especial. Na noite anterior, ficamos no mesmo hotel que ele e estávamos fazendo nossas brincadeiras de sempre quando Preston, ouvindo a música pelo corredor, bateu na nossa porta e perguntou se podia se juntar a nós. Pensamos *uau, que bacana! O lendário "Quinto Beatle" quer ficar aqui com a gente?* Nos divertimos horrores bebendo e tocando com ele e terminamos a noite com uma versão enlouquecida do hino do Canadá. No dia seguinte, quando Billy chegou no backstage cercado por seu *entourage*, acenamos e o chamamos pelo nome. Ele nos deixou no vácuo completamente. Ficamos olhando uns para os outros, intrigados. Ele não teve problema algum em tomar toda nossa bebida...

Lição de Rockstar nº 2: gente famosa sabe ser cuzona.*

* Herns chamava os caras que faziam isso de "blankers" (vazios) e "bluffers" (impostores) mentirosos. Essas hernstitudes foram parar na nossa música "Best I Can": *Blankers and boasters / All the bluffers and posers / I'm not into that scene...* – Vazios e arrogantes / Todos impostores e posers / Não curto essa cena...

CAPÍTULO 9

EM QUESTÃO DE DOIS ANOS, NANCY E EU vivemos o ciclo completo de um romance comum: fomos a Londres passar férias juntos, voltamos para casa e terminamos, saímos com outras pessoas (na época, ela virou uma espécie de rainha da disco music), depois voltamos a conversar pelo telefone. O retorno definitivo foi quando a mãe dela estava fora de casa, e ela me convidou para ir até lá. Acho que eu estava começando a ficar gripado ou algo assim, porque tive febre alta naquela noite. Ela cuidou de mim por dois dias e duas noites, e, durante todo aquele estado febril, nos reconectamos e nos apaixonamos novamente.

Nancy estava trabalhando num escritório de advocacia, onde aprendia, entre outras coisas, a se defender das investidas lascivas de advogados mais velhos enquanto pensava seriamente em voltar a estudar moda. Foi quando nos mudamos para um apartamento que ficava no segundo andar de um prédio, em cima de um restaurante chinês, e suportávamos os hits do top 40, que atravessavam o assoalho a noite toda sempre que os proprietários do restaurante se esqueciam de desligar o rádio antes de fechar. Na verdade, dá para dizer basicamente que quem se mudou para lá foi minha coleção de discos, porque eu passava cada vez mais tempo na estrada. Escrevíamos cartas um para o outro com frequência e falávamos ao telefone ao menos uma vez por semana, mas ficar tão longe por tanto tempo era algo novo e difícil para nós dois – principalmente para Nancy, acredito, já que era eu quem estava vivendo uma aventura enquanto ela ficava naquele escritório sendo assediada ao redor das escrivaninhas. Não se tratava apenas das longas ausências: minha natureza obsessiva com relação ao trabalho fez eu me acostumar à ideia de que era um artista solo, por assim dizer, e, quando finalmente voltávamos a ficar juntos, era necessária certa recalibragem para pensar e agir como um casal novamente. Devido à impressionante taxa elevada de fracassos em relacionamentos com músicos, tive sorte de Nancy ser tão independente, mas, anos mais tarde, passaríamos por outra crise...

Me lembro de conversar com Pete Way, o amável e divertido baixista do UFO, sobre a dificuldade de estar em turnê e manter um relacionamento. (Na época, ele estava no segundo casamento.) Um roqueiro raiz, Pete *adorava* pegar a estrada, mas sua segunda esposa não era tão favorável a isso. Na véspera de uma turnê pelos Estados Unidos, ele ficou com tanto medo de contar que teria que viajar para o exterior novamente que saiu de casa fingindo que precisava resolver alguma coisa e, depois, ligou para ela da estação de trem. "Desculpa, amor, só agora soube que tenho que, sabe, sair em turnê com os caras. Te ligo quando chegar lá! Te amo! Tchau!" (Era um ótimo contador de histórias, então não tenho certeza se foi isso realmente que aconteceu, mas suspeito que sim; ele se casou outras seis vezes antes de deixar esse mundo.)

Minha vida foda com o Rush ainda estava para começar, mas aqui estão algumas das minhas primeiras fotos "no palco", fazendo um bico na festa do bar mitzvah de um garoto chamado Anthony. No fundo, está meu velho amigo Sammy Roher na bateria e, bem na frente no meio, a irmãzinha de Anthony, Susie.

Nossas primeiras fotos como banda, provavelmente tiradas por nosso amigo Doc Cooper no outono de 1969, no terreno de uma construção atrás do edifício onde Rutsey morava, ao sul da Bayview Avenue.

*Travessuras de Halloween. Nossas primeiras duas semanas longe de casa, e as circunstâncias eram miseráveis: um monte de motociclistas ficava desplugando nossas caixas de som quando não estávamos olhando. Nem preciso dizer que descobrimos formas de nos divertir – no palco e fora dele. Na foto em grupo, sentados (da esquerda para a direita): nossa equipe de dois homens, o novato Liam Birt e nosso roadie original, o leal Ian Grandy; seu servo fiel; e John. Enquanto isso: "*Kabuki *incrível?". Ficamos lá por duas semanas inteiras, puta merda. Troque logo a placa!*

O que posso dizer? É isso que acontece quando se fuma muita maconha de baixa qualidade, crianças.

(ACIMA) *John Rutsey e Alex ficaram amigos primeiro, começando uma banda chamada The Projection. O pai de John, Howard, era um repórter investigativo muito respeitado do Toronto Telegram, mas, como o meu, morreu quando ele mal tinha entrado na adolescência. Você pode achar que isso nos levou a ter algo em comum, mas nunca compartilhamos nossos sentimentos.* (ESQUERDA) *Oscar, Papai Noel, Rutsey, eu (e Ian Grandy, fora do enquadramento, à esquerda).* (ABAIXO) *1973: a única foto colorida conhecida do Rush no Gasworks.*

Glam, bam, obrigado, madame! Faz pouco tempo que encontrei meus antigos sapatos de plataforma no porão, e aqui estão eles. Sempre falo que a gente nunca entendeu nem se importou com nossa imagem, mas, naquela época, isso não era verdade. Eu costumava pedir ajuda a Nancy, que era estudante de moda e adorava garimpar peças vintage descoladas para usarmos no palco (o que a tornou cúmplice de qualquer um dos meus atentados contra a moda). Até mesmo aprendi como pregar tachinhas e lantejoulas nos bolsos do meu jeans, pintava as unhas de preto e uma estrela brilhante na bochecha. Depois que John saiu da banda, a importância do glitter foi diminuindo gradualmente. Tínhamos coisas mais importantes com que nos preocupar – como tocar bem – e esse foi o foco que permaneceu... até os infames Anos dos Kimonos.

RUSH

(ACIMA) 1972, *Green Park, Reino Unido. Nancy tirou esta foto, em que estou com minhas roupas normais, na nossa primeira viagem do outro lado do Atlântico, enquanto tirávamos uma folga de todo o agito de Londres: o Kings Road, em Chelsea, o Marquee Club, em Soho, mesmo o onipresente Wimpy Bar. Foi tão foda, abriu tanto os nossos olhos que alimentou em nós dois o desejo de aproveitar mais a vida. Então, assim que chegamos em casa, apesar de termos nos divertido, nós... terminamos o namoro!* (ABAIXO) *Dois caras selvagens e malucos fingindo que o carro do empresário pertencia a eles. (Por quê? Porque logo seria!)*

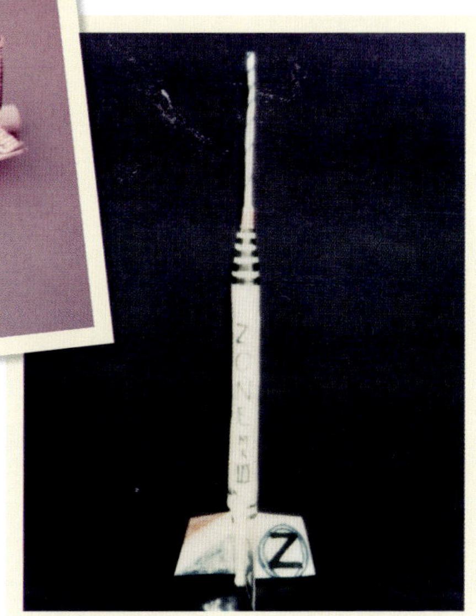

Exemplos estupendos dos impedimentos aeronáuticos de Alex, com imagens dos testes de voo.

Toronto Sound Studios, 1975 e 1976. A banda dando duro (?) no trabalho para gravar. Quando gravamos Fly By Night*, nos sentimos gratos pelo luxo de dez dias consecutivos de gravação. Ainda eram sessões de gravação com prazo muito apertado, mas com o espírito-guia de Terry, fizemos o tempo render em vez de colocar tudo na fita de um jeito mecânico, como se tivéssemos uma arma apontada na cabeça. Em* Caress of Steel*, esse tempo de estúdio aumentou para três semanas inteirinhas! Pena que desperdiçamos tudo fumando haxixe demais. (Oh, não estou usando drogas; juro que é chocolate quente!)*

(ESQUERDA) *De acordo com a Wikipédia, Cochrane fica a leste de Kapuskasing, nordeste de Timmins, sul de Moosonee e norte de Iroquois Falls. Que tal tomarmos um café lá?*

(ACIMA E À DIREITA) *Alex, Jimmy Johnson e Ian se preparando para uma festinha após o show em Cochrane.*

(ESQUERDA) *A coisa mais engraçada sobre essa história de Cochrane é que, quando voltamos em setembro, adivinha? Pediram bis!*

(DIREITA) *Em 1978, começamos a levar o hóquei "a sério". Dentro do bagageiro do ônibus, cada um de nós tinha uma bolsa esportiva com patins e pads, protetores de virilha e suspensórios. Jack Secret e eu divertíamos os outros com nosso completo domínio de patinar com os pés virados para dentro, o único jeito que conhecíamos para não bater nas placas laterais ou em outro camarada.*

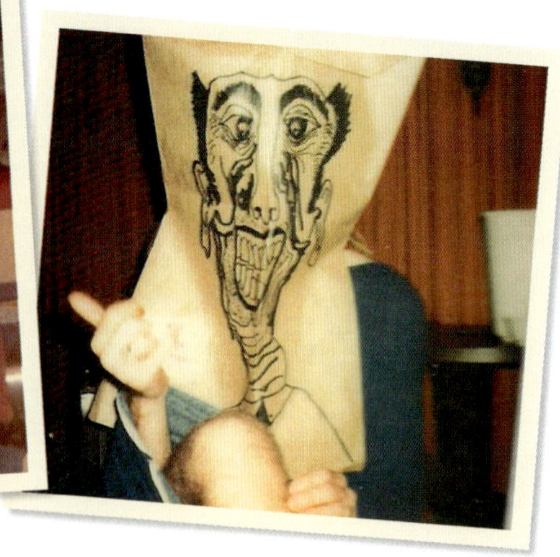

(ACIMA) *Em turnê com o KISS e "o Saco" (mais a versão de Paul Stanley no avião).* (ESQUERDA) *Nós, novatos, não poderíamos ter pedido uma oportunidade melhor. "Feliz aniversário, Ace!"*

(DIREITA) *Outubro de 1975, San Antonio, Texas. Um presente de Charlie Applegate, professor de carpintaria de uma escola de Ensino Médio local que ajudou a montar o palco para o nosso show junto com seus alunos. "Eu sei por que chamam vocês de Rush – porque tudo o que fiz desde que chegaram à cidade foi às pressas, como se fosse sempre a hora do rush – Charlie."*

(DIREITA) *Tocando um rock no Space Bass, por volta de 1976 ou 1977. (Para mais detalhes, confira o livro Geddy Lee's Big Beautiful Book of Bass.)*

(ACIMA) *Pendurada no meu pescoço está uma nota musical... será mesmo? Na verdade, era apenas um sinal dos tempos: uma colherinha de cocaína. Estritamente para propósitos medicinais, você entende. (Ah tá!)* (DIREITA) *A turnê Caress of Steel se resumiu a baixar a cabeça, tocar bem e esperar pelo melhor... mas foi difícil deixar de lado aquela sensação de estarmos afundando.*

No meio da nossa turnê no Reino Unido em 1977, pegamos uma balsa até a Suécia para um único show em Estocolmo, nosso primeiro na Europa continental. Os caras da gravadora nos forneceram quantidades copiosas de um aquavit potente pra cacete. De volta ao hotel, Alex contava segredos do universo sérvio para mim, enquanto Neil vestia seu disfarce de Geddy Lee. Também: Rüsh Haute Couture? A incessante busca dos nossos empresários por uma imagem resultou nessa foto mal concebida que nos perseguiu por anos. Quem teria imaginado que nossa falta de imagem se tornaria, no final das contas, a nossa imagem?

(acima e à direita) *Sessões de gravação de* A Farewell to Kings, *Rockfield, 1977. Homens com shorts minúsculos explorando os lindos campos com o propósito de gravar um álbum.*

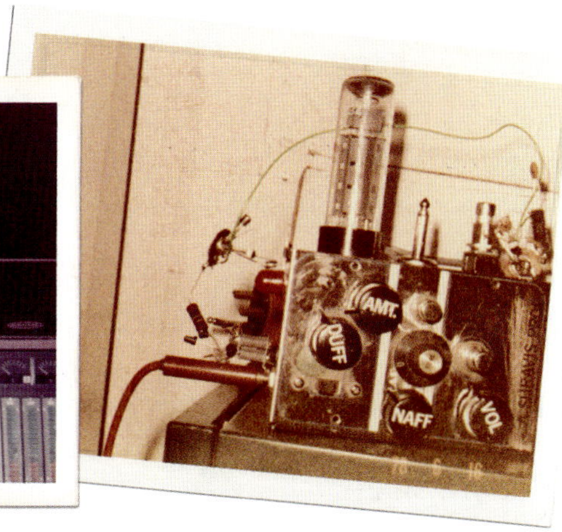

(acima e à direita)
Duffo e o Duff-O-Scope.

(à esquerda e acima) *Lerxst imitando (minha) arte.*

(ACIMA À DIREITA) *Alex desenhando Frank Lee Shyte (diante do gravador multicanal Studer que tentou comer a fita de "Xanadu");* (NO CENTRO À DIREITA) *tentando marcar uma reunião no Advision vestido como o empresário do Sr. Shyte, enquanto* (ABAIXO) *Neil está literalmente caidaço.*

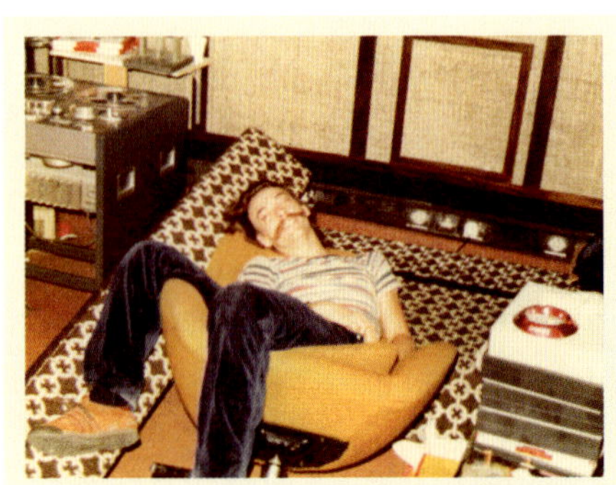

COMO AGORA o Rush tinha começado a ser tema de resenhas na imprensa musical e na *mainstream*, provavelmente é um bom momento para abordar um dos aspectos mais controversos do nosso som: a minha *voz*. (É necessário *mesmo?*) John Griffin escreveu no *Montreal Gazette* que eu parecia um "porquinho-da-índia viciado em anfetamina"; na *Circus,* Dan Nooger disse: "Se a voz de Lee ficar mais aguda e rasgada, só vai ter cachorros e alienígenas na plateia". (Em 1979, talvez de um modo mais gentil, John Rockwell comentou no *The New York Times*: "O Sr. Lee canta de maneira simples, mas incomum – é um tenor andrógino e frágil".) Na época, eu não me dava conta que estava – como foi mesmo que um crítico falou? – "gritando/berrando" ou algo do tipo. Quando me escuto naquele período, parece que estou conversando numa voz bem aguda e jogando um pouco de melodia no meio. Mas muito daquilo não é melódico. É uma gritaria *controlada*, desenvolvida para conseguir atravessar a densidade da banda em sua forma mais primitiva.

Minha voz tinha que romper a barreira do nosso rock pesado e, à medida que toda aquela atitude de rock com influência do blues foi ficando mais complicada – ou "sofisticada", ou "pretensiosa", dependendo da descrição –, esse lado blues se destacou ainda mais, porque de repente o contexto não era mais o blues em si. Se os críticos gostavam ou não, tratava-se de uma confluência de estilos, uma conversão de uma banda influenciada pelo blues em algo mais próximo do *prog* influenciado pelos clássicos, mas mantendo um estilo gritante, mais *blueseiro*; esse foi o primeiro indício de um som original nosso.

Então, sim, meu estilo realmente parecia um tanto abrasivo, principalmente antes de começarmos a gravar discos, mas precisamos voltar a 1974. É tudo questão de contexto, certo? Como escrevo este livro em 2022, nossos ouvidos coletivos já se tornaram bem mais abertos. Ouvimos todos os estilos de música, cantores de todos os tipos, bandas muito mais pesadas que o Rush, vocalistas ainda mais estridentes do que eu costumava ser. Então, imagine que você era um crítico numa arena reverberante naquela época; havia essa banda com três integrantes que você não conhecia e tinha esse cabeludo gritando na sua cara: eu entendo que, se você se considerasse mais sofisticado que o fã de música convencional, nossos 26 minutos no palco devem ter parecido uma confusão barulhenta, mas estávamos realmente imersos naquilo, tocando nossas partes com uma convicção honesta e, crus ou não, estávamos nos conectando com um número cada vez maior de pessoas. Acredito que, às vezes, os degustadores oficiais são os últimos a saber.

EMBORA FOSSE bem emocionante estar em turnê, era frustrante tocar aqueles sets curtos todas as noites. Justo quando os dedos começavam a aquecer, era hora de deixar o palco. Raramente havia tempo para fazer uma *jam* – nem mesmo durante as passagens de som, que eram ocasionais, breves e geralmente no último minuto. A rotina era:

Que fase! Sem um centavo, mas morando em hotéis, tocando música dia e noite. Mesmo que Neil não fosse muito bom, ele adorava pegar o violão e tocar.

plugar, checar os monitores, tocar às pressas parte de uma única música e sair do palco. Enquanto isso, tínhamos que nos contentar em compor músicas novas no backstage, nos quartos de hotel ou no banco traseiro do carro com apenas dois violões. Viramos especialistas em imaginar quanto peso um riff poderia ter (de fato, alguns dos nossos sons mais pesados, incluindo partes do *2112*, foram compostos desse jeito), mesmo que não tivesse muita graça para o baterista. No palco, contudo, Neil e eu estávamos desenvolvendo uma química. Ele era *muito* diferente do cara que havia ocupado o posto antes. John tinha um ritmo bom, sólido, mas era básico, preso à batida, enquanto Neil tinha potência e complexidade ao mesmo tempo. O que tornou nossa relação musical tão especial foi nosso entrosamento rítmico, uma intuição musical em sincronia que esteve lá desde o princípio. Compartilhávamos o amor por viradas aventureiras, tempos estranhos e um pouco de ênfase bem-alocada. Nos anos seguintes, quando ele estava escrevendo partes novas ou improvisando uma virada de bateria (Neil quase nunca tocava uma virada do mesmo jeito duas vezes), desenvolvemos um tipo de percepção extrassensorial – era tão forte que às vezes ficávamos arrepiados, curtindo o momento com uma piscadela ou um sorriso. É uma coisa rara e especial um baixista encontrar um baterista com a mesmíssima mentalidade.

Durante os dois meses seguintes, abrimos vários shows do KISS, e eles não poderiam ter nos tratado melhor. Passamos a conhecer um pouco sobre Gene, Paul, Peter e Ace conversando no camarim deles enquanto colocavam o figurino e se maquiavam. A música da banda não fazia muito nosso estilo, mas com o KISS aprendemos muito sobre a importância do profissionalismo. Ficamos impressionados com como davam tudo de si todas as noites, e aprendemos tanto a respeito do uso de pirotecnia e de outros efeitos que começamos a usar assim que passamos a ser a atração principal dos shows. Frequentemente, acompanhávamos os roadies da banda e aprendemos lições para a vida inteira de como ir além na produção de um show. E, o mais importante, eles permitiam que fizéssemos a passagem de som sempre que possível, e por isso sempre seremos gratos. Pode não parecer grande coisa, mas me deixe explicar...

Nos primórdios dos shows em arenas, era comum as bandas terem que lidar com um volume extremamente explosivo durante o show: monitores de palco projetavam sua voz na sua direção, amplificadores estouravam às suas costas e alto-falantes nas laterais potencializavam *todos* os instrumentos pelo palco num volume ainda mais alto que os amplificadores. Como Ian Gillan registrou nos anais do rock n' roll: "Tudo mais alto do que todas as outras coisas". E Nancy ainda se pergunta por que hoje eu não consigo ouvir a porra do *timer* dos ovos cozidos?

Mas o que descrevi há pouco seria o *ideal*; naquela época, como banda de abertura, fazendo um show com uma banda diferente a cada noite, não era possível ter um cara que cuidasse dos monitores para você, e, com uma pessoa diferente quase todas as noites fazendo a mixagem, era como se estivéssemos num seriado de faroeste. Você está num tipo de celeiro gigantesco que nunca viu antes, com um sistema de som que você não conhece e tem 10 minutos, se tanto, para se sentir confortável – e num lugar vazio; assim que o local enche, tudo muda, porque aí temos essas unidades de carbono que absorvem o som, conhecidas como *pessoas*, sentadas em seus lugares, se encharcando de reverberação e (se tiver sorte) também fazendo seu próprio barulho.

A sensação é sempre de se estar um pouco fora do controle na melhor das hipóteses, um pouco desconectado de seu instrumento (Keith Richards disse que tocar guitarra num show é como segurar uma enguia elétrica, o que me parece bem apropriado); quando estou tocando baixo com uma quantidade enorme de volume vindo na minha direção, parece que as cordas são mais grossas do que realmente são, e os dedos parecem letárgicos. Mas, como banda de abertura, sem sequer ter o benefício de uma passagem de som decente, com o retorno da minha própria voz guinchando na minha direção e apenas 20 a 45 minutos no palco, nós tínhamos apenas que aceitar que não ouviríamos de forma adequada. Era fazer o melhor que dava e depois cair fora. Alguns músicos se adaptam bem a isso, outros nunca conseguem.

Dizem que jogar beisebol é difícil porque se trata de um jogo de ajustes constantes; o mesmo se pode dizer sobre tocar rock n' roll ao vivo. Numa turnê, até mesmo uma banda consagrada tem que superar diferentes tipos de problemas de acústica todas as noites, enquanto luta para entregar uma apresentação clara e intimista em arenas esportivas, que foram projetadas acusticamente para criar cacofonia para a torcida do time da casa. Algumas cidades são conhecidas por ter construções com uma acústica terrível. Por exemplo, havia um lugar em Chicago chamado International Amphitheatre, a casa de shows mais cavernosa *da história*, onde cada nota parecia se transformar numa interminável e trovejante nuvem de som. A piadinha da equipe sobre lugares assim era "quando a outra banda chegar amanhã, ainda vai ouvir o final do nosso show". Havia ainda o Rosemont Horizon, nos subúrbios de Chicago, com um teto retangular que rebatia o som de tal maneira que era um pesadelo tanto para quem mixava quanto para o artista – mas não necessariamente do mesmo jeito ou ao mesmo tempo. Lugares assim podem parecer decentes lá no meio do público, mas no palco você recebe reflexos de algum lugar e isso acaba te deixando maluco. Em shows assim, nosso técnico de som até poderia falar depois que o lugar tinha uma ótima acústica, mas a gente ficava se olhando e pensando: *Como assim? Sério?*

O ponto é que, num local desconhecido e acusticamente hostil, muitas bandas novatas saem do palco decepcionadas, achando que fizeram merda. Sequer têm certeza se tocaram as notas certas, porque alguns lugares precisam de afinações diferentes: certas notas ficam mais exageradas e é difícil até mesmo saber se seu dedo está no traste correto. Você entra numa luta com um ambiente de uma tonalidade particular que não é propícia ou favorável ao ouvido, e o tempo todo tenta cantar sem desafinar. É um batismo de fogo noite após noite.

O leigo pode não compreender totalmente como as passagens de som são importantes para uma banda novata – mas, sabe, pensando bem, nem todas as *bandas* entendem isso... Houve alguns shows em que o Angel* abriu para nós. Fizemos questão de que pudessem fazer a passagem de som todos os dias, mas eles nunca aproveitaram a oportunidade. Então, a gente ia até lá, mexia no equipamento da banda e fazia a passagem de som por eles. E *por que* eles mesmos não faziam isso? Quase todos os dias, perguntávamos para a equipe "onde estão os caras?", e eles respondiam, meio envergonhados: "Bem, estão no camarim... arrumando o cabelo".**

COMO GENE SIMMONS e Paul Stanley são judeus (seus nomes verdadeiros são Chaim Witz e Stanley Eisen), naquela turnê tive a oportunidade de reavaliar minhas próprias raízes tribais. Tendo me libertado das amarras do dogma religioso, passei a ver minha família com outros olhos; comecei a ver os judeus como raça, e não como religião. (Ironicamente, foi o que fizeram os nazistas!) Eu queria celebrar os judeus talentosos, bem-sucedidos e, principalmente, os engraçados (ah, *aí sim*), lendo livros de caras como Milt Gross, Groucho Marx, Lenny Bruce e, é claro, Woody Allen.

No começo da minha adolescência, querendo desesperadamente me enturmar e ser aceito no colégio, eu renegava minha identidade judaica. Quantas vezes fui apresentado a um grupo como "este é Geddy; ele é judeu, mas é legal"? Essas pequenas indignidades acabaram com a minha autoestima, mas as engoli por muito tempo com um sorriso

* Eles entraram para a Casablanca, mesmo selo do KISS, trazidos por Gene Simmons.

** Preciso dizer que, embora o Angel se preocupasse demais com a aparência, eles não eram uma banda ruim de forma alguma. Eram músicos habilidosos com um som decente. Mas acho que tinham prioridades diferentes.

amarelo, pensando que, se a turma achava que *eu* era legal, logo veria que os judeus em geral eram legais. À medida que fiquei mais velho, adotei uma perspectiva mais madura, me dando conta de que, ao não os confrontar, eu estava ajudando a perpetuar um estereótipo e até mesmo sendo cúmplice na incitação ao ódio pelo meu próprio povo.

Agora, eu estava redescobrindo o ídiche da minha infância, estudando assiduamente o vocabulário e aprimorando minha pronúncia.* Billy Crystal está corretíssimo quando diz que o ídiche é "uma combinação de alemão com pachorra. É a língua de tossir e cuspir; até os 11 anos de idade, eu tive que usar uma capa de chuva". Isso é muito real quando judeus praguejam uns contra os outros incluindo imagens horríveis. Vou traduzir duas das minhas favoritas para você: "Que os seus olhos rastejem para fora de sua cabeça!" e "Sanguessugas deveriam bebê-lo até você secar!". Fico pensando que tipo de gente fala algo assim. Uma coisa é se o alvo do insulto for um indivíduo que mereça – Hitler, por exemplo –, mas, na maioria das vezes, esse tipo de injúria aparece no meio de alguma discussão banal, como uma conta que não foi paga. Essas coisas grotescas podem ser fantasticamente elaboradas, como o popular "Você deveria crescer como uma cebola, com a cabeça no chão e os pés no ar". De qualquer maneira, em 1974, eu tinha me tornado mais seguro de mim mesmo e comecei a ver com maior apreço o que meus pais tinham enfrentado – que, graças ao sofrimento, à perseverança e ao sacrifício deles, eu tive a sorte de estar aqui! Jurei nunca mais ser um judeu *pro forma* e comecei a usar um *mezuzá*** no pescoço em qualquer lugar que eu estivesse. Mas, quando abrimos para o KISS no Texas, Gene Simmons veio até mim, pegou o

* Ainda estou fazendo isso. Logo depois que minha mãe morreu, quando tinha quase 96 anos de idade e estava com problemas em lembrar as coisas, tentei *redn tsu ir* na esperança de trazer algum conforto para ela e ajudá-la a recordar as coisas, e fiquei impressionado com quantas lembranças voltaram para nós dois.

** Geralmente, é dado de presente a um garoto judeu um pendente pequeno, em formato de rolo de pergaminho, em seu *bar mitzvah*. Dentro dele há versos hebraicos da Torá. As famílias judias também costumam ter um *mezuzá* pendurado no batente da porta de casa.

pingente e disse: “Você não deveria usar isso aqui. É perigoso anunciar que é judeu”. Isso meio que me deixou apavorado, mas pensei: *Bem, o americano é ele, deve saber o que diz.* E não sinto orgulho nenhum em contar que tirei o pingente.

Devo mencionar que grande parte do antissemitismo que vivenciei foi no lugar de onde vim. Sim, me deparei com muitos caipiras valentões nas turnês daquela época, mas o deboche deles se resumia ao combo cabelo comprido, roupas de roqueiro *e* meu proeminente nariz. Foi no sul temente a Deus, após o filme *Sem Destino* – “Pegue a arma, Roy” –, onde eles não gostavam de homens que usavam calças justas e “pareciam mulheres”, e onde Herb “Tiny Tim” Khaury era um parâmetro bem-apropriado para o caipira médio: sua popularidade não fez favor algum a nós, os cabeludos. Mais tarde, na mesma turnê, em Wichita, Kansas, eu estava saindo de um elevador com Alex e Neil quando dois pau no cu de chapéu de caubói falaram um pro outro:

“Isso aí é coisa que não se vê todo dia.”

“É? O quê?”

“Bosta de cavalo com pernas.”

Essa foi boa, caras.

TERMINAMOS NOSSA primeira turnê com o KISS no Texas e atravessamos os EUA até os subúrbios de Chicago para abrir um show do Steppenwolf e do Canned Heat. Depois, pegamos um avião até Los Angeles para participar do *Don Kirshner's Rock Concert* e do *In Concert*, no canal ABC – nossa primeira aparição na televisão americana e também a primeira vez que viajamos de primeira classe. *É isso aí!* A Mercury pagou quatro poltronas, o que significava só uma coisa para nós, jovens sofisticados: bebidas grátis durante todo o voo!

Filmamos o *In Concert* no Aquarius Theatre – um tanto intimidador com a participação de gente do calibre de Donovan e Sly and the Family

Stone. Quando chegamos na noite seguinte para o *Don Kirshner's*, George Harrison estava no backstage, mas éramos tímidos demais para ir até lá e dizer oi para *um Beatle de verdade*. Ele estava lá para tocar com o amigo Billy Preston (cujos modos, posso dizer, não tinham melhorado nada desde a última vez que nos vimos: mais uma vez, fingiu que não conhecia a gente). Também estava lá a banda holandesa Focus – e eu tinha todos os discos deles em casa, além dos lindos LPs solo de seus integrantes. "Nunca conheça seus ídolos", dizem, mas os caras do Focus eram tão legais quanto se espera que suas influências sejam, mesmo que o encontro não tenha ido além de um aperto de mãos e algumas palavras gentis. Não querendo ser o cara que cruza a linha entre colega de trabalho e fã, sempre tentei conter meu entusiasmo e manter a postura, esperando que houvesse uma oportunidade de conversar sobre música, mas nunca contando que isso realmente acontecesse. Durante anos, nunca me considerei par dos meus ídolos (na verdade, ainda não me considero). Com o tempo, é claro, você se dá conta de que seus ídolos

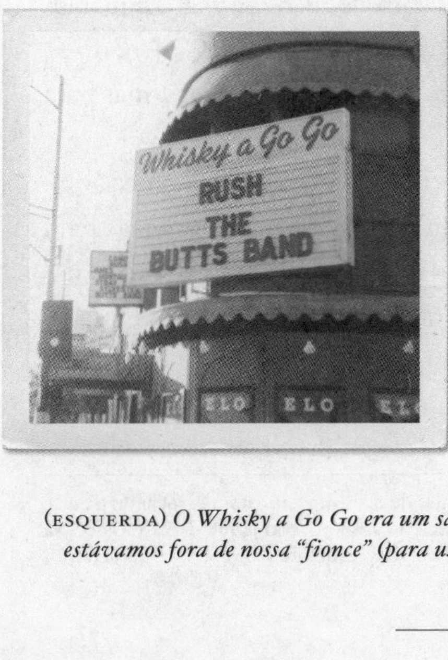

(ESQUERDA) *O Whisky a Go Go era um salão de festas.* (DIREITA) *Dá para ver o quanto estávamos fora de nossa "fionce" (para usar um dos jargões do Rush daquele período).*

são apenas pessoas – com seus próprios problemas! E com esses problemas revelados, nos damos contas de que eles também têm pés de barro.

Depois disso, estávamos de volta à estrada, rumo ao Texas, e, em seguida, ao Meio Oeste para tocar em Kansas City, Lincoln (Nebraska), Oklahoma City e Wichita em questão de apenas seis dias. Como atração principal de quatro desses shows, estavam os reis psicodélicos e mestres do universo com seu estilo veloz singular, Hawkwind. Se algum dia houve um equivalente musical a uma viagem de ácido, esses eram os caras: densos e sonhadores, hipnóticos e consideravelmente loucos – resumindo, um som que descia bem depois de um ou dois baseados. Na nossa última noite com eles, teríamos que pegar o voo noturno para Chicago e, depois, seguir para Toronto logo após a nossa apresentação, mas, antes, tivemos que descobrir o que fazer com os 14 gramas de erva que haviam sobrado. Como era de se esperar, Alex teve uma ideia excelente. Fazia algum tempo que ele enrolava baseados complexos em formato de avião, com asas e turbinas, além do logo da nossa própria companhia aérea imaginária, Zone Airways, estampado na fuselagem. Para honrar a ocasião, Alex fez uma espaçonave enorme e deu de presente ao Hawkwind como agradecimento. Entregamos o baseado-foguete, eles acenderam, passaram de mão em mão, fumaram aquela coisa *inteirinha* e subiram no palco sem errar uma nota. Quero dizer, *minha nossa*. Aquela coisa teria nocauteado a maioria das bandas, mas para o Hawkwind era só mais um dia normal de trabalho.

Voltamos para Toronto para fazer nosso primeiro show no histórico e venerado Massey Hall. Aquele lugar guardava muitas lembranças para mim, já que tinha assistido a algumas das minhas bandas favoritas naquele palco – Cream, The Strawbs e Genesis, só para citar três. Agora, lá estávamos nós, no mesmo palco, abrindo para o Nazareth. Que ano foda foi aquele! E os shows continuaram até que seguimos para o noroeste,*

* Quando se é jovem, não se sofre de *jet lag* porque, metade do tempo, já estamos tocando a noite inteira sem parar. Hoje em dia, uma hora de diferença no fuso horário já me deixa fodido. Na verdade, vou precisar me deitar um pouco depois de ter simplesmente digitado este parágrafo.

também pela primeira vez, depois de volta até Los Angeles para tocar cinco noites no mundialmente famoso Whisky a Go Go, dividindo o palco com a Butts Band – sem dúvida, o pior nome de banda da história, mas que trazia dois músicos lendários: os antigos membros do Doors, John Densmore e Robby Krieger. Foi difícil reconciliar a reputação selvagem do clube com o lugarzinho com que nos deparamos, mas tocar num local que fazia carreiras decolarem foi um daqueles shows obrigatórios e uma oportunidade para trabalharmos em algumas músicas novas que logo gravaríamos para o disco *Fly By Night.*

25 de setembro de 1974: (ACIMA) *Depois de seis semanas como banda de abertura (às vezes, tocando por apenas 26 minutos), fomos a atração principal de um show no Agora Ballroom, em Cleveland, onde, graças à WMMS, conquistamos uma base de fãs selvagem, enlouquecida e ruidosa.* (DIREITA) *Exaustos e suados, mas nos preparando para um raro evento... um bis de verdade. Um bis, sério? É isso mesmo!*

Ah, a energia da juventude! Desde que havíamos assinado com a Mercury, fizemos mais de 100 shows. Agora, era hora de recuperar o fôlego, aproveitar as férias e nos concentrarmos para gravar nosso segundo álbum. Terry Brown seria o produtor, depois de passar no primeiro teste com louvor, mas *Fly By Night* seria, é claro, o primeiro álbum com Neil. Entramos em 1975 bem animados, não apenas como novos amigos, mas como uma nova banda unida pelo sonho de criar músicas melhores e mais complexas juntos.

CAPÍTULO 10

A PRIMEIRA COISA QUE EU E ALEX reparamos em Neil foi que o cara lia *muito!* Neil sempre levava uma pilha de livros com ele na estrada, e fiquei muito impressionado por estar na companhia de alguém que, não importava onde estivéssemos, no meio daquele turbilhão, conseguia simplesmente se perder nas páginas.* Al e eu éramos bem mais inquietos. Ficávamos zoando o tempo todo, mas, assim que Neil abria um livro, já não estava mais lá conosco. Era uma criatura fascinante que

* Sempre achei incrível a habilidade de Neil de se concentrar na leitura, não importava o que estivesse acontecendo ao redor ou que droga ele havia ingerido. Certa noite, em St. Louis, ele ficou embriagado com a gente e foi dar uma caminhada no meio do mato. Quando voltou, Alex e eu ainda estávamos muito chapados, mas ele se deitou na cama e abriu um livro. Depois de meia hora, Neil foi até o banheiro, vomitou e voltou direto para a página onde tinha parado.

estava ali perto, e nós parecíamos dois cães, farejando em volta dele, observando seus hábitos.

Foi Neil que fez a gente se interessar por ficção científica. A fonte de toda a fantasia que se lia naquele tempo era *O Senhor dos Anéis*, que nós três devoramos simultaneamente, e, depois disso, me tornei um grande fã de John Wyndham. Eu não tinha curtido *The Chrysalids* quando me forçaram a ler na escola, mas ler *A Cidade dos Amaldiçoados* e *The Day of the Triffids* por puro prazer era outra história. Entre meus favoritos estavam *Um Estranho numa Terra Estranha*, de Robert A. Heinlein, um marco no reino da ficção científica e da fantasia; o delicioso épico sombrio de Mervyn Peake, a trilogia *Gormenghast*; as obras de Lord Dunsany, também conhecido como Edward John Moreton Drax Plunkett, o 18º Barão de Dunsany, um dos fundadores do gênero de alta fantasia (que escreveu mais de *noventa* livros), além dos romances do *Ciclo Terramar*, de Ursula K. Le Guin. Nunca me interessei muito pelo autor favorito de Neil, Samuel Delany, mas, graças a ele, passou a existir uma biblioteca cheia de escapismo dos rigores e da labuta da estrada. Depois, como um golpe do destino para o Rush, Neil nos apresentou a *Anthem*, de Ayn Rand, que fez todo sentido ler já que estávamos compondo uma música chamada "Anthem", embora não possa dizer que compreendi o livro completamente. Mas vou reservar todo esse debate a respeito de Ayn Rand para mais tarde...

A aptidão verbal de Neil era tamanha que Alex e eu sugerimos que ele tentasse escrever as letras. Ele disse que iria tentar, sem compromisso, e logo veio sua primeira letra, "Beneath, Between and Behind", um modesto e pequeno épico sobre nascimento, história e circunstâncias atuais de, nada menos, certo grande país pelo qual estávamos viajando – falava do decadente sonho americano e da fachada do que significava ser americano. A velocidade é uma forte característica dessa música, mas, quando tentei cantá-la pela primeira vez, pensei *puta merda, é impossível. Como vou cantar todas essas palavras tão rápido assim?* Mas, quando escuto essa faixa agora, me soa como as vozes das multidões entoando ideologias através da história. Era para ser *complicada mesmo*. Neil mirou lá no alto – ele nunca permitia que uma polissílaba atrapalhasse seu caminho –, portanto tive que aprender bastante sobre como tirar a ênfase de certas sílabas e enfatizar outras para extrair mais emoção de uma letra e transmitir sua essência, geralmente de significado complexo e até mesmo profundo.

Na época, tínhamos que compor e gravar as canções rapidamente, sem o benefício das demos ou do tempo necessário para conviver com elas e considerá-las boas ou ruins. Era compor, gravar, lançar e voltar para a estrada. Na época do *Roll the Bones,* quando já tínhamos mais tempo para digerir e ser mais críticos, Neil se tornou um parceiro de composição ainda mais maduro – sem ego ou possessividade com relação ao seu trabalho, e sempre aberto às minhas necessidades. Em cada álbum, haveria uma canção ou duas que eu não conseguia cantar, mas ele passou a confiar em mim como caixa de ressonância – literalmente uma de carne e osso. Por exemplo, "Sir Gawain and the Green Knight", uma canção do *Permanent Waves* que foi substituída por "Natural Science", começava num estilo bem parecido com o do Genesis, bem progressiva, com uma letra inspirada na literatura fantástica, que Al e eu não curtimos muito, então Neil a deixou de lado. Ele entendeu que, como eu era o cara que tinha que cantar as palavras e passar os sentimentos por trás delas, precisava ser flexível, mesmo que isso significasse abrir mão de alguma coisa que tinha escrito. Neil só dizia: "Fico feliz só por ter escrito essa aqui". Era um cara muito melhor do que eu.

Como é comum em bandas novatas, nosso método de comunicar ideias musicais era compartilhar exemplos do trabalho de outras bandas ou usar termos abstratos como "kerrang" ou "rizzy", inventados a partir de onomatopeias. Enquanto embarcávamos no álbum *Fly By Night*, com Terry no comando, passamos a apreciar como a música também poderia ser uma forma de arte *visual*. Sei que isso parece es-

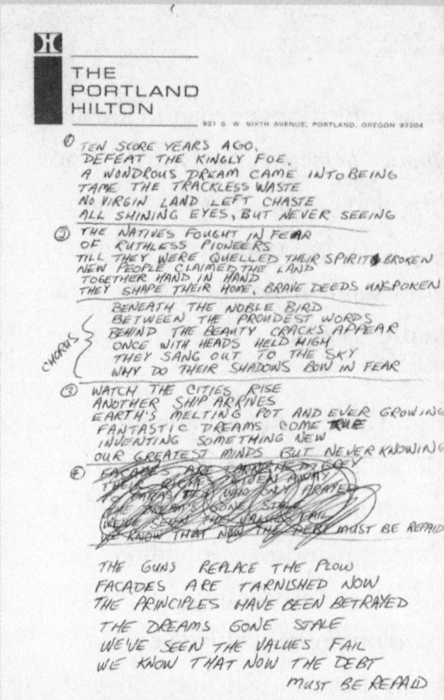
THE PORTLAND HILTON
921 S. W. SIXTH AVENUE, PORTLAND, OREGON 97204

① TEN SCORE YEARS AGO,
DEFEAT THE KINGLY FOE,
A WONDROUS DREAM CAME INTO BEING
TAME THE TRACKLESS WASTE
NO VIRGIN LAND LEFT CHASTE
ALL SHINING EYES, BUT NEVER SEEING

② THE NATIVES FOUGHT IN FEAR
OF RUTHLESS PIONEERS
TILL THEY WERE QUELLED THEIR SPIRITS BROKEN
NEW PEOPLE CLAIMED THE LAND
TOGETHER HAND IN HAND
THEY SHAPE THEIR HOME, BRAVE DEEDS UNSPOKEN

CHORUS
BENEATH THE NOBLE BIRD
BETWEEN THE PROUDEST WORDS
BEHIND THE BEAUTY CRACKS APPEAR
ONCE WITH HEADS HELD HIGH
THEY SANG OUT TO THE SKY
WHY DO THEIR SHADOWS BOW IN FEAR

③ WATCH THE CITIES RISE
ANOTHER SHIP ARRIVES
EARTH'S MELTING POT AND EVER GROWING
FANTASTIC DREAMS COME TRUE
INVENTING SOMETHING NEW
OUR GREATEST MINDS BUT NEVER KNOWING

④ THE GUNS REPLACE THE PLOW
FACADES ARE TARNISHED NOW
THE PRINCIPLES HAVE BEEN BETRAYED
THE DREAMS GONE STALE
WE'VE SEEN THE VALUES FAIL
WE KNOW THAT NOW THE DEBT
MUST BE REPAID

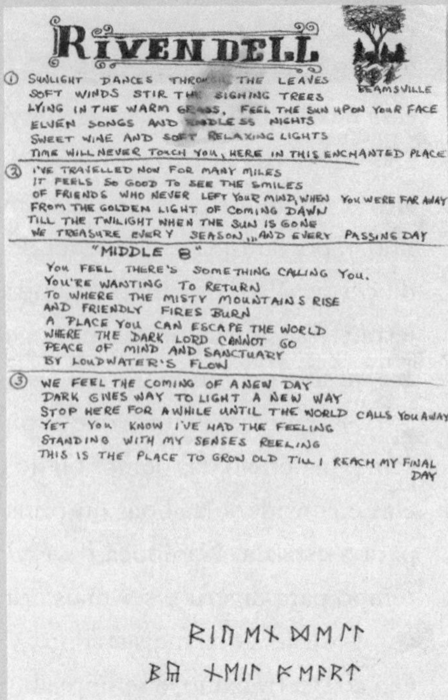
RIVENDELL
BEAMSVILLE

① SUNLIGHT DANCES THROUGH THE LEAVES
SOFT WINDS STIR THE SIGHING TREES
LYING IN THE WARM GRASS, FEEL THE SUN UPON YOUR FACE
ELVEN SONGS AND ENDLESS NIGHTS
SWEET WINE AND SOFT RELAXING LIGHTS
TIME WILL NEVER TOUCH YOU, HERE IN THIS ENCHANTED PLACE

② I'VE TRAVELLED NOW FOR MANY MILES
IT FEELS SO GOOD TO SEE THE SMILES
OF FRIENDS WHO NEVER LEFT YOUR MIND, WHEN YOU WERE FAR AWAY
FROM THE GOLDEN LIGHT OF COMING DAWN
TILL THE TWILIGHT WHEN THE SUN IS GONE
WE TREASURE EVERY SEASON,.. AND EVERY PASSING DAY

"MIDDLE 8"
YOU FEEL THERE'S SOMETHING CALLING YOU.
YOU'RE WANTING TO RETURN
TO WHERE THE MISTY MOUNTAINS RISE
AND FRIENDLY FIRES BURN
A PLACE YOU CAN ESCAPE THE WORLD
WHERE THE DARK LORD CANNOT GO
PEACE OF MIND AND SANCTUARY
BY LOUDWATER'S FLOW

③ WE FEEL THE COMING OF A NEW DAY
DARK GIVES WAY TO LIGHT A NEW WAY
STOP HERE FOR A WHILE UNTIL THE WORLD CALLS YOU AWAY
YET YOU KNOW I'VE HAD THE FEELING
STANDING WITH MY SENSES REELING
THIS IS THE PLACE TO GROW OLD TILL I REACH MY FINAL DAY

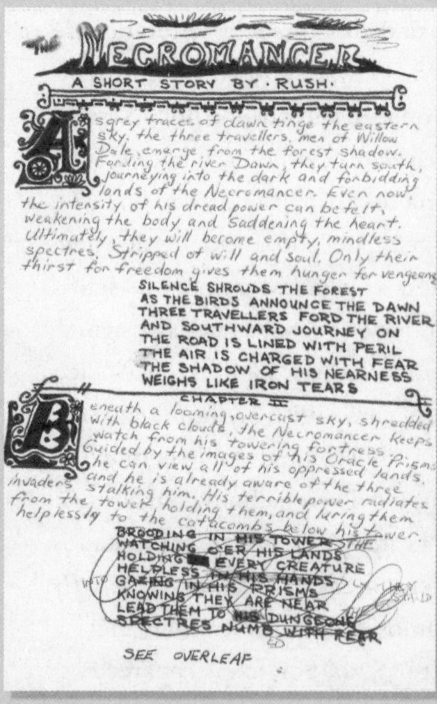
THE NECROMANCER
A SHORT STORY BY · RUSH ·

As grey traces of dawn tinge the eastern sky, the three travellers, men of Willow Dale, emerge from the forest shadow. Fording the river Dawn, they turn south, journeying into the dark and forbidding lands of the Necromancer. Even now, the intensity of his dread power can be felt, weakening the body and saddening the heart. Ultimately, they will become empty, mindless spectres. Stripped of will and soul. Only their thirst for freedom gives them hunger for vengeance.

SILENCE SHROUDS THE FOREST
AS THE BIRDS ANNOUNCE THE DAWN
THREE TRAVELLERS FORD THE RIVER
AND SOUTHWARD JOURNEY ON
THE ROAD IS LINED WITH PERIL
THE AIR IS CHARGED WITH FEAR
THE SHADOW OF HIS NEARNESS
WEIGHS LIKE IRON TEARS

CHAPTER II

Beneath a looming, overcast sky, shredded with black clouds, the Necromancer keeps watch from his towering fortress. Guided by the images of his Oracle Prisms he can view all of his oppressed lands, and he is already aware of the three invaders stalking him. His terrible power radiates from the tower holding them, and luring them helplessly to the catacombs below his tower.

SEE OVERLEAF

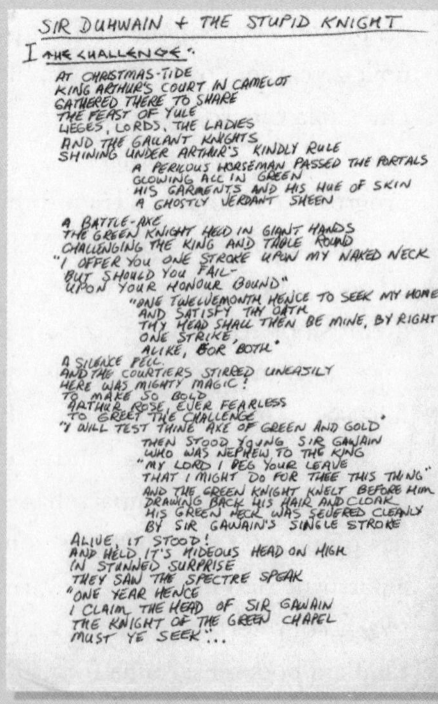
SIR DUHWAIN + THE STUPID KNIGHT

I THE CHALLENGE.
AT CHRISTMAS-TIDE
KING ARTHUR'S COURT IN CAMELOT
GATHERED THERE TO SHARE
THE FEAST OF YULE
LIEGES, LORDS, THE LADIES
AND THE GALLANT KNIGHTS
SHINING UNDER ARTHUR'S KINDLY RULE
A PERILOUS HORSEMAN PASSED THE PORTALS
GLOWING ALL IN GREEN
HIS GARMENTS AND HIS HUE OF SKIN
A GHOSTLY VERDANT SHEEN

A BATTLE-AXE
THE GREEN KNIGHT HELD IN GIANT HANDS
CHALLENGING THE KING AND TABLE ROUND
"I OFFER YOU ONE STROKE UPON MY NAKED NECK
BUT SHOULD YOU FAIL-
UPON YOUR HONOUR BOUND"
"ONE TWELVEMONTH HENCE TO SEEK MY HOME
AND SATISFY THY OATH
THY HEAD SHALL THEN BE MINE, BY RIGHT
ONE STRIKE,
ALIKE, FOR BOTH"
A SILENCE FELL.
AND THE COURTIERS STIRRED UNEASILY
HERE WAS MIGHTY MAGIC!
TO MAKE SO BOLD
ARTHUR ROSE, EVER FEARLESS
TO GREET THE CHALLENGE
"I WILL TEST THINE AXE OF GREEN AND GOLD"
THEN STOOD YOUNG SIR GAWAIN
WHO WAS NEPHEW TO THE KING
"MY LORD I BEG YOUR LEAVE
THAT I MIGHT DO FOR THEE THIS THING"
AND THE GREEN KNIGHT KNELT BEFORE HIM
DRAWING BACK HIS HAIR AND CLOAK
HIS GREEN NECK WAS SEVERED CLEANLY
BY SIR GAWAIN'S SINGLE STROKE
ALIVE, IT STOOD!
AND HELD IT'S HIDEOUS HEAD ON HIGH
IN STUNNED SURPRISE
THEY SAW THE SPECTRE SPEAK
"ONE YEAR HENCE
I CLAIM THE HEAD OF SIR GAWAIN
THE KNIGHT OF THE GREEN CHAPEL
MUST YE SEEK"...

As páginas de Neil com as letras de "Beneath, Between and Behind", "Rivendell" e "The Necromancer", mais uma versão precoce e satírica da descartada "Sir Gawain and the Green Knight".

tranho, mas, como nos faltava o benefício de uma educação formal, conceber a música como cinema nos permitiu expressar de forma mais articulada o tamanho, a cor, a textura e o equilíbrio dos sons que escutávamos dentro de nossas cabeças. Terry nos ensinou como criar uma paisagem sonora, o que foi um grande passo adiante para nós e que casou perfeitamente com as histórias das letras que Neil estava começando a compor.

Fly By Night é um disco de extremos que antecipou como abordaríamos o fluxo dinâmico de todos os álbuns que estavam por vir, com seus momentos de hard rock, outros mais suaves, e... esse evento monumental chamado "By-Tor and the Snow Dog", uma canção que meio que começou como uma piada baseada nos nomes que Howard tinha dado aos cães de Ray Danniels – um pastor alemão e um outro cãozinho bem menor – depois de observá-los brigando.

Neil os transformou em personagens numa batalha do submundo entre o bem e o mal, e Terry encorajou Alex e eu a fazer experimentos com nossos instrumentos para criar as personalidades das duas feras. Pode parecer bobo, mas, quando não estávamos dando risada do que foi a primeira de muitas piadinhas internas nas nossas músicas, estávamos levando bem a sério nossos primeiros esforços no prog rock.

Ouça o que a seção rítmica está fazendo, principalmente na ponte, e leve em consideração o fato de que Neil estava no Rush havia apenas seis meses, e você vai ver a banda totalmente diferente que havíamos nos tornado. Ele gerou esse efeito catalisador em mim e em Alex, confirmando e libertando todas as ideias que pairavam sobre nossas cabeças. Diferente de "Working Man", onde o recheio era, em essência, uma *jam* com inspiração no blues, "By-Tor" foi nossa primeira canção com uma seção instrumental *estruturada*. Com relação à letra, estávamos percebendo que a ficção científica poderia ser um recurso literário muito útil para nós, um que poderia dobrar ou quebrar as regras da forma que quiséssemos, e, com Terry nos encorajando a imaginar o espectro estéreo como uma tela em branco onde pudéssemos projetar uma história, "By-Tor" se tornou o protótipo para todos os nossos futuros épicos.

Para o rosnado de By-Tor na cena de batalha da ponte, desafinei o Mi do baixo, deixando a corda mais solta e oscilante, e toquei sobre a faixa-guia através de um pedal Fuzz-Tone, depois fiz repetições com um pedal Echoplex para aquele *buau-uau-uau*. Em seguida, Alex gravou uma guitarra estridente para representar o ataque de Snow Dog. Era como um videogame! Não tivemos consciência disso naquela hora, mas hoje me dou conta de que a canção é parte de uma grande tradição de canções de batalha rock n' roll. Daquela era, três que me vêm à mente são "Tarkus", do ELP, "Lizard", do King Crimson, e "Achilles Last Stand", do álbum *Presence*, do Led Zeppelin. Nos sulcos finais do vinil, há o som de cristais de neve fazendo aquele barulhinho sem parar. Não sei ao certo quem teve essa ideia, mas todos concordamos que deveria parecer que a história não tinha acabado – By-Tor tinha sido derrotado ou apenas retornado ao submundo para recuperar suas forças, como Voldemort?

A maioria das canções que compusemos até hoje tem mais de cinco minutos de duração, então qualquer faixa levemente cativante e um pouco mais curta era invariavelmente escolhida para ser um single. "Best I Can", do nosso primeiro LP, foi uma das formatadas para tocar no rádio, "In the Mood" foi outra, mas nenhuma tinha todos os ingredientes certos para ser um hit, seja lá o que isso fosse. Às vezes, as pessoas sugeriam para nós que, se lançássemos tal canção, ela poderia se transformar em hit, e apenas respondíamos: "Ah, tá, ok. Talvez se outra pessoa fizesse uma cover dela". Alex e eu gostávamos de *tentar* escrever uma canção curta e fácil de lembrar de vez em quando, mas nunca realmente conseguimos tirar esse coelho da cartola. O que fazíamos melhor era escrever riffs que fossem divertidos e difíceis de tocar, nada dessas coisas grudentas ou alegrinhas. Sempre arruinávamos esses esforços de criar um hit pensando em alguma outra parte que achávamos que tornaria a música mais "interessante", o que, partindo de nós, era o oposto de uma faixa curta e cativante.

Do nosso segundo álbum, a Mercury escolheu "Fly By Night", embora nunca tivéssemos pensado nela nesse sentido quando a escrevemos. Na verdade, só porque uma música é lançada como single não quer dizer que será um hit ou que vá tocar no rádio – e as rádios de top 40 sempre tiveram uma forte aversão ao Rush. Mesmo sem esse apoio, no fim das contas, nosso álbum conquistou disco de platina, mas a melhor posição que o single alcançou nos Estados Unidos foi a de número 186. Sei que é uma música muito adorada hoje, mas sempre foi uma das minhas menos favoritas do Rush. Acho meio insossa! A primeira vez que a ouvi no rádio, revirei os olhos. Tinha alguma coisa doce demais para o meu gosto no refrão, piegas demais. Devo ter gostado um pouco quando a finalizamos ou ela jamais teria entrado no disco, mas é uma faixa que nunca me desceu muito bem.

Recentemente, Alex e eu estávamos conversando sobre a pressão que sofremos para dar um apelo mais comercial à nossa música nos dias que se seguiram ao lançamento de *Fly By Night*. Em algum momento de 1975, fomos a uma festa e, no meio das amenidades e conversas, Neil teve uma discussão horrível com o advogado da SRO. Começou de forma bem civilizada, mas se tornou um debate acalorado e abstrato sobre o valor da concessão, que, pelo que escutei, me pareceu uma desaprovação velada do que ele presumia ser influência de Neil nos rumos que nossa música estava tomando, particularmente em canções como "By-Tor and the Snow Dog" – longe do nosso rock mais direto do primeiro disco e entrando mais de cabeça na Proglândia. Ele disse alguma coisa como: "O mundo funciona à base de concessões. *Concessões.* Como você ousa prejudicar a carreira promissora dos seus colegas se recusando a ceder?". Que merda! Neil rebateu de forma simples, mas firme, dizendo que na arte ou na música não pode haver espaço para concessões, que não era uma palavra que fazia parte de seu vocabulário. Pouco depois, nós três saímos de lá enojados.

Neil sequer conhecia o cara, então de onde tinha vindo tudo aquilo? Eram pensamentos do próprio advogado ou ele estava replicando preocupações que tinha ouvido dos nossos empresários? Estavam eles *todos* em pânico porque achavam que o Rush seria o próximo Led Zeppelin ou o próximo Bad Company? É verdade que cantar sobre cachorros no espaço (Dogs in Space… que nome legal para uma banda *prog*, né?) estava bem longe de "Need Some Love", mas o que eles não entendiam era que Alex e eu já estávamos seguindo esse caminho quando Rutsey ainda fazia parte da banda. O fato é que nosso segundo álbum foi um sucesso razoável como sequência do primeiro, e pensamos: *Melhor se acostumarem com isso, companheiros, porque esse trem* prog *já partiu da porra da estação.*

AGORA, VOCÊ DEVE estar se perguntando por que eles ficaram tão surpresos: não tinham ouvido o material no estúdio quando o disco estava sendo gravado? Bem, mesmo naquela época, a gente não queria que os empresários ou qualquer outro tipo de galera dos negócios chegassem perto do estúdio. Víamos a gravação como um processo criativo que jamais deveria receber a interferência – a *mancha* – das "considerações práticas" de um *boge*, e mantivemos essa regra pela vida toda. No longo prazo, nossa recusa em ceder acabou dando bastante dinheiro para eles, não é? Até mesmo a *jam* que fizemos durante a audição de Neil – aquela que se transformou em "Anthem" – foi a mesmíssima música que Ray e Vic usaram para batizar sua gravadora depois!

ALGUNS DE NOSSOS primeiros fãs também ficaram confusos com os novos rumos da banda, como o seguinte episódio vai ilustrar: nossa carreira, pelo que parecia, estava em ascensão contínua, mas ainda estávamos basicamente abrindo para outras bandas, então sempre que aparecia a oportunidade de sermos a atração principal de um show, Ray aproveitava; em fevereiro de 1975, ele agendou uma semana de datas que começava a 800 quilômetros ao norte de Toronto. Quando meu compatriota Neil Young cantou "There is a town in north Ontario" – "Há uma cidade no norte de Ontário" –, ele estava falando de Thunder Bay, mas aqui estou me referindo a uma cidade ainda menor e mais obscura chamada Cochrane, onde ainda se pode pegar o Polar Bear Express* e onde é frio – tipo, muito frio, bem abaixo de zero. Quero dizer, por exemplo, frio de *38 graus abaixo de zero*. Ainda assim, como era no Canadá, esperávamos uma recepção mais calorosa do que aquela que recebemos.

O auditório do colégio de ensino médio local não era exatamente o Madison Square Garden, mas ao menos estávamos no topo do line-up, tocando para uma casa cheia de jovens sentados no chão de pernas cruzadas. Depois da primeira música... silêncio. As canções subsequentes também foram recebidas com uma quietude perturbadora. Então, terminamos nosso set e demos boa-noite – de novo, silêncio e nada de aplausos.

Voltamos para a sala de aula que servia de camarim e estávamos já vestindo nossas roupas normais quando o produtor, um cara até legal, entrou na sala e disse: "Vocês vão tocar o bis, certo?".

"*Tá* brincando?", falamos. "Não viu o que acabou de acontecer? Eles nos odiaram, cara. Foi um *fracasso*."

"Não, não, eles adoraram vocês!", insistiu ele.

"*Adoraram*? Mas ninguém aplaudiu! Você não pode tocar o bis quando ninguém pede!"

Ele estava ficando aborrecido. "Seu agente disse que vocês fariam um bis!", disse ele, claramente sem entender como o bis realmente

* Um trem que percorre 300 quilômetros até Moosonee, com vagões especiais feitos para transportar canoas, snowmobiles e veículos de tração 4x4. Quer coisa mais canadense que isso?

funciona. "Ah, espera. Entendi. Vocês, gente de cidade grande, precisam que os fãs digam que os *adoram* antes de tocar, certo?"

Um ponto interessante, mas não, isso já estava ficando esquisito demais. Mas batemos o pé e nos recusamos a voltar para o palco.

Enquanto isso, ninguém tinha ido embora, mesmo que os roadies já estivessem tirando o equipamento do palco e Ian estivesse falando: "Acabou, pessoal, vocês já podem ir para casa". Foi como se todo mundo da cidade tivesse no telefone com nosso agente, achando que estávamos passando a perna neles. Agora, a coisa estava ficando feia mesmo.

Então, Howard nos informou que não tinha reservado quartos de hotel antecipadamente, achando que haveria bastantes opções de hotéis de beira de estrada em meados de fevereiro. O fato era que a única opção de hospedagem que pudemos achar ficava no único hotel do centro, se é que dava para chamar aquilo de hotel, porque o local era um bar com quartos no andar de cima – tipo o *saloon* do filme *Três Homens em Conflito.* Deixamos a equipe cuidando do equipamento e passamos correndo por um corredor polonês com o pessoal da cidade resmungando, insatisfeito; depois, passamos por outro, pelo meio de um bando de caras excessivamente bêbados no saguão daquele hotel encardido, onde parecia que uma briga poderia começar a qualquer momento. Subimos a escada até nossos quartos, com um único banheiro pequeno servindo o andar inteiro. No meu quarto mal aquecido, havia o que pareciam ser as primeiras lâmpadas fabricadas na história e cordas perto da janela em caso de incêndio. Não é como se estivéssemos num estágio em que esperássemos ou exigíssemos hotéis chiques, mas *oy vey*.

Os roadies já estavam preocupantemente muito atrasados. Quando finalmente chegaram (e, sim, logo depois que começou uma *briga* no saguão), estavam congelados até os ossos, nos contando que alguém tinha roubado a gasolina do caminhão. Tiveram que deixar o veículo no local do show e vir correndo, vestindo apenas suas jaquetas jeans (roadies geralmente usam shorts e roupas leves porque fazem muito esforço carregando o equipamento), e não tinham se preparado para uma corrida de quase quatro quilômetros em uma temperatura abaixo de zero. É de se rir. Quero dizer, é o *karma* querendo foder com a gente? Todos dormimos completamente vestidos e, de alguma forma, sobrevivemos àquela noite, abastecemos o caminhão de manhã e nos despedimos – ou eu deveria dizer *fugimos* – daquela cidade no norte de Ontário, com (do jeito que a música segue) lembranças de sobra.

DE VOLTA AOS ESTADOS UNIDOS, em 1975, fomos promovidos de banda de abertura a status de convidados especiais (com um set um pouquinho mais comprido), junto com ZZ Top, Blue Öyster Cult, Styx, The Faces, Status Quo, Aerosmith e muitos outros. Ao trabalhar com algumas dessas bandas, nos demos conta de que provavelmente havíamos sido mimados pelo KISS, e agora tínhamos que lidar com a vida real. No Winterland Ballroom, em São Francisco, abrimos para eles de novo, com The Tubes como "convidados especiais", embora, levando em conta o jeito como tanto nós quanto o KISS fomos tratados, desse para pensar que era um show do The Tubes com algumas outras bandas jogadas no meio só para fazer volume. As coisas já não estavam dando certo para nós porque, na primeira noite na cidade, nosso carro foi arrombado e meu violão, dentre outras coisas, foi roubado. Isso foi um dos problemas – e fico puto até hoje –, mas, quando chegamos ao show, já sentimos a tensão palpável no backstage. O infame promoter de shows Bill Graham – que também era o *empresário* do Tubes – tinha concedido à sua banda a prioridade em tudo: espaço no palco, passagem de som, tudo mesmo. Foi um enorme "foda-se" para equipe do KISS, e eles não estavam nada contentes com aquilo. Depois do nosso set, um dos assistentes de palco da casa de shows derrubou sem querer um dos amplificadores de Alex para fora do palco, danificando um alto-falante. Ninguém pareceu interessado em assumir a responsabilidade; a equipe de palco simplesmente deu de ombros, e depois que Herns não conseguiu qualquer reparação do próprio Graham, o sangue sérvio de Alex começou a ferver. Ele passou a perseguir o cara pelo local, gritando para que fosse homem e pagasse o estrago. No final das contas, Graham se virou e, só para impedir que Alex continuasse a segui-lo, disse "ok, ok, vou pagar!". Mas é claro que isso nunca aconteceu. O que teria custado a ele 100 dólares naquele dia acabou afetando nosso relacionamento para sempre.

A próxima vez que estaríamos no mesmo lugar seria em novembro de 1976, para dois shows com Ted Nugent e Be-Bop Deluxe. Na primeira noite, assim que nossa fita de introdução começou a tocar, Ian recebeu uma chamada no *headset* para parar tudo porque havia um anúncio de emergência. Então, alguém pegou o microfone e disse: "Por favor, deem as boas-vindas aos nossos amigos do... Mahogany Rush!". Que porra foi essa! O diretor de palco de Ted pegou o microfone dele e fez a introdução adequada, mas a mensagem já havia sido entregue. Como se costuma dizer, "peixe fede pela cabeça": o desdém de Graham por nós evidentemente tinha contaminado toda a sua equipe.

O insulto seguinte aconteceu em 1977. Agora, éramos atração principal, com o UFO e Max Webster como bandas de abertura, mas Graham insistiu em adicionar uma *quarta banda* de última hora ao line-up. Foi só quando chegamos ao Winterland que descobrimos que ele havia desenterrado uma banda local chamada – e não estou brincando – Hush.* Sério isso? Sério! Mais um "foda-se", e não tínhamos como fazer muito a respeito. Em breve, no entanto, teríamos um gostinho de vingança...

A Bill Graham Productions era uma promotora de shows em nível nacional na época. Algumas bandas, como o Grateful Dead, por exemplo, usavam seus serviços em todas as turnês pelos Estados Unidos, mas nós juramos nunca mais apelar para ele se houvesse outra opção. O

* Procurando esses caras na internet, notei que eles se anunciavam como "a melhor banda sem gravadora do norte da Califórnia".

cara dominava São Francisco, mas, em algumas cidades menores da Califórnia, como Fresno ou Sacramento, Ray entrou em contato com promoters do noroeste do país. Isso ameaçava a soberania de Graham, sua renda e seu ego beligerante, e, de repente, sua atitude mudou. Quando chegamos a São Francisco com a turnê *Moving Pictures*, em 1980, para fazer shows esgotados no acusticamente problemático Cow Palace, Bill apareceu no backstage para fazer as pazes, agindo como se fôssemos todos amigos. Exibimos sorrisos forçados quando ele nos presenteou com caixas de um vinho de Napa Valley cujo rótulo dizia que 30 mil fãs da Bay Area não podem estar errados. "Saúde, Bill." Até mesmo seu pedido de desculpas foi um elogio meio deturpado. Que filho da puta hipócrita, vingativo e dissimulado.

Me ensinaram desde pequeno a nunca falar mal dos mortos. Então: Saúde, Bill. E pau no seu cu.

NAQUELA ÉPOCA, notávamos que vários headliners ou nos tratavam com indiferença ou havia uma clara insegurança pairando no ar; se era ou não uma mentalidade encorajada por empresários pa-

ranoicos, não sei dizer, mas era uma atitude que contaminava todos na turnê. Aí vai outro exemplo de como essa política de bastidores acontecia às vezes.

Como já escrevi antes aqui, insisto em dizer que as passagens de som são importantes, mas também entendo que pode haver circunstâncias atenuantes sob as quais uma banda de abertura não pode esperar ter esse direito: se a banda principal estiver com problemas no equipamento ou for filmar o show, digamos, eles têm todo o direito de resolver seus problemas à custa das outras bandas que vão se apresentar naquela noite. Afinal, é o show deles e envolve uma logística complicada. Não importa se o show é no Madison Square Garden ou no Medicine Hat, sempre há alguma "montagem necessária" envolvendo dezenas de roadies carregando megatons de amplificação, riggers escalando as torres e pendurando os pontos para equipamentos de iluminação pesados e complexos, técnicos de áudio ajustando o sistema de som para a acústica da arena, diretores de palco lidando com equipes locais sindicalizadas ou não sindicalizadas, e assim por diante – e tudo isso começa (salvo algum percalço pelo caminho) por volta das 5h da manhã. Muito antes de uma única nota ser tocada, inúmeras coisas podem dar errado, o que espreme aqueles preciosos minutos que você deseja para uma passagem de som. Francamente, todo show é um milagre, cortesia daquele exército de pessoas lidando com a tecnologia para que você possa se sentar na fileira 15, fumar seu baseado e tocar *air drum* ao som de "In the Air Tonight" (ou, melhor ainda, "Tom Sawyer"). Também posso entender por que um headliner pode ser meio mesquinho no que diz respeito ao uso das luzes. Se eles trouxeram um equipamento complexo pagando do próprio bolso, a banda de abertura deve se contentar com algo razoavelmente inferior.

Mesmo assim, quem abre o show tem o direito de ser visto e de fazer uma passagem de som, se possível; mesmo que essas bandas sejam compostas por idiotas ou que você simplesmente não curta a música deles, é a coisa profissional a se fazer. Mas Herns cogitava que, na opinião dele, parecia que o sistema do Aerosmith ficava sobrecarregado de equipamento nas treliças suspensas para colocar propositadamente a banda de abertura em desvantagem, deixando para nós um espaço mínimo de luzes laterais e alguns pontos, e na dúzia de vezes que abrimos para eles também não nos permitiram fazer a passagem de som. Todos os dias, aguardávamos pacientemente nas arquibancadas, mas isso nunca acontecia. Houve dias que nos *garantiram* que poderíamos passar o som, só para depois ver o tempo passar até ouvirmos o anúncio "OS PORTÕES SERÃO ABERTOS EM CINCO MINUTOS". Era um esnobismo intencional? Prefiro pensar que isso acontecia simplesmente porque eles mal se entendiam entre eles mesmos.

Claro que agora tudo isso já são águas passadas, mas naquela época era frustrante e desanimador. Éramos jovens músicos tentando construir uma reputação num estranho mundo novo, endividados até o pescoço, literalmente lutando por nosso tempo, lutando para manter a sanidade e o ego sob controle – e, o mais importante, tentando manter nossos sonhos intactos. Sem pressão, cara! Mas sabíamos que nosso trabalho era ir até lá todas as noites e, como dizemos no Canadá, apenas "give'er", ou seja, "mostrar a eles". E foi o que fizemos. (Também juramos que, se algum dia, nos tornássemos headliners sérios, nós e nossa equipe trataríamos as bandas de abertura com generosidade. Espero que tenhamos cumprido nossa promessa.)

CRUZANDO O MEIO-OESTE e descendo pela Costa Oeste, fizemos cerca de 40 shows, 28 deles com o KISS, com quem estabelecemos um relacionamento incrível. Ace tinha uma risada escandalosa e maníaca, igual àqueles palhaços assustadores de parques de diversões – ele adorava usá-la e a gente adorava causá-la –, e sempre nos juntávamos no quarto dele, onde Herns contava suas próprias aventuras na estrada enquanto Alex e eu fumávamos nossos baseados e o escutávamos como se estivéssemos ouvindo rádio. Alex inventou um personagem chamado Saco: ele desenhava um rosto lunático num saco de roupa suja com buracos cortados para os olhos e o colocava sobre a cabeça, depois enfiava os braços nas calças de moletom junto às pernas para criar um personagem de desenho animado vivo e atarracado com uma voz pateta para combinar.

Gene geralmente ficava de fora, exceto uma vez – logo depois que duas garotas entraram bêbadas no quarto (Coincidência? Acho que

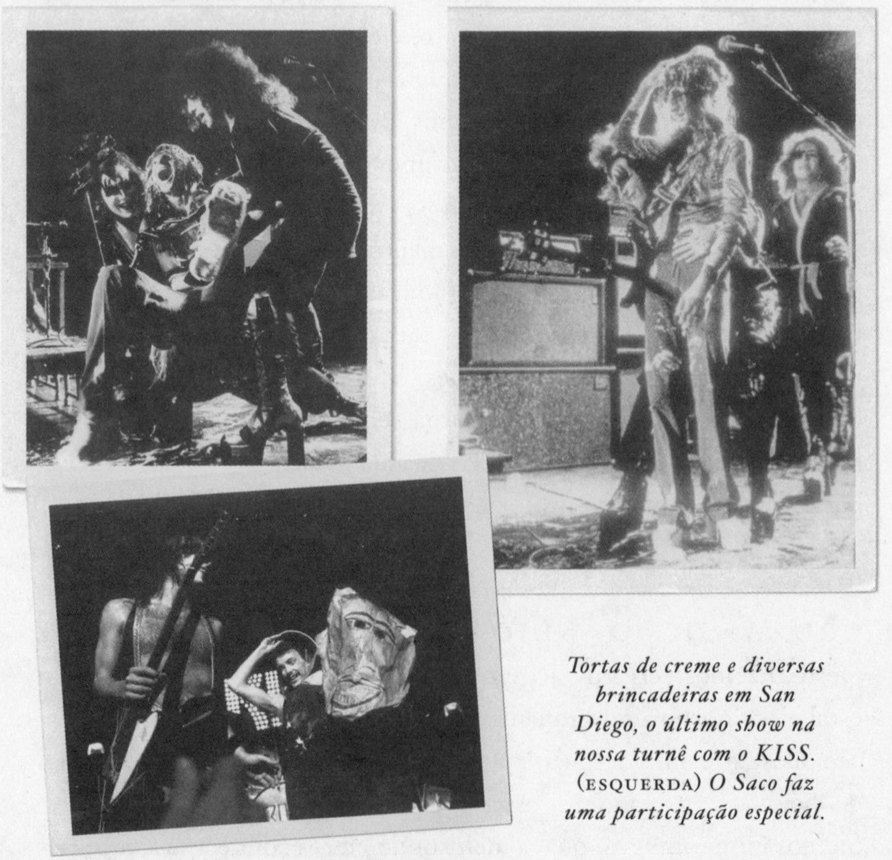

Tortas de creme e diversas brincadeiras em San Diego, o último show na nossa turnê com o KISS. (ESQUERDA) *O Saco faz uma participação especial.*

não.) –; quando vi pela primeira vez um lado diferente dele. Uma das garotas havia arrancado o saco da cabeça de Alex, acabando totalmente com o clima. Ace e nós todos ficamos bem chateados, e eu pedi para as garotas irem embora. Depois, escoltando-as para o corredor, Gene me seguiu, me agarrou e me empurrou contra a parede, exigindo saber por que eu as tinha mandado embora. "Ei, cara", eu disse, "elas estavam chateando todo mundo!" Ele disse "sim, *mas*..." e, enfurecido, compartilhou comigo algumas palavras que só poderiam ser descritas como uma lição de anatomia feminina. E vou deixar por aqui mesmo. Não foi nada legal.

DURANTE ESSA PARTE DA TURNÊ, em 1975, o Rush atingiu um marco importante: um retorno ao Massey Hall, mas, desta vez, como headliners. De pé no palco, enquanto *nosso* equipamento estava sendo montado, fiz uma pausa – para ser honesto, foi um momento de angústia existencial – e pensei que, por uma noite, aquele palco seria nosso. Aquilo estava *realmente acontecendo?* Olhei para o teatro vazio, que de repente pareceu muito menor do que todas as vezes que eu tinha estado do outro lado, lá na plateia. Olhei para o mezanino, onde, certa vez, me sentei sozinho para assistir ao meu ídolo Jack Bruce fazer o diabo com seu Gibson EB-3, e agora ali estava eu, prestes a ter o meu próprio momento sob os holofotes. Sei que parece brega, mas eu realmente estava sentindo calafrios e com os nervos em frangalhos até entrarmos no palco, quando Alex soltou aquelas primeiras notas de "Finding My Way" e eu cantei, "YEAH! OH, YEAH!" para uma casa lotada.

Ainda me lembro disso como o ponto mais alto da minha vida até então, mas seria negligente se não mencionasse a reação *dos críticos*. O show foi relatado principalmente como um "retorno triunfante de nossos meninos locais", mas um especialista descreveu minha voz em termos que me perseguiriam durante a maior parte da minha carreira – termos que até eu uso de vez em quando.

"A voz de Lee parece o uivo maldito de Hades", escreveu Robert Martin no *Globe & Mail*. "A música é bastante pesada, um metal padrão que vai sacudir as moedas perdidas em seus bolsos. Ainda assim, eles devem estar fazendo algo certo, a julgar pelo número de garotas que pularam no palco para dar rosas a Lee e lamber suas bochechas."

CAPÍTULO 11

DUAS NOITES DEPOIS DO SHOW NO Massey Hall, transportamos nosso equipamento até o Toronto Sound para gravar nosso terceiro álbum, *Caress of Steel.* Teríamos três semanas inteirinhas para isso, um luxo. Era verão e estávamos bem animados, apesar da meta ambiciosa que havíamos estabelecido para nós mesmos: gravar nosso primeiro álbum conceitual. (Bem, ao menos metade dele.)

A possibilidade de termos todo aquele tempo de estúdio era inebriante e literalmente subiu à cabeça. Estávamos de posse de um bom estoque de haxixe e de óleo de haxixe para temperar nosso caldo criativo, mas, como o escritor e celebridade do rádio Earl Nightingale disse certa vez, "onde quer que haja perigo, lá estará a oportunidade;

onde quer que haja oportunidade, lá estará o perigo...". A segunda metade da frase era a mais adequada à nossa situação.

CERTA TARDE, ENQUANTO estávamos sentados no sofá que ficava nos fundos da sala de controle do estúdio, aquele forte cheiro de maconha pairando no ar, uma das pessoas mais excêntricas que já conheci, o falecido músico, escritor e pintor canadense Mendelson Joe apareceu por lá. Ele ficou observando Lerxst, Pratt e eu* debatendo nossas ideias enquanto reconfiguravam os microfones, debatendo um pouco mais sobre ideias de músicas enquanto os amplificadores eram equalizados, debatendo *mais* ideias ainda enquanto preparavam o overdub seguinte... O que ele viu foi *nada* sendo gravado e, enquanto saía de lá, se virou para mim e falou com sua sinceridade incomparável, meio na brincadeira: "Bem, vocês realmente sabem como desperdiçar tempo". Lembro que o achei muito engraçado por isso, mas, pensando bem, entendi errado naquela época. Ele não estava brincando, não. Com três semanas pagas de estúdio e um lançamento de disco garantido, estávamos desperdiçando uma oportunidade que ele e outros tantos amigos músicos teriam se matado para conseguir. É por isso que o "tempero" do nosso caldo criativo passou a ser conhecido entre nós como nosso *impedimento*. Alguns críticos musicais perceberam que décadas consecutivas de rock podem ter sido marcadas em certo sentido pelas drogas mais populares de cada época – LSD nos anos 1960, heroína nos anos 1970, cocaína nos 1980, ecstasy nos 1990... No nosso caso, foi uma quantidade indefinida de óleo de haxixe. *Caress of Steel* realmente é um disco *seco*; quando ouço agora, há muito menos eco nele do que achávamos que

* Entre nós, as piadas eram constantes e nossos nomes rapidamente se tornaram coisa do passado. Alex virou Lerxst, uma versão reduzida de Lerxstpspspsts; Neil era tanto Pratt, Nels ou (como o apresentamos no palco) o Professor; Terry Brown virou Broon, e eu simplesmente passei a ser chamado de Dirk ou Dirkie Lee, por causa da minha língua sarcástica e afiada, "afiada como um punhal (*dirk*)".

havia quando estávamos escutando lá dentro do estúdio. O fato é que estávamos tão chapados que ele parecia reverberar muito mais do que realmente reverberava.

Com o passar dos anos, nos envolvíamos tão integralmente no processo de gravação dos nossos álbuns de estúdio que, não importava quem estivesse no leme, todos são creditados como coprodutores, mas, mais do que ninguém, durante as sessões de *Caress of Steel*, eu era o mala, sentado à mesa de controle ao lado de Terry e dando palpites constantemente. Minha pergunta favorita do momento era "Terry, que tal se tentarmos isso...?", além de "Terry, não deveria haver mais repetições na guitarra de Alex? Terry? E se...?". *Sei* que eu era irritante, mas, ei, eu estava me sentindo superanimado e queria experimentar todas as ideias que surgiam na minha cabeça. Não chegaria a dizer que, ao longo dos anos, deixei produtores e engenheiros meio malucos, mas... bem... sim, digamos que deixei, sim.* Eu observava cada coisinha com os olhos bem atentos, tentando entender e lembrar cada interruptor, pulando em cima dos caras se esquecessem a coisinha mais insignificante, exigindo explicações para tudo. Não podia me conter, e continuo assim até hoje. Parte disso era uma questão de controle, parte (dependendo da pessoa com quem estávamos trabalhando) era falta de confiança, mas, o mais importante, tratava-se de uma compulsão por examinar cada possibilidade e criar o disco perfeito. Não quero ter que conviver com erros. Impossível, eu sei, mas qual é o sentido de não tentar fazer o melhor?

Caress of Steel foi concebido como dois lados distintos: um é uma coletânea de canções sem conexão entre si para tocar rock e satisfazer nossa necessidade de variedade; o outro... bem, nós tínhamos algumas ideias bem grandiloquentes. Antes de chegar a elas, vou cumprir a promessa de explicar a origem de "I Think I'm Going Bald", outra música

* Depois do playback final de *Signals*, Terry veio até mim, me abraçou e disse: "Ged, te odeio. E te amo". Ah... valeu, Broon... eu acho.

que nasceu de uma piada, uma brincadeira com o título de uma música do KISS de que a gente gostava, "Goin' Blind", e que, em parte, falava do medo de envelhecer, mas principalmente tinha a ver com *Alex*.

Naquela época, ele era magricela, com cabelo comprido e lustroso, mas tinha um medo mortal de ficar careca (a raiz, digamos assim, de sua ansiedade era que seu pai tinha perdido quase todo o cabelo ainda bem jovem) e, por alguma razão, também ficou com medo de engordar. Sempre estava seguindo alguma dieta da moda. Neil e eu certa vez provamos o Diet Fresca, que ele bebia obsessivamente, e soltamos um "*hool!*" – sabe, fazendo um som de arremesso. Dali em diante, Howard passou a garantir que Lerxst tivesse o "*Diet Hool*" no camarim. Isso levou a uma letra irônica sobre a vaidade juvenil, mas que também fala como, para nossa geração, o cabelo comprido era um símbolo de rebeldia. Na última estrofe, "Even when I'm grey / I'll be grey my way" – "Mesmo quando eu for grisalho / Serei grisalho do meu jeito" –, estávamos nos divertindo, mas também falando de como tivemos que rebater as críticas sobre o nosso estilo em evolução no *Fly By Night*. Mal sabíamos que, depois do lançamento do *Caress*, a pressão só aumentaria...

Também estávamos trabalhando numa longa canção escrita por Neil, chamada "The Fountain of Lamneth", um mergulho profundo e ousado no mundo dos álbuns conceituais, como *Foxtrot* e *Nursery Cryme,* do Genesis, e *Journey to the Centre of The Earth,* de Rick Wakeman, com aspirações às obras intrincadas *Thick as a Brick*, do Jehtro Tull, e *Close to the Edge*, do Yes. É claro, não estávamos nem perto de sermos tão talentosos como qualquer uma dessas bandas épicas, mas desesperadamente queríamos ser.

Alguns críticos disseram que *Caress of Steel* é derivativo. Justo. Nossas influências estavam muito óbvias ali. Como a maioria dos músicos aspirantes, éramos impressionáveis e queríamos imitar aqueles que admirávamos, muitos ainda em atividade, gravando e fazendo turnês, e inevitavelmente aconteceu de passarmos vergonha ao sermos comparados com a coisa real. Somos todos subconscientemente influenciados por nossos ídolos, mas, às vezes, não nos damos conta de como é flagrante nosso mimetismo até que nossa música se torne pública, para ser ouvida e criticada – como a vez em que Alex começou a tocar para nós um novo riff do qual ele realmente se orgulhava, mas parou de repente quando viu Pratt e eu sorrindo um para o outro.

Ele perguntou: "O que foi?".

"Cara. Você acabou de compor 'Little Wing'."*

Ninguém gosta de ser comparado a outras bandas (e a comparação definitivamente é a ferramenta dos críticos preguiçosos), mas somos todos inevitavelmente um produto do que consumimos. Penso nisso como passar por períodos de *input* e depois de *output*: ouço todo tipo de coisa por um tempo, mas, quando começo a compor, tenho que deixar isso de lado. Quando estou compondo ou gravando, a música de outros artistas – mesmo num restaurante ou num elevador – parece uma intrusão, e também representa um perigo. No meu desejo de criar um trabalho o mais puro possível, fico tão concentrado que não consigo nem mesmo ler um romance; coisas a respeito de fatos reais, tudo bem, mas não tenho paciência para nada que exija imaginação. Me lembro de algumas vezes, enquanto ouvíamos a gravação do disco, identificar uma palavra que eu havia cantado ou pronunciado de um determinado modo, e de me dar conta que eu soava muito com algum cantor que admirava – poderia ser qualquer um, de Steve Marriott a Joni Mitchell ou Björk, que eu subconscientemente canalizava, talvez apenas naquela palavra específica, mas, no final, deixava como estava,

* Já ouvi músicas de certos artistas que parecem meio suspeitas, mas quase sempre apelo para a presunção da inocência. Lembra George Harrison e "She's So Fine"? Bem, a lista é interminável. Há apenas cinco acordes básicos de guitarra, você sabia? Combinações similares são passíveis de acontecer. Quase todo mundo faz isso uma vez ou outra. Ben Mink me contou que uma música que os Rolling Stones escreveram era idêntica a "Constant Craving". O novo álbum deles estava pronto para o lançamento, e Keith estava tocando a música pela casa quando uma de suas filhas disse: "Pai, olha só, esta música é da k. d. lang!". Os Stones deram a Ben e à k. d. o devido crédito.

como um aceno aos meus ídolos e um tipo de *easter egg* que somente eu sabia que estava lá.

Mas cabe a pergunta: quando se pode dizer que alguém alcançou um som ou um estilo totalmente próprio? Basicamente acontece quando suas influências se tornam tão diversas que não são mais fáceis de rastrear; elas se fundem tão perfeitamente que acabam criando uma mistura singular. Mas não é suficiente. No meu ponto de vista, isso requer uma diversidade de influências *e* a força do seu caráter individual. Eu era um grande fã de Amazing Blondel, The Strawbs e outras bandas do tradicional folk rock inglês. Meu amigo Oscar e eu adorávamos aquele estilo barroco de violão, e o primeiro violão realmente bom que tive foi um Martin de cordas de nylon porque estava justamente tentando copiar aquele estilo de tocar. Tons e melodias elisabetanos também causaram uma sedução romântica em mim, então era natural que eu incluísse de leve essas coisas no que a gente escrevia. Além disso, eu adorava o jeito como o Jethro Tull pegava uma variedade de influências clássicas e atribuía a elas uma pegada roqueira. Complementando isso tudo, havia Tolkien e a literatura fantástica que estávamos lendo na época: a incorporamos em nossa música para ir além do padrão blues-rock. Éramos como esponjas: tudo que podíamos absorver de outra banda tinha lugar reservado no Rush. Se nos deixava impressionados, tinha lugar na nossa música. Realmente acredito que isso aconteça com todos os artistas. Quanto mais das influências de alguém são filtradas pela sua personalidade, mais se chega a um estilo e a um som que se pode legitimamente chamar de autoral. Se você tem três bandas te influenciando, você não é original; se tem *uma centena*, você *é* original!

Contudo, isso leva muito tempo. Para ser honesto, só consideramos que alcançamos nosso próprio som com *2112*, embora existam momentos como "By-Tor", quando falamos um para o outro: "Ah, ninguém é estúpido assim para ter feito algo *desse tipo* antes". Estávamos provando o caldo e acrescentando mais tempero pouco a pouco. Éramos nosso próprio público-alvo; criávamos música para nós mesmos, ancorados no pressuposto de que havia gente suficiente lá fora com a mesma sensibilidade que nós e que também gostaria do nosso som.

Nossas habilidades estavam melhorando, isso era evidente, mas é claro que eu não estava completamente feliz – e nunca ficaria com nenhum dos discos que lançaríamos. Sempre, sempre ficava pensando *ok, parece bom, mas, meu Deus, por que não fiz* isso*? Por que não fiz* aquilo*?* Foi por isso que criei o ditado (com um agradecimento a Woody Allen): "A mixagem é a morte da esperança". Para mim, era um inferno a etapa da mixagem porque eu queria que tudo ficasse *perfeito*. Como eu escutava várias vezes seguidas, percebia que havia muitas opções. Por muitos anos, achei que todo mundo tinha culpa por não encontrar o equilíbrio perfeito. Mas, agora, sei que se trata apenas da natureza das coisas. Mixar *é* fazer concessões.

Sempre achei doloroso ouvir o resultado final. Não ouço meus acertos, apenas minhas falhas. Saio desse processo com um tipo de depressão pós-parto – "depressão pós-produção", como falamos. Sofro de uma combinação de vício pelo momento perfeito mais ansiedade pelo excesso de opções. Chego ao ponto de *odiar* um disco por um tempo porque tudo o que consigo ouvir são experimentos insignificantes. Nas festas de lançamento de um álbum ou ao me sentar, cativo, durante uma entrevista de rádio enquanto o DJ tocava uma faixa, eu sempre ficava espremendo as mãos, me contorcendo por dentro por causa de todas as porras das coisas que eu achava que poderiam ter ficado melhores. Aos poucos, contudo, a dor se esvai à medida que se começa a ouvir o trabalho de forma mais objetiva, pelo que ele realmente é. Você ainda ouve algumas falhas aqui e ali, mas não são tão grandes e assustadoras quanto se temia.

Com nossos últimos álbuns (*Vapor Trails,* em particular), eu só parava de trabalhar na mixagem quando arrancavam o disco das minhas mãos. Depois, o único jeito de sair da depressão era pensar *bem, vamos ao próximo álbum...* Se eu sentia que tinha fodido com os versos do álbum anterior, me concentraria na dinâmica dos versos do álbum seguinte. Às vezes, você está apenas andando em círculos, mas sempre precisa daquela coisa que te faz voltar para o estúdio. Não consigo enfatizar o quanto foi importante para nós nos tornarmos melhores em expressar as ideias que tínhamos em mente, e o quanto isso me motivava. Mal podia esperar por outra chance de me aperfeiçoar, me forçando a expandir minhas influências, buscando conhecimento, elevando o nível do meu jogo. Para mim, tudo ainda se resume a isso.

QUANDO O *CARESS OF STEEL* foi concluído, levamos para o escritório ouvir e... digamos que ninguém abriu um champanhe. Estavam claramente perplexos. O desapontamento deles era palpável. Não entenderam "The Fountain of Lamneth" *de jeito nenhum*. E, quando o levaram para Chicago, para a Mercury ouvir, as coisas pioraram ainda mais. Ray e Vic acionaram o modo de controle de danos. Sabendo que havia uma turnê iminente e que todo mundo precisava ganhar dinheiro, eles entraram em campo e jogaram por nós. Tenho que reconhecer que eram profissionais completos nesse sentido. Ficou decidido que "Lakeside Park" seria nosso primeiro single, com "Bastille Day" no lado B.* Tocou um pouco nas rádios dos Estados Unidos, um pouco mais no Canadá, mas, enquanto nos preparávamos para pegar a estrada, não parecia que *Caress of Steel* superaria as vendas de *Fly By Night*, e sabíamos que tínhamos um desafio e tanto a superar.

Não me sinto inclinado a exibir aqui qualquer uma das críticas ruins que recebemos, mas digo que álbuns conceituais e de prog rock inevitavelmente despertam a palavra "pretencioso" na mente dos críticos; e, nos meses seguintes, as resenhas iriam debater isso com todo

* Agora, tínhamos dois singles que eu não gostava muito, mas passei a gostar de tocar "Lakeside Park" na nossa última turnê; talvez eu só precisasse de um intervalo de 35 anos!

prazer. Neil e eu debatemos entre nós o que realmente significava ser "pretencioso". O dicionário define como uma "tentativa de impressionar fingindo mais importância, talento, cultura etc., do que realmente possui". Nós questionamos isso. A gente realmente era assim? Optamos por uma interpretação mais gentil: se a palavra dava a entender que estávamos fingindo alguma coisa, bem, não era o caso. *Não* estávamos fingindo, estávamos apenas experimentando. Talvez nosso alcance estivesse além da nossa capacidade, mas estávamos levando a sério, tentando compor música com uma inflexão literária, tentando ser mais profundos e mais complexos que um grupo de rock normal. Claro, éramos controversos, mas não estávamos *fingindo* ser outra coisa! Se almejávamos as estrelas, mas tínhamos pouco combustível de foguete para chegar nelas, qual era o problema? Ninguém iria nos impedir de tentar.

Estávamos preparados para aprender com as críticas bem escritas, mas muitas daquelas resenhas iniciais pareciam mal-informadas, mal escritas ou apenas serviam para depreciar uma banda que eles não achavam que teria sucesso de qualquer maneira. Quero dizer, até mesmo nos chamaram de adoradores do diabo! Na maioria delas, reparamos que havia certos padrões: esse cara simplesmente nos odeia, então não vamos nos preocupar com ele (embora Neil tenha escrito uma rara réplica para Robert Christgau, do *The Village Voice*, que nos chamou de "a banda mais detestável atualmente causando vítimas no circuito adolescente noiado"). Bem, só para citar George Bernard Shaw ("Quem pode faz; quem não pode ensina.") e Woody Allen ("Quem não sabe ensinar, dá aulas de educação física."): quem não sabe fazer *nenhuma* das duas coisas, vira crítico de rock.* De qualquer maneira,

* Me dei conta agora de que os críticos de música daquele tempo eram muito parecidos com os trolls de internet de hoje. Não eram anônimos, mas se escondiam atrás de suas máquinas de escrever e tinham o poder de agitar o vespeiro impunemente. A principal diferença é que não se podiam bloquear esses cara*s*.

nunca acredito nem nas críticas ruins nem naquelas que nos enchem de elogios. Sempre encontro falhas no meu próprio trabalho, obrigado, então, se um jornalista adora uma música a ponto de sentir que não há nada errado com ela, para mim, ele não é mais verossímil que aquele que reduz tudo a puro lixo.*

NÓS TÍNHAMOS CONQUISTADO certa reputação por causa dos shows anteriores e iniciamos o outono abrindo para o Nazareth no oeste do Canadá, mas à medida que cruzávamos o país tocando para plateias que, na melhor das hipóteses, eram apenas modestas, não poderíamos deixar de lado a sensação de estávamos *caindo* vários degraus na escada do sucesso. Naqueles primeiros dias, sempre que fazíamos um show ruim ou o cenário parecia desolador, a gente meio que brincava: "É isso, agora estamos mesmo indo ralo abaixo". Com zero entusiasmo por parte da imprensa e das rádios com relação a *Caress of Steel*, ficou ainda mais difícil para nossos agentes agendarem bons shows, então apelidamos a excursão de "Turnê Pelo Ralo".

A Mercury claramente já não acreditava muito no nosso trabalho, enquanto nossos empresários nos mantinham na estrada para que pagássemos nossa dívida, que só crescia, com nossos cachês, que ficavam cada vez menores. Nos dias que antecederam a MTV e sua equivalente canadense, a MuchMusic, não havia um circuito de música nacional, nem uma rede de rádio progressiva de costa a costa. Portanto, não ter um som que casasse com o top 40 significava que, quanto mais longe ficávamos de Toronto, mais difícil era conseguir datas. Foi um desalento ter que novamente nos apresentar num clube pequeno e decadente,

* Mantendo a mente aberta, vou citar uma das minhas críticas negativas favoritas, publicada depois de um show nosso em Springfield, Massachusetts, em dezembro de 1976: "Se alguém se perguntar por que não tinha ouvido falar do Rush até hoje, uma audição oferece a resposta. Sem qualquer sutileza, uma guitarra de mau gosto e um vocalista que tem a voz de um gato munchkin gigante...". Gato Munchkin gigante?

onde mal cabia nosso equipamento no palco. O cheiro do fracasso pairava no ar.*

Não foi uma completa queda no abismo, porque, depois de um show ruim, acontecia outro que nos animava um pouco no dia seguinte, mas, sem dúvida, foi uma jornada de altos e baixos. Nos nossos piores momentos, eu me perguntava: *o nosso futuro é o último show bom que fizemos ou será isso aqui?* O rock n' roll não é uma profissão para fracotes, isso eu posso afirmar. Se alguém busca um estilo de vida são e tranquilo, tem que tentar outra coisa.

Com um show marcado no Estevan Civic Auditorium, em Saskatchewan, descobrimos que o time de hóquei local tinha reservado um treino para aquela mesma tarde e se recusava a deixar que o gelo fosse coberto com as placas de compensado. No Canadá, nada é mais importante que o time de hóquei da cidade, então tivemos que colocar a mesa de mixagem numa plataforma no fim da pista de gelo, nos fundos, e a mesa de iluminação na lateral, e fazer a passagem de som enquanto os atletas patinavam na nossa frente. Quando as portas abriram, uma pequena multidão ocupou os lugares nas arquibancadas, bem nos fundos da arena, como se fôssemos radioativos. Do palco, parecia que estávamos tocando para o gelo vazio, e fazia tanto frio que, quando dei uma olhada para Herns, vi que ele estava com um cobertor por cima dos ombros e empenhado no trabalho com as luzes para se manter aquecido. Sem dúvida, esse concorre ao Show Mais Canadense da História.

Seguimos de carro até as Pradarias, passando por cidades com nomes incríveis, como Swift Current (corrente ligeira), Moose Jaw (man-

* Falando em cheiro... Na turnê pelas Províncias Marítimas, no leste do Canadá, tive um caso grave de amigdalite e precisei voltar para casa de avião depois do show em Halifax e fazer uma cirurgia para remover as amígdalas, enquanto os outros caras voltaram para casa num carro alugado. Lagostas são muito baratas no leste, então, antes de embarcar para a longa viagem de volta, eles pararam numa banca e encheram o porta-malas de crustáceos. Quando chegaram a Toronto, contudo, o gelo que mantinha as lagostas salgadas frescas já tinha derretido havia tempos, e o carro havia adquirido um aroma especial. Eles trocaram de veículo, convenientemente se "esquecendo" de retirar as lagostas do porta-malas. Nossos empresários tiveram uma longa discussão com a locadora de carros por causa disso.

díbula de alce), Salmon Arm (braço de salmão) e Flin Flon (ok, não Flin Flon – fica bem mais ao norte –, mas adoro esse nome), e chegamos nas impressionantes Montanhas Rochosas Canadenses. Lembro que acordei dentro do carro enquanto estávamos subindo as montanhas, coloquei a cabeça para fora da janela, e meu queixo caiu diante da escala e da beleza delas. E eu nem conseguia avistar os picos. Foi a primeira viagem que fiz cruzando meu próprio país, e foi de perder o fôlego – embora talvez o que melhor resuma a identidade canadense dessa viagem tenha sido observar o público em Edmonton e pensar que eu nunca tinha visto na vida tantas jaquetas de esqui num único lugar!

Na linda Vancouver, o Nazareth nos convidou para pescar em alto-mar. Eu nunca havia estado num barco de pesca, muito menos no Oceano Pacífico, mas não era com a água salgada que eu tinha que me preocupar. Apesar da reputação de bebedeiras do Nazareth, nós, canadenses machos, também tínhamos a reputação de segurar a onda. No meio da tarde, voltamos à marina praticamente inconscientes, mas os caras robustos de Fife só estavam começando. "Boa diversão, camaradas!", falaram no saguão do hotel. "Bar?" Nós só fizemos um joinha e seguimos direto para nossos quartos, caindo num sono pesado.

Ao longo dos meses seguintes ao redor dos Estados Unidos, abrimos para Blue Öyster Cult, Iron Butterfly, David Essex, Frank Zappa and The Mothers of Invention, REO Speedwagon, ELO, Kansas, Styx, Lynyrd Skynyrd, Mott the Hoople, Ted Nugent – e KISS pela última vez. Às vezes, parecia que o mundo tinha virado de cabeça para baixo, como se tivéssemos entrado num episódio do nosso programa de TV favorito, *Além da Imaginação*. Antes de chegarmos a San Antonio, Texas, a estação de rádio local, KISS-FM, tinha nos colocado em alta rotação por 24 horas, e fomos recebidos com um grande churrasco texano e tratados como superastros – não como uma banda lutando para não afundar, que era a nossa realidade naquele momento. Num outro lugar, uma antiga pista de boliche, agora bar de country e western, o show foi uma loucura, com ingressos vendidos acima da capacidade do local e uma galera brigando para entrar – algo inédito para nós! Como Howard conta, um desses organizadores pegou uma arma quando questionado sobre a contagem de pagantes. Ainda bem, um outro cara que estava ali acalmou todo mundo. (Não foi a primeira e única vez que Herns ficou compreensivelmente apavorado diante da presença de uma arma de fogo durante o acerto após um show. Segundo ele, naquele mesmo ano, num clube de propriedade de certo talentoso ex-arremessador do Detroit Tigers, uma arma foi colocada sobre a escrivaninha enquanto contavam o dinheiro. Credo, prefiro levar uma bola de beisebol arremessada na testa do que uma porra de um tiro!)

Dez anos antes de chegarmos à indústria fonográfica, a maioria dos jovens músicos poderia esperar lançar um ou dois hits e, com sorte, aproveitar alguns anos de sucesso vertiginoso. (Até mesmo os Beatles tinham planos caso fracassassem: com "Twist and Shout" no topo das paradas, Ringo Starr modestamente enviava dinheiro para sua tia para futuramente abrir um salão de beleza.) Mas, em meados dos anos 1970, uma carreira no rock tinha realmente chances de dar certo. Não éramos ricos, mas conseguíamos pagar as contas e nos planejar em longo prazo. Fiquei triste quando um músico que eu conhecia largou tudo e foi trabalhar no frigorífico do sogro, mas entendi por quê: ele era um figurante, não contribuía com a composição do material da banda, ao passo que nós três nos dedicávamos completamente à nossa própria música; cada um de nós podia tanto perder quanto ganhar. Valia a pena lutar por isso. Se você é apenas um assalariado na indústria, qual é a diferença de ser um assalariado em outro lugar? Se você tem contas a pagar se acumulando e sua esposa está te pressionando para desistir, e seu lar é um lugar triste e estressante, pode jogar a toalha mais facilmente, mas eu estava otimista e tinha uma companheira que me apoiava. Eu tinha ideais e sonhos para me sustentar em tempos de crise. Abandonar a música e arrumar um emprego qualquer era inconcebível para mim. Eu não tinha outras habilidades. Durante a turnê *Caress of Steel,* pela primeira vez, pensei que a banda pudesse fracassar, mas persisti na crença de que não iria. Pensava que, se o fracasso era uma possiblidade, o que eu poderia fazer para evitá-lo?

CAPÍTULO 12

APESAR DAS LONGAS VIAGENS QUE estávamos fazendo, ainda tínhamos muito tempo livre. Tentamos fazer nosso melhor para reforçar a parte positiva, trabalhamos nas músicas novas dentro do carro e em quartos de hotel e continuamos lendo livros de ficção científica e fantasia. Quando eu era criança, não gostava muito de ler, mas com as centenas de quilômetros que tínhamos que percorrer e tendo o conhecimento e a voracidade de Neil como inspiração, também comecei a devorar livros, tentando recuperar tudo o que eu tinha perdido ao abandonar a escola.

Neil sempre estava lendo. Ele indicou para mim e para Alex uma escritora judia russa naturalizada norte-americana, Ayn Rand, e foi em *A Nascente* que encontrei certa fortificação moral contra a situação desesperadora pela qual a banda estava passando naquela época. No romance, o protagonista Howard Roark se posiciona de forma desafiadora em favor dos direitos do indivíduo e contra o conceito da concessão artística. O *timing* não poderia ter sido melhor, porque foi bem na época em que nossos empresários e a gravadora estavam nos pressionando cada vez mais para criar algo mais comercial! O livro *Cântico* – no original em inglês *Anthem* –, de Rand, veio bem a calhar. Trata-se de uma narrativa distópica que se passa num mundo totalitário e desolado, onde um proscrito solitário, Equality 7-2521, ousa pensar por si mesmo e, despertando a fúria do tirano Conselho Mundial dos Eruditos, redescobre acidentalmente a eletricidade. Neil sugeriu que usássemos esse livro como ponto de partida de uma narrativa de nossa autoria, e logo ficou claro que estávamos desenvolvendo outro álbum conceitual.

Em fevereiro, tínhamos quatro semanas agendadas no Toronto Sound para gravar o que, de muitas maneiras, parecia nossa última chance de firmarmos nossa posição de quem éramos e o que queríamos nos tornar. Decidimos *Foda-se, vamos fazer isso agora ou morrer tentando*. Eu gostaria de falar que fomos corajosos, mas não tenho muita certeza se, em 1976, tínhamos plena consciência dos riscos que estávamos correndo. Há momentos na vida em que circunstâncias econômicas causam um efeito emancipador nas decisões que se tomam: um é quando você economiza dinheiro suficiente para poder ir atrás do que te faz feliz; o outro é quando você está com a corda arrebentando e não se importa mais com as consequências de suas ações. Naquele instante, sem dúvida, nos encaixávamos na segunda categoria.

Em meados do inverno canadense, nos reunimos e as coisas começaram a fazer sentido. Estávamos trabalhando com muito mais eficiência do que em *Caress of Steel,* em parte por causa da confiança elevada na nossa musicalidade depois de tantos shows (quase 200 só em 1975), em parte por causa de certa provocação e, em parte, dessa vez, talvez pela *ausência* de óleo de haxixe. Terminamos parte do que compomos enquanto estávamos na estrada, gravamos as faixas-guia e, assim que todas as sequências individuais do lado "2112" do álbum tomaram forma, surgiu a ideia de reunirmos alguns dos temas musicais e riffs mais conhecidos para uma pegada irônica daquela *overture* mais famosa que termina em "12".

Não lembro se foi nossa intenção desde o princípio executar essa parte, mas é provável. Mas realmente me lembro de nós três sentados nos fundos da sala de controle, com nossos instrumentos, dizendo "ok, vamos usar esse riff dessa música e esse movimento daquela..." e veja bem como se encaixaram perfeitamente. Neil podia muito bem estar com a *Overture* de 1812 na cabeça quando criou o título, e eu sei que ele queria usar um palíndromo; "2112" era visualmente impactante, e não podíamos deixar essa brincadeira de lado. (Talvez ainda magoados com as acusações de sermos pretenciosos, sinto que devo observar que se tratava de uma *piada* – assim como o *diddle-iddle-iddle-id-da-da* que Alex colocou no final. *Roll over, Tchaikovsky*!)

Não diria que "2112" é uma sinfonia, mas certamente tem elementos em comum com música sinfônica, como temas e motivos, além da duração e das múltiplas mudanças de compasso que deixaram a estrutura mais complexa e mais dinâmica que o *Caress of Steel.* Mais do que uma sinfonia orquestrada, é a legítima ópera rock de um power trio. Nem mesmo usávamos muitos teclados naquele tempo; ele só aparece com os sons espaciais para introduzir a jornada cósmica pelas estrelas até a Solar Federation e no nosso primeiro gostinho de orquestração no lado B.* Nem cheguei a usar muito os pedais do baixo; foi só no álbum seguinte, *A Farewell to Kings,* que passei a usar o Minimoog e os pedais Taurus.

* Conversando um pouco melhor com nosso designer de capa, Hugh Syme, descobrimos que era um talentoso tecladista. Foi membro da Ian Thomas Band, também agenciada pela SRO, e fez duas participações especiais em *2112*, tocando um sintetizador ARP para a introdução espacial e o Mellotron exuberante de "Tears".

A guitarra ricochete de Alex perto do começo foi inspirada pelo modo como o lado A de *Thick as a Brick*, do Jethro Tull, termina e como começa o lado B. Com a decisão tomada de que se tratava de uma "ópera" rock, abrimos a cena para um mundo totalitário com deliberada pompa e com as letras do jeito que apareceriam num libreto, sendo que eu canto vocalizando personagens diferentes: o protagonista inocente versus os sacerdotes dos templos de Syrinx. Estava aprendendo a usar minha voz como intérprete, como faz um ator. Tive que me fazer acreditar no que estava cantando a ponto de me perder nos papéis, já que o público só acreditaria se *eu* acreditasse.

Queríamos que o final ficasse ambíguo: adotei a visão otimista de que os sacerdotes foram derrotados e os templos, destruídos, mas me lembro de Neil falando que as duas facções ainda estavam em guerra quando uma *terceira* parte chega e toma o controle de tudo. Ele e eu conversamos sobre o conceito de Ayn Rand de "Senso de Vida" – como cada um de nós percebe o mundo e toma decisões baseadas em valores individuais – e, nesse espírito, pareceu melhor não deixar tudo muito claro. Foi uma rebelião das massas oprimidas ou uma invasão de forças libertadoras? Cabe a você decidir – e, acredito, esse foi um dos pontos essenciais que levaram os ouvintes a se conectarem com o disco e nos oferecerem uma resposta tão positiva.

PARA CONTRASTAR COM o tema singular de *2112*, queríamos que o lado B tivesse a maior variedade musical que pudéssemos demonstrar. "A Passage to Bangkok", por exemplo, era um diário de viagens na mente de um aficionado por substâncias herbais refinadas, mas composto por três caras que nunca haviam estado ao leste da Inglaterra (ou ao oeste de Vancouver). Depois, temos uma raridade: uma canção chamada "Lessons", que traz Lerxst como letrista, e outra chamada "Tears", composta por mim.

Foi basicamente a última vez que creditamos obras individuais. É difícil saber quem contribui com o que na composição de uma canção, especialmente quando se trata do negócio objetivo de quem recebe os direitos autorais e de quem não recebe – ou seja, *quem é pago*. Por exemplo, em algumas bandas, um solo de guitarra geralmente é considerado não mais que uma parte do arranjo geral e não é levado em conta na tabela de pagamento. Essa quase sempre é a realidade, mas dá para imaginar "Stairway to Heaven" *sem* aquele solo de guitarra foda? Mesmo que tenha sido a única contribuição de Jimmy Page para a música, certamente mereceria um crédito na composição, não é? É por isso que sempre odiei fracionar os créditos; para mim, cada parte musical é essencial.

Anos depois, sempre que gravávamos no Le Studio, em Quebec, ouvíamos todo tipo de fofoca da equipe a respeito das brigas entre integrantes de outras bandas. Os caras do The Police, por exemplo, brigavam seriamente para decidir quem ficaria com o lado B – porque, é claro, se você vender um milhão de singles, até mesmo o cara que compôs o lado B receberia uma boa quantia de dinheiro. Bem, nós não tínhamos hit singles com que nos preocupar, por isso foi fácil evitarmos problemas, mas ouvir aquelas histórias reforçou a decisão que iríamos tomar a partir de *A Farewell to Kings:* cada música seria dividida igualmente entre nós três, todos por um e um por todos, numa democracia funcional. Pelo resto da nossa carreira, *nunca mais* teríamos que debater sobre essa merda toda. E, em grande medida, foi um dos segredos da nossa longevidade.

Outra tradição do Rush que começou quando fizemos o *2112* foi a Faixa Espontânea de Estúdio. O álbum estava quase completo, mas precisávamos de uma última música. Com menos de um dia de estúdio para terminar a sessão, compusemos e gravamos "The Twilight Zone" ali na hora, uma homenagem ao criador do programa *Além da Imaginação*, Rod Serling, que considerávamos um gênio e uma grande inspiração.* Escrita e gravada de tarde e mixada naquela mesma noite, foi um sopro de ar fresco tanto para o álbum quanto para nossa metodologia de gravação. Depois de meticuloso e detalhado estudo de cada um dos momentos do disco até aquele ponto, foi uma alegria tão grande podermos ser espontâneos que conjuramos essa espontaneidade de novo com "Vital Signs", em *Moving Pictures,* "New World Man", em *Signals*, e "Malignant Narcissism", em *Snakes & Arrows*; todas elas foram faixas resultantes dessa inspiração de última hora.

2112 levou quatro semanas para ser gravado e, no geral, é o álbum que queríamos fazer, ignorando as expectativas de outras pessoas com rebeldia. Nos sentíamos triunfantes: se fracassássemos, ao menos cairíamos de pé. É claro que queríamos que o público gostasse do disco, mas quem tinha que amá-lo primeiro éramos nós. Agora, éramos os Três Mosqueteiros, porra! Nada de empresários no estúdio, nada de gravadora: apenas Terry e nós.

Você pode imaginar que, ao final de um bom dia no estúdio, eu deixava Nancy ou um amigo próximo ouvir o que estávamos fazendo, mas não era assim. (Para ser honesto, ela não se importava muito e mantinha uma distância respeitosa com relação ao nosso trabalho em andamento. Nancy achava que suas opiniões sobre minha música eram supérfluas. No começo de uma turnê, ela gostava de dar uma olhada no nosso novo figurino, mas parecia mais interessada no que estavam servindo para a equipe no bufê e, às vezes, pegava um avião para me ver, sem sequer assistir ao show.) Eu realmente não tinha *interesse* nas opiniões de ninguém, por mais sensíveis e ponderadas que fossem – pelo menos durante

* Já tínhamos dedicado *Caress of Steel* a Serling. Assistíamos ao programa quando éramos garotos e, agora, curtíamos juntos durante as turnês, quando *Além da Imaginação* se tornou um programa de TV popular de fim de noite, chapados e amontoados num sofá em frente ao televisor do quarto de hotel. Serling era um mestre prolífico dos contos sobre destino e ironia. Ele sabia contar uma história com moral e reviravoltas repentinas, não apenas para foder contigo, mas para desnudar a raça humana sem dó. Sempre que acontecia alguma coisa com a gente que parecia meio esquisita e inesperada na vida real, olhávamos para o céu e falávamos "Rod?" e, depois, citávamos um de seus famosos monólogos daquele jeito estranho e monótono: "Há uma quinta dimensão desconhecida pelo homem...".

todo o processo de criação.* Eu queria que nós mesmos tomássemos nossas decisões sem sermos influenciados consciente ou inconscientemente, mesmo se isso significasse cometer nossos *próprios* erros.

Então, ficávamos completamente no escuro, e, quando *2112* pareceu ter se tornado um sucesso, quase caímos de costas no chão. Não me refiro a um sucesso radiofônico – era longo demais e esquisito demais para o mainstream –, mas com o boca-a-boca e as sempre importantes ligações dos ouvintes para as rádios, mais a reação que obtivemos nos shows, sentimos que havíamos conquistado algo. O álbum chegou ao quinto lugar na parada canadense e foi nosso primeiro disco a entrar para o top 100 dos EUA, chegando à posição 61 na *Billboard*.

Bem, como a gente poderia saber? Já falei isso antes, e Neil também, mas cabe repetir: o que aprendemos com tudo isso foi que o maior patrimônio de um jovem artista é a palavra "não". É uma palavra de valor imenso. Sempre vai haver pressão para fazer concessões, pressão para vender seus sonhos por trocados, e sempre vão querer que você seja alguém que não é, *mas nada disso pode acontecer sem sua permissão*. Meu maior conselho para artistas que estão começando é sempre: "Seja verdadeiro consigo mesmo e simplesmente diga não". Ah, e sempre leve sua carteira para o palco com você. *Bada-bing!*

NA EXPECTATIVA DO lançamento do álbum no final de março, pegamos a estrada para promover a coisa toda. E foi nessa turnê que apresentamos um novo visual. Quando estávamos fazendo as fotos para a capa do disco, ouvi os conselhos de moda de Nancy – assim como Alex escutou sua esposa, Charlene, resultando no tal chapéu

* Me lembro muito bem de Alex e eu tocando *Caress of Steel* para Paul Stanley quando estávamos em turnê juntos. Ele pareceu desconfortável e claramente não entendeu nada ou apenas achou tudo esquisito demais. É claro que se tratava de um disco esquisito da porra, mas estamos falando de um cara que cantava "Strutter" todas as noites, portanto não iria mesmo fazer sentido para ele de um jeito ou de outro.

que ele usa na capa interna. Até hoje, basta perguntar a ele sobre "O Chapéu", e Lerxst vai encolhendo até ficar pequenininho. Sempre que Neil e eu queríamos incomodar Alex (que era quase o tempo todo), adorávamos lembrar aquela porra de chapéu. Há anos aquilo o incomoda, pobre rapaz, mas, para ser justo, nenhum de nós está bem-vestido naquelas fotos. Parece que estamos prontos para ir dormir. Durante todo o período "Xanadu", usei um robe de cetim branco ainda mais comprido, com botas de caubói – sabe, como Legolas ou Elrond se vestiriam se morassem no Texas. Como é mesmo aquela música de Glen Campbell? "Como um caubói élfico"?

Nosso figurino de palco sempre se transformava sem um motivo ou razão específica. Depois que Rutsey deixou a banda, abandonamos nossa fase glitter, mas ainda selecionávamos peças de roupa que nos faziam parecer mais como artistas e menos como as pessoas comuns que se encontram na rua – embora nunca tivéssemos uma imagem consistente em mente. Depois, no verão que antecedeu a turnê *Caress of Steel,* tivemos uns dias de folga em São Francisco e nos hospedamos no Miyako Hotel, no bairro japonês. Perambulando pelas lojas da redondeza, encontramos uns quimonos baratinhos e, por alguma razão profana, eu falei: "Tive uma ideia! Vamos usar quimonos no palco!". E foi isso que aconteceu. Foi assim que os Robes Absurdamente Proféticos (como um crítico escreveu para a posteridade) surgiram – bem na época de *2112* e dos sacerdotes de Syrinx.

Nossos primeiros vídeos com direção profissional, basicamente a gente tocando ao vivo "A Farewell to Kings", "Closer to the Heart" e "Xanadu" no Seneca College Winkler Auditorium, em Toronto, seriam amplamente responsáveis por estabelecer essa imagem infelizmente duradoura: lá estou eu, no esplendor da minha juventude, vestindo um manto de bruxo feito de cetim branco com botas de caubói que comprei em El Paso, cantando sobre o "Leite do Paraíso", reinos tomados pelo ódio, e filósofos, lavradores, ferreiros e artistas. Foi somente anos depois que ganhamos confiança para deixar de lado tais tentativas equivocadas e desesperadas de ter um figurino épico e simplesmente entrar no palco de jeans e camiseta. Levou muito tempo para nos darmos conta de que nossa *música* era nossa imagem. Somos pessoas que aprendem devagar, eu acho; o bom é que tivemos 45 anos para nos darmos conta disso.

Depois de alguns shows no Canadá, seguimos direto para a costa oeste e tocamos em alguns clubes de Los Angeles. Em seguida, fizemos vários shows com o Styx e o Thin Lizzy. Os caras do Lizzy eram incríveis, e dois deles, particularmente o guitarrista escocês cheio de energia e de olhos sempre arregalados, Brian "Robbo" Robertson, *adorava* sorver o líquido âmbar – para nosso perigo ocasional. Certa vez, num dia de folga em Chicago, onde estávamos hospedados no mesmo andar do Holiday Inn, que ficava às margens do lago, bebemos quantidades exageradas de álcool, fumamos tanta erva demoníaca (e ingerimos 714, também conhecido como metaqualona) e ficamos tão doidos que os outros hóspedes foram pedir para a recepção do hotel chamar a polícia. De repente, um policial gordo invadiu o quarto acompanhado de um colega. Tentamos arejar o local e esconder as drogas, e Robbo, gaguejando, tentou firmar um tratado de paz. O policial gordo berrou: "Para trás, filho. A festa acabou. A não ser que queiram que eu entre para dar uma olhada mais de perto". Então, só falamos "sim, senhor" e "obrigado, senhor". *Ufa*, foi por pouco. Uma voz de prisão teria complicado as coisas para nós, estrangeiros, porque não conseguiríamos outra permissão de trabalho em solo americano por muito, muito tempo.

Alguns carros alugados que usávamos para viajar pelo país também sofriam nas nossas mãos de músicos jovens e entediados. Basicamente matávamos o tempo ficando chapados, lendo livros ou tocando violão, mas, certa vez, acordei com as risadas idiotas dos outros caras: eles tinham espetado na tira de borracha de vedação do para-brisas um conjunto de objetos pontiagudos como canetas, canivetes e até um

Meus robes favoritos.

"demic" (a palavra cunhada pelo Rush para saca-rolhas, mas não lembro a etimologia), como se fosse um veículo saído do filme *Mad Max*. Não tem como ser mais louco que isso. Outra vez, em algum lugar do sul dos EUA, Alex e eu amarramos lenços de papel no cabelo de Herns enquanto ele dirigia, sem que se desse conta. Quando paramos no Holiday Inn, Herns assumiu seu ar de executivo e, enquanto gargalhávamos como hienas, se dirigiu à recepção com a maleta em mãos para fazer o check-in, sem se dar conta de que seus cachos estavam delicadamente enfeitados com laços brancos esvoaçantes.

Em 1976, conseguimos fazer um upgrade e passamos a viajar numa Dodge FunCraft RV – nome bem apropriado, "FunCraft", "veículo da diversão" –, uma van com teto de plástico elevado e um nicho acima do banco do motorista que acomodava uma cama com cortininhas, além de uma mesinha dobrável que se transformava em beliches de modo que, enquanto uma pessoa dirigia, as outras podiam dormir. Havia até mesmo um pequeno forno micro-ondas, que Lerxt usava com frequência, misturando os ingredientes que tivesse em mãos – atum, feijão, salsichas, Cheez Whiz, qualquer coisa – para criar, na falta de

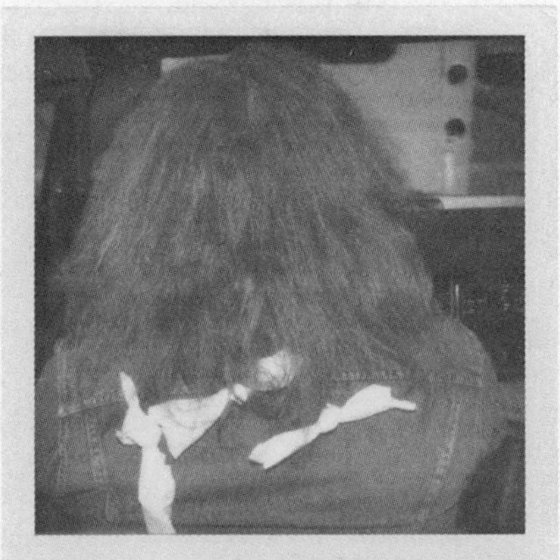

Se for ao Alabama / Não se esqueça de colocar / Alguns lenços de papel no cabelo.

uma palavra melhor, uma caçarola "interessante". Depois de viajar por tanto tempo em carros alugados, espremidos como sardinhas e dormindo em cima da bagagem, ter uma van era um verdadeiro luxo. Desafiados certa vez pelos caras do Thin Lizzy para uma competição de quem bebia mais, nos sentamos ao redor da mesinha minúscula e bebemos metodicamente todo o Chivas Regal que pudemos. Não que eu queira

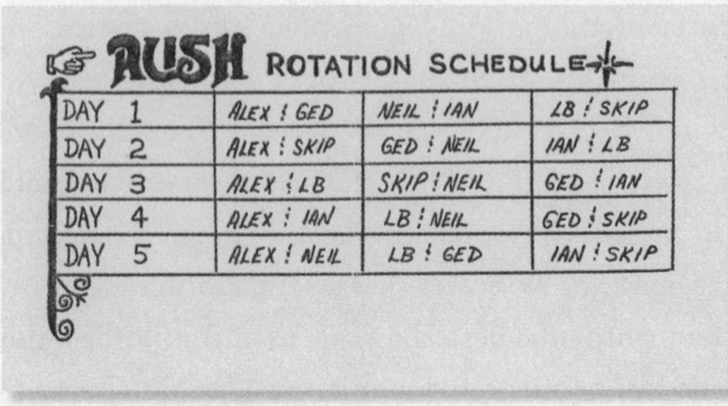

RUSH ROTATION SCHEDULE

DAY 1	ALEX : GED	NEIL : IAN	LB : SKIP
DAY 2	ALEX : SKIP	GED : NEIL	IAN : LB
DAY 3	ALEX : LB	SKIP : NEIL	GED : IAN
DAY 4	ALEX : IAN	LB : NEIL	GED : SKIP
DAY 5	ALEX : NEIL	LB : GED	IAN : SKIP

DAY I	DAY II	DAY III	DAY IV	DAY V	DAY VI	DAY VII
PRATT ION	LERXT PRATT	DIRK LERXT	PRATT LEEBEE	PRATT DIRK	PRATT BOARD	PRATT SLIDEL
LEEBEE SLIDEL	ION SLIDEL	BOARD SLIDEL	BOARD LERXT	BOARD ION	ION DIRK	LERXT ION
BOARD DIRK	LEEBEE BOARD	IAN LEEBEE	DIRK SLIDEL	SLIDEL LERXT	LERXT LEEBEE	LEEBEE DIRK
LERXT	DIRK	PRATT	ION	LEEBEE	SLIDEL	BOARD

RUSH ROTATION SCHEDULE
PHASE III
©1976

À medida que a equipe aumentava, as tabelas de rodízio de quartos de Neil evoluíam. Você vai notar que Herns não está em nenhuma. Ele tinha um quarto só dele por duas razões: primeiro, ficava pendurado ao telefone planejando as próximas etapas da turnê, enquanto nós tentávamos dormir; e segundo, gostava de manter a temperatura do quarto em níveis adequados para um urso polar. Também perceba que, em 1976, éramos sete na estrada, o que permitia que cada um de nós pudesse ficar sozinho no seu próprio quarto um dia por semana. Um luxo!

me gabar, mas depois de tantas derrotas acachapantes para o Nazareth, foi uma vitória merecida e necessária. Mas, depois, eu tive que fazer uma... limpeza.

Naquela turnê, Neil criou uma tabela com um rodízio para compartilharmos os quartos de hotel e, assim, ficarmos menos de saco cheio uns dos outros. Não que eu acredite em todas essas coisas malucas de horóscopo, mas Neil, Alex *e* Liam eram virginianos, com todas aquelas tendências extremamente detalhistas atribuídas às pessoas do signo de Virgem. Eles precisavam que tudo estivesse perfeitinho e no lugar, o que me deixava maluco. No começo, Neil colocava o maço de cigarro (John Player Specials; um dia, ele chegou até mesmo a pintar seu Lotus Europa com as mesmas cores, preto e dourado, da embalagem) sobre a mesa, bem retinho e alinhado, e, mais tarde, era o copo de uísque (dois dedos) que ele bebia exatamente às cinco da tarde (desde que não estivesse trabalhando); enquanto Alex mantinha seu espaço de trabalho obsessivamente arrumado e limpo. Quanto a mim, um clássico leonino, imperava a desordem. Imediatamente, se tornou óbvio qual lado do estúdio pertencia aos fanáticos por arrumação, e qual era o meu, com xícaras de café sujas, cigarros e folhas de papel com letras de músicas espalhadas caso eu tivesse alguma ideia e quisesse fazer anotações sem perder tempo. Se estivesse trabalhando, digamos, na melodia de uma parte vocal e gostasse do jeito que estava ficando, eu escaneava a bagunça das folhas espalhadas com minha visão periférica, esperando que uma letra ou tema que Neil tivesse escrito viesse em minha direção. A minha bagunça era organizada e *útil*.

Como muitos exemplos que já citei, as turnês garantem muito tempo para se ficar chapado, ou ler, ou fazer ambas as coisas, mas, para mim, não havia distração melhor que assistir a filmes. Desde que eu era criança, podia passar horas diante da televisão assistindo a *The Bowery Boys*, *Os Três Patetas* e faroestes com Roy Rogers, Randolph Scott ou John Wayne. Cresci assistindo às comédias dramáticas humanistas de

Charlie Chaplin, Preston Sturges e Frank Capra – *Contrastes Humanos*, *A Mulher Faz o Homem*, *O Galante Mr. Deeds* e assim por diante.* Quando eu tinha 20 e poucos anos, devorava filmes clássicos em VHS e mantinha uma pilha de compêndios de filmes sempre à mão, como *Halliwell's Film Guide* e *The Psychotronic Encyclopedia of Film*, entre outros, e lia obsessivamente sobre os grandes diretores da Era de Ouro de Hollywood. Era a minha paixão, porque naqueles dias não havia internet: era impossível ir para o Google pesquisar sobre Elia Kazan ou Edward Dmytryk. Devorava *Hitchcock/Truffaut*, *A Dream of Passion*, de Strasberg, *Kings of the Bs*, biografias de John Ford, Luis Buñuel, George Cukor, Akira Kurosawa e Chaplin, e alguns livros sobre o grande Orson Welles. Depois de assistir a *Cidadão Kane*, li o mais respeitado livro sobre Welles, escrito pelo influente crítico cinematográfico francês e fundador da *Cahiers du Cinéma*, André Bazin. Foi minha introdução para os mais de 40 livros que ele escreveu sobre cinema, incluindo o clássico em dois volumes *O Que é Cinema?* e sua biografia, escrita por Jean Renoir.

A bordo do ônibus, quando conseguimos comprar um, as comédias de Mel Brooks, Steve Martin e Woody Allen eram nossas favoritas, principalmente depois de um show, quando tudo o que precisávamos era relaxar, tomar umas e rir muito. A gente assistia a *O Jovem Frankenstein* e *Alta Ansiedade*, *O Panaca* e *O Médico Erótico*, *Um Assaltante Bem Trapalhão* e *Noivo Neurótico, Noiva Nervosa,* além de cada episódio que conseguíamos gravar do *SCTV*, do Canadá, e assistíamos várias vezes até que todos tivéssemos memorizado as falas e as incorporássemos no léxico do Rush para regurgitar à vontade. Podíamos estar em qualquer lugar e a qualquer hora, preferencialmente numa reunião chata (isso é redundante, né?) ou num camarim lotado depois de um show. A gente atirava as falas um para o outro, como "Para a lama, rainha da ralé" ou "Tenho

* Fiquei tão comovido pelo empenho do ingênuo e honesto homem lutando numa sociedade cínica e falsa que, enquanto assistia a *O Galante Mr. Deeds*, anotei algumas ideias para compor a música que um dia seria "Cinderella Man".

que ir agora, estão me esperando no planeta Terra", e sabíamos exatamente o que queriam dizer.

Montamos o que a gente chamou de "Vector Theatre". Tomávamos um Valium (ou Vectors, como Herns chamava os comprimidos) para nos ajudar a dormir enquanto o ônibus sacolejava nas estradas esburacadas. Nos sentávamos no sofá, colocávamos um filme, tomávamos um "V" e tentávamos ficar acordados… Mas logo alguém piscava e caía no sono, baixava as persianas de alumínio, que ficavam fazendo barulho, acordando a pessoa de novo enquanto os outros caíam na gargalhada. Geralmente, a gente reservava filmes B ou ainda piores para o Vector Theatre, porque se sabia que mal conseguiríamos ficar acordados durante os créditos de abertura, mas, de vez em quando, eu colocava um clássico como *Cidadão Kane*; esse, em particular, levava ao debate inevitável sobre a importância da última palavra de Kane, "Rosebud",* juntamente com o poema *Kubla Khan*, de Samuel Taylor Coleridge, em que Neil se inspirou para compor "Xanadu". Enquanto mixava a introdução, não pude deixar de visualizar a sequência "News on the March" do filme, em que o narrador anuncia: "Lendária era Xanadu, onde Kublai Khan ordenou a construção de seu domo de prazer…". Não tinha como competir com a trilha musical sinistra de Bernard Herrmann para o filme, mas ainda assim é divertido reimaginá-la no nosso próprio contexto prog rock.

Já com trinta e poucos anos de idade, filmes e livros sobre filmes nutriam meu cérebro. Foi uma exploração praticamente solitária, já que poucos amigos meus tinham o mesmo grau de interesse e paciência para filmes antigos em preto e branco, principalmente os legendados, mas não importava, porque não era necessariamente um esporte em equipe. O cinema tornou-se uma porta de entrada para outras drogas mais pesadas, levando a uma série de outras disciplinas das artes

* Isso foi bem antes de ouvirmos rumores de que o apelido carinhoso de Hearst para Marion Davies era "botão delicado".

visuais, especialmente a fotografia, que se infiltraria em nossos shows ao vivo à medida que eu me envolvia cada vez mais nos designs das projeções no telão; gradativamente, passei a pensar em nossos shows como uma experiência de mídia mista, em vez de se tratar simplesmente de um evento musical. Fui me dedicando mais e mais a animação e design gráfico, o que me levou ao interesse por arquitetura.

Eram assuntos que eu poderia estudar do meu jeito, no meu tempo. Em vez da escola formal, que abandonei, os museus, as galerias e as ruas do mundo se tornaram uma espécie de sala de aula para mim. Isso só se tornou possível bem mais tarde na minha vida em turnê, quando eu *realmente* passei a ter dias de folga; mas, nos anos 1980 e 1990, não era incomum eu esbarrar em Neil também perambulando por aí, e ele me apresentou um jogo: cercado por quadros, conhecendo ou não os artistas, ele dizia: "Escolha um de cada ala. Imagine que você pode levar para casa para pendurar na parede. Com qual gostaria de conviver?". Era uma reação sensorial – e não necessariamente intelectual – à arte, o que me levou a questionar quais obras de arte ficam melhor penduradas em museus, como um presente para a população, e quais estão expostas no porão ou no iate de alguém. Particularmente, eu amava os expressionistas alemães e sempre fazia uma deferência a um Emil Nolde ou a um Max Beckmann se me deparasse com um deles. No nível freudiano, devo ter me sentido atraído pelo que os nazistas chamavam de arte "degenerada". Eu gostava do que os nazistas odiavam!

CAPÍTULO 13

EM JUNHO DE 1976, CERTO CASAMENTO era iminente: o meu. Nancy e eu tínhamos decidido juntar os trapos apesar de saber que, enquanto a banda durasse, minha rotina seria ficar longe dela por semanas e meses a fio. Ela estava disposta a me aceitar e também parecia preparada (ela achava) para levar uma vida de "acompanhante", como explicava em sua modéstia. Como já mencionei antes, contudo, mantínhamos nosso relacionamento escondido da minha mãe, e nosso noivado só se tornou oficial quando as duas senhoras se encontraram frente a frente.

Mesmo antes disso, Nancy tinha decidido se converter ao judaísmo, fazendo aulas de hebraico e adotando o nome hebreu Leah, chegando até mesmo a fazer a imersão na *mikvá*.* Preciso enfatizar que foi decisão *dela*, porque eu jamais pediria que fizesse isso. Realmente não importava para mim, mas, inteligente como era, Nancy sabia que isso facilitaria as coisas com a minha mãe. Ela foi criada dentro da Igreja Protestante, mas não nutria qualquer sentimento religioso, assim como eu, e, se fosse alguma coisa, seguiria o ateísmo. Mas, quando me ouviu contar o que a família da minha mãe havia passado no Holocausto, ela quis que a futura sogra soubesse o quanto respeitava sua fé e faria o que pudesse para suavizar a situação de ter mais um Weinrib se casando fora da tradição ortodoxa.

Como os judeus ultrarreligiosos não consideram a conversão como um ato legítimo, o novo marido de minha mãe, Max, nos ajudou a encontrar um rabino reformista para presidir a cerimônia.** Acompanhei Nancy em algumas aulas e, tenho que confessar, odiei fazer isso – reavivaram lembranças horríveis da minha própria educação na escola hebraica –, mas ela ganhou *muitos* pontos comigo só por ter passado por toda aquela merda. O primeiro jantar em família foi constrangedor, mas Nancy foi muito gentil e minha mãe deixou de lado seu cinismo involuntário naquela noite. Vou te contar, minha mãe sabia *mesmo* ser venenosa quando queria, então foi um testemunho não apenas de sua fortaleza, mas também de sua inteligência natural. Aceitar que eu abandonasse o colégio e me tornasse, entre tantas opções, músico, e agora ter que aceitar também que eu me casasse com alguém de outra religião – apesar da conversão de Nancy – era algo inédito no meio em que ela havia sido criada. Mas minha mãe compreendia que o mundo estava mudando, por mais difícil que possa ter sido; durante toda a vida, ela foi abandonando antigos dogmas e se adaptando a novos costumes.

* A *mikvá*, ou *mikvé*, parece uma piscininha onde cabe apenas uma pessoa e é usada para um ritual de purificação.

** Criado em meados do século XIX na Alemanha, o judaísmo reformado (liberal ou progressista) oferecia aos judeus uma abordagem menos rígida, mais moderna e mais assimilada da religião: por exemplo, com o tempo as famílias passaram a poder se sentar juntas na sinagoga e as mulheres, a fazer sermões.

Agora, você pode estar se perguntando como a família de Nancy *me* aceitou...

Lembro o choque cultural que foi a primeira vez em que me convidaram para o jantar. Eu vinha de um lar judeu Ashkenazi, onde a mesa transbordava com quantidades exageradas de comida cozida até passar do ponto, com colorações que variavam do bege ao marrom – todas as iguarias que tinham sobrevivido à jornada dos *shtetls* da Europa, com nomes exóticos como *cholent, kasha, potatonik, farfel, gribenes, tzibele mit schmaltz*, arenque *schmaltz* (claramente, somos fãs de *schmaltz*), iscas de fígado e, é claro, o onipresente peixe recheado. Como em muitos lares de imigrantes, tínhamos que comer tudo o que havia no prato, sob pena de sermos punidos porque, ao que parece, sempre há judeus passando fome em algum lugar do mundo (como se limpando meu prato eu pudesse ajudá-los de alguma forma). Quanto aos temperos, havia o inevitável *chrzan* (raiz forte de beterraba ou, se preferir, *wasabi* judeu), que ardia nas narinas e podia tornar interessante até mesmo um *brisket* de sola de sapato. Pouquíssimos vegetais eram servidos; as "verduras" eram ou feijão em conserva ou alface-americana (que, se me permite observar, não era exatamente verde). Finalmente, nos feriados, minha mãe fazia uma panqueca de *matzá* chamada *bubaleh*, com cobertura de açúcar ou molho de maçã – e devorávamos tudo antes que meus primos colocassem as mãos no prato. (A especialidade do meu pai era o café da manhã, quando ele fazia seu *matzá brei* e seu famoso salame de carne de boi, *versht*, com ovos, uma tradição que mantive com meus filhos e agora com meu neto, que prefere salsichas a *versht*, mas temos que nos adaptar, *não é?*) Também havia outro prato, o favorito de todos, a carpa cozida, mas, *blecch*, eu nem chegava perto. Minha mãe também adorava frango cozido, principalmente pés de galinha. *Blecch* de novo! Me lembro de voltar da escola e encontrá-la cozinhando. Junto ao fogão, ela se virou com um belo de um pé de galinha na boca. "Mãe, o que a senhora está *comendo?*"

(ACIMA) *Eu e minha linda noiva e a única foto em que consegui esboçar um meio-sorriso.* (DIREITA) *Ohhh, meus camaradas me atirando nas garras do matrimônio.* (ABAIXO) *O rabino Lerner, a madrinha de Nancy, Carolyn, Nancy, eu e Oscar.*

"Oh", disse ela, tirando o pé de galinha da boca. "Pés! Que delícia!"

De qualquer maneira, a primeira vez que me sentei para jantar com os pais de Nancy, me senti um alienígena. Tudo era tranquilo, civilizado, amistoso, educado e... *refinado.* A mãe de Nancy, Louise, serviu para cada um de nós uma fatia fina de carne assada malpassada, algumas cenouras e ervilhas, e havia um acompanhamento de purê de batatas perfeitamente posicionado no prato. Comi tudo, quis mais, mas não tive coragem de pedir, e, já que ninguém me ofereceu, aguardei pacientemente até que pudesse sair da mesa... e ir comprar um hambúrguer em algum lugar!

Eu e Louise nos demos bem, mas com o pai de Nancy, John, foi um pouco diferente. Quando ele era jovem, teve um problema nos ouvidos que o deixou com sequelas na fala, então, para começo de conversa, era um cara de poucas palavras, mas houve menos ainda dirigidas a mim na mesa – nunca foi rude comigo, mas se mantinha distante. Criado numa fazenda nos arredores de Toronto, ele preservava os valores tradicionais cristãos, brancos, e talvez também alguns dos antigos preconceitos e, francamente, não curtia o fato de a filha estar namorando um cara de cabelo comprido, desempregado, que não tinha sequer terminado o colégio e que queria se tornar um rockstar. Certa vez, escutei Louise perguntando para ele: "Mas do que você não gosta nesse garoto afinal? O fato de ele ser músico ou *judeu?*"; e assim que ele resmungou alguma coisa em resposta, percebeu que eu estava ao pé da escada, sorrindo, meio constrangido, olhando para cima.

"Oh, olá, Sr. e Sra. Young!", disse eu com certa satisfação, e foi o fim da conversa. Com o tempo, ele se deu conta de que eu não tinha chifres (até onde ele podia perceber) e mantivemos uma relação relativamente boa, principalmente quando nos demos conta de que compartilhávamos o amor pelo beisebol, que ele havia jogado com garra quando era jovem.

As rodas do ônibus que rodam e rodam...

Assim, em 20 de junho de 1976, Nancy e eu nos casamos no Hyatt Regency. Foi um casamento simples, com a presença de alguns amigos, nossos pais e dois ou três parentes. Alex, Neil e John Rutsey se sentaram à mesma mesa (isso, sim, foi esquisito de ver), juntamente com os caras da nossa equipe e o meu padrinho e amigo de longa data, Oscar. Nancy e eu escrevemos nossos próprios votos e seguimos para o altar ao som da *Gymnopédie Nº 3*, de Satie. Não fiquei chapado, mas todos os outros sim (me lembro da galera saindo de fininho para fumar um). *Acho* que foi uma cerimônia alegre, embora não dê para acreditar nisso por causa do meu semblante tenso nas fotos de casamento. Relaxa, cara!

Fomos para nossa lua de mel no lugar da modinha na época (rufem os tambores...): Disneylândia. Sério! Depois, pegamos um voo para o Maui, onde, após muitos *mai tais* e *piñas coladas* no Trader Vic, minha noiva ruivinha sofreu queimaduras de sol inacreditáveis e passou o resto da lua de mel na cama – sozinha, até que a pele absorvesse o creme de aloe vera e diminuísse a dor. Então, demos adeus e voltamos para casa para começar o que seriam os anos mais agitados da minha vida.

Pobre garota, não acredito que ela tivesse se dado conta *realmente* de onde estava se metendo. Francamente, nem eu – embora, é claro, seja mais fácil para quem parte do que para quem fica. Eu tinha muitas aventuras pela frente, e ela parecia tranquila com isso na maior parte do tempo – exceto por um momento de fraqueza ou outro em que eu desaparecia e ficava sem telefonar por alguns dias –, mas nunca sabia qual versão minha voltaria para casa: completamente exausto depois de muitos shows em sequência ou me achando o máximo depois dos sucessos recentes da banda. Eu estava acostumado a ter sempre alguém limpando meu quarto e me trazendo café da manhã e todas aquelas amenidades de quem mora em hotéis. Parecia o herói conquistador retornando para casa, até que ela me dizia: "É *sua* vez de levar a porra do lixo para fora!". E, se eu achava extremamente difícil fazer essa transição para a vida doméstica, era igualmente difícil para Nancy me acomodar enquanto ela própria construía uma carreira...

UM PEQUENO INDÍCIO de que a sorte do Rush estava melhorando era que já podíamos bancar mais um upgrade no transporte. Nossa equipe herdou a lendária FunCraft e passamos a viajar num novíssimo e volumoso *motorhome* Barth e contratamos um cara legal da Virgínia para ser nosso motorista. George, ou "Jwerg", como o apelidamos, estava ao volante certo dia quando sentimos o *motorhome* sacolejar cada vez mais forte. Ele nos espiou pelo retrovisor e anunciou calmamente com aquele forte sotaque do sul dos Estados Unidos: "Camaradas, ah, acho, ah, vejam o problema...". Espiamos pela janela bem a tempo de ver um dos nossos pneus nos ultrapassar pela rodovia, antes de sumir no acostamento. Embora não tenhamos curtido isso na época, hoje eu diria que era uma metáfora do rumo que nossas próprias vidas tomariam.

Naquela época, estávamos fazendo, em média, 180 shows a cada 10 meses; nossa fonte de energia jovial infinita estava se esgotando e começamos a precisar de algo extra. Como filhos da Era de Aquário, não tínhamos vergonha alguma de experimentar drogas, fossem as mais comuns, como erva ou ácido, cogumelos mágicos, STP ou qualquer outra coisa, exceto speed ou heroína (essas duas últimas não considerávamos nada *cool*, *sem dúvida*), mas, quando o notório pozinho branco começou a se infiltrar no backstage, não hesitamos em experimentar. Em 1977, a cocaína estava se tornando rapidamente a queridinha do circuito de turnês. Estávamos tão entorpecidos por causa das horas intermináveis na estrada e dos shows quase que diários que uma rápida explosão de energia parecia apenas algo prático. No começo, pensava que se tratava de uma coisa quase *medicinal*, embora hoje eu saiba que era um tipo de racionalização ébria. Todos começamos como usuários ocasionais, mas, de 1977 até o começo dos anos 1980, a cocaína se tornou gradativamente parte do nosso *impedimento*.

Pode até parecer suspeito por causa de tudo o que acabei de confessar a vocês, mas eu realmente era bem menos experiente e muito mais conservador que meus parceiros em se tratando de drogas recreativas. Eles sabiam quando podiam usar e quando não podiam, e nunca usavam nada que interferisse na qualidade de sua performance como músicos, mas eu cheguei até mesmo a parar de fumar maconha porque me deixava paranoico. É preciso ter um corpo que consiga lidar com isso *e* uma força de vontade que consiga controlar esse corpo. E eu estava totalmente despreparado para a forma como a cocaína se apoderaria de mim.

Era muito perfeita para a minha situação. Comecei a cheirar carreiras de pó depois dos shows com qualquer pessoa que estivesse circulando pelo backstage; isso e mais alguns drinques pareciam uma fonte de rejuvenescimento imediato e montes de *blá blá blá*, todo mundo falando em voz alta a 100 quilômetros por hora e nós todos imaginando que estávamos no centro de uma conversa interessante e profunda. Asseguro que não estávamos. O que pode ter começado como uma troca animada e inspirada logo se tornou chato, repetitivo e espasmódico, porque a realidade de se estar sob o efeito de cocaína é que o cérebro começa a congelar enquanto a boca continua funcionando. No momento em que faltam palavras, você cheira mais uma carreira para recapturar aquela primeira hora do *rush** da noite, mas aquele momento, na verdade, já se foi e tudo o que resta é excesso de "schnah"** circulando na corrente sanguínea, te deixando inquieto e precisando de outro drinque para se acalmar. É um círculo vicioso e vazio.

Como o "pó boliviano para marcha" era abundante naquele tempo, havia pouquíssimas pessoas na minha vida que não traziam consigo aquele frasquinho com uma tampa preta ou que não usavam uma colherinha de cocaína amarrada ao redor do pescoço. Ganhei um colar

---

* Não, a ironia do nome da banda neste contexto não me escapa agora. Mas certamente passou despercebida naquela época.

** Não tenho certeza de onde surgiu esse nome, mas provavelmente vem de "schnoz", "nariz" em hebraico, porque, bem, é onde se coloca a coisa.

daqueles, disfarçado de pingente de nota musical. Um dos meus companheiros de turnê e eu estávamos constantemente procurando um "teco" de *schnah*, e logo não bastava cheirar só uma carreira depois do show: ele me encontrava na lateral do palco durante o solo de Neil ou antes do bis para dar uma cheirada. Ou duas. E lá íamos nós, e assim eu conseguia terminar a noite com uma vitalidade extra.

Agora, você deve estar se perguntando: "Por que você precisava se agitar tanto assim? Não havia milhares de pessoas na plateia fazendo isso por você?". Verdade, mas, de qualquer maneira, era divertido – e ilícito – dar uma escapada, cheirar uma carreira e voltar para o palco com a adrenalina lá em cima para o *grand finale*. Mas o que começou como – nós insistíamos – apenas uma diversão inofensiva se provou inconsequente, até porque realmente não fazia nada bem para minha voz: quanto mais eu cheirava, mais cigarros eu fumava, o que levou a uma tosse crônica e, como bônus, dificuldades para dormir. Exatamente aquilo que escolhi como cura para minha fadiga acabou agravando o problema. E, em dado momento, tivemos um motorista que, depois de preparar as carreiras atrás de um amplificador ou na mesa de som, anunciava: "O consultório está *aberto!*". Ele foi uma péssima influência porque, basicamente, o consultório estava quase *sempre* aberto.

No fundo, eu sabia que estava fazendo mal para mim mesmo; além disso, tive sangramentos nasais e feridas dentro das narinas, mas, apesar do que o bom senso dizia, continuei cheirando. Começamos a receber gente bem suspeita nos shows só porque eles traziam um pouco de *schnah* para nós. Pensando bem, aquele período não foi apenas surreal ou maluco, mas também perigoso – porque, enquanto aquela substância altamente ilegal parecia bacana para nós, a gama de compradores e de vendedores que vinham juntamente com ela definitivamente não era nada bacana. Depois de um show numa cidade no Meio Oeste dos EUA, embarquei no ônibus e encontrei um traficante na parte da frente do veículo, com uma maleta aberta sobre a mesa e a balança montada, pesando gramas de cocaína para a equipe enquanto, um a um, eles vinham buscar suas compras.

Fiquei apavorado. Aquela maleta não tinha apenas um tijolo de cocaína enorme, mas também um telefone via satélite embutido. Nada normal – quase ninguém tinha celular naquela época. Fiquei pensando: *Quem é esse cara, porra? Deve ser alguém grandão*. Descobrimos depois que "grandão" nem chegava perto: ele era um chefão do narcotráfico, definitivamente não se tratava do tipo com quem deveríamos estar associados, muito menos repartindo cocaína dentro do nosso ônibus. O que a gente tinha na cabeça? O cara era tão perigoso que o FBI apareceu no show seguinte à procura dele. Pensa num choque de realidade!

Quanto mais longas se tornavam as viagens e mais acelerado o ritmo de vida, mais fui perdendo a conexão com a realidade. Mesmo minha casa já não era mais um local livre de drogas, porque comecei a achar impossível retomar o senso de normalidade em que eu me apoiava quando a turnê terminava. Me lembro de voltar durante uma folga e acabar descobrindo que Nancy e alguns de seus amigos do mundo da moda também estavam usando. Não tinha como escapar. Falávamos que tínhamos tudo sob controle, mas, no começo dos anos 1980, a cocaína era um elemento básico da estrada para inúmeras pessoas com quem eu viajava e trabalhava. E lá estava ela para nos receber quando gravamos um disco pela primeira vez no Reino Unido. Para alguns, ter um pouco de *schnah* por perto durante as sessões de *A Farewell to Kings* certamente ajudava a manter os olhos abertos, *arregalados*, à medida que nossos horários foram se estendendo até cada vez mais tarde da noite. (Ressalto que não cheirávamos enquanto estávamos gravando, mas alguns dos que não estavam envolvidos diretamente com a sessão de gravação certamente achavam que não havia problema algum em fazer isso.)

Finalmente, alguns acontecimentos começaram a colocar um ponto final no meu romance com o pó. Um deles aconteceu num dia de folga numa cidadezinha do Texas durante uma turnê: entediados e inquietos, meu amigo músico e eu ficamos sabendo de um bando de hóspedes farreando no hotel, então fomos até lá e entramos de penetras na festa – uma coisa que nada tem a ver comigo. Bem, não demorou muito para descobrirmos que havia uma garota em posse de um pouco de coca. Nós a convencemos a transferir a festa para o nosso ônibus, mas tudo o que queríamos era a branquinha, e, assim que cheiramos tudo, demos uma desculpa e pedimos que ela fosse embora. Depois, eu e ele tomamos uma bebida, calados, nos sentindo meio culpados, e, quando cheguei ao meu quarto para tentar dormir, simplesmente me senti *muito mal*. Estava com nojo de mim mesmo. Tirei vantagem de uma fã só para ficar meio loucão por causa de uma coca de merda? Foi um momento realmente terrível para mim, e que fez com que eu *acordasse* e me desse conta da arapuca em que havia me metido. Bem, quase isso.

Pouco tempo depois, eu estava numa grande festa pós-show em Londres. Naquele momento, já tinha reduzido meu consumo regular de *schnah* e decidido que ficaria sóbrio durante aquela noite específica, talvez apenas tomasse um ou dois drinques. Enquanto circulava entre os convidados agrupados em círculos pequenos, percebi que havia pouca conversa – ou, de qualquer maneira, pouco interesse –, mas muita gente estava encarando as pessoas, fungando e lambendo os dentes; todos pareciam nervosos e sobressaltados. Todo mundo estava esperando outra pessoa, qualquer outra, que os convidasse para ir até o banheiro dar mais uma cheirada; depois, eles voltavam e repetiam todo esse ritual maldito. Esta foi a pior parte: ninguém estava rindo nem mesmo contando uma piada, era o oposto das festas regadas a maconha, em que todo mundo ria até mesmo sem saber do que estava rindo! Quero dizer, como se faz um drogado rir? De repente, a falta de sentido de tudo aquilo ficou tão óbvia para mim quanto o narigão no meio da minha cara.

Foi ali que eu simplesmente parei. Durante os meses seguintes, talvez cheirasse uma carreira ou fumasse um pouco para ver se realmente sentia falta daquilo, mas o fato é que não sentia, e nunca mais olhei para trás. Assim como aconteceu com o LSD, acho que foi algum tipo de rito de passagem, uma coisa pela qual eu precisava passar. Muitos amigos continuaram usando sem problemas, e, por mim, tudo bem: eu não tinha o direito de julgar ou tentar convencê-los a parar. Aquilo tudo só tinha chegado ao fim para mim. Tive sorte por simplesmente conseguir me distanciar daquele tipo de coisa.

Como tinha sido uma criança muito quieta, eu gostava demais de viajar e de socializar, dos luxos e de todas as regalias que aproveitávamos por fazer parte de uma banda. Sentia que tinha que recuperar o tempo perdido! Mas, mesmo quando mergulhei de cabeça, havia sempre uma voz dentro de mim que me dizia para parar. Parte do meu cérebro me cutucava e falava: "Cara, que ladeira abaixo é essa em que você se meteu? Este não é você. Esta não é a pessoa que você quer ser". Essa voz me fez muito bem durante toda a minha vida. Naquele tempo, é claro, todo mundo conhecia alguém que teve overdose, o que servia como um alerta (se você fosse esperto), mas foi porque perdi meu pai tão jovem que me mantive atento. Por muito tempo, acreditei que não viveria muito mais do que ele. Era um pensamento irracional, mas o medo de morrer jovem me empurrou para dois caminhos ao mesmo tempo: por um lado, me fez querer aproveitar a vida ao máximo, o que incluía prazeres hedonistas como a cocaína, mas, por outro, foi o que provavelmente me salvou, porque não importava o quanto eu estava fodido das ideias, sempre tive o bom senso de colocar um ponto final e voltar ao normal.

Já que tocamos no assunto: foi do mesmo jeito que parei de fumar. Por volta de 1983, enquanto produzia o álbum do Boys Brigade, eu fumava um maço por dia. Fiquei com uma tosse seca e me sentia mal o tempo todo, mas demorou para eu me dar conta de que o cigarro tinha a ver com isso. Depois, com o prazo estourando, olhei para o cinzeiro e, de repente, me dei conta de que a pior coisa do mundo seria fumar mais um cigarro. Joguei o maço fora e nunca mais dei uma tragada sequer.

CAPÍTULO 14

EM 1977, COM AS VENDAS DE *2112* aumentando e o sucesso subsequente do nosso álbum ao vivo *All the World's a Stage*, conseguimos agendar shows como headliners por toda a América do Norte com certa regularidade. Começaram a falar da gente também do outro lado do Atlântico, particularmente no Reino Unido, onde uma base de fãs já estava fazendo barulho. Como sempre, quase não tocávamos no rádio, então os fãs tinham que nos descobrir pela propaganda boca a boca ou graças à infame imprensa musical britânica. A *Melody Maker*, a *NME* e a *Sounds* mantinham uma longa tradição de descobrir, promover e destruir artistas, e possivelmente tinham mais força no Reino Unido do que publicações semelhantes na América do Norte. Pode ser que não pudessem realmente coroar ou destronar uma banda, mas, sem dúvida, podiam ajudar os músicos ou tornar suas vidas um inferno.

Por outro lado, era um milagre descobrir bandas locais ou alternativas no Canadá, tendo apenas a *Beetle* em Toronto, de baixo orçamento e pouca sobrevida. O fã de hard rock patriótico não tinha chance. Nós contávamos com as revistas dos Estados Unidos, como *Rolling Stone, Creem, Trouser Press* e *Circus,* para obter alguma informação sobre as bandas que adorávamos, mas a cobertura dos músicos locais era quase inexistente.

A propósito, isso ajuda a explicar por que os fãs de gêneros mais incomuns ou de bandas alternativas tendem a ser tão fervorosos. Nossos fãs dominavam um território tribal: reivindicar a posse de sua descoberta *cool* apenas os deixava ainda mais apaixonados. Ser fanático por uma grande banda de quem ninguém ouviu falar era como ostentar uma condecoração. "O quê? Você nunca ouviu falar no Van der Graaf Generator? Dá uma olhada em *Pawn Hearts*, cara. O som deles é cheio de camadas sombrias e melodias bacanas, e eles tocam muito!"

Para ser justo, *realmente* tínhamos uma cena radiofônica mais aventureira que o Reino Unido (John Peel e Alan Freeman eram as exceções notáveis da Radio 1, da BBC). Os camaradas da minha idade se lembram de ouvir *rock de verdade* escapulindo pelas ondas das rádios mais populares: "The Low Spark of High Heeled Boys", do Traffic, "I Can See for Miles", do The Who, "Immigrant Song", do Led Zeppelin, "Heart Full of Soul", dos Yardbirds, "Roudabout", do Yes, "Itchycoo Park", do Small Faces, "Could Have Been a Lady", do April Wine, e até mesmo "Summertime Blues", do Blue Cheer, tiveram seus ocasionais momentos de exposição. No final dos anos 1960, a música estava se espalhando mais rápido da AM para o estéreo da FM, dando início à era do ouro da rádio para quem vivia principalmente nas grandes cidades, com formatos mais livres e, depois, com as rádios progressivas. Quando isso se subdividiu em categorias de nicho e o jabá começou a assumir o controle das playlists dos DJs, as rádios universitárias ocuparam esse espaço onde música boa e desafiadora poderia se infiltrar. Nesse meio-tempo, as rádios britânicas continuaram presas aos tradicionais programas de variedades e a uma programação voltada para todas as idades. Isso forçou o surgimento das rádios piratas, estações sem licença como a Radio Luxembourg (com base em... Luxemburgo), a Radio Caroline e a Radio Atlanta, que transmitiam diretamente de navios e plataformas marítimas ancorados em águas internacionais, mas geralmente o sinal era fraco e tinha muita estática, e as próprias estações afundavam às vezes por causa de tempestades. Por todas essas razões, em resumo, a imprensa musical britânica tinha se tornado particularmente influente.

A *Melody Maker* foi a publicação musical original, a avó de todas as revistas do gênero, tendo sido criada em 1926 como circular para divulgação de músicos de baile. Em 1952, surgiu uma rival, outra publicação semanal, *The New Musical Express,* que, mais tarde, criaria a primeira parada de sucessos do Reino Unido; e, em 1956, a *Record Mirror* passou a publicar uma lista dos álbuns mais vendidos. Em meados dos anos 1970, a *NME* era a publicação musical mais vendida da Grã-Bretanha, conhecida, e às vezes notória, por sua cobertura nada objetiva – a resposta britânica ao jornalismo gonzo norte-americano, com jornalistas tão importantes nos artigos quanto os artistas – e, graças aos críticos mais iconoclastas, ela se alinhou ao movimento punk britânico. A rivalidade se transformou em partidarismo e, em 1970, dois antigos funcionários da *Melody Maker* fundaram outra publicação semanal, a *Sounds,* se estabelecendo como autoridade em rock progressivo e heavy metal.*

Com a tenra idade de 19 aninhos, um camarada chamado Geoff Barton se juntou à *Sounds*. Ele estava entre os primeiros jornalistas que empregaram a expressão "heavy metal". Geoff gostava da nossa música

* Foram eles que cunharam o termo New Wave of British Heavy Metal, com seu acrônimo, e não estou brincando, NWOBHM – uma porra de uma sopa de letrinhas como o próprio movimento.

(ESQUERDA) *Uma rara foto de Neil dando um autógrafo (e sorrindo!).*

(ACIMA) *Três exemplos do tipo de cobertura que recebíamos da imprensa no Reino Unido no final dos anos 1970. Nem todas eram ruins! [Manchete da edição da Sounds à direita: Por que esse cara não tem vergonha de um visual desses em pleno 1978] Apesar disso, ajudaram muito a nos tornar conhecidos em toda a Grã-Bretanha e Europa.*

e, na edição de 5 de fevereiro de 1977, escreveu uma resenha de *Caress of Steel* com o subtítulo "Led Zeppelin dos pobres? Ou descendentes subestimados do rock de espada e feitiçaria?". Isso atraiu certa atenção para nós e fez com que produtores de shows de Londres ficassem de olho. Logo Ray e Vic foram contatados na SRO por um agente chamado Neil Warnock, que insistiu que fôssemos para lá.

Contudo, antes de entrar no que considero nossa "Fase Muito Inglesa", preciso me adiantar um ano para ilustrar a atitude da imprensa musical britânica, quando um jornalista da *NME* nos entrevistou num hotel em Londres. Tudo começou de maneira bem inofensiva, mas tomou proporções bizarras na época da publicação. Você já deve ter lido sobre isso, mas vou retomar o assunto não apenas para descrever o cenário daquele tempo, mas também para explicar a evolução do meu papel como frontman do Rush nos shows.

Antes da entrevista, em março de 1978, a *NME* tinha publicado algumas críticas que iam de decentes a ruins, mas nem nos importamos porque já estávamos acostumados. Esse cara, Barry Miles, ao que parece, tinha sido enviado para nos entrevistar porque era o único da equipe que tinha ouvido falar em Ayn Rand. Quando entrou no nosso quarto de hotel, parecia educado, embora seja importante mencionar que carregava consigo um distinto aroma de cerveja do tempo que havia acabado de passar no pub.

Sua primeira pergunta foi sobre nossa presença de palco: ele questionava por que não projetávamos mais personalidade nos nossos shows. Achei uma pergunta bastante justa, que merece uma resposta aqui. Era verdade: eu *não* tinha o carisma de um artista e não falava muito com o público. Com 24 anos, ainda estava aprendendo a interagir com a plateia de um jeito mais natural, quase como se estivéssemos numa sala curtindo a companhia uns dos outros. Agora que a banda era atração principal e tinha um set mais longo, compreendi como era importante haver algum tipo de comunicação, mas levou anos para me sentir confortável com isso.

Admiro demais artistas como Dave Grohl, Eddie Vedder e Tom Waits, que conseguem conversar tão naturalmente com o público, sem cair em clichês do rock, mas eu era tímido e não nasci para ser um bom contador de histórias no palco; Rutsey sempre tinha sido o responsável por falar quando estava na banda, então todo esse negócio de ser mais saliente exigiu de mim um longo aprendizado. Além disso, abrimos para tantas bandas que, a meu ver, gritavam saudações nada sinceras noite após noite que me sentia relutante em embarcar nesse trem. Quando abríamos para o KISS, eu ficava na lateral do palco escutando Paul Stanley falar coisas como "tenho a sensação de que podemos deixar esse lugar ainda mais quente do que o infeeeerno", o que parecia mais uma propaganda de um álbum do KISS do que uma interação honesta. Eu costumava assistir a artistas mais experientes e pensar: *Por que estão gritando com as pessoas que estão ali sentadas? Não precisa berrar, você tem* amplificadores. *Apenas converse com elas!* Foi o que tentei fazer, mas me sentia meio tolo falando "E aí, Montreal?" na minha voz naturalmente suave de quando converso com as pessoas. Havia ainda Barry Hay, vocalista do Golden Earring, que falava aos fãs todas as noites: "Ei, [*insira aqui o nome da cidade*], é meu aniversário! Eu nasci aqui!". (Na verdade, essa era muito engraçada.) Optei por uma abordagem menos é mais. Eu sentia que o público estava ali para ouvir música, portanto bastava que tocássemos.

De qualquer maneira, a entrevista para a *NME* se voltou para política e filosofia, e criou-se um clima nitidamente afetado entre Neil e esse tal de Barry Miles debatendo frente a frente pontos hipotéticos de governança e prioridades sociais: o socialismo no Canadá e na Europa seria simplesmente um capitalismo de Estado? Quais eram os prós e os contras do assistencialismo social? E assim por diante – certamente nada a ver com uma entrevista normal de rock n' roll. Continuamos a responder da melhor forma que podíamos, mas o clima ficou tenso.

Tenho que reconhecer, éramos jovens e ingênuos demais para ter uma visão de mundo totalmente embasada. Nos considerávamos capitalistas, mas votávamos nos progressistas; pensávamos que éramos independentes, mas valorizávamos a rede de apoio social e o sistema de saúde pública do nosso país. Não entendíamos conservadores ou progressistas – ou até mesmo capitalistas e *socialistas* – como valores necessariamente opostos. Tentamos responder o mais educadamente possível e debater cada ponto que ele trazia, mas o cara queria polêmica. Depois, como é típico dos jornalistas, foi ele quem teve a palavra final *impressa* e publicou um discurso prolixo que tinha pouco a ver com a discussão da qual achávamos ter participado.

"Então, agora entendo a liberdade de que [Neil] estava falando", escreveu ele. "Liberdade para os patrões e quem tem dinheiro fazerem o que quiserem, e liberdade para os trabalhadores pedirem demissão (e morrerem de fome) ou não. O trabalho liberta. Essa ideia não lembra certo lugar? 'O trabalho liberta.' Ah, sim – estava escrito no portão da entrada principal do campo de concentração de Auschwitz..."

Que porra é essa? Ok, aí meu sangue começou a ferver.

O artigo continuava: "Esses caras estão propagando esse tipo de coisa no palco e no disco, e ninguém ao menos os questiona. Ninguém os critica. Todos os carimbos da direita estão ali: a linguagem pseudorreligiosa... O uso de um símbolo quase místico – o homem nu confrontando a estrela vermelha do socialismo (pelo menos, suponho que é o que se tenta demonstrar). Está tudo ali... Na verdade, são caras muito legais. Não ficam lá, com botas de cano alto, atormentando os outros. São educados, até mesmo charmosos, ingênuos – vagam pelo circuito de shows pregando o que me parece um protofascismo sem se dar conta do mal que propagam".

Respira fundo, Ged... Sermos descritos como fascistas tentando fazer a cabeça dos fãs de rock britânicos já era confuso demais, mas, quando cheguei na parte em que ele invoca as palavras inomináveis nos portões de *Auschwitz*, pensei: *Vá se foder, cara*. Você invocou a porra da coisa errada. Com meu histórico de vida? Tá tirando com a minha cara? Eu entendo que no período socialmente polarizado da ascensão de Maggie Thatcher ao poder, a mídia britânica levava sua política de esquerda muito a sério (claramente, era o caso desse cara), mas ainda tenho dificuldade para compor uma resposta madura e equilibrada para isso. Num primeiro momento, tentei ser gentil com ele (um traço bem canadense, não é?), ver o mundo pela perspectiva *dele*, mas esbarrei, e ainda esbarro, naquela referência abominável. Não quero que ele morra nem nada disso, mas o cara ultrapassou a porra do limite.

Depois de sobreviver à nossa "Turnê Pelo Ralo", nos considerávamos afortunados o suficiente por ainda estarmos na ativa. Tínhamos orgulho da nossa vitória sobre aqueles que queriam que a gente se conformasse e se vendesse. Encurralados, nos inspiramos no manifesto artístico de Ayn Rand sobre os direitos do indivíduo e a importância de nos mantermos fiéis à nossa *arte*. Tínhamos escrito uma ópera rock cujo protagonista se rebela *contra* um regime totalitário e, convenhamos, não deveria ser tão confuso quem era o mocinho... *Deveria?* Os fãs são livres para interpretar a música por conta própria e da forma como preferirem, por mais distante que seu entendimento seja com relação à intenção do artista, mas aprendi que tanto letristas quando críticos carregam uma grande responsabilidade – porque as palavras (parafraseando Buda) têm o poder tanto de machucar quanto de curar. E, enquanto devemos viver com o que gravamos, os jornalistas podem nos apunhalar e fugir. No final, só posso sugerir que não éramos os *únicos* ingênuos naquele tempo. E vou deixar por aqui mesmo.

O COMEÇO DE NOSSA "Fase Muito Inglesa" – principalmente para mim – consolidou um caso de amor duradouro com Londres e com a Grã-Bretanha, apesar do episódio com a *NME*. Em 1977, depois da balbúrdia na *Sounds*, planejamos uma turnê curta pelo Reino Unido (com um único show na Suécia), começando em junho. Foi uma grande emoção tocar nas cidades e nas casas de show que só conhecíamos pelas revistas por tantos anos, e principalmente um triunfo para Neil, para quem Londres tinha sido um palco de sonhos desfeitos. Sei como ele se sentiu feliz ao se reconectar com os amigos que o ajudaram a atravessar momentos difíceis na primeira vez em que esteve lá. Dito isso, ficamos perplexos com a recepção do nosso primeiro público. Quando entramos no palco naquele 1º de junho no Sheffield City Hall, houve apenas uma curta saudação – depois, silêncio total, que ficou ainda mais evidente quando os amplificadores de Alex pifaram. Um começo constrangedor, mas, quando entramos com "Bastille Day", o público aplaudiu tão brevemente quanto antes: gritos entusiasmados, mas que se calavam de forma rápida e desconcertante. Dali em diante, sempre que eu anunciava uma canção, havia a mesma explosão de reconhecimento... então, de novo... silêncio. Era como uma cantiga de torcida de futebol, mas só com um único verso! Herns (que, naquela época, já tinha passado seus deveres como tour manager para Liam Birt e se tornado o cara da iluminação em tempo integral) tentou explorar alguns efeitos de luz dramáticos para despertar uma reação mais emocionada do público, só que não deu em nada. Se tocássemos um riff ou um solo que eles reconheciam e adoravam, recebíamos a mesma empolgação momentânea... e, depois, mais um recuo para um silêncio de expectativa. Foi quando me dei conta de que estavam reagindo a passagens musicais específicas. Uma das coisas que aprendemos com o KISS foi que, se você explodir alguma coisa, o público vai vibrar – mas isso era nos Estados Unidos. No Reino Unido, eles vibravam quando tocávamos um riff que adoravam. Estavam realmente escutando a música – e quero dizer realmente *concentrados* na audição. Rá! Como ousam vir ao show só para ouvir a música! Sem dúvida, tinham as prioridades certas, mas levou um tempo para nos acostumarmos.

Desde então, sempre fiquei fascinado por testemunhar como a personalidade de um país se revela na reação da plateia. O público nos Estados Unidos era barulhento e expansivo, os fãs vão aos shows para festejar e celebrar, e há certa animação elétrica até mesmo antes de as luzes da arena se apagarem. Os americanos gritam *ooh* e *aah* reagindo às luzes e à pirotecnia; eles sempre urravam quando Herns os envolvia numa luz branca brilhante ou disparava lasers pelo teto, ainda mais quando acionávamos os efeitos pirotécnicos. Mas tínhamos que nos adaptar conscientemente quando voltávamos para casa, no Canadá. Nunca havia reparado nisso quando era adolescente e frequentava os shows em Toronto, mas, como artista em turnê, tornou-se óbvio o quanto o público da nossa terra natal era mais contido e constrangido (com exceção da galera de Montreal, que era tão insana que as bandas às vezes planejavam iniciar ou encerrar as turnês por lá). Depois, havia os escoceses, que nos deixaram embasbacados na turnê *A Farewell to Kings*, quando tocamos "Closer to the Heart": eles cantaram tão alto, quase mais alto do que eu, que nos deixaram arrepiados. E aí, viajamos para a América do Sul em 2002 e, bem, foi uma grande revelação. Os fãs do Rush no Brasil, na Argentina e no Chile são tão expansivos quanto os americanos e conhecem as partes das músicas tão bem quanto os britânicos, mas são quase dramaticamente emotivos. Eles choravam durante o *solo de bateria* de Neil e foram ainda mais além quando, durante "YYZ", começaram a acompanhar a música como se fosse um cântico de torcida de futebol, com uma cantoria que se encaixou tão bem à estrutura da música em si que eu pensei: *Nossa, eles compuseram suas próprias partes*.

DEPOIS DESSES PRIMEIROS shows no Reino Unido, também ficamos surpresos ao encontrarmos fãs fazendo fila na saída para pegar nossos autógrafos – algo inédito para nós! Paramos, é claro, e autografamos tudo que podíamos; até mesmo Neil, que, mais no final da nossa carreira, se sentia constrangido ao receber esse tipo de atenção e passou a evitar essas situações. Autografamos ingressos e conversamos com cada um dos fãs, mas, assim que mais gente soube, as filas foram ficando cada vez maiores, e, se num primeiro momento, pareceu uma novidade que nós todos curtíamos, logo tornou-se uma obrigação de trabalho. Nos anos seguintes, organizamos *meet-and-greets* depois dos shows, mas até isso invariavelmente saiu do controle, se transformando em grandes festas pós-show, então passamos esse momento para período limitado antes do show. A questão é que cada agraciado é um combo de adulação que quer uma foto com você e "só dar uma palavrinha", e, quando se dá um autógrafo, ele pede outros três para os amigos. Portanto, o fato triste e inevitável é que quanto maior nossa base de fãs se tornava, mais isolados ficávamos. Você descobre que precisa se proteger, controlando sua fama da mesma forma que tem que controlar seu horário de trabalho (e suas drogas recreativas). Acho que alguns artistas curtem a bajulação de ficar lá todo dia e toda noite, mas, depois de um tempo, senti certa poluição de personalidade tomando conta de mim. Acredite, eu *gosto* de interagir com os fãs – é por isso que faço turnês –, mas, quando se tem um show de altíssima complexidade para fazer, sobra cada vez menos de si mesmo para dividir com outras pessoas.

NO PALCO, APRESENTÁVAMOS várias canções novas, um modo excelente de checarmos os problemas e aperfeiçoar as partes antes de gravar tudo. Nesse meio-tempo, Terry descobriu um estúdio com acomodações chamado Rockfield Studios, num local rústico em Monmouthshire, um pouco além da fronteira com o País de Gales. Seguimos direto para lá com nossa equipe depois do último show no Reino Unido, um total de sete pessoas, para nossa primeira sessão de gravação no exterior, que resultaria no álbum *A Farewell to Kings*. Quando nossos ônibus e caminhões pararam na sede da fazenda de Rockfield, com aquele ar antigo, cercada por ovelhas e vacas no pasto, e nós descarregamos o que agora era um verdadeiro arsenal de guitarras, baixos, percussão e teclados, parecia que o circo tinha chegado à cidade.

Um artista das crônicas de Rockfield que despertou certa nostalgia em nós foi Dave Edmunds. Quando éramos adolescentes, Alex e eu éramos fãs da banda de Edmunds na época, o Love Sculpture, que fez uma versão furiosa de "Sabre Dance", de Khachaturian; mais tarde, em 1970, como artista solo, ele gravou em Rockfield seu primeiro single de sucesso, "I Hear You Knocking". Depois que o Queen usou o estúdio para gravar trechos de *Sheer Heart Attack* e *A Night at the Opera*, a reputação do local ganhou escala mundial, seguida por inúmeros notáveis como Mott the Hoople, Be-Bop Deluxe, Joan Armatrading e outros mais. O Black Sabbath estava trabalhando no estúdio adjacente enquanto estávamos lá gravando, e, certa tarde, Ozzy apareceu e perguntou se a gente poderia "emprestar" um pouco de haxixe. Muitos anos depois disso, sempre que o Sabbath surgia em alguma conversa, Neil adorava erguer a sobrancelha e dizer: "Ei! Aquele cara me deve um pouco de haxixe...".

Foi a primeira vez em que trabalhamos num ambiente de gravação que também servia como moradia, e achamos que residir naquele local era exatamente o que o rótulo anuncia: um lugar rústico, tranquilo e, ainda assim, eficiente, com mesa de sinuca, televisão e sala de jantar com vista para o campo. (Depois de descarregarmos nossas coisas, alguns caras foram dar uma caminhada e foram perseguidos pelas vacas enfurecidas no banhado.) Foi uma mudança bem-vinda em comparação a comer porcaria enquanto nos acotovelávamos na mesa de controle do Toronto Sound: nada de ter que abrir espaço para conseguir sair pela porta, nada daquele estresse de pegar trânsito, nada de gente te incomodando para fazer outra coisa que não fosse um disco. Além do mais, isso foi antes do surgimento da internet e dos celulares, então realmente ficávamos sem qualquer contato com o mundo lá fora. A gente se levantava perto do meio-dia, tomava café que alguém já tinha preparado, e não precisava se apressar para entrar no estúdio e trabalhar.

Simplesmente perfeito. Nos primeiros dias, mantivemos o horário típico do rock n' roll, gravando do meio-dia até a meia-noite no estúdio, mas logo nos pegamos trabalhando cada vez mais tarde noite adentro até que trocamos completamente o dia pela noite; acordávamos bem tarde, tomávamos café perto das 4h ou 5h da tarde e trabalhávamos a noite toda, indo para a cama exaustos quando as vacas começavam a mugir e as ovelhas a balir. (Você faz ideia de como ovelhas são barulhentas?) Também não ajudava muito o fato de que Monmouth ficava a apenas três horas de Londres, onde havia um conveniente suprimento de haxixe ou de cocaína sempre que necessário. Não era bem o que se esperava de uma vida idílica no campo.

Seria a primeira vez que Terry não atuaria como engenheiro e produtor ao mesmo tempo. Ele ocupava a cadeira para acionar alguns comandos da mesa de vez em quando, mas a maior parte do trabalho pesado ficou com o engenheiro residente do estúdio, um irlandês engraçado e cordial chamado Pat "Duffo" Moran (que, infelizmente, faleceu em 2011). Nós o apelidamos de Duffo, porque toda vez que apresentamos a ele um novo som ou uma parte que considerava abaixo da média, ele franzia o rosto e dizia: "Ah, isso é *duff*" – "besta". Ele nos deixou tão malucos que, quando voltamos para gravar lá em 1978, um dos caras da nossa equipe criou um dispositivo chamado Duff-O-Scope, que supostamente detectava a "duffocidade" de qualquer som ao plugar os instrumentos e girar o botão.

Agora, falando sério, Rockfield nos deu a oportunidade de pensar fora da caixa – ou do quadrilátero, como realmente era. Havia uma sala de eco construída com esse exato propósito, o que garantiu os efeitos únicos da bateria, da guitarra e dos vocais que você pode ouvir em "Cygnus X-1" e "Xanadu", e também podíamos gravar ao ar livre, longe do barulho da cidade. Antes do amanhecer, instalamos microfones no pátio e gravamos o violão clássico, o sintetizador e os sinos para o segmento de abertura de "A Farewell to Kings", capturando alguns pássaros nativos na fita como um adicional. (Esses artistas de penas fizeram outra aparição na introdução de "Xanadu", gorjeando nos telhados do pátio enquanto Neil tocava seus blocos sonoros de madeira.) Para a abertura da faixa-título, Alex caminhou de leve ao redor de um microfone estéreo enquanto dedilhava, movendo a guitarra pelo palco sonoro; quando você o ouve passando de alto-falante para alto-falante, Lerxst está realmente andando pelo pátio como um antigo trovador.

Os fãs costumam apontar o desempenho acústico de Alex em *AFTK* como prova de sua versatilidade, então este parece um bom momento para refletir sobre o talento do homem. Sei que sou tendencioso, mas acho que ele é o guitarrista mais subestimado do rock. Os fãs do Rush o apreciam, naturalmente, mas não acredito que ele tenha recebido o reconhecimento que merece do mainstream ou dos críticos de rock. Neil e eu costumávamos chamá-lo de nosso cientista musical, pois ele, sem dúvida, é um dos grandes inventores de acordes, constantemente criando suas próprias inversões e complexidades incomuns de arpejos; ele é fluido e tem muita habilidade para criar riffs, é um dos solistas mais originais do rock, um guitarrista de blues-rock confiante e emotivo que, com apenas dezoito anos, desenvolveu sua própria mistura de rock pesado, blues, música clássica e muito mais.

Sua genialidade é espontânea, suas melhores ideias geralmente surgem em flashes e faíscas que você precisa capturar no calor do momento; se for muito metódico com Alex, ele perde o interesse. Desde os nossos primeiros dias compondo juntos, eu mantinha um gravador ao meu lado, mesmo que fosse apenas um daqueles pequenos de fita cassete, porque, muitas vezes, sem nem pensar, ele tocava algo simplesmente brilhante, e se eu falasse "Uau! Vamos construir uma música em torno disso", ele quase sempre precisava ouvir de novo, aprender minuciosamente a mesma coisa que tinha acabado de tocar de improviso. Sabendo disso, sempre que trabalhávamos com um novo produtor ou engenheiro, eu me sentava bem ali na sala de controle enquanto Alex se aquecia e me certificava de que o botão de GRAVAR estivesse ligado, para que não perdêssemos acidentalmente nenhum desses acasos felizes.

No começo, Alex criava os solos por conta própria, desenvolvendo-os gradualmente enquanto tocávamos nossas músicas repetidamente nos ensaios e no palco, mas, a partir do *Fly By Night*, à medida que o tempo para compor foi ficando cada vez mais limitado, alguns solos precisavam ser criados ali na hora, dentro do estúdio, o que exigia uma abordagem diferente. Na era analógica, antes do Pro Tools, criávamos "comps" alternando entre várias gravações em duas faixas de fita: primeiro, Alex gravava cinco ou seis solos enquanto anotávamos os riffs mais emocionantes ou momentos peculiares. Nós o encorajávamos a se soltar e ser mais expressivo em sua música. (Ele dominava aquelas harmonias inesperadas que Jeff Beck costumava fazer tão bem; quando você toca uma frase e a dobra, se torna um dos sons de guitarra mais sensuais que você vai ouvir na vida.) Em seguida, Broon e eu reuníamos tudo numa única performance, tentando várias combinações até chegarmos àquela mistura mágica. Com Alex, tínhamos várias opções, o que dificultava muitas vezes, mas ele acabou confiando em mim porque, como a maioria dos músicos quando deixados totalmente à vontade, ele perdia a objetividade. Para surpresa de ninguém, eu tinha muitas opiniões sobre os solos dele. Sentia que conhecia sua forma de tocar melhor do que qualquer outra pessoa, e Alex geralmente não se importava com as minhas interferências. Geralmente.

AS SESSÕES DE MIXAGEM para *A Farewell to Kings* foram agendadas no lendário Advision Studios, onde realizei outro sonho. T. Rex, The Who, Caravan e Gentle Giant haviam gravado lá, assim como o Yes: *Time and a Word*, *The Yes Album*, *Fragile* e *Close to the Edge* foram gravados ou mixados ou ambas as coisas no Advision, e para nós, fãs fervorosos do Yes, só de estar naquele espaço era como envolver nosso projeto numa atmosfera mágica. Essa foi a primeira impressão, de qualquer maneira. Em longo prazo, a atmosfera mostrou-se árdua e sem glamour algum, com aquelas paredes comuns desprovidas de tantas obras musicais monumentais que ali haviam sido criadas. Nós apenas nos acomodamos e focamos no trabalho.

Eu poderia entrar nos detalhes monótonos sobre o que envolve mixar uma gravação, mas vou poupar você (ou, pelo menos, meu editor vai). Basta dizer que é um exercício torturante de duvidar constantemente dos seus ouvidos, lidar com inúmeras misturas alternativas até enjoar, até que sua audição se esgote e você não saiba mais o que é certo. (É nesse momento que os produtores realmente demostram seu valor.) E é a partir desse tédio e dessa frustração que vem o caos.

COMO FOMOS testemunhas do surgimento da cena punk em Londres naquele verão de 1977, com bandas como Sex Pistols e The Clash o tempo todo em evidência no noticiário, durante um breve intervalo nas mixagens, Alex incorporou um certo Sr. Shyte, uma mistura de vadio de rua de moicano e Frankenstein com um alfinete preso no pescoço. Com o desenho pronto, ele enrolou a cabeça em papel higiênico, com uma colher fincada na testa (*oooh*, tão "punk"), e puxou o capuz por cima. Em seguida, escapuliu pela porta dos fundos do estúdio, retornou pela porta da frente e se apresentou à recepcionista perplexa como o empresário de Frank Lee Shyte e dos Rooten Nazis. Ele mostrou a ela o desenho, solicitando uma reunião com o dono da Advision para agendar o estúdio para seu astro em ascensão. A expressão no rosto dela ficou entre uma confusão educada e *você só pode estar de brincadeira, né?* Enquanto isso, a gente caía na gargalhada como se fôssemos crianças de oito anos.

"Ele está mesmo fazendo isso?"

"Ele não pode estar fazendo isso..."

"Sim, ele *realmente* está fazendo isso."

E, bem no meio da diversão, chegamos perto de um verdadeiro desastre de gravação. Estávamos trabalhando na mixagem de "Xanadu" quando a máquina da fita master deu um solavanco enquanto rebobinava e um dos cabeçotes ficou momentaneamente preso. A fita saiu e se enrolou no mecanismo abaixo do outro cabeçote, que continuava girando. Todos prendemos a respiração ao assistir à única cópia da música sendo triturada no interior da máquina. Num instante, minha mente entrou em modo de contenção de danos: *Ok, se estiver destruída, recolhemos o equipamento, configuramos tudo de novo, compramos mais tempo de estúdio, adiamos nossa volta para casa, gravamos novamente aqui em Londres...* Você bem pode imaginar. Enquanto roíamos as unhas, Terry soltou cautelosamente a fita do mecanismo, examinou centímetro por centímetro e descobriu que, graças a Deus, estava bastante amassada, mas não rasgada. Decidimos dali em diante fazer sempre, *sempre*, uma cópia de segurança imediatamente. Isso é algo que você deveria fazer de qualquer maneira, especialmente quando as fitas são transportadas entre estúdios diferentes, mas, como nós mesmos havíamos levado as fitas de Rockfield para Londres, não esperávamos ter nenhum problema. Lição do dia: *sempre* antecipe os problemas.

Devo mencionar que, embora nossa música não pudesse estar mais desafiadoramente fora de sintonia com as tendências da época, ficamos impressionados com a astúcia em relações públicas que essas bandas punk tinham, a capacidade de estampar as manchetes a todo momento. E, é claro, sua energia desenfreada era admirável. Mas, ao passo que seus mantras de três acordes eram divertidos, para um músico aquilo era entediante – assim como tenho certeza de que falavam a mesma coisa sobre nós. Mas, sem dúvida, uma coisa que aconteceu foi que o punk nos *legitimou* imediatamente! Quando começamos, éramos considerados uma banda progressiva grosseira: em comparação ao Yes, Genesis ou Led Zeppelin, a percepção – e a *crítica* – era de que não passávamos de uma imitação meio apagada. Mas, assim que o punk surgiu, subimos para o mesmo patamar que Yehudi Menuhin. Portanto, eles nos fizeram um grande favor.

Devo admitir que nunca fui a um show de punk, mas ouvi muitas histórias do nosso motorista, Bill Churchman. Sei que "nosso motorista" pode parecer muito aristocrático no rock n' roll, mas nosso amável Bill, de East End, que me explicou o que é necessário para ser um verdadeiro Cockney (você deve ter nascido ao alcance do som dos Bow Bells), nos contava histórias terríveis sobre ter que dirigir para aqueles caras. Sim, as mesmas bandas punk que supostamente desprezavam tais luxos estavam sendo conduzidas *pelo mesmo motorista que nós*. A principal diferença era que, quando éramos passageiros, não havia perigo de alguém cagar dentro do carro dele.

1978, a caminho de um show em Birmingham no lindo Daimler de Bill Churchman, ouvindo o cara contar as histórias das bandas punk... "Porra, Lerxst! Que cheiro é esse?"

CAPÍTULO 15

DEPOIS QUE A TURNÊ *A FAREWELL TO Kings* terminou, voltamos para a América do Norte, e pude aproveitar alguns dias preciosos com minha esposa. Sério, não sei como ela aguentou, porque quando embarcamos no que chamávamos de "Drive 'til You Die Tour" – "Turnê Dirija Até Morrer" –, quanto mais as vendas dos discos cresciam, mais distantes nossas casas pareciam no retrovisor.

Primeiro, fizemos uma viagem através do Canadá como headliners aclamados, depois cruzamos os Estados Unidos para fazer cerca de 10

Um registro da sessão de fotos para A Farewell to Kings *na Great Castle House, parte do complexo do Castelo de Monmouth, no país de Gales.*

(ACIMA) *Pete Way costumava ficar junto aos monitores e gritar para mim durante o show sobre saborear "néctar" e beber "o Leite do Paraíso".* (ESQUERDA) *No backstage com o UFO.* (ABAIXO) *Depois dos shows, sempre havia um tempinho para tomar umas com os rapazes: Lerxt e Michael Schenker, Andy Parker e Pratt, Pete e eu, Glee.*

shows, um atrás do outro, depois 18, depois mais 11, quando o UFO se juntou à turnê. Essa banda, e particularmente o baixista, Pete Way, adorava tirar sarro das nossas músicas: certa noite, enquanto o gelo seco que usávamos durante "Xanadu" se dissipava, vimos pantufas fofinhas pregadas no chão, junto aos pedais do baixo – para combinar, suponho, com meu quimono. Eles também colocaram sorrateiramente sobre o palco uma miniatura de bateria do Mickey Mouse bem em frente ao kit titânico de Neil.

Minhas inclinações ao prog rock deixavam Pete incomodado. No motorhome, enquanto eu ouvia o primeiro álbum solo de Bill Bruford, *Feels Good to Me,** para matar tempo antes de um show, Pete entrou e implorou que eu desligasse. "*Glee*, por favor! *Desliga* isso. Não escuta essas coisas. *Não* faça isso. Isso não te faz *bem*, cara."

Todos cheirávamos uma carreira de *schnah* de vez em quando, mas, mais do que isso, o UFO gostava mesmo era de beber um drinque ou quatro. Quando tocamos numa região do Texas onde a venda de álcool era proibida, eles não conseguiram aceitar a situação e ficaram visivelmente aborrecidos. Pouco antes de entrarem no palco, dei uma olhada pela janela do camarim e os vi no estacionamento, já com os instrumentos nas mãos e o figurino de palco, ao lado do road manager deles, reunidos em torno da caminhonete do cara e bebendo direto das garrafas. Ao menos uma vez naquela turnê, eu estava no backstage ouvindo o show deles quando escutei um estrondo seguido da ausência do baixo: Pete tinha caído do palco de novo.

Depois daquela turnê, fiquei muitos anos sem vê-lo. Então, nos anos 2000, ele apareceu no backstage em Columbus, Ohio, com sua então esposa, Jo, de mãos dadas. Era uma médica respeitável, pelo que soube, e parecia uma pessoa adorável, mesmo assim Pete parecia infeliz e meio contrariado. Não muito tempo depois, soube que *ela* tinha so-

* Eu estava encantando principalmente com o baixo de Jeff Berlin. Ouça "Joe Frazier" (a faixa bônus no relançamento pelo selo Winterfold) e você vai entender o que quero dizer.

frido uma overdose, e isso deve ter dado um sacode nele para retomar sua vida, porque, no final, Pete voltou para casa, na Grã-Bretanha, e começou a fazer shows novamente. Depois, em 2020, soube que ele tinha morrido – poucos meses depois de um acidente de carro e uma semana depois de seu aniversário de 69 anos. Descanse em paz, meu velho amigo, e obrigado por me fazer sorrir com tanta frequência.

EM FEVEREIRO DE 1978, voltamos ao Reino Unido pela segunda vez em pouco mais de um ano. Ficamos animados, mas tivemos que aprender a nos adaptar. Estávamos mal-acostumados com a facilidade de excursionar nos EUA e no Canadá, onde as arenas eram quase todas novas e com portões de carga amplos e de fácil acesso, as áreas de backstage eram espaçosas e os camarins, limpos; a coisa toda era muito bem equipada e com estrutura capaz de suportar qualquer quantidade de equipamento e efeitos que acompanhasse a banda. Naquela época, não era bem assim no Reino Unido, com casas de show menores, mais antigas e geralmente caindo aos pedaços: ainda estávamos aprendendo a lidar com o efeito de voltagens e transformadores diferentes no som dos nossos instrumentos amplificados e tínhamos que carregar tudo em becos nos fundos do prédio, colocar nossas coisas em camarins apertados e frios (principalmente no inverno, quando praticamente não havia calefação em lugar nenhum) e lidar com as pesadas cortinas corta-fogo, que, por lei, deveriam ser baixadas entre os atos, o que atrapalhava o posicionamento do equipamento, assim como as regulamentações rígidas de segurança que restringiam o uso de efeitos incendiários.

Ainda não usávamos uma tonelada de pirotecnia, apenas um ou dois flashes em "2112" e um pouco de gelo seco em "Xanadu"; os lasers só apareceriam na época de "La Villa Strangiato", quando Howard desenvolveu um efeito magnífico que se espalhava sobre o público. Inspirado desde muito jovem pelo trabalho de Chip Monck com os Rolling Stones e pelo que Arthur Max produzia para o Pink Floyd – ele acreditava que os caras tinham adicionado uma dimensão dramática, até mesmo emocional, aos shows numa época em que poucos artistas do rock pensavam em termos verdadeiramente teatrais –, Herns sempre dava um passo adiante. Não o impedíamos, exceto quando o que ele queria era caro demais, e, mesmo assim, eu brigava com Ray, tomando as dores de Howard porque realmente acreditava que era importante desenvolver o show, mas, desde o começo, nos dias mais humildes, quando não tínhamos dinheiro e dávamos um duro danado para montar o nosso próprio show, fomos mimados com o uso criativo que ele fazia de recursos limitados. Ele fazia mágica com luzes líquidas à la Grateful Dead, géis incomuns e apenas alguns holofotes PAR (o tipo de luz com um facho direto e estreito, originalmente usada nas estradas e nas pistas de pouso dos aeroportos); Herns foi um dos primeiros projetistas de iluminação a usar isso num show – seu primeiro "efeito especial", como preferir. A maioria das bandas preferia um facho de luz mais amplo cobrindo com um brilho celestial todo o palco e os músicos com cores que se alternavam – é assim que se faz um astro parecer memorável –, mas Herns não se importava muito com isso. Ele gostava de sombras dramáticas *em meio* aos fachos de luz e do efeito criado pelo entrecruzamento deles, como um caleidoscópio bem acima de nós (e se certificava de que sempre houvesse bastante fumaça no ar porque isso deixava as luzes ainda mais bem-acabadas e atraentes). Nossos egos não se intimidavam com isso: ficávamos contentes só por ter iluminação no show! Não querendo dizer nada, mas havia algum tipo de complexo de deus acontecendo ali, com Herns dançando naquela mesa de controle e agitando os braços no ar, conduzindo as luzes como se pensasse "Que se faça a luz. Porque eu sou Herns, o Portador das Luzes, e vou me apresentar a vocês nesta noite! (Dividindo o palco comigo, estão os três integrantes de uma banda chamada Rush. Vou garantir que vocês os enxerguem também durante o meu show.)"

No nível que podíamos pagar, também começamos a criar pequenos momentos com animação. Na turnê *Fly By Night*, projetamos a imagem da coruja da capa do LP batendo as asas, que não era algo tão sofisticado assim, mas ficou um luxo. Usamos projeções no telão desde o começo e ficamos obcecados com o tamanho do palco porque a profundidade podia limitar o tamanho da projeção. Com um palco mais estreito, se obtinha uma imagem muito pequena, às vezes apenas um retângulo vergonhoso acima da cabeça de Neil, então, para evitar um daqueles momentos típicos do Spinal Tap, Howard emoldurava a tela com luz colorida. Bem engenhoso, não é?

Nossa estrela continuou em ascensão em 1978. *AFTK* foi amplamente bem-recebido e "Closer to the Heart" chegou até mesmo a entrar no top 40 das rádios britânicas. Foi o ano em que uma multidão em Glasgow nos deixou embasbacados ao cantar em coro o refrão – a primeira vez que uma coisa assim aconteceu com a gente. Tocamos duas noites lá, no Apollo, um antigo teatro clássico construído em 1927, com colunas coríntias e um palco com uma inclinação significativa.* Ele também era muito alto – 15 pés e 6 polegadas para ser preciso, quase 5 metros de altura –, portanto, se você ficasse muito na beirada, sentiria vertigem. Na altura do rosto, bem à nossa frente, havia um mezanino que tinha sido construído para balançar para cima e para baixo e, posso dizer a vocês, aqueles caras de Glasgow sabiam o que estavam fazendo. Muitas bandas que tocaram naquele lugar testemunharam quando o público testava a resistência do "mezanino balançante", pulando com toda força, e você lá, parado, com medo de que a coisa colapsasse.

A grande vantagem de tocar duas noites seguidas no mesmo lugar é que a equipe não tem que recolher tudo e carregar o caminhão

---

* No jargão teatral, um palco "inclinado" é o que recai em direção ao público, por isso as diretrizes "coloque na parte da frente, à esquerda" – onde o pedestal do meu microfone ficava situado e onde basicamente passei a minha vida inteira.

depois do primeiro show, garantindo a eles uma noite de folga e a nós uma rara oportunidade de sair um pouco com o pessoal. Numa noite de fevereiro em Manchester, em 1978, fomos para o bar do Piccadilly Hotel. Já fazia algum tempo que Alex não parecia muito feliz. Seu segundo filho, Adrian, tinha nascido um ano antes e ele sentia muita saudade de casa. Do nada, ele desafiou nosso stage manager, Lurch, um cara fortão e alto, para uma competição de quem bebia mais conhaque. Conhaque, como se sabe, geralmente tem cerca de 40% de teor alcóolico e é para bebericar apenas; ninguém em sã consciência tomaria aquilo como se fossem shots, mas acho que contei doze rodadas. Não demorou para as palavras ficarem ininteligíveis e as vozes, alteradas. E, quando um triunfante Alex, claramente bêbado feito um gambá, jogou mais um copo na mesa, o vidro se espatifou em pedaços. Dei uma olhada para Liam e Howard e disse "melhor levá-lo para o quarto", então eles colocaram os braços em torno de Alex e sugeriram que era hora de dormir – até porque a gente tinha mais um show no dia seguinte.

Continuamos no bar rindo muito disso, depois decidimos que também já era hora de ir para cama. Estávamos esperando o elevador e, quando a porta se abriu, lá estava Alex, dormindo em cima de um carrinho de serviço. Morremos de rir mais uma vez e, de novo, Liam e Herns tiveram que carregá-lo e levá-lo para o quarto, que ficava ao lado do meu. Sentado na minha cama, eu podia escutar o barulho de coisas caindo e sendo arrastadas, como se ele estivesse trocando a mobília de lugar. Em seguida, escutei Alex gritando pela janela: "Ei, Inglaterra! Vocês são todos muito *burros*. Estão vivendo mil anos atrás! Ei, *vocês*! Estão me *ouvindo?*".

Abri a janela, coloquei a cabeça para fora e disse: "Lerxst, cara, vai dormir. É tarde".

"Dirk", disse ele, "dá para acreditar nisso? Estão todos vivendo *mil anos atrás!*"

"Sim, sim, Lerxstie, eu sei. Mas vamos lá, fecha essa janela." Fechei minha janela e comecei a tirar a roupa, mas ele continuava me chamando; depois, ouvi mais barulhos de coisas batendo. Ele tinha rasgado as cortinas e estava de novo dependurado na janela, batendo no meu vidro com um trilho de cortina.

"Dirk, Dirk. Não vai *embora*. Abre essa janela!"

Seminu agora, abri as cortinas quando a vidraça se estilhaçou, cobrindo meu quarto e meu corpo inteiro com cacos de vidro. Olhei para baixo e vi um caco de vidro de 5 centímetros em formato triangular fincado na minha coxa branquela, a cerca de meio centímetro da porra da minha masculinidade. Cuidadosamente, removi o vidro, depois escutei uma briga no corredor e um tumulto por todo aquele andar do hotel. Pisei com cuidado para desviar dos cacos de vidro, fui até a porta e espiei pelo olho mágico a tempo de ver Alex pelado correndo pelo corredor, com Herns e Liam correndo atrás dele. Tinham acabado de arrastá-lo de volta para o quarto quando dois seguranças saíram do elevador e bateram na porta. Alex abriu, a cortina enrolada ao redor dele como uma toga meio transparente, afirmando de forma obstinada que não era ele quem estava perturbando os outros hóspedes. Alex disse com a fala toda enrolada: "Bem, quer saber, não dou a mínima", e cuspiu num dos seguranças. Enquanto nós todos morríamos de vergonha, Herns fez o melhor possível para acalmar os ânimos, pediu desculpas e prometeu resolver tudo. Ele implorou que conversássemos no meu quarto, mas quando abri a porta, lá estava o vidro estilhaçado por todo o carpete. De algum jeito, Herns conseguiu levá-los até o escritório do gerente, assegurando que tudo voltaria ao normal, prometeu pagar pelos estragos e nos salvou de sermos expulsos do hotel no meio da noite. Eu me enfiei debaixo das cobertas naquele quarto com a janela sem vidraça, com cacos de vidro espalhados por todo lado, e peguei no sono com o ar frio de fevereiro invadindo o cômodo.

No dia seguinte, o pobre Alex se sentia envergonhado e humilhado, para dizer o mínimo, mesmo que soubéssemos que era apenas uma dessas coisas que acontecem quando uma pessoa está no seu limite.

Fragilizados, saímos para fazer nosso segundo show, e, quando voltamos, ele foi conversar com cada um dos funcionários, apertou a mão deles e pediu desculpas. Talvez por estar sendo tão sincero, o pessoal do hotel pareceu bem tranquilo com a situação toda, e eles até mesmo prometeram que nos receberiam da próxima vez em que visitássemos a cidade; mesmo assim, na manhã seguinte, fomos embora com o rabo entre as pernas.

O teste de resistência na estrada continuou até o final de maio de 1978. Do ponto de vista profissional, as coisas pareciam ótimas, pois, naquela época, já éramos headliners consolidados e, pela primeira vez, estávamos até mesmo ganhando certo dinheiro. O Uriah Heep, para quem abrimos quatro anos antes, agora era nossa banda de abertura. Falo isso sem qualquer sentimento de *schaden-freude*, até porque eles sempre foram muito bons para nós, mas penso que isso não deixa de ser uma moral da história, a própria definição de "o mundo dá voltas" e um lembrete de como a boa sorte pode aparecer e desaparecer de repente. É apenas parte do ciclo da vida na estrada.*

DE VOLTA PARA CASA, NANCY e eu estávamos prestes a comemorar nosso segundo aniversário de casamento. Fazia 20 meses que eu estava na estrada, passando o resto do tempo no estúdio; contando o tempo de verdade, tínhamos vivido juntos como casal por menos de dois meses e, neste ponto, não havia como mudar a situação. Ainda assim, estávamos bastante felizes nos nossos caminhos independentes, com Nancy firme na faculdade, e eu aparecendo de vez em

* Muitos anos depois, Ken Hensley, guitarrista e tecladista do Uriah Heep, foi trabalhar para a empresa Ampeg e apareceu no backstage para me ver num show em St. Louis, perguntando se eu gostaria de fechar um contrato de patrocínio. Igual a quando nos conhecemos em Pittsburgh, em 1974, éramos indivíduos em lados opostos na carreira, exceto que agora ele era vendedor (mas quase não tinha mudado em nada) e eu era a atração principal. Foi uma coisa esquisita para mim.

quando conforme a agenda da banda. De alguma maneira, encontrei um tempinho para procurar e dar a entrada da nossa primeira casa – um símbolo do comprometimento entre nós e um sinal encorajador dos frutos do meu trabalho. Foi também quando criamos novas tradições, começando com festas animadas e cada vez mais extravagantes de "Christmukkah", uma mistura de Natal com *Hanukkah*. Como uma das únicas famílias que conhecíamos que podiam comprar uma casa, abríamos as portas para parentes e amigos, colegas músicos e vários judeus rebeldes que nunca tinham comemorado o Natal antes. Sei que parece heresia, mas, assim como eu, eles já estavam fartos de observar com inveja o Natal ser celebrado ao redor do mundo sem participar, enquanto nós comíamos comida chinesa de delivery* e assistíamos a reprises de *A Felicidade Não se Compra* e *Milagre na Rua 34*. Basicamente era um caso de "se não pode derrotá-los, junte-se a eles".

Por muito tempo, minha irmã, meu irmão e eu concordamos em esconder da nossa mãe o quanto nós todos adorávamos o Natal, e mantivemos essas festas e jantares em segredo por muitos anos. Enquanto em muitos lares judeus o lema era "não fale da guerra", no nosso caso era "não fale de árvores de Natal". Às vezes, eu deixava escapar que tínhamos recebido Allan e Susie para jantar – tipo, em 26 de dezembro, então no fundo ela sabia, mas não queríamos jogar isso na cara dela. De qualquer maneira, geralmente passava a época de Natal na Flórida com Max, o que era conveniente, mas com o tempo abrimos o jogo. E sabe o que aconteceu? Ela não deu a mínima. Aderiu completamente à tradição e logo passou a se sentar conosco em torno da comprida mesa com todas as pessoas que amava – gente de todas as religiões e de todas as idades. Na verdade, acabamos recebendo mais judeus do que aqueles que realmente celebravam a data, ainda assim

* Um exagero da minha parte, baseado no estereótipo do judeu urbano aculturado, mas não creio que minha mãe tenha alguma vez pedido comida chinesa ou qualquer outro tipo de prato étnico. O mais provável é que estaríamos mastigando com dificuldade um *brisket* ultra bem-passado!

isso revelava o quanto minha mãe tinha evoluído do ressentimento por eu andar com a garotada *goyische* na adolescência a agora fazer parte de uma família de religiões mistas. Longe de ver seus netos como mestiços, ela os amava demais. Todas aquelas ideias e preconceitos do Velho Mundo, toda a dor e o medo, já tinham ficado para trás.

NAQUELE VERÃO, NÓS reservamos mais uma vez o estúdio em Rockfield e começamos a trabalhar em *Hemispheres,* com o lado A de outro álbum conceitual começando onde tinha terminado a jornada para dentro do buraco negro conhecido como "Cygnus X-1", de *A Farewell to Kings*. O lado B foi igualmente desafiador com apenas três músicas, uma delas sendo a instrumental complicada e mutável inspirada nos sonhos de Alex, que ele frequentemente nos contava à mesa durante o café da manhã. Essa narrativa de sonhos é algo que sempre vai fazer o ouvinte pegar no sono, mas os sonhos dele eram surreais, espetaculares, épicos, cinematográficos (num deles, ele manobrava um navio cargueiro pela Yonge Street); sempre que embarcava em outra longa e louca descrição à mesa do café, Pratt dizia: "Alguém o impeça, por favor. Estou ficando com dor de cabeça". Mas "La Villa Strangiato" é uma homenagem aos sonhos de Alex – não é inspirada em apenas um deles, é uma jornada pelo subconsciente dele (e seu apego excessivo à maconha), o que significava que qualquer coisa podia aparecer – por isso, a composição vai de um extremo ao outro.

No começo daquele ano, contratei um marceneiro e eletricista autônomo bem experiente que me construiu um suporte para sintetizador, que não apenas abrigaria meu Oberheim 8 modular e meu Minimoog, mas também permitiria que eu acionasse os sons com os pés por meio de vários pedais de baixo Moog Taurus montados na parte inferior: um suporte de teclados único, inteiriço e perfeitamente funcional. Ah, tá! Não apenas o cara demorou para entregar o suporte pronto, como o troço ficou absolutamente imenso. E mais um detalhe: não deu certo. Era possível tocar os teclados, mas os pedais não funcionavam. Nada. Zero. *Zip*. Eu não tinha como saber, é claro, mas o que eu estava tentando inventar era uma coisa que só surgiria alguns anos mais tarde: o MIDI, ou Musical Instrument Digital Interface, um sistema que permitia diversas peças de equipamento eletrônico conversarem entre si e controlarem umas as outras. Era exageradamente ambicioso, admito, mas o bobão que contratei tinha me convencido – a um custo alto, devo dizer – que conseguiria montar tudo. Bem, ele não conseguiu, e eu fiquei com aquele elefante branco nas mãos.

Felizmente, meu fiel técnico de teclados, Jack Secret, estava lá. Ele e o mago da eletrônica de Rockfield, Otto, trabalharam naquilo durante vários dias até obterem razoável sucesso. Foi um passo importante para nos tornarmos a menor banda de rock sinfônico do mundo! Àquela altura, eu tinha que obter o grave com os pedais de baixo sempre que precisava tocar guitarra na minha double-neck no palco, e me sentia frustrado com isso. Queria a textura e a musicalidade de tantos sons novos irresistíveis, mas, acima de tudo, eu era *baixista*. Preferia usar os pés em outros instrumentos enquanto me concentrava no meu único e verdadeiro amor.

Ainda tínhamos a convicção de não criar nada para o disco que não pudéssemos reproduzir ao vivo. Um exemplo clássico é "Closer to the Heart", em que Alex toca o primeiro verso no violão e, depois, há um intervalo, enquanto Neil gentilmente começa uma melodia no glockenspiel e eu o acompanho com os pedais de baixo. É lindo e acrescenta um momento de suspense, mas a principal razão pela qual compusemos essa música desse jeito foi para dar tempo a Alex de pegar a guitarra e tocar o verso seguinte com power chords.

As sessões de *Hemispheres* foram árduas, intensas e demoradas. Tínhamos chegado a Monmouth sem qualquer material escrito de antemão, então tivemos que nos enfiar na sede de uma fazenda perto do estúdio durante duas semanas e compor todo o álbum antes de nos mudarmos para Rockfield e gravar. Tínhamos subestimado nossas próprias ambições e acabamos com um álbum conceitual bastante complexo, que se tornaria muito mais difícil de gravar do que havíamos imaginado.

Sempre tivemos orgulho de tocar canções inteiras num único take, ao vivo, ali mesmo no estúdio – nada incomum para muitas bandas com canções curtas e simples, mas essas faixas mais complexas provaram estar além da nossa capacidade. O lado "Hemispheres" estava dividido em seções menores e, portanto, mais fáceis de gravar em uma única tentativa (mesmo as partes no compasso 13/8), mas com "Strangiato" foi completamente diferente. Durante dias, tentamos gravar todos os 10 minutos daquela música num único take perfeito, antes de aceitarmos a derrota e gravarmos em três partes separadas, que, depois, Terry reuniu. Levou mais de 10 dias para gravar as faixas-guia e fazer os overdubs para depois mixar, o que significa, pelos meus cálculos, que passamos mais tempo nessa única música do que em todo o álbum *Fly By Night*.

Aproveitamos de novo para gravar ao ar livre em "The Trees" e em partes de "Hemispheres", mas não acho que o sol brilhou no País de Gales mais do que duas vezes naquele verão inteiro. Enquanto o trabalho se acumulava e todos deixávamos a barba crescer, apesar de uma breve visita conjugal de Nancy, o charme de vivermos num clube só de rapazes começou a esvanecer. Tudo levou bem mais tempo do que se esperava. Ficamos sem tempo em País de Gales e tivemos que usar o tempo agendado para a mixagem no Advision, em Londres, para terminar de gravar a voz e as guitarras. Essas sessões vocais foram particularmente as mais difíceis de toda minha carreira, e em certo momento entrei em colapso. Para dar um descanso à minha voz, geralmente eu alternava os horários de gravação com Alex, mas, depois que ele terminou os solos, tive que cantar praticamente todos os dias. Foi quando me dei conta de que tinha cometido um grave erro. Como nunca havia cantado nenhuma dessas faixas antes em ensaios ou em shows, eu não tinha calculado se as melodias estavam ou não no tom mais adequado para mim. Na fase de composição, tinha trabalhado nas melodias, cantarolando baixinho ou em falsete, presumindo que daria certo. Só que não. Os tons que eu tinha escolhido estavam no meio-termo, o que significava que se eu cantasse com a minha voz falada ficaria muito baixo e sem potência, mas, se eu cantasse uma oitava acima no meu alcance marca registrada Geddy Lee, bem, ficaria agudo demais, mesmo para a porra do Geddy Lee!

Só fui me dar conta desse erro quando a luz vermelha de gravar acendeu, a fita começou a rodar e eu abri a boca para cantar "Prelude". Tentei várias vezes seguidas com potência e precisão acima do meu alcance vocal, que já era alto, e ficava frustrado cada vez que Terry falava: "Sinto muito, Dirk, está um pouquinho abaixo. Mais uma vez, por favor". No fim das contas – e a única vez da minha carreira em que isso aconteceu –, estourei e saí do estúdio furioso para dar uma caminhada pelas ruas de Londres, culpando todo mundo menos a mim mesmo – *Por que Terry não se deu conta disso? Ele é o maldito produtor!* Quando voltei ao estúdio, ainda estava com raiva. Cantei de novo, e de novo, e mais uma vez, esticando minhas cordas vocais durante *duas semanas* até que conseguíssemos o resultado de que precisávamos. Cara, aquilo foi uma tortura, mas finalmente consegui cantar e tentamos esfriar a cabeça para fazer a mixagem.

Não houve folga entre gravar a voz e mixar para podermos dar uma espairecida, o que foi um erro. Terry logo teve problemas com a mixagem no Advision. Ele não gostou nada do que estava saindo dos alto-falantes. Cada botão em que mexia, cada equalização que adicionava, parecia uma luta, e, embora tivéssemos ficado perfeitamente satisfeitos com a mixagem dele em *A Farewell do Kings* naquele mesmíssimo local, Terry começou a perder a fé. Estava apavorado. Numa noite, quando retornamos ao hotel depois de outra sessão frustrante, ele sugeriu que levássemos as fitas para outros estúdios de mixagem da cidade para nos certificarmos de que as faixas que tínhamos gravado em Rockfield estavam corretas.

Um desses estúdios era o Trident, no Soho, com seu lendário console Trident "A", feito sob medida. LPs com um som excelente, como *Ziggy Stardust*, o primeiro álbum de Elton John (com "Your Song"), parte do *White Album*, dos Beatles, *The Song Remains the Same*, do Led Zeppelin, *Nursery Cryme*, do Genesis, *Birds of Fire*, da Mahavishnu Orchestra, *The Yes Album* e vários outros tinham sido gravados ou mixados naquele lugar. Se o *nosso* som parecesse errado num lugar com aquele pedigree, a culpa seria toda nossa. Terry colocou as fitas para tocar e *bum*, não apenas o som parecia o disco que achávamos que tínhamos feito, como podíamos claramente ouvir quais ajustes poderiam deixá-lo ainda melhor. Fiquei estupefato e aliviado pra caralho – assim como Terry, a julgar pela cor que finalmente tinha voltado ao rosto dele. Tenho certeza de que ele já estava com dúvidas sobre sua habilidade de ouvir, mas bastou uma audição dentro do Trident e tudo ficou bom novamente. Ninguém pôde explicar o que não tinha dado certo com *Hemispheres* no Advision, mas uma coisa era certa: tivemos sorte de conseguir um raro e valioso horário no Trident. Músicos, engenheiros e produtores debatem dia e noite sobre quais consoles são superiores – analógicos, digitais ou híbridos; Neve, API, SSL e assim por diante –, mas a mesa de som do Trident realmente estava entre as melhores. E o mais importante, claramente combinava com o som que buscávamos para *Hemispheres*. Tinha um tom mais suave, parecia mais arejado; foi mais fácil de alocar os instrumentos no espectro sonoro, trouxe cor ao som de um jeito agradável. O agudo ficou delicado, já o alcance médio não parecia excessivamente agressivo e o grave ficou na medida. Em resumo, ficou *musical*.

Depois de tantos meses trabalhando no Reino Unido, organizamos uma festa oficial para ouvir o disco pronto com alguns camaradas, incluindo a galera da loja de souvenirs de Carnaby Street, onde Neil havia trabalhado. Você já sabe o quanto detesto essas audições finais, mas, dessa vez, o disco me pareceu incrível, diferente de tudo o que eu tinha feito até então. Senti que tínhamos alcançado outro patamar, mesmo que todo aquele esforço tenha exigido sangue, suor e lágrimas. A intensidade do que vivemos e o longo tempo que estávamos longe de casa durante essas sessões nos impactaram fortemente, e, de certo modo, nunca mais fomos os mesmos. Juramos jamais nos submetermos de novo a tal suplício. Estávamos determinados a nos preparar melhor, compor e até mesmo gravar demos *antes* de entrar no estúdio para gravar (inclusive, decidir quais as canções que deveriam fazer parte do disco!). *Hemispheres* nos ensinou a importância da "*pré*-produção", um critério para nos mantermos mentalmente sãos e também para atuarmos com mais profissionalismo enquanto mantínhamos um equilíbrio saudável entre a vida profissional e a vida pessoal.

ENQUANTO ESTÁVAMOS LONGE, absortos com o Rush, nossas famílias começavam a pagar o preço. Alex estava sentindo demais a saudade e a culpa por ser um pai ausente, enquanto Neil mal tinha ficado em casa naquele ano com sua filhinha Selena, que tinha nascido em abril. Ambos estavam adiantados com relação a mim no quesito filhos, embora isso fosse mudar em breve; nesse meio-tempo, Nancy e eu compramos nossa segunda casa, portanto agora tínhamos uma na cidade e outra no campo. Você pode dizer que, com 24 anos, estávamos aprendendo a viver a vida de *nouveaux riches*. Na verdade, estávamos longe de sermos *riches*, já que meu único bem de valor era um Porsche, e ainda por cima financiado. Apesar disso, estávamos ganhando dinheiro e começando a guardar um pouco enquanto pagávamos *duas* hipotecas. A vida estava ficando complicada, mas parecia que estávamos conseguindo dar conta. A ignorância da juventude às vezes tem serventia!

Antes de voltar para a estrada e promover *Hemispheres,* a banda começou a ensaiar. Isso pode parecer uma coisa trivial demais para ser mencionada, mas, trocando uma ideia com muitos outros músicos ao longo dos anos, me convenci de que *ninguém* jamais ensaiou mais do que nós. Nosso show tinha que ser perfeito ou simplesmente não faria sentido. Conversei com outras bandas que ensaiavam duas semanas e depois já saíam em turnê. A única exceção que consigo lembrar era meu amigo Josh Homme, que me contou que a banda que montou em 2016 para a turnê *Post-Pop Depression*, com Iggy Pop, ensaiou por mais de um mês. (E deu para ver o resultado. A banda estava perfeita e em ótima sintonia no palco.)

Não é que gostássemos de ensaiar. Bem, na verdade, Neil adorava os ensaios; era tão perfeccionista e tinha tanto medo do palco que os ensaios acalmavam seus nervos, porque ficava sabendo as músicas de cor e salteado. Mas, para mim e para Alex, ensaiar era a coisa mais chata do mundo. Você pode tocar a mesma música várias vezes, e mais uma vez, e novamente, e de novo, e mais uma vez, e, às vezes, só está fazendo isso por causa daquele integrante que precisa ensaiar. Sincronizar meus sequenciadores podia ser um pesadelo para todos os outros, tenho certeza, mas Alex também deixava Neil e eu enlouquecidos enquanto esperávamos que ele ajustasse seu som: dava pancadinhas na guitarra, torcia uma tarraxa, dava outra pancadinha, torcia outra tarraxa, OUTRA PANCADA na guitarra, torcia uma tarraxa... *Alguém me socorre aqui, por favor!*

Portanto, como virou norma, a gente ensaiava sozinho por duas ou três semanas até aprendermos nossas partes individuais sem ter que pensar muito nelas. Depois, a gente ensaiava como banda numa sala acústica durante mais um mês, antes de passarmos vários dias fazendo o ensaio geral no local do primeiro show da turnê. Para poupar minha voz, nos ensaios eu só cantava as músicas que os outros caras precisavam ouvir para identificar as pistas vocais. Anos mais tarde, passei a usar um teleprompter porque nossos shows ficaram tão compridos que, às vezes, eu esquecia a letra de uma música; e, quando começamos a usar adereços e a mudar o cenário, ficou melhor para todo mundo, tanto para a banda quanto para a equipe, saber exatamente onde estávamos numa determinada canção. Enquanto isso, todos os recortes de filmes em que trabalhamos por meses invariavelmente chegavam separados, às vezes nem mesmo estavam prontos para a noite de abertura. Nos anos 2000, nosso show estava repleto de animações no telão do fundo, e nós viajávamos com uma equipe de vídeo completa, então tínhamos que fazer ensaios gerais só para acertar esses detalhes. Cada música tinha sua própria identidade visual para acompanhar, e havia pouco intervalo entre elas. Quando havia esse intervalo, as câmeras projetavam ao vivo no telão o que estava acontecendo no palco; todas essas coisas tinham que ser coordenadas perfeitamente ou tudo poderia sair dos trilhos.

Para mim, o mais difícil em se preparar para uma turnê era a performance simultânea de todas as partes que tínhamos gravado em separado. Era relativamente fácil tocar as músicas do começo da nossa carreira do jeito que as gravamos, mas as complexidades rítmicas e líricas de anos posteriores viraram um inferno de cantar e tocar ao mesmo tempo. Minha rotina de ensaios era primeiro aprender as partes do baixo até que nem mais precisasse pensar nelas; apenas quando eu podia tocar só por meio da memória muscular, poderia tentar cantar a música. Essa foi outra razão pela qual Neil e eu nos dávamos tão bem: ele valorizava como eu aprendia esse tipo de independência multidestra da mesma forma que faz um baterista – e a habilidade dele era impressionante; com uma mão tocando um ritmo enquanto a outra tocava outro, e cada um dos pés também estava fazendo algo diferente. Cada membro do corpo está pensando como um indivíduo, separado, mas em sincronia. Quando pediram a Neil para descrever seu trabalho, ele disse: "É como correr uma maratona enquanto resolvo equações matemáticas". Amém, Bubba! Visto de modo matemático, as batidas discrepantes podem parecer que não se encaixam no mesmo compasso, mas Neil era um gênio ao fazê-las combinar. E, à medida que se exigia brilhantismo para criar tais ritmos, eram o rigor, a disciplina e os ensaios (assim como os ensaios – ah, sim, e também mais ensaios) que os concretizavam.

Mas a memória muscular tem um lado negativo. Depois de tocar a mesma música centenas de vezes, uma parte de você se entedia e a mente começa a vagar. Sei que parece impossível, mas eu podia estar no meio de uma canção, trabalhando com cada membro nos pedais, no baixo e nos teclados, com a pirotecnia explodindo, os lasers serpenteando ao meu redor e o público enlouquecido, enquanto minha mente estava em outro lugar, pensando em alguma bobagem. Certa vez, em Las Vegas, na nossa turnê *R30* – inconscientemente motivado, sem dúvida, pelas secadoras de roupa que eu tinha colocado atrás de mim no lugar dos amplificadores –, bem no meio de "Tom Sawyer", me peguei pensando em como iríamos lavar as roupas do meu filho Jules antes de irmos embora no dia seguinte. Outra vez, no Brasil, durante o intervalo, dei lances num leilão virtual para um artigo de colecionador de beisebol e passei metade do segundo set aborrecido porque achava que meu lance não tinha sido suficiente... É como quando você está dirigindo um carro e dobra à esquerda, então, de repente, pensa: "Eu dobrei à esquerda? *Liguei* a seta?". Se perder numa canção não é *tão* perigoso, mas tocar metade do show no automático pode tirar tudo do eixo, então você começa a inventar mudanças rítmicas na música, pequenos estímulos, para se manter alerta.

Falando em beisebol, a turnê *Hemispheres* também marcou a época em que a obsessão com o esporte realmente tomou conta de mim. Eu tinha abandonado os esportes havia muitos anos, mas me reconectei no final dos anos 1970, durante as turnês de *A Farewell to Kings* e *Hemispheres*. Acordava bem depois do meio-dia e meu ritual diário era implorar à simpática senhora do serviço de quarto para me enviar qualquer coisa que parecesse um café da manhã, e eu comia em frente à televisão. Foi nos primórdios da TV a cabo, e as únicas coisas que passavam na televisão naquele tempo eram novelas, infomerciais, filmes antigos, quiz shows e – cortesia de duas superestações de TV, a WGN Chicago e a TBS Atlanta – beisebol! Eu assistia aos jogos do Cubs ou do Braves e, como se você não soubesse, fiquei fascinado e decidi que, nos dias de

Para qualquer fã de esportes, colocar o uniforme de um time da major league é o auge da emoção, e eu tive sorte de fazer isso em várias ocasiões. Aqui estou eu, em 1992, com Big John Ball – quero dizer, Lerxst – no banco de reservas do Anaheim Stadium.

folga, em qualquer cidade que estivéssemos, assistiria a uma partida de beisebol no campo local; fosse da *major league* ou da *minor league*, o beisebol se tornou a grande evasão do universo da turnê, uma defesa contra o tédio e uma revelação para mim. Fiquei encantado. Me sentia tão profundamente envolvido com o jogo – sua história, suas estratégias e estatísticas, suas celebridades – que, no instante em que voltei a Toronto numa folga, me associei para ter cadeira cativa durante a temporada inteira do Blue Jays (eles só entraram para a *major league* em 1977, então foi fácil conseguir bons lugares naquela época) e, depois disso, nunca mais voltei atrás.

Entre outubro de 1978 e junho de 1979, nós rodamos o mundo: fizemos cerca de 135 shows, muitos deles com as bandas de abertura de sempre, além de Pat Travers Band, Judas Priest, Golden Earring e April Wine. Fizemos tantos shows (numa pegada só, foram 23 shows em 24 dias, viajando durante a noite para o local do show seguinte) que lamento dizer que agora não passam de um borrão na névoa formada seja lá por quais drogas ou bebidas que consumimos para conseguir dar conta daquilo.

Não havia muita escolha a não ser fazer turnês no exterior constantemente. Era muito difícil para os artistas canadenses daquele tempo alcançarem reconhecimento do outro lado da fronteira, por isso muitos, como Joni Mitchell, Neil Young, Leonard Cohen e The Band, levantaram acampamento e foram morar nos Estados Unidos. Outros, como Gordon Lightfoot, April Wine, The Guess Who e Bachman-Turner Overdrive, de alguma forma conseguiram fazer sucesso internacional enquanto se mantinham resolutos em solo canadense, mas, sem o benefício da exposição nas rádios top 40, tínhamos que fazer incontáveis shows ao sul da fronteira, abrindo para quem quer que fosse, tentando formar uma base de fãs no Meio-Oeste, que esperávamos que se expandisse para a costa leste e para a costa oeste por meio do boca a boca.

A maioria das outras bandas canadenses de que posso me lembrar não tinham vontade, conexões ou sorte – sem falar na determinação tenaz de Ray em nos manter trabalhando nos EUA – para ter sucesso dessa forma. Não é que, enquanto nação, nos faltasse talento. Parte do que sempre limitou tantos artistas canadenses tem a ver com nossa dura realidade geográfica: nosso país é vasto com uma população proporcionalmente minúscula, a maioria das nossas seis ou sete grandes cidades se concentram no Paralelo 49. Você pode viajar por via terrestre durante dias a fio até encontrar uma arena maior que o rinque de hóquei comunitário local, ao passo que eu sempre fiquei admirado com o número de americanos que viviam e trabalhavam em subúrbios populosos ou cidades menores, preenchendo os espaços do meio; lá tocamos em cidades agrícolas que mal apareciam no mapa, mas que tinham arenas com capacidade para 10 mil pessoas. Musicalmente falando, isso significava que o Canadá era uma nação de empreendimentos regionais sem a concentração de poder econômico *ou* o fervor empreendedor para se tornar maior.*

Antes dos anos 1970, a mídia canadense padecia da mentalidade de país pequeno: faltava uma consciência de ponta a ponta do país e um sentimento de orgulho nacional, e as estações de rádio favoreciam o tipo de música que fazia sucesso *em outros lugares*, reconhecendo as escassas bandas locais que tinham ganhado a aprovação do exterior, mas deixando outras no ostracismo, sem a atenção de que precisavam para crescer. Para resgatar os artistas canadenses desse círculo vicioso, nosso governo decidiu que tinha que construir uma muralha cultural entre nós e os Estados Unidos, impondo regulamentações de "Conteúdo Canadense" nos operadores de rádio e televisão nacionais: em 1971, um mínimo de 25% da programação musical tinha que ser Conteúdo Canadense, ou CanCon para abreviar, como definido pelo sistema MAPL (que se pronuncia "maple", como a nossa folha de bor-

* Quebec sempre foi uma exceção – ou mais ou menos isso. Tem um tipo de massa crítica graças à união de sua cultura e sua língua, mas, mesmo que Harmonium, Diane Dufresne, Octobre, Robert Charlebois e Beau Dommage fossem astros locais, nunca conquistaram audiência fora da província.

do na bandeira, entendeu?). O acrônimo descrevia os quatro critérios de "canadensidade", e pelo menos dois dos quais eram necessários para se qualificar:

M – a música foi composta por um canadense?
A – o artista é canadense?
P – a performance foi gravada ou apresentada ao vivo no Canadá?
L – as letras foram escritas por um canadense?

Era um jeito de impedir que a mídia dos EUA nos sufocasse, legalmente definindo o que constituía um artista canadense e assim obrigando as estações de rádio a tocar nosso trabalho com mais frequência. Viva! Ao nos qualificarmos em todas as quatro categorias, agora sabíamos que realmente *éramos* canadenses! Mas, antes que você adote uma postura como a da *NME* pra cima de mim e diga como é irônico nós três, capitalistas, fãs do estilo *laissez-faire* de Ayn Rand, termos celebrado uma intervenção paternalista do Estado, posso lembrá-lo que foi justamente a estação dos *Estados Unidos* WMMS que nos deu nossa primeira oportunidade real. E foi apenas por que nosso sucesso tinha começado no exterior que as estações de rádio canadenses, de repente, ficaram menos relutantes em nos dar uma chance, o que *só então* nos ajudou a encontrar um público maior na nossa casa e na nossa terra.

CAPÍTULO 16

EM 1979, EXCURSIONAMOS PELA EUROPA Continental pela primeira vez. O início estava marcado para Paris, mas o show foi cancelado devido a um incêndio no local, assim nosso primeiro show seria em Poperingen, na região flamenga da Bélgica, um contraste bizarro com os múltiplos shows lotados que havíamos feito em todo o Reino Unido. A casa de shows minúscula ficava nos fundos de uma fazenda, então, quando abríamos a porta do camarim, havia gado, cercas e casas de campo, e dava para mijar ali mesmo no pasto. A presença humana, contudo, deve ter ficado abaixo de mil pessoas, a maioria, motociclistas grisalhos que pareciam tão intimidadores quanto os dos Estados Unidos. Depois do show, Herns veio até a porta do camarim e nos disse que alguns deles queriam nos ver. Estávamos trocando de roupa, de volta ao nosso visual casual, mas não queríamos confusão, então falei: "Claro, pode deixar entrar... eu acho".

Ficamos em silêncio enquanto três homens com cara de mau entraram com passos pesados. Eles avançaram em nossa direção e disseram: "Rush?".

"Sim?", respondemos com certo receio.

"Perdão, Rush. Só queríamos dizer... que somos grandes fãs de vocês. Podem nos dar um autógrafo, por favor?"

Ufa!

A caminho do hotel, em Lille, passamos por monumentos e memoriais aos heróis de ambas as guerras, em Ypres e nos campos de Flandres e outros locais familiares graças aos livros de história. Nesses memoriais, junto a estradas, praças e igrejas, estavam listados os nomes dos cidadãos que tinham perdido suas vidas, e me dei conta de que estávamos passando de carro pelos mesmos campos de batalha onde esses homens pereceram. Uma sensação sombria me perseguiu o tempo inteiro enquanto circulávamos pela Europa. Falei isso para Neil, que um dia a transformou numa letra sobre o chauvinismo regional em "Territories":

We see many tribes – overrun and undermined
While their invaders dream of lands they've left behind
Better people – better food – and better beer
Why move the world when Eden was so near?

Vemos muitas tribos – invadidas e subjugadas
Enquanto seus invasores sonham com as terras que deixaram para trás
Pessoas melhores – comida melhor – e cerveja melhor
Por que mover o mundo quando o Éden parecia tão perto?

Com três dias de folga antes do show seguinte, em Oslo, na Noruega, visitei Paris pela primeira vez com uns amigos, passando pelo maior número de destinos clássicos possível, devorando *frites* e cervejas de alta octanagem em cafés. Bem tarde na nossa última noite lá, nos demos conta de que, exceto por um único cartão de crédito, não tínhamos mais dinheiro, mal um *sou*, mas juntamos alguns francos e cêntimos para comprar uma *demi bière à la pression* de despedida antes de seguirmos para o aeroporto. Por que estávamos tão falidos? Bem, tínhamos decidido antes de irmos embora que simplesmente precisávamos comprar três boinas, três cachecóis vermelhos e três camisetas listradas em azul e branco para usar no avião, assim podíamos chegar à Noruega como *les trois vieux gars de Paris!*

Depois de Oslo, tocamos em Gotemburgo e Estocolmo. Eu amo, amo, amo ser um estranho numa terra estranha, estar numa cidade es-

Zut alors: *nosso assistente Sam Charters, eu e o baterista do Max Webster, Gary "Stixy" McCracken. Uma nota triste (por que sempre tem que haver uma porra de nota triste?): alguns anos depois, Sam morreu em decorrência dos graves ferimentos que sofreu num acidente em Toronto. Uma luz brilhante extinta no seu auge. Mais au fin du jour, mon ami, sempre teremos Paris.*

trangeira cheia de marcas do tempo, meu cérebro tentando compreender o idioma, meus sentidos atentos a tudo ao meu redor, ter a sensação de que gerações antes de mim caminharam naquela mesma calçada sob meus pés. Em comparação, tudo na América do Norte parecia tão... inacabado. Sinto forte atração por coisas antigas – prédios, fotografias, bolas de beisebol e até mesmo baixos antigos –, que, para mim, se tornam janelas para o passado com histórias para contar. Explorar a Europa me fez ter ainda mais vontade de ver o mundo do que eu jamais havia tido antes. Sim, eu estava deslumbrado – grande coisa –, mas nossa próxima parada, a Alemanha, estava incutindo grandes doses de trepidação em mim. Afinal, enquanto eu vivia uma grande aventura, descobria coisas novas, não podia esquecer que minha família era originária daquele mesmo continente sob circunstâncias muito diferentes – radicalmente abduzidos, dizimados e com poucas opções a não ser *fugir*. E, quando chegamos a Nuremberg, fiquei totalmente perturbado.

Ainda assombrado pelas histórias horríveis das experiências dos meus pais durante o Holocausto, eu pensava automaticamente que a *Deutschland* era o epicentro de todo o mal. Quando passei em frente à fachada cravejada de balas do Grand Hotel, em Nuremberg, infame por ter sido o berço do Nazismo, senti calafrios. Entrei no meu quarto e, embora estivesse agora reformado como uma suíte moderna, assim como tantas outras em que me hospedei ao longo dos anos, não consegui sequer tirar minha jaqueta. Com a litania de histórias de minha mãe girando na minha cabeça, não conseguia afastar a sensação de que, durante a ascensão do pior regime fascista que o mundo tinha testemunhado, o alto comando alemão podia ter se hospedado naquele mesmíssimo quarto! E não só isso. Eu também estava dolorosamente ciente de que o hotel ficava próximo ao infame Palácio da Justiça, onde, em 1945, os nazistas que assassinaram tantos membros da minha família e destruíram as vidas de incontáveis outros tinham sem dúvida sido julgados. Não era surpresa alguma eu estar vendo fantasmas. Além disso, alimentando minhas alucinações dos tempos de guerra, quando liguei o rádio, descobri que estava sintonizado, entre tantas possiblidades, justamente na emissora das Forças Armadas Americanas. Ainda bem que estavam falando de beisebol, e o quarto começou a ficar mais aconchegante à medida que eu recuperava meu juízo.

Ainda assim, eu precisava sair de lá. Fui dar uma caminhada, observando e escutando as conversas das pessoas sobre cada peculiaridade de um dia comum. Comprei um *frankfurter* e me sentei para ouvir as pessoas falando alemão – e fiquei chocado ao descobrir, devido à similaridade com o ídiche, o quanto eu conseguia entender. E sempre que via alguém mais velho, não podia deixar de me perguntar: "O que *ele* estava fazendo durante a guerra? Onde *ela* estava?". (Geddy Lee, Caçador de Nazistas? Não, melhor continuar com meu trabalho normal.)

O final daquela turnê foi doloroso até a linha de chegada – literalmente. Na manhã seguinte ao show em Hamburgo, o plano era seguirmos até Mannheim, mas Alex machucou o dedo no quarto do hotel (no que devo presumir ter sido resultado de algum ritual de acasalamento sérvio com Charlene) e teve que ir ao hospital, onde fizeram um furo na unha dele para diminuir o inchaço. Depois, Alex insistiu em assumir o volante na Autobahn, onde, como se sabe, não há limite de velocidade. Com seu pé de chumbo, perdeu o controle da direção quando percebeu que estava prestes a passar voando pela *Ausgang* – e bateu com tudo numa placa de trânsito. A polícia chegou, mas não falava inglês, e ele não falava alemão, então tiveram que esperar duas horas até a chegada de um tradutor. Depois, quando finalmente nos alcançou em Mannheim, sentia muita dor e não conseguia tocar, então cancelamos o show no último minuto, assim como os dois shows seguintes.

Ficamos em Zurique durante dois dias para que ele se recuperasse e conseguimos tocar na Holanda, no Pinkpop, o maior festival de pop e rock do mundo na época, com um line-up cheio de astros, incluindo Dire Straits, Elvis Costello, Peter Tosh e, bem na nossa frente, em um dos três palcos, The Police. Naquele verão, estavam no topo das paradas com "Roxanne", e por todo lugar que se ia ouvíamos as melodias grudentas com uma pegada reggae que faziam a gente querer dançar. Queridinhos da imprensa, eles faziam caras e bocas para os paparazzi sempre que podiam, e, depois do set, foram direto para a piscina que havia no backstage (única vez que vi algo assim) e se jogaram na água de roupa e tudo – Sting vestindo aquela porra de macacão. Também lá atrás havia uma mureta baixa, e do outro lado, uma escada de concreto que levava à saída. Depois da passagem de som, meu técnico de teclados, Jack Secret, provavelmente sob a influência da erva do diabo, saltou a mureta numa queda de sete metros de altura e se espatifou no chão, enquanto o promoter Jan Smeets gritava: "Os pés dele! Ele quebrou os dois pés!". Urrando de dor, Jack foi carregado por Lurch pelo campo até a tenda de atendimento médico do festival, de onde foi levado para um hospital, mas insistia em voltar imediatamente para poder programar os teclados na lateral do palco, mesmo que estivesse já engessado e prostrado. Ele passou o resto do verão se recuperando no sofá da casa da mãe, mas cara, *que soldado*.

DEPOIS DA TURNÊ, precisávamos desesperadamente recarregar nossas energias, então decidimos fazer um intervalo de seis semanas – a primeira vez que tivemos uma folga com essa duração desde que Neil tinha entrado na banda. Mais tarde, no meio do verão, nos mudamos para uma casa de campo em Lakewoods Farm, Flesherton, Ontário, esperando reproduzir o mesmo tipo de ambiente de trabalho isolado na zona rural que tínhamos experimentado no País de Gales – com o bônus de estarmos perto de casa, a duas horas de carro, e, assim, podermos ver nossas famílias nos finais de semana.

Montamos nosso equipamento no porão e nos entrincheiramos lá para compor. Nossa atitude com relação a *Permanent Waves* foi totalmente oposta a *Hemispheres.* Em vez de compor faixas interconectadas num lado inteiro do disco, queríamos criar canções que não tivessem mais que cinco ou sete minutos. Ainda estávamos em busca de grandes ideias e de complexidade, mas achávamos que daríamos mais flexibilidade a elas se as liberássemos de um arco narrativo rígido: um álbum conceitual menor dessa vez, amarrado por um tema mais amplo. Estávamos determinados a abordar esse disco com "ligeira diligência profissional",* e o que aconteceu foi que todo o processo de *Permanent Waves* foi incrivelmente indolor. As coisas foram acontecendo rapidamente, as ideias fluíram e, em pouco tempo, já tínhamos escrito "The Spirit of Radio".

Era a época em que a new wave ou o "rock alternativo" estava em alta nas rádios da América do Norte, e uma estação em particular, perto de Toronto, estava marcando território com um formato mais solto, que, como contou à CBC, Neil achou inspirador:

> *Eu me lembro de ir para casa bem tarde e, enquanto estava contornando a paisagem escarpada na estrada com todas as luzes lá embaixo, de Hamilton e da Península de Niágara, onde eu morava naquela época, a CFNY Radio transmitia uma seleção de músicas fantástica... O slogan deles era "the spirit of radio", "o espírito do rádio". A canção em si, musicalmente, fica se alternando entre estações de rádio, com uma seção de reggae no final, o segundo verso é new wave, e eu toco como um baterista punk ali; e tudo isso foi intencional.*

Com um punhado de canções já afinadas e os dedos em boa forma, estávamos prontos para gravar no Le Studio, em Morin-Heights, no centro da região das estações de esqui, que ficava a uma hora de Montreal e com vista para o pé dos Montes Laurentides. Não levou muito tempo

* Uma expressão que ficou na minha cabeça desde que a li na nossa primeira resenha de show publicada no *New York Times.* O artigo não era muito elogioso, mas eu gostei *dessa* parte.

para nos apaixonarmos por aquele lugar – tanto que gravamos ou mixamos os cinco álbuns seguintes ali e partes de outros três. Ficava a apenas cinco horas de carro das nossas casas, o que significava que podíamos dirigir até lá sem problemas, e Broon podia trazer a cocker spaniel dele – nossa mascote, Daisy ou "Ski Bane", apelido que ela ganhou pelo talento de estar sempre aos pés de Neil e Alex enquanto praticavam esqui cross-country.

Você sente a influência francesa na província mesmo antes de chegar a Quebec, tão logo passa por Kingston, na Highway 401, e começa a ver as vans com propagandas de uma clássica iguaria *québécois*, *frites avec poutine*.* Depois que se cruza a fronteira, por todo lado há casas com telhados inclinados coloridos com telhas de metal (para ajudar a neve acumulada a derreter e deslizar) e, em vez de lojas de conveniência, *dépanneurs*. Você se aproxima do pequeno vilarejo de Morin-Heights e passa pelo bar local, o Commons Hotel, onde David Bowie, os Bee Gees, Chicago, Bryan Adams, Sting, The Cult, Keith Richards, Rupert Hine, nosso camarada Jack Secret e mais eram conhecidos por tomar umas, jogar sinuca e dar uma canja com as bandas locais depois de suas sessões de gravação ali nas proximidades.

Quase todos os dias, o sol entrava pelos janelões do estúdio, que iam do chão ao teto, com vista ampla para o lago; uma mudança bem-vinda se comparada ao aspecto de bunker da maioria dos estúdios de gravação. O mais importante: a sala de controle tinha um console Trident A-Range, o que garantia o som que nós conhecíamos e confiávamos desde nossa experiência no Trident, em Londres. Gravar *Permanent Waves* com o Trident do começo ao fim nos concedeu uma continuidade de som – a primeira vez que isso aconteceu desde nossos dias no Toronto Sound. Como em Rockfield, a localização isolada do Le Studio nos permitia gravar ao ar livre, com o bônus de podermos levar um amplificador

* Já que pergunta: *poutine* consiste em um tipo de queijo coalho queridinho dos residentes de *la Belle Province*, jogado por cima das fritas e meio derretido em um molho marrom de caldo de carne. Não sou muito fã, mas é um rango perfeito para ressaca.

de guitarra cruzando o lago até o pé das montanhas para obter um eco verdadeiramente natural, e também conseguimos criar nosso próprio efeito de som de poças de maré para "Natural Science", gravando Neil e Alex remando gentilmente pelo lago.

Na margem mais longínqua do lago havia uma casa de hóspedes com quatro quartos e um chalé de um cômodo onde residimos pelas semanas seguintes, nos banqueteando com pratos preparados por um renomado chef local, André-Paul Moreau. Também comíamos em seu restaurante, La Bouffe en Broche, em Saint Sauveur-des-Monts, uma cidade com resort de esqui que ficava a 20 minutos do estúdio, com ruas cheias de restaurantes franceses, o que deixava o lugar tão movimentado no verão quanto no inverno. Naquele tempo, eu não era um aficionado por gastronomia, mas, de muitas maneiras, foi ali que se iniciou meu interesse por comida e vinhos. Todo dia, no chalé, André escolhia um Beaujolais para nós, geralmente um Brouilly, do qual eu nada sabia a não ser que era frutado e agradável, mas a ideia de tomar vinho diariamente no jantar me conquistou. Parecia tão *civilizado*. Já meu técnico de teclados, Jack Secret, era um maconheiro por excelência que preferia Coca-Cola, então o chef André enchia a taça dele até a borda com Coca e anunciava com um brilho nos olhos: "*Voilà, Jacques, le Beaujolais Américain!*".

Enquanto escrevia este livro, tomei a decisão de ouvir cada coisa que gravei nos últimos 50 anos e anotar meus sentimentos, fossem bons, ruins, indiferentes ou dolorosos. Por questões de espaço (e tolerância do leitor), não posso falar de cada álbum que lançamos (38, incluindo nossos discos solo), mas aqui eu gostaria de parar e refletir sobre uma canção em particular, "Freewill", que, ao longo dos anos, tem gerado certa polêmica. Já toquei essa canção em shows centenas de vezes desde seu lançamento, em 1980, e embora eu sempre dê tudo de mim quando canto, na época posso não ter levado realmente em consideração o impacto que ela causava.

Admito que todo amante de música vá interpretar as canções à sua própria maneira; há um contrato tácito entre o compositor e o fã, faz parte do jogo. Às vezes, os dois estão alinhados; às vezes, não. Mas com o tempo, cada artista tem o direito de mudar a forma como originalmente se sentia com relação a sua própria criação. Chame isso de um marco de crescimento pessoal. Com isso em mente, aqui estão algumas palavras sobre a lei das consequências inesperadas.

Quando era jovem, fugi das obrigações do lar religioso em que fui criado. Sentia que estava exercendo meu livre-arbítrio, mas, como era teimoso, não compreendia totalmente as implicações das minhas ações. Naqueles dias, eu me agarrava a qualquer ideia que amparasse minhas aspirações, tanto pessoais como profissionais. Estava tentando criar minha própria identidade. Assim, enquanto a banda lutava para resistir à pressão corporativa para nos tornarmos mais comerciais, eu precisava de mais determinação ainda e encontrei força nos livros de Ayn Rand, que Neil apresentou a mim – em particular, o manifesto artístico evidenciado em *A Nascente* e, num nível menor, no ensaio "A Virtude do Egoísmo".

Em 1979, quando ele me entregou a letra de "Freewill", adorei a canção na hora. Era uma expressão poderosa do modo como o Rush estava assumindo o controle de seu próprio destino e também se alinhava à minha própria recusa de seguir dogmas religiosos, de me submeter à mão de Deus ou, de modo mais abstrato, ao destino. Mesmo que alguns conceitos de Neil fossem meio difíceis de assimilar, eu cantava todas as noites com confiança e orgulho, oferecendo ao público como uma contribuição ao eterno debate sobre existencialismo, determinismo e fé. Era, de fato, indeterminismo o que eu acreditava estar no centro disso tudo – a ideia de que nossas vidas *não* são predeterminadas – e esperava que isso fosse compreendido; mas, nas quatro décadas seguintes, desde então, tenho percebido que há pessoas exagerando na interpretação dos últimos versos do refrão:

I will choose a path that's clear
I will choose free will

Vou escolher um caminho que é claro
Vou escolher o livre-arbítrio

Para meu desalento, essas palavras têm sido citadas sem levar em conta à mensagem geral da música e usadas como uma desculpa, uma licença para alguém fazer qualquer coisa que quiser. Isso me faz querer gritar. Tiradas do contexto, se transformam numa ideia exageradamente simplificada de livre-arbítrio, estreita e ingênua, sem levar em consideração que até mesmo o indivíduo mais forte deve, em certa medida, curvar-se às necessidades de uma sociedade responsável. Com muita frequência, está atrelada a uma substituição inconsequente do bom senso.

Durante a pandemia de Covid, testemunhei isso em primeira mão. Quando postei uma foto no Instagram em que estava usando máscara, os falastrões não perderam tempo em atirar "Free will!" contra mim, como se essas duas palavras sozinhas constituíssem uma permissão para agir sem levar em conta o bem-estar dos outros, para ignorar a ciência e nos livrar da responsabilidade das consequências de nossas ações. Para mim, era estupidez se abrigar numa ideologia pobre em reflexão, se agarrando à letra da música como se ela quisesse dizer "posso ser egoísta pra caralho se eu quiser". Bem, caras, do meu ponto de vista, não é tão simples assim. Eu li o livro *e* as notas de rodapé. A vida não é tão preto no branco, nós vivemos em suas áreas cinzentas.

Temo que a vida seja complicada demais para nós simplesmente "escolhermos livre-arbítrio". Não se pode simplesmente dizer ou fazer qualquer coisa, priorizando seus direitos acima dos direitos de todas as outras pessoas. Gerações de eruditos (notavelmente os estudiosos do Talmude) passaram a vida inteira debatendo em detalhes bizanti-

(ACIMA, À ESQUERDA E ABAIXO À ESQUERDA) *Homens trabalhando. Que sopro de ar fresco ter a luz do sol invadindo o estúdio em vez de trabalharmos num bunker – a realidade de 99% dos estúdios. Eu queria poder lembrar que músicas estávamos compondo aqui nestas fotos...* (ABAIXO) *As letras de "Entre Nous" e "Natural Science" esperando para serem cantadas.*

nos a interpretação das regras do convívio em sociedade, porque tudo depende do *contexto*: quando, exatamente, vou escolher o livre-arbítrio? Acima da saúde dos meus filhos ou da felicidade da minha esposa? Acima da responsabilidade de não passar uma doença para meus concidadãos? Uma sociedade gentil e funcional precisa de limitações e de responsabilidades. Termos e condições se aplicam.

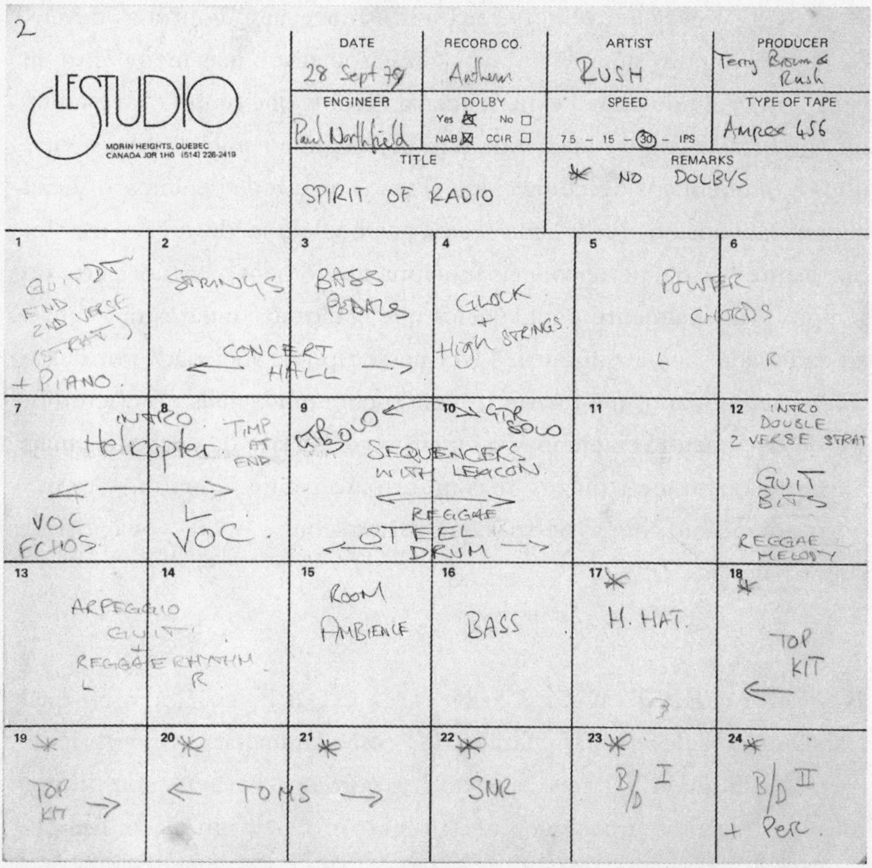

2
LE STUDIO
MORIN HEIGHTS, QUEBEC CANADA J0R 1H0 (514) 226-2419

DATE	RECORD CO.	ARTIST	PRODUCER
28 Sept 79	Anthem	RUSH	Terry Brown & Rush
ENGINEER	DOLBY	SPEED	TYPE OF TAPE
Paul Northfield	Yes ☒ No ☐ NAB ☒ CCIR ☐	7.5 – 15 – (30) – IPS	Ampex 456
TITLE		REMARKS	
SPIRIT OF RADIO		* NO DOLBYS	

1	2	3	4	5	6
GUITAR END 2ND VERSE (STRAT) + PIANO	STRINGS ← CONCERT	BASS PEDALS HALL →	GLOCK + High STRINGS	POWER L	CHORDS R

7	8	9	10	11	12
Helicopter ← VOC ECHOS	INTRO TIMP AT END → L VOC.	GTR SOLO SEQUENCERS ← REGGAE STEEL	→ GTR SOLO WITH LEXICON → DRUM →		INTRO DOUBLE 2 VERSE STRAT GUIT BITS REGGAE MELODY

13	14	15	16	17	18
ARPEGGIO GUIT + REGGAE L	RHYTHM R	ROOM AMBIENCE	BASS	* H. HAT	* TOP KIT ←

19	20	21	22	23	24
* TOP KIT →	* ← TOMS	* →	* SNR	* B/D I	* B/D II + Perc.

Este calendário com o planejamento das faixas ainda existe, mas as fitas master multicanal às quais as faixas pertenciam desapareceram completamente, e por isso Permanent Waves *nunca poderá ser remixado. Nem os sons originais do teclado puderam ser acessados para as apresentações ao vivo.*

Uma compreensão vaga quanto a ideias complicadas não é o mesmo que ter uma independência virtuosa. O existencialismo tem sido interpretado por alguns como licença para se comportar sem levar em conta as consequências para a sociedade, mas, ao menos que eu esteja enganado, não é o que grandes pensadores como Jean-Paul Sartre ou Paul Ree queriam dizer; sua compreensão de livre-arbítrio incorporava certa medida de responsabilidade moral.

Posso parecer um velhote ranzinza esbravejando contra as nuvens ou que sou o puro suco de um país quase socialista, mas meu ponto de vista tem evoluído com a experiência, à medida que tenho observado e me importado com o que a vida tem oferecido aos meus amigos, vizinhos e também aos desconhecidos. Temos uma rede de amparo social aqui no Canadá que inclui um sistema nacional de saúde, creche e assim por diante – não é perfeito, mas funciona muito bem na maior parte do tempo, principalmente para aqueles que estão nos andares mais abaixo da escada socioeconômica. Viver nesse tipo de sociedade por quase (*aham*) setenta anos me fez ver o mundo com olhos mais misericordiosos do que quando eu era jovem ou em 1979. É claro que pagamos mais impostos que muitos outros, mas prefiro viver num mundo que se importa até mesmo com as pessoas que eu nem conheço. Ok, vou encerrar aqui a palestra.

***PERMANENT WAVES* NÃO FOI** o único álbum no qual trabalhei naquele ano no Le Studio. Me convidaram para assumir o leme do novo álbum do Wireless, e eu aceitei porque achava os caras ótimos músicos e havia tempos que queria tentar produzir um disco. Em dezembro, reservei uma mesa de som de 16 canais Good Noise no Le Studio, com o inverno em todo seu esplendor, a neve na altura do queixo e o ar tão frio que poderia te quebrar no meio. Mais uma vez, fiz as malas, me despedi de Nancy e peguei o carro para voltar a Morin-Heights.

Sentar na cadeira de comando exigiu mais adaptação do que eu esperava. Uma coisa é ficar ao lado do produtor jogando algumas ideias sobre sua própria música e pedindo para *ele* fazer as coisas acontecerem; e outra completamente diferente é materializar as ideias de outras pessoas como o chefe que toma a decisão final. Esse trabalho exige um bom ouvido, é claro, mas também requer alto grau de engenhosidade e de imaginação, além de um nível de objetividade e tato para o qual eu nunca tinha dado a devida importância com relação ao trabalho de Broon. Logo eu aprenderia que um diploma em psicologia também poderia ser de grande serventia. Acima de tudo, se, no final do dia, as coisas realmente se encaixassem em seus devidos lugares e você ajudou a banda a criar um ótimo álbum, suas vidas poderiam mudar para melhor – mas se fizesse uma merda, mesmo se fosse o culpado por isso, poderia seguir em frente e trabalhar em outra coisa, enquanto a banda pagava o preço real do fracasso.

Steve McMurray e Allan Marshall eram australianos que, depois de morar um tempo na Inglaterra, tinham se mudado para o Canadá em 1975 e formado a banda Wireles com Mike Crawford e o ex-baterista do Goddo, Marty Morin.* Eu achava o som deles, com aquelas guitarras duplicadas, inspirador e criativo, todos os quatro eram músicos excelentes, e eu adorava principalmente a voz comovente de Allan e o jeito como ele tocava baixo. Eram profissionais, ávidos, com um bom temperamento e dispostos a fazer o que fosse necessário. Nos conectamos rapidamente e estávamos otimistas com a produção.

Era um projeto de baixo orçamento, mas conseguimos fazer muita coisa trabalhando em horários malucos. A questão é que eu ainda não me sentia tão confiante como produtor, e, depois de um tempo, a pressão de tomar decisões que o trabalho exigia, a pressão da

* Steve era um querido. Depois de sua morte devido a um câncer há pouco tempo, um amigo em comum me escreveu: “Ele derrotou o câncer duas vezes, mas a radiação não pôde mais ajudá-lo. Perguntou de você e riu ao lembrar que te chamava de “Dirk Pé de Iate”, porque você (e seu filhinho) tinha pés muito grandes”.

responsabilidade, os temperamentos e os prazos estavam me deixando estressado. A vida dentro de um estúdio pode ser intensa. Requer atenção microscópica e pode abalar os nervos. Os músicos transitam entre euforia e tédio, entre confiança e insegurança: eles esperam sua vez de colocar na fita sua alma desnuda e, depois, ouvem o resultado, passando pelo escrutínio excessivo de cada nota e de cada batida, trabalhando longas horas, de modo que se torna praticamente impossível manter um resquício de objetividade.

Geralmente, há um cara com um ego mais carente do que os outros, que constantemente tenta lutar pelo controle. (Ah, merda. Parece muito *eu*.) Lembro uma vez em que estava mixando uma faixa para outra banda, que deve permanecer incógnita, e o líder questionou minha decisão de reforçar a guitarra – que, *a meu ver*, era a parte mais cativante

Mike gravando um take enquanto eu segurava a corda Mi para evitar que reverberasse (o que se pode chamar de produtor que "arregaça as mangas").

da faixa – e deixá-la mais alta na mixagem. Expliquei minhas razões, mas então o próprio guitarrista veio até mim e disse "Ged, dá para diminuir um pouco o volume da guitarra? Está ofuscando... sabe...", e deu uma olhada para o líder. "*Ele*."

Aquilo me deixou estupefato. Era como se o cara estivesse sob algum tipo de feitiço. Eu disse: "Claro, mas é a guitarra que realmente faz essa música!".

Ele retrucou (e eu cito literalmente): "Bem, você sabe, o líder é como a flor, e nós somos como as ervas daninhas. As ervas daninhas têm que ser aparadas de modo que a flor possa ser vista mais claramente".

"É uma analogia bem interessante", disse eu, "mas não vejo você como uma erva daninha, e nós definitivamente vamos ter *mais guitarra nesta faixa*".

Enquanto isso, com o Wireless tudo parecia resolvido – ótimos caras, nada de *egotrip* com eles –, mas eles *não* recuavam caso tivessem uma opinião muito contundente sobre determinada questão. Por mim, tudo bem; eu não estava lá para intimidá-los e forçá-los numa direção em particular, apenas para capturá-los na fita em sua melhor forma. Mas as coisas foram ficando meio cansativas. Como membro do Rush, poderia me sentar lá por horas a fio, polindo cada merda e insistindo, forçando para alcançar a perfeição, mas, como rato de estúdio quando estava com outras pessoas, simplesmente não tinha paciência.

Administrar todas essas coisas é a parte mais difícil do trabalho de produtor e é uma das razões pelas quais acabei desistindo desse sonho em particular. Exige tantas horas na cadeira e tanta diplomacia que nunca pude realmente me divertir. Só tenho comprometimento real e consistência para minhas *próprias* coisas.*

* Terminamos *No Static* dentro do prazo estipulado, e eu fiquei contente com o resultado. Não foi um grande sucesso comercial, mas, na minha humilde opinião, até hoje é um bom disco, subestimado, com um trabalho maravilhoso de guitarra e uma ótima pegada hard rock.

CERTO DIA, NO LE STUDIO, recebi um telefonema que tirou meu cérebro completamente do trabalho que estava fazendo. Nancy anunciou que estava a caminho de Morin-Heights. Expliquei que eu estava trabalhando dia e noite, mas ela não deu bola. Queria me ver naquele fim de semana. Pensei, *hum*... Havíamos passado bastante tempo juntos naquele verão, talvez, agora que eu estava de volta ao trabalho, ela não estivesse gostando de ficar longe? Eu não tinha certeza *do que* estava acontecendo. Quando Nancy chegou, fiz um intervalo de uma hora e, enquanto a ajudava a se acomodar no meu quarto, tudo veio à tona: ela estava *grávida* e apavorada. Não era apenas a preocupação de trazer um ser humano ao mundo e cuidar dele, mas de ter que fazer isso praticamente sozinha. Tentei parecer otimista e dar conforto a ela, prometendo, é claro, que a apoiaria de todas as maneiras possíveis, mas sabe: para *mim*, era fácil falar. Eu estava nas nuvens, mas não era *meu* corpo que estava prestes a ir até o inferno e voltar. Como músico sempre em turnê, eu poderia prometer o mundo, mas nós dois sabíamos que seria ela quem cuidaria da criança e, enquanto isso, o que aconteceria com seu plano de fazer carreira na indústria da moda? Como ela poderia lidar com ambas as coisas? Enquanto eu fiquei lá, sentado como um inútil, Nancy simplesmente desabou.

Em nossa vida juntos, Nancy *sempre* sacrificou sua liberdade pelo bem de nossos filhos, de nossa vida doméstica e do meu trabalho – ainda assim, na época, com apenas 26 anos, ela instintivamente entendia que o caminho a nossa frente seria muito mais difícil para ela. Esse é apenas um dos fatores que levam ao fracasso de tantos casamentos no mundo do rock. É no mínimo desagradável que poucos músicos, inclusive eu, estejam dispostos a desistir de seu trabalho para criar os filhos. Pode-se até tentar racionalizar dizendo que estamos ganhando o sustento da família e assim por diante, e muitos de nós damos o nosso melhor para contribuir, mas, por melhores que sejam nossas intenções, na verdade são nossas esposas e filhos que carregam o fardo enquanto continuamos com nossas vidas glamourosas.*

Basicamente, Nancy chorou por duas noites inteiras. Ela sabia que, independentemente do que eu dissesse, o trabalho sempre me chamaria e eu sempre responderia. Nunca me pediria para fazer outra coisa, então este novo capítulo de nossas vidas era algo que teria que assumir quase sozinha e, de fato, quando Nancy foi embora com tudo isso pesando em sua mente, eu voltei ao trabalho.

TÃO LOGO GARANTI a ela que estaria lá para ajudá-la, tive que colocar minhas boas intenções de lado e deixá-la sozinha novamente, desta vez para embarcar na turnê *Permanent Waves*. É claro que estava preocupado com ela e muito emocionado por me tornar pai, mas o novo álbum teve uma resposta tão incrível que me encontrei numa banda de rock em franca ascensão atingindo seu ritmo. Fiquei obcecado com o trabalho e, por mais que dissesse a mim mesmo (ou, mais importante, a Nancy) que queria ajudar, não estava disposto a reduzir meus compromissos. As vendas de discos e ingressos eram consistentes e "The Spirit of Radio" estava indo razoavelmente bem como (quem diria) *single*, tocando em todos os tipos de rádio em Chicago e em outras partes do Meio-Oeste, além do Reino Unido.** Nossa agenda implacável nos levaria a fazer mais 120 shows antes que meu filho viesse ao mundo.

---

* Acredito que fazer um casamento dar certo seja ainda mais difícil para produtores e engenheiros. Eles ficam à mercê do disco em que estão trabalhando e raramente estão numa posição de determinar seu próprio horário. Mesmo que morem perto do estúdio, quase nunca estão em casa.

** Era mais curta que a maioria das nossas canções, mas com 5 minutos ainda não era considerada um típico single; mesmo com a versão para o rádio, não chegava na marca de 3 minutos que se esperava de uma música pop e nunca chegaria a ser um hit do top 40. Mas trouxe muitos fãs novos para nos ver e os fãs que já tínhamos adoraram a música, então tudo deu certo para nós.

Não demorou muito e, em junho, eu já estava no exterior, numa fantástica turnê pelo Reino Unido, com o marco de cinco noites consecutivas no Hammersmith Odeon, em Londres, mas minha mente estava em outro lugar, esperando uma chamada internacional a qualquer momento, preparado para o desastre (nós, judeus, somos *realmente* bons nisso) e me sentindo pior ainda por ainda estar longe no dia 20 de junho, nosso quarto aniversário de casamento. Me sentia atormentado pela culpa (ah, *sim*, também somos muito bons nisso) e mal podia esperar para chegar em casa.

Finalmente, cheguei em casa para encontrar minha linda e extremamente grávida senhora. Mas, quando nos acomodamos, ficou evidente que o bebê demoraria para chegar – estava duas semanas atrasado, na verdade, de modo que só entramos no hospital Mount Sinai em 21 de julho, quando finalmente induziram o parto. Dar à luz ainda era uma questão bastante formal em Toronto naquela época. A melhor amiga de Nancy, Karen, e meu velho amigo, Oscar, só puderam permanecer na sala de espera, enquanto me colocaram um avental cirúrgico e máscara para acompanhar Nancy até uma sala de cirurgia de verdade, onde fiquei ao lado dela garantindo que tudo ficaria bem, passando minha mão em sua cabeça de um jeito tão nervoso, com o propósito de "tranquilizá-la" e "ajudá-la" a respirar, a ponto de ela me dizer para parar ou ficaria careca. Cara, o pessoal do hospital deveria ter *me* dado uma epidural. Eu saía de vez em quando para atualizar nossos amigos da situação e, embora Oscar tivesse contrabandeado uma caixa de Carling Black Label, eu estava nervoso demais até para beber.

Observei os médicos fazerem seu trabalho e, às duas da manhã de 22 de julho de 1980, Julian Michel Weinrib entrou em nossas vidas.* Fiquei emocionado só de olhar para ele, mas, quando perguntei a Nancy se ela queria segurar o bebê, ela disse: "De jeito nenhum, não mesmo. Tenho o resto da minha vida para isso. *Você* segura o bebê porque eu preciso

* Para manter a tradição, dei a ele o nome do meio Michel (em ídiche, "Moishe") em honra ao meu pai.

fumar!". Depois que levaram o pequeno Jules para o berçário e Nancy para o quarto, para um merecido descanso, fui para nossa casa em Beaches com Oscar e Karen e me sentei no quintal com eles, bebendo champanhe debaixo de chuva. Acabei desmaiando só quando o sol apareceu. Quase imediatamente, o telefone tocou e Nancy estava do outro lado da linha. "Geddy!", ela choramingou. "Trouxeram o bebê para o quarto, mas não sei o que *fazer!* Por favor, venha agora e me ajude!" Ainda embriagado, literalmente me joguei no chão do box e abri a água fria do chuveiro, depois vesti as mesmas roupas que usei na noite anterior e dirigi como um louco até o hospital; estacionei em qualquer lugar, subi as escadas correndo e corri para o quarto dela.

"O que foi?", perguntei, ofegante, suando em bicas. "Qual o *problema?*"

Com Jules nos braços e um sorriso feliz no rosto, ela disse com sua voz mais gentil: "Ele não é um amor?".

Para citar os imortais Troggs, "puta merda, Reg!"

(ESQUERDA) *Yabba dabba doo!* (DIREITA) *"Pai? Tá ralando aí?"*

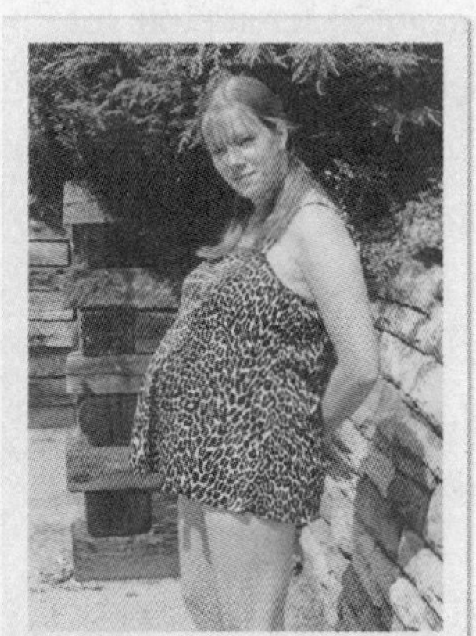

COMO DEVE, SEM DÚVIDA, SER com todo pai de primeira viagem, ter Jules em casa exigiu grandes adaptações. Para começar, ele não dormia bem, além disso, tinha cólicas e, por algum motivo, não veio com manual de instruções. Nem Nancy nem eu éramos pessoas que acordavam cedo, mas isso teve que mudar muito rapidamente, e foi difícil principalmente para Nancy, que era a Rainha do Sono. Acrescente uma dose de depressão pós-parto e você pode bem imaginar o que ela passou. Contratamos uma babá para ajudar, mas não achamos que era uma pessoa confiável, então tivemos que demiti-la. Foi um grande alívio quando a irmã mais nova de Nancy, Barbara, veio morar conosco para ajudar, mas a culpa pesou demais sobre mim mais uma vez, quando *tive* que me juntar aos outros para compor e gravar. Digo "tive que" porque quem mandava era a banda. Certo?

Como o Big Brother ou o monólito em *2001: Uma Odisseia no Espaço*, "a Banda" estava sempre presente. Isso dá ao músico um motivo indiscutível para sair de casa, independentemente do caos que ele possa estar deixando para trás. É onipresente, inexorável e constante. Exige precedência sobre tudo, comandando silenciosamente (e, às vezes, arruinando) sua vida. Claro, é algo que você mesmo criou, mas é mais conveniente pensar na banda como uma entidade separada de você. Filhos, esposas, amigos e familiares ficam com pouca opção a não ser aceitar ser um dano colateral dos horários, obrigações e ambições da banda. Nunca é sua culpa. É sempre da Banda.

Desde meus 17 anos de idade, a música tinha sido minha prioridade. Isso precisava mudar um pouco agora, mas, sendo realista, era possível? Como o último membro do Rush a se tornar pai, também fui o último a sentir a culpa de deixar a família para trás e a lidar com a tensão e a confusão que surgiam toda vez que tínhamos que nos separar. Nancy era, na maior parte do tempo, compreensiva e complacente, genuinamente queria que eu fosse feliz, mas ela não conseguia esconder totalmente certo ressentimento pela falta de soberania sobre sua própria vida. Tentamos ver pelo ponto de vista um do outro, mas, antes que pudéssemos chegar a uma solução mutuamente satisfatória, eu já estava saltitando porta afora. Quantos músicos tiveram essa mesma conversa inacabada, aquela que termina com: "Desculpe, querida, tenho que ir. Os caras estão me esperando."? Não era justo, mas era nossa realidade. A Banda era a desculpa e sempre vencia. Mas havia uma bomba-relógio prestes a explodir.

Réveillon de 1980. Nancy com sua fantasia de Geddy Lee. (Eu não precisava de uma).

CAPÍTULO 17

MOVING PICTURES FOI O ÁLBUM QUE quase não aconteceu. Era para fazermos um álbum ao vivo depois de *Permanent Waves,* mas Cliff Burnstein nos chamou para uma reunião em Nova York e sugeriu que repensássemos, argumentando que, com *Permanent Waves*, tanto em termos de composição quanto de musicalidade, estávamos realmente nos encontrando como banda. Seria uma pena, disse ele, se não voltássemos direto para o estúdio e gravássemos novas canções; poderíamos produzir outro álbum ao vivo a qualquer momento. Convencidos pelo seu voto de confiança, não demorou muito para nos darmos conta de que ele estava certo. Aproveitar a oportunidade de compor novamente, em vez de trotear fazendo show após show, nos fez sentir mais no controle do nosso próprio destino. Conversamos com Broon e reservamos novamente um espaço na agenda do Le Studio para o final do outono.

Então, lá estávamos nós numa fazenda que pertencia ao grande expatriado roqueiro americano "Rompin" Ronnie Hawkins, animados e compondo canções com muita rapidez: "Tom Sawyer", "Red Barchetta" e "Limelight" vieram primeiro, e, quando, por alguma razão, Alex não veio até o estúdio certo dia, Neil e eu nos pegamos compondo o esqueleto de "YYZ"; eu havia acabado de criar o riff principal, que ele começou a acompanhar na bateria, e, antes que nos déssemos conta, a música ganhou vida. Quando Alex se juntou a nós, teve pouco tempo para aprender porque realmente se trata de um riff de baixo e é muito mais difícil de tocar na guitarra (para tocar aquele *digga-digga-digga-dee-dee* com uma palheta na mão, tem que atacar as cordas duas vezes, enquanto o baixista apenas move os dedos para cima e para baixo), mas ele pegou bem e, quando começou a acrescentar as partes de solo, minha nossa, elas ficaram incríveis.

Em "Limelight", Neil falava de sua própria sensação de constrangimento com a fama; depois, ele buscou inspiração num conto que leu na revista *Road & Track* escrito por Richard S. Foster, "A Fine Morning Drive", abraçando sua paixão por carros e escrevendo uma narrativa com um fundo moral chamado "Red Barchetta"; a prosa de John dos Passos influenciou profundamente seu próprio ponto de vista em "The Camera Eye", e uma colaboração com o letrista do Max Webster, Pye Dubois, o ajudou a criar o conto arrebatador sobre possibilidades existenciais chamado "Tom Sawyer". Pye tinha enviado para Neil um poema de sua autoria chamado "Louie the Warrior", que ele refinou conforme nossos objetivos musicais enquanto manteve a estrutura e a imagística originais.

No geral, as sessões de gravação ocorreram bem, mas tínhamos elevado o nível para este álbum bem lá no alto e tivemos algumas di-

(À DIREITA E ABAIXO) *Falar de "Limelight" me faz lembrar dos desenhos de Neil no Le Studio nessa época, projeções cômicas de como nós três certamente acabaríamos na velhice. Há uma forte conexão entre o que ele fala nas letras e como se imaginava mais velho. Alex, como o gregário e rico proprietário do Chez Lerxst, faz todo sentido, mas eu, como um velho torcedor de beisebol ranzinza? Ultrajante!*

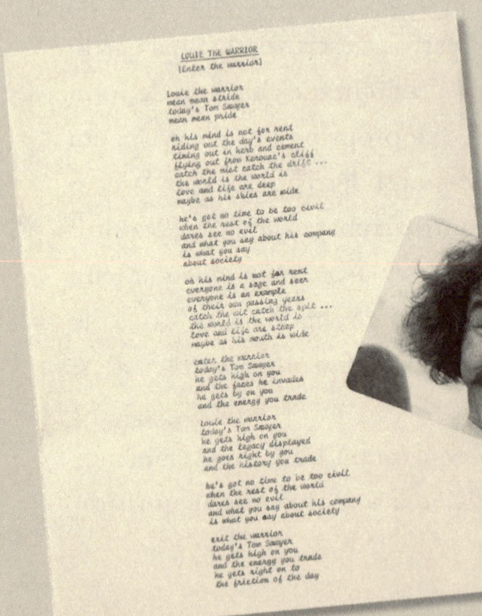
LOUIE THE WARRIOR
(Enter the warrior)

louie the warrior
mean mean stride
today's Tom Sawyer
mean mean pride

oh his mind is not for rent
riding out the day's events
timing out in herb and cement
flying out from Kerouac's cliff
catch the mist catch the drift ...
the world is the world is
love and life are deep
maybe as his skies are wide

he's got no time to be too civil
when the rest of the world
dares see no evil
and what you say about his company
is what you say
about society

oh his mind is not for rent
everyone is a sage and seer
everyone is an example
of their own passing years
catch the wit catch the split ...
the world is the world is
love and life are steep
maybe as his mouth is wide

enter the warrior
today's Tom Sawyer
he gets high on you
and the faces he invades
he gets by on you
and the energy you trade

louie the warrior
today's Tom Sawyer
he gets high on you
and the legacy displayed
he goes right by you
and the history you trade

he's got no time to be too civil
when the rest of the world
dares see no evil
and what you say about his company
is what you say about society

exit the warrior
today's Tom Sawyer
he gets high on you
and the energy you trade
he gets right on to
the friction of the day

(ESQUERDA) *Pye Dubois, visto aqui com seu sorriso de bon-vivant e minha cópia original de "Louie the Warrior". Foi a segunda colaboração de Neil com um letrista de fora (o primeiro tinha sido Peter Talbot em "Closer to the Heart").*

ficuldades com certos sons. Quase *tudo* com relação a "Tom Sawyer" foi uma luta. Para começar, o som incrível que tínhamos alcançado com meu Rickenbacker simplesmente não parecia certo para essa canção. Tentamos compressores diferentes, todo tipo de ajuste de equalização e de amplificação, mas nada dava certo. Já desesperado, pluguei o meu Fender Jazz, que raramente usava, e *bingo!* Mas, em seguida, quando Alex tentou gravar o solo, não conseguíamos fazê-lo combinar com a ponte agressiva e rápida. Ele estava ficando frustrado, até que nosso engenheiro, Paul Northfield, sugeriu uma ideia esquisita: "Vamos passar o som amplificado da guitarra para um par de alto-falantes estéreo e colocar um conjunto de microfones estéreo para gravar", disse ele, permitindo que o instrumento ficasse alto sem ofuscar o baixo e a bateria – como se colocássemos um pouco de ar em torno do solo. E a ideia funcionou de forma brilhante. Ainda assim, havia outros problemas e a música continuou a me deixar preocupado. Passei a sentir tanta negatividade com relação a essa faixa que, em dado momento, me perguntava se deveríamos deixá-la fora do álbum. Dá para *imaginar* isso? A canção favorita do Rush de todos os tempos abandonada numa fita dentro de uma lata? Dã!

Começamos as sessões de *Moving Pictures* no outono e, na terceira semana, já estávamos no meio do inverno. Uma das coisas que nos ajudou a suportar durante aqueles meses foi o voleibol, uma obsessão que tinha começado durante a gravação de *Permanent Waves*; jogávamos no gramado sempre que podíamos, às vezes até bem tarde da noite depois do trabalho, abastecidos com shots de vodca e carreiras de coca. Jogamos vôlei até mesmo durante todo aquele inverno fodido, quando os gentis funcionários do estúdio tiravam a neve da quadra com pás e instalaram iluminação lá fora. O único problema era que a gente se deixava levar pelo jogo e nem mais sentíamos frio, daí os dedos ficavam enrijecidos e inchados de tanto bater na bola sob o céu estrelado – nada favorável para a gravação. Mesmo assim, que válvula de escape era aquilo!

Pensado como se fosse um roteiro, abordávamos cada música do álbum como se realmente se tratasse de uma "moving picture" – "imagem em movimento" – cinemática. Para criar a cena de "Witch Hunt", uma história sobre medo, preconceito e justiça com as próprias mãos, queríamos o vozerio de uma multidão furiosa, então montamos alguns microfones do lado de fora e todo mundo, bem agasalhado e em círculo – a equipe, a banda, o pessoal do estúdio –, ficou resmungando e gritando, aumentando o tom de take em take até obtermos o que precisávamos. Durante a gravação, certas piadinhas internas (e comentários inapropriados) se infiltrarem no *mêlée*. Entre os muitos *harrumphs*, apareceu até mesmo uma fala de *Banzé no Oeste* – "Eu não ouvi o seu *harrumph*". E, se escutar atentamente, dá para ouvir Neil gritando uma coisa que costumávamos falar na quadra de vôlei sempre que alguém chutava a bola: "Isso não é a porra de uma bola de futebol!". Realmente parecemos um bando de caipiras ignorantes barulhentos, suados, portando tochas, mas, na verdade, éramos apenas um bando de imbecis com cachecóis, congelando as bolas numa noite canadense em pleno mês de novembro.

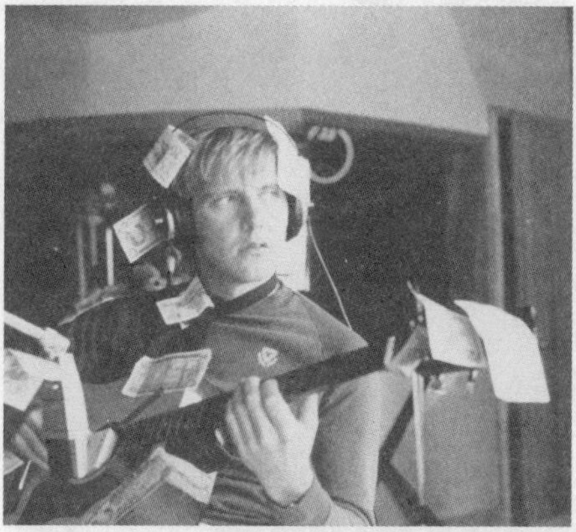

Quando nossas sessões de mixagem precisaram de uma pausa devido a problemas técnicos, usamos o tempo para gravar os vídeos de três canções de Moving Pictures: "Tom Sawyer", "Vital Signs" e "Limelight". (Como a maioria dos músicos, Alex toca melhor quando está recebendo por isso – mesmo que seja em dólares canadenses).

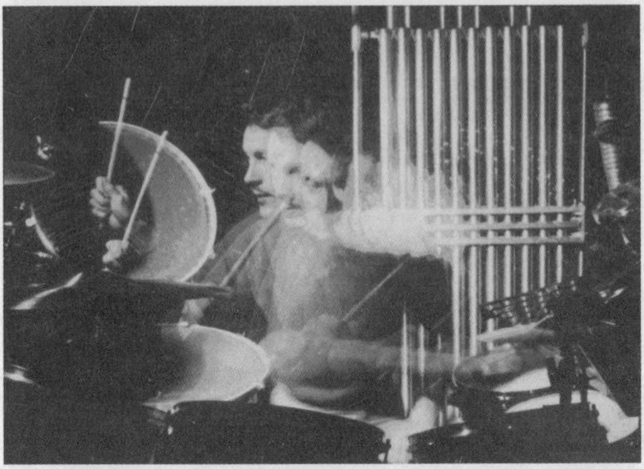

Bem no começo daquelas sessões de gravação, Deborah Samuels e Hugh Syme foram até Quebec para tirar as fotos da contracapa do disco. Ficaram chocados ao descobrir que eu tinha deixado a barba crescer, e, depois de fazer as polaroides de teste, eles (sendo canadenses) pediram educadamente que eu me barbeasse.

MOVING PICTURES **FOI** lançado em 12 de fevereiro de 1981. Houve boa divulgação e o álbum chegou bem alto nas paradas, tornando-se número 1 no Canadá e número 3 tanto nos Estados Unidos quanto no Reino Unido. O resultado foi que passamos a tocar muito mais nas estações de classic rock e, com "Limelight" e "Tom Sawyer", chegamos até mesmo às paradas das rádios top 40. Não era pouca coisa, mas também não chegou a mudar quem éramos. Na superfície, a turnê parecia igual à anterior: o público agitado e animado, com shows extras sendo adicionados em algumas cidades. Mesmo assim, à medida que a turnê avançava, as coisas realmente começaram a mudar. Havia mais demandas com relação ao nosso tempo, mais visitas a estações de rádio e mais pedidos de entrevistas para a imprensa. Mais convidados VIP (ou que se achavam VIP); pessoas que nunca haviam demonstrado interesse em nós e que agora apareciam em nossos shows só para conferir o burburinho. Mesmo o pessoal do escritório estava vindo assistir aos shows! No começo, Vic aparecia com bastante frequência – ele tinha "descoberto" Neil, e nós podíamos nos identificar com ele porque também era músico* –, mas Ray geralmente só aparecia apenas nos shows maiores ou se houvesse alguma reunião importante. Mesmo depois que se separaram e Ray se tornou o único proprietário da SRO, não me lembro de vê-lo em Davenport, Iowa, ou Springfield, Massachusetts. Mas agora ele era uma presença regular.

Gostávamos dos elogios, mas, de certa forma, estávamos meio desconfiados. De repente, *todo mundo* tinha uma porra de opinião sobre o que deveríamos fazer e como deveríamos fazer. Seguimos em frente, com a intenção de tomar nossas próprias decisões e de cometer nossos próprios erros, mas tivemos que nos esforçar mais para manter o foco em aperfeiçoar incansavelmente nossa música e nosso desempenho. No encarte de *Exit...Stage Left,* Neil redigiu um pedido

* Nosso apelido para ele era "Va*Va*Va", igual ao som de um sax.

de desculpas para nossos fãs e amigos por não estarmos mais disponíveis a eles como estivemos no passado, concluindo assim: "Afinal, nós não mudamos; todos os outros é que mudaram!".

DEPOIS DA TURNÊ EUROPEIA para divulgar *Moving Pictures*, tiramos uma semana de folga e concordamos em nos encontramos na Flórida em novembro para fazer um show no Hollywood Sportatorium. Que nome esquisito para uma arena, né? Parecia uma relíquia arqueológica dos tempos do Império Romano: "Fica ao lado da escola de gladiadores, logo depois do *vomitorium*." Era uma arena com uma

(DIREITA) *Para os VIPs fajutos.* (ACIMA) *Nossos pais! (VIPs de verdade.)*

aparência ainda mais esquisita, cercada por uma muralha que parecia a de um presídio e localizada no final de uma longa e solitária estrada, o que deixava o trânsito infernal mesmo quando não estava tão engarrafado. Neil tinha levado a família dele para pegar sol em St. Thomas, no Caribe, e tinha um voo marcado para a data da apresentação, que inesperadamente foi cancelado. Quando a administração da arena soube que havia a possibilidade de ele não chegar para o show, se recusou a abrir os portões para os fãs com medo de que houvesse um tumulto. (A banda de abertura, coincidentemente, era o Quiet Riot, "tumulto quieto".) Bem, isso também não deu muito certo.

Com o trânsito congestionado por quilômetros, os rumores de que não havia certeza se o show aconteceria começaram a se espalhar rapidamente, mas Alex e eu já estávamos no local e tínhamos decidido passar o som mesmo sem Neil. Quando o pessoal lá fora ouviu o barulho, achou que o show estava começando sem eles, então entraram em pânico e tentaram escalar a muralha que cercava a arena. A polícia e os seguranças reagiram com força desmedida e começaram a jogar gás lacrimogênio nos fãs, e o caos se instaurou. Os helicópteros dos noticiários sobrevoavam o local enquanto o público revidava atirando pedras e garrafas; onze policiais ficaram feridos. Parecia a cena de uma porra de filme de ação! Felizmente, Neil conseguiu pegar um avião fretado, e assim que estava a caminho com o horário de aterrissagem determinado, a administração achou que, mesmo que o show atrasasse, não teria problema algum em deixar a multidão entrar no local. De algum jeito, a calma foi restaurada, mas dizer que o público parecia insano naquela noite é eufemismo.

É importante enfatizar que a violência naquele dia só aconteceu por causa do pânico dos fãs, que acharam que iriam perder o show e, assim que se deram conta de que isso *não* iria acontecer, se acalmaram imediatamente. Por isso, há tanta pressão a cada passagem de som, principalmente quando acontecem problemas técnicos, para podermos abrir os portões pontualmente. Depois daquela tragédia terrível em Cincinnati com o The Who, em 1979, quando 11 fãs morreram esmagados, insistimos em não aceitar shows sem lugares marcados, mas isso sempre foi uma verdadeira luta para nós. Os produtores e empresários adoram locais sem lugares marcados porque podem espremer o máximo de gente na pista, mas, como esses shows são mais agitados e turbulentos, também se tornam mais perigosos. Em várias ocasiões, precisei implorar para o público se acalmar e parar de empurrar o pessoal da frente contra o palco. Os seguranças ficavam tirando gente por cima da grade e atirando garrafas de água, e eu odiava aquilo. É claro, os próprios fãs geralmente preferem locais sem lugares marcados na pista porque querem ficar o mais perto possível da banda, e muitas bandas adoram ver a multidão suada pulsando e demonstrando seu amor, mas eu sempre tive medo de que alguém se machucasse, e a possibilidade de não perceber que alguém desapareceu debaixo da massa de espectadores é um perigo real. Há uma linha tênue entre deixar o público se divertir sem amarras e provocar uma catástrofe. Nas ocasiões em que conseguimos que as coisas acontecessem do nosso jeito e oferecemos lugares marcados, tudo poderia ir para o outro extremo, com seguranças patrulhando os corredores sem necessidade, tornando impossível para o público demonstrar seu real fervor.

O fato é que, com uma grande multidão, na pista *ou* em assentos marcados, tudo pode acontecer. Já fiz shows em que, de repente, aparecia um sapato voando pela escuridão em minha direção, indo parar bem no meio do rosto. Ou éramos atingidos por todo tipo de coisas estranhas (nem sempre são calcinhas e sutiãs, sabe); o pessoal fica bêbado e atira qualquer coisa. Em algumas noites, nossa equipe encontrava coisas assustadoras no carpete do palco, coisas absurdas como dardos ou munição. Na turnê *Grace Under Pressure*, um idiota atirou um isqueiro na minha cabeça e acabei levando vários pontos.* Houve noites em que

* Outros fãs, leais até o fim, pegaram o cara e o entregaram aos seguranças!

se tinha forte presença policial só porque o histórico do local exigia uma abordagem bastante rígida no controle de multidões. Em alguns shows, depois que Alex percebia a garotada sendo acossada pelos seguranças e pelos policiais, parava o show e começava a gritar com os caras. Às vezes, nossa equipe, que sempre mantém um olhar atento na plateia, pode falar pelo ponto eletrônico que há perturbação no meio do público e pedir que você faça uma pausa antes da música seguinte para resolverem o problema. Muitas vezes, as pessoas ficam tão chapadas ou mentalmente perturbadas ou excessivamente animadas que a linha entre realidade e fantasia se torna difusa. No início, fazíamos pouco caso da necessidade de termos seguranças dizendo: "Não somos uma banda pop, não temos fãs malucos". Mas até nós temos fãs malucos. Gente bem louca, até piores do que se imagina, porque alguns ouvem "mensagens secretas" em nossa música endereçadas a eles e sentem que têm de agir. Com esses tipos precisamos nos preocupar. Certa vez, um fã invadiu o palco, me agarrou pelo pescoço enquanto eu estava tocando e não me largou mais. Não sei qual era a intenção dele, mas não era um abraço carinhoso – ele pôs as mãos em torno do meu pescoço, e os roadies tiveram que derrubá-lo no chão. Coisas assustadoras acontecem! Outra vez, depois que recebi uma ameaça de morte, o show aconteceu do mesmo jeito, mas com um monte de reforço policial extra, seguranças e detectores de metal espalhados por toda a arena. No final, nada aconteceu, mas me senti como um pato na mira do tiro ao alvo lá atrás do microfone, posso te assegurar.

COM *MOVING PICTURES* e *Signals,* que saiu em 1982, havíamos entrado numa nova era de sucesso e de recompensas. Mas um tsunami estava prestes a acontecer, um que ameaçava inundar a minha vida. Os sinais não ficaram aparentes imediatamente, mas já estariam lá se eu tivesse me importado em olhar. Só para começar, nossa casa em Beaches tinha se tornado um verdadeiro ímã para fãs do Rush: a campainha tocava a qualquer hora, o pessoal escutava músicas do Rush em aparelhos de som portáteis no meio da rua, e, um dia, me deparei, assustado, com dois rostos espremidos de encontro à vidraça da janela bem na hora do almoço. A gota d'água foi quando flagrei um garoto *dentro da minha cozinha*. Ele se esquivou e eu corri atrás dele, mas o cara pulou a cerca e sumiu rua abaixo.

Nancy e eu sentíamos que estávamos morando dentro de um aquário – não era um bom lugar para criar um bebê. Tomamos a difícil decisão de sair da cidade e buscar refúgio na nossa casa de campo. Longe de ser cria da zona rural, minha senhora, sociável e extrovertida, adorava tudo o que a cidade tinha para oferecer, então foi uma mudança drástica. Como é que iria se adaptar a morar em Keswick, Ontário, particularmente quando sua marca de moda ainda estava em estágio embrionário? Ainda assim foi ideia *dela*, uma das muitas tentativas de colocar a família acima de si mesma. Assim, vendemos nossa adorada casa em Beaches e deixamos nossos amigos para trás.

Morar num casarão em estilo francês perto do lago e jogar tênis na minha própria quadra pareceu idílico num primeiro momento (mesmo que fosse difícil convencer meus amigos a ir de carro até lá para uma partida), e nós contratamos uma *au pair* suíça para morar com a gente e ajudar enquanto eu estivesse fora trabalhando. Estávamos vivendo numa propriedade baronial dos sonhos, quero dizer, até mesmo chamávamos o local de Mansão Dirk de brincadeira. Por mais sensata que a decisão tenha parecido num primeiro momento, nosso casamento sofreria bastante com isso.

NA ÉPOCA EM QUE estávamos gravando o *Signals,* fiquei totalmente apaixonado pelos sons que meu conjunto de sintetizadores podiam criar: o Oberheim OB1, o OB-Xa e sequenciadores DSX, um PPG

Wave e o JP-8 com seu arpejador moderno, alimentado por uma bateria 808, que foi o coração rítmico de "The Weapon".* Foi o começo de uma era ultracompetitiva para tecladistas e engenheiros de gravação, todos buscando os sons mais inovadores, que eram descartados assim que fossem usados numa canção popular. Se você soubesse o que fazer com um oscilador, podia inventar seus próprios sons e construir uma biblioteca inteira com eles, mas a competição era insana. Você ficava extasiado ao compor uma canção com a textura sônica perfeita, apenas para escutar do engenheiro: "Desculpa aí, cara. Esse som já está *em todo lugar*".

Os dispositivos eram rapidamente abandonados à medida que a procura pelo próximo grande sintetizador continuava. No final dos anos 1970, tudo isso seria superado pela geração seguinte de máquinas chamadas samplers. Com o Fairlight, E-mu Emulator ou Waldorf PPG Wave, você podia pegar vozes e instrumentos autênticos e misturá-los com qualquer "som descoberto" que você mesmo criava ou sampleava. Os PPGs fabricados na Alemanha eram o máximo na época, notavelmente usados por Trevor Horn, The Fixx, David Bowie, Propaganda, Depeche Mode, Tears for Fears, Ultravox (e, por fim, no álbum *Grace Under Pressure*). Eles usavam tanto tecnologia analógica quanto digital, e, quando combinado com seu pacote de expansão computadorizado, o Waveterm A, permitia que se sampleassem sons digitalmente, além de editar e depois tocar no próprio teclado. O mundo, resumindo, era uma ostra sônica. A certo ponto, brinquei sobre criar um kit de bateria completo só sampleando os sons que se ouviam num campo de beisebol: para o bumbo, o som da bola acertando a luva do apanhador; para a caixa, o som seco da bola acertando o bastão... A demonstração de superioridade continuou à medida que, por exemplo, todos os estúdios tinham um AMS Digital Delay, o efeito que deu luz ao *gated*

* O padrão de bateria foi baseado num ritmo que meu amigo Oscar e eu criamos durante os ensaios na 808, um que Neil adorou e em que baseou seu próprio padrão depois.

reverb onipresente nos anos 1980: pense em "In the Air Tonight", "Born in the USA", "Take My Breath Away", "Hounds of Love", "Paradise City"... Bem, a lista é interminável.

Você ouve o pessoal hoje em dia falando "credo, essas músicas têm um som tão datado!", mas eu penso que muitas sobreviveram ao teste do tempo. Tudo depende do contexto, é claro. Quando ouço o som de caixa nos álbuns de pop rock e faux metal, parecem equivocados para mim, mas, quando ouço num contexto de dance music, ou numa música new wave ou new romantic, acredito que seja ali onde se encaixa melhor porque esse tempo acentuado era muito importante nesse tipo de música. Quando escuto isso aplicado a alguma coisa que teria ficado muito melhor com um baterista de verdade tocando uma parte real e natural, *aí* é que penso "eca!". Parece sem imaginação e muito aleatório. No seu auge, Phil Collins foi um dos maiores bateristas de rock que existiram, então podia fazer o que quisesse, mas, com aquele som de bateria brilhante e poderoso que gravou para "In the Air Tonight", inadvertidamente deu um mau exemplo para os imitadores que abusaram disso depois! Era um sinal dos tempos, com certeza, exatamente como a guitarra *twangy* na época de Speedy West. Todo período tem um som que se torna seu clichê característico.

***SIGNALS* FOI UM DESAFIO** para gravar. Com tanto material inédito e tantos sons e ritmos inovadores, estávamos passando pela maior das dores do crescimento. Pensar mais como uma banda de quatro integrantes exigiu ajustes bem profundos. Em antecipação à nossa turnê seguinte, construímos um setup compacto com o novo e reluzente suporte de teclados projetado por Jack Secret, em formato de L e minimalista se comparado aos brutamontes do passado. (O Mamute mal projetado foi relegado a um canto escuro do nosso armazém, esperando ser desmontado e reciclado para virar, talvez, um carro pequeno.)

Também decorei as laterais dos meus sintetizadores em vermelho laqueado para combinar com a nova bateria vermelha de Neil, o que dava ao nosso palco um ar mais *cool*, mais modernista.

Até mesmo nós passamos por uma repaginada. Alex tinha agora o mesmo visual e as roupas dos caras do Duran Duran, enquanto Neil raspou seu magnífico bigode húngaro e adotou um visual Depeche Mode. Todo mundo no Ocidente, menos os metaleiros e seu servo fiel aqui, estava cortando o cabelo, mas continuei gloriosamente preso aos anos 1960. Falando em roupas, ao menos todos saímos da era de espada e feitiçaria e passamos a usar jaquetas resplandecentes e camisas coloridas com gravatas estreitas; Alex passou até mesmo a

O que estava se passando pela minha cabeça?

usar ternos. Finalmente, perto da época do *Grace Under Pressure,* não resisti mais e cortei meu cabelão de feiticeiro, e que erro fodido foi aquilo! Eu odiava demais aquele penteado brega e mal podia esperar que meu cabelo crescesse de novo. Infelizmente, ainda estava daquele jeito no final das sessões de gravação, quando posamos para Yousuf

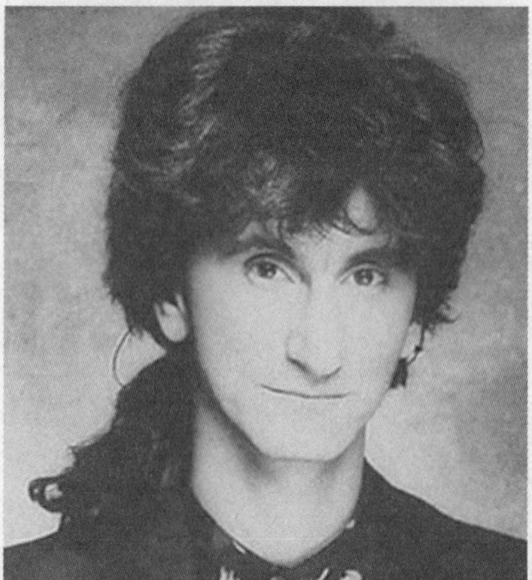

Cabelo, glorioso cabelo! (ACIMA À ESQUERDA) *1980, ainda firme; depois, em 1983* (ACIMA À DIREITA), *me entreguei pouco antes da sessão de fotos para a capa de GUP com o incrível Yousuf Karsh. Catástrofe!* (ABAIXO) *Minha fase "Daniel Boone", argh. Há uma lição muito simples aqui, garotada: seja lá o que disserem, não corte o cabelo.*

Karsh. Estávamos tão contentes em posar para o maior fotógrafo de retratos do Canadá que enchemos toda a contracapa do álbum com o resultado, o que seria perfeito exceto por uma coisa: eu odiei. Ele nos fotografou muito bem; é um retrato incrivelmente honesto. Quando olho para as fotos, o que vejo em nossos rostos é o estresse de mais uma sessão de gravação muito difícil. Depois, ao longo da turnê *Grace Under Pressure,* deixei o cabelo crescer, mas se transformou num troço infeliz que fez com que me elegessem para o Hall da Fama dos Mullets. Era o melhor de cada um dos mundos, pode-se dizer, mas não de ambos. Me refiro àquela como a fase Daniel Boone. Por que minha esposa não intercedeu e me salvou de mim mesmo eu nunca entendi. Seria uma evidência, talvez, do quanto já estávamos distantes um do outro naquela época?

O multi-instrumentista Ben Mink emprestou seus talentos prodigiosos para "Losing It". Ocupado na sala de controle dando ordens para Broon (como sempre), dei uma espiada para ver a banda espontânea que tinha surgido no estúdio e se autodenominava The Ziv Orchestra.

Meu setup de teclados crescia tanto que agora me cercava completamente. Como uma moderna banda de um homem só, eu estava incorporando partes mais longas de teclado às canções, depois pulava para partes supercomplexas de baixo, e, como nossos arranjos ainda ficavam restritos pelo desejo de reproduzi-los fielmente nos shows ao vivo, grande parte do grave tinha que vir dos meus pedais de baixo Moog, resgatados diretamente do submundo. Os sons amplos de sintetizador preenchiam a faixa com um conteúdo harmônico mais rico, o que, em troca, me inspirava a compor melodias vocais mais evocativas, perceptíveis nos refrões de "The Analog Kid" e "Losing It". Eu estava cantando em tons diferentes e registros mais graves em "New World Man" e "The Weapon". Era o começo de um estilo de composição que incluía esses grandes sons de sintetizador (ou "pads"), coros sampleados e muito mais.

Devo dizer que nem todos os nossos fãs ficaram fascinados com isso; na verdade, os mais radicais estavam lívidos com nossa mudança de direção, mas eu estava tão motivado e animado com a novidade das composições que nem me importei. Como banda, estávamos terrivelmente conscientes dos perigos da estagnação. Como aquela fala excelente de *Noivo Neurótico, Noiva Nervosa*, em que Alvy está conversando com Annie sobre terminar o relacionamento e diz: "Um relacionamento, eu acho, é como um tubarão. Sabe? Tem que se mover constantemente para a frente ou morre. E acho que o que temos em mãos é um tubarão morto". Era exatamente isso o que nós três mais temíamos.

E me orgulho em dizer que jamais olhamos para trás. Ouvindo hoje, depois de tantos anos, realmente gosto desses ritmos renovados da banda! Eu tinha esquecido quantas influências rítmicas contemporâneas havíamos misturado em nossa própria banda de rock. Me traz lembranças de como me diverti tocando baixo com aqueles ritmos funkeados, principalmente em músicas como "Digital Man". Alex também trabalhou nelas com criatividade, encontrando novos modos de fazer sua presença ser notada. A urgência de seus trechos de ska e reggae às vezes fica bem funkeada; há uma intensidade causticante nessas músicas, principalmente em suas paisagens sonoras na ponte de "The Weapon" e em seu solo em "Digital Man". Isso é ainda mais admirável, considerando o quanto ele não comprava essa coisa de usar teclados. Eu estava expandindo esse território com tamanha entrega que temo ter ficado completamente alheio a suas apreensões, o que, no final das contas, resultaria em sentimentos de alienação e raiva... Mas apenas alguns álbuns depois.

De qualquer modo, outras frustrações imediatas estavam surgindo enquanto gravávamos *Signals*. No passado, se Terry Brown ficasse descontente com aspectos de uma canção, ele delicadamente mudava as

Esse microfone está ligado?

coisas, mas agora, quando expressava claramente sua insatisfação, surgiam atritos. Eu sentia que podia prever seus comentários antes mesmo que ele falasse, me perguntando bem lá no fundo se uma perspectiva nova na produção – um novo produtor, na verdade – nos levaria por outros caminhos. Guardei isso dentro de mim mesmo durante a maior parte do tempo, mas a insatisfação estava efervescendo sob a superfície.

Houve também algumas ocasiões em que senti que Terry não nos respeitava mais. Uma vez, quando eu estava pronto para gravar a voz de "Subdivisions", ele teve uma ideia para criar um vocal com um som incomum, mas, em vez de sugerir que eu fizesse um intervalo e pedisse que os caras da equipe me substituíssem no microfone, fez com que eu cantasse a melodia várias vezes seguidas enquanto ele ajustava os controles, até que música ficou apagada e a letra virou palavras sem sentimento. Isso pode parecer algo sem importância, mas o objetivo de um produtor, assim como de um diretor de cinema, é captar uma performance mais pura e inspirada possível.

Esperar enquanto o produtor ou o engenheiro organiza seu equipamento pode ser entediante para qualquer pessoa. Morrendo de tédio enquanto a fita estava rebobinando ou qualquer outra coisa, eu levava vários instrumentos para dentro da cabine comigo. Congas e bongôs eram os meus favoritos. (Por quê? Porque não teria nada mais irritante para o produtor do que ouvir, quando finalmente abrisse o microfone, eu batucando no meu poderoso bongô, e vou te dizer, até sei tocar bem o baixo, mas sou um percussionista *horrível*. Outra vez, nós três estávamos prontos para um take quando Broon atendeu um telefonema. Devia ser a mãe dele, não lembro, mas ele ficou no telefone um tempão; aguardamos com os instrumentos a postos e esperamos e esperamos e esperamos – quando, de novo, ele podia apenas ter nos dado um intervalo. Depois de um tempo, nos demos conta de que Broon tinha até mesmo desligado o monitor dele para que pudesse tagarelar à vontade no telefone! Bem, à medida que fomos ficando impacientes e entediados, e já que ele não conseguia mais ouvir a gente, escrevemos uma música que trazia uma combinação de xingamentos, particularmente um começando com "c" e terminando com "uzão". Rimos tanto que no fim esquecemos que estávamos brabos, mas não precisa ter uma bola de cristal para saber que havia uma rebelião tomando forma.

DEPOIS DO LANÇAMENTO de *Signals*, parecia que tínhamos ativado o modo turbo sem querer, com a vida saindo de sua órbita normal em velocidade *warp* – é claro, se é que a vida no rock pudesse ser descrita como "normal" de qualquer maneira. Nancy estava em Keswick, cuidando de tudo sozinha, lidando com várias tarefas domésticas, criando Jules sozinha, incapaz de convencer os amigos a visitarem sua casa no campo, colocando suas ambições criativas em segundo plano, enquanto eu, como sempre, estava em turnê. Eu sentia uma pontada de culpa toda vez que a deixava para trás, mas também estava entrando em um período de obsessão pelo meu trabalho, cego com relação a como as coisas realmente estavam difíceis para a minha cara-metade.

Normalmente, eu ligava para ela no telefone do escritório da produção, depois da passagem de som, o que era constrangedor, já que sempre havia pessoas por perto. Isso foi dez anos antes dos celulares se tornarem comuns; quando foram lançados, eu perambulava pelo estádio tentando encontrar sinal, muitas vezes me sentando sobre um caixote ao lado do palco ou indo para um ônibus no estacionamento – locais não exatamente propícios para prestar toda a atenção enquanto ela me contava o quanto seu dia tinha sido difícil. Em seguida, eu era engolido pelo show e só quando voltava para o hotel para dormir é que pensava: *"Droga, a Nancy teve um dia difícil, eu deveria ligar para ela de novo... farei isso de manhã"*.

Mais uma vez, o fardo de resolver tudo estava com ela, que já estava cansada do isolamento e logo sugeriu que comprássemos uma casa pequena na cidade, onde ela e Jules pudessem morar durante a semana e passar só os fins de semana em esplendor bucólico perto do lago. Para mim, fazia todo sentido, embora, é claro, eu estivesse fora a maior parte do tempo de qualquer maneira. Ela encontrou uma casa para nós a poucos minutos do centro da cidade (e que ficava a apenas um quarteirão de seu antigo apartamento e local de nosso primeiro beijo) e, antes que percebêssemos, comprou móveis suficientes para torná-la habitável. Nancy também encontrou um estúdio para ela e Karen trabalharem, e *voilà!*, nasce uma empresa. Elas a chamaram de Zapata e começaram a fazer roupas personalizadas de couro e camurça. Gostaria de dizer que foi uma reviravolta positiva do destino, mas, na verdade, foi inteiramente mérito da incrível, incansável e indomável Nancy Young.

Rosedale era um bairro estranho para uma família do mundo do rock se estabelecer. Na época, era uma fortaleza de aristocratas predominantemente brancos, o que significava a ausência de roqueiros (muito menos um de origem judaica) e *pouquíssimas* pessoas de outras etnias. Também não havia crianças da idade de Julian na nossa rua ou nas proximidades; aristocracia significava pessoas mais velhas, cujos filhos já haviam crescido e se mudado para outros lugares, aguardando suas heranças. Por outro lado, qualquer medo que tivéssemos de fãs aparecendo na porta a qualquer hora foi rapidamente dissipado – não apenas porque a média de idade de nossos novos vizinhos era basicamente 80, mas porque Rosedale é um labirinto confuso de ruas arborizadas. Até nossos amigos tinham dificuldade de chegar lá.

Enquanto isso, a banda finalmente estava ganhando dinheiro suficiente para investir em nosso próprio ônibus de turnê, um modelo usado que personalizamos com uma cabine para cada um de nós. Era uma ideia empolgante, mas impraticável, um desperdício de espaço precioso, e logo percebemos que seria mais confortável alugar um modelo mais novo projetado especificamente para músicos em turnê. Passamos de termos brevemente nossos próprios quartos privativos a dormir em beliches, iniciando nossas vidas como os "Shelf People", ou "Pessoal da Prateleira".

Era uma melhoria significativa em relação às viagens dentro de um carro apertado, que tivemos que encarar em meados dos anos 1970, mas ainda assim era cansativo. Nossa agenda era tão implacável que quase sempre tínhamos que pegar a estrada imediatamente após um show. Era raro passar a noite na mesma cidade em que tínhamos acabado de tocar, o que se tornou uma fonte de problemas. Subíamos a bordo, bebíamos ou ficávamos chapados e ríamos com um filme en-

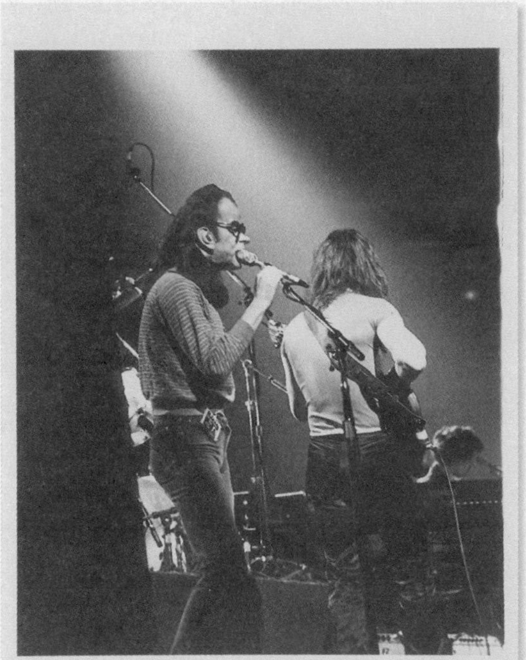

Em 1980, o Rush e o Max Webster gravaram uma canção chamada "Battle Scar", e, quando eles abriram para nós na turnê Signals, eu costumava me infiltrar no palco e cantar a minha parte da música disfarçado de ... cafajeste.

graçado, para depois, já meio acabados, nos arrastarmos até a cabine e fecharmos a cortina para tentar pegar no sono. Muitas vezes, eu recorria a um Valium para dormir, caso contrário acordaria às vezes lançado ao ar por causa de um buraco na estrada. Geralmente, chegávamos ao hotel entre quatro e seis da manhã, cambaleávamos pelo saguão e, quase mortos, esperávamos Herns entregar nossas chaves, depois nos arrastávamos até nossos quartos, para dormir o máximo possível antes de seguirmos para a passagem de som, à tarde.

Algumas pessoas adoram viajar de ônibus, principalmente nossos convidados, para quem aquilo era novidade; meus amigos imploravam para eu convidá-los para as festas, visitar os postos de gasolina com área de descanso para caminhoneiros e experimentar aquela jornada romântica, cruzando os Estados Unidos pela Rota 66. E, por alguns anos, pelo menos, também foi divertido para mim; havia tempo de sobra para ler, principalmente durante uma rara viagem diurna ou nas noites em que não estava exausto na cabine. Li muito dentro do ônibus e assisti a centenas de filmes, mas minha coisa favorita era quando um dos caras da equipe gravava o jogo de beisebol daquela noite, enquanto estávamos no palco, e prometia não me contar o resultado para que eu pudesse assistir depois como se fosse ao vivo – embora, inevitavelmente, a caminho do ônibus depois um show, sempre aparecesse alguém que acabava me falando: “Nossa, teu time dos Jays foi massacrado nesta noite, né, Ged?”. Dã!

CAPÍTULO 18

Alex e Broon em frente ao Le Studio durante as gravações de Signals.

NOS PRIMEIROS MESES DE 1983, ALEX, Neil e eu revisamos a experiência que tivemos ao gravar o *Signals* e concluímos que os rumos da banda estavam em jogo. Precisávamos de uma mudança. Por mais que amássemos Terry e fosse impossível colocar em palavras o quanto valorizávamos o que ele havia nos ajudado a realizar, sentimos que era necessário romper velhos hábitos, aprender novas técnicas e nos desafiar a trabalhar de novas maneiras – o que só poderia acontecer com um produtor de uma escola diferente e um novo ponto de vista.

Pedimos que Terry pegasse um voo até a Flórida. Subimos com ele em nosso ônibus, pegamos a estrada e, depois das brincadeiras de sempre, começamos uma conversa dolorosamente difícil. De que outra forma poderia ter sido? Broon havia alimentado nosso som desde 1974, nos vendo passar de músicos ingênuos e sedentos a uma banda talentosa. Como exatamente você diz ao único produtor realmente profissional com quem já trabalhou que deseja mudar? Mas, quando começamos a conversar, ficou claro que Terry também tinha dúvidas; ele não queria parar de trabalhar conosco, mas também não concordava com a direção que estávamos seguindo. Estava particularmente preocupado que a bateria eletrônica e os teclados, pelos quais estávamos tão apaixonados, reduzissem o papel da guitarra na nossa música, o que seria um demérito. Terry não estava errado, mas essa era a direção com que nos comprometemos e realmente não havia mais como voltar atrás. Quanto mais conversávamos, mais claro ficava que, apesar de ele ter nos oferecido tudo o que tinha, precisávamos de alguém diferente ocupando a cadeira de produtor.

Então, de forma triste, porém amigável, nos separamos.

Não houve alegria alguma em dizer adeus. Havia essa sensação assustadora de, de repente, ficarmos sem nosso mentor – pode-se dizer até sem nossa figura paterna -, mas também pareceu revigorante considerar as possibilidades que o futuro reservava. Na verdade, com Terry sempre cuidando de nós, meio que vivíamos numa redoma. E logo descobriríamos o quanto havíamos sido protegidos por ele.

ENTRAMOS NO MODO caça ao produtor. Em condições ideais, queríamos alguém que já trabalhasse na cena de Londres, o centro da música e da tecnologia musical mais empolgantes daquela época. Uma série de quatro shows lotados na Wembley Arena* nos ofereceria

* Wembley Arena é um ginásio com capacidade para 10 mil pessoas sentadas – não confundam com o imenso Estádio de Wembley, com 80 mil assentos. Éramos populares, mas não éramos a porra dos *Beatles*.

a oportunidade de conhecer, a cada noite, caras diferentes, entre eles Trevor Horn, que foi membro do Yes e do Buggles antes de acumular uma lista impressionante de trabalhos como produtor (ABC, Frankie Goes to Hollywood, Propaganda, Malcolm McLaren, Grace Jones e mais). Após o primeiro show, ele nos perguntou: "Já conversaram com outros músicos sobre como é trabalhar comigo? Acho melhor vocês fazerem isso antes de me escolher!". A inferência, obviamente, era que Trevor talvez não fosse o cara mais fácil de se lidar dentro de um estúdio e, de fato, para ilustrar isso, anos depois, o produtor Peter Collins me contaria uma história sobre como era trabalhar em um dos estúdios de Trevor. Em uma pausa para o café, Peter disse a ele que estava tendo dificuldade em conseguir uma boa performance de certo cantor. Horn respondeu: "Já tentou *gritar* com ele?".*

Em seguida, conhecemos Hugh Padgham, que fez vários discos com o The Police; Michael Kamen, a quem respeitávamos muito como arranjador (dez anos depois, ele faria o arranjo da sessão de cordas de "Nobody's Hero"); e, finalmente, Steve Lillywhite. Adorávamos o trabalho dele com bandas tão variadas quanto Psychedelic Furs, Johnny Thunders and the Heartbreakers, XTC e U2 – e, principalmente, Big Country, com as guitarras gêmeas que imitam gaitas de fole, pensando em tranquilizar Alex e seu medo de ser dominado pelos teclados.

Lillywhite parecia genuinamente interessado em trabalhar conosco – estava tão entusiasmado que veio ao nosso show em Birmingham só para obter mais informações sobre nosso som, a maneira como trabalhávamos e como éramos como pessoas. Achei que nos entendemos muito bem e logo já estávamos fazendo planos, porque achávamos que tínhamos um acordo. Após a turnê, fizemos uma pausa e voltamos para casa, mas mal podíamos esperar para começar a compor. Estáva-

* Por acaso, na noite em que Horn veio nos ver, ele se sentou ao lado de seu ex-colega de banda, Chris Squire, mas Squire não foi até o backstage e, infelizmente, nunca consegui conhecer meu ídolo!!!!!

mos bem entusiasmados, pensando: *Uau, foi muito mais fácil do que esperávamos*. Ah, tá...

Menos de duas semanas antes do início das sessões de composição, Ray trouxe a notícia de que o Sr. Lillywhite tinha desistido. Ouvimos desculpas sobre o projeto "não parecer certo" para ele ou alguma bobagem assim, quando, na realidade, parece que ele tinha recebido um convite para gravar com o Simple Minds e simplesmente estava nos dispensando. Há uma expressão, creio eu, sobre o valor de um homem ser o exato valor de suas palavras; pelo jeito, a palavra desse homem não tinha valor algum. Ok, bom saber. Não foi grande coisa, Steve. Não deve ser nada difícil encontrar um produtor em apenas *duas semanas*. Obrigado por nos informar. Tudo de bom, cara, e vá se foder você também.

Sabendo que os produtores podem ser um pé no saco, voltamos a compor – incomodados, para dizer o mínimo. Não foi a melhor maneira de embarcar em um novo projeto, mas, nós sendo nós, demos algumas risadas à custa daquele que não deve ser nomeado, e, mesmo que tivéssemos mais e mais reuniões com produtores em potencial, tínhamos que trabalhar fazendo o possível para encontrar um equilíbrio entre a guitarra furiosa de Alex e os meus mais recentes sons de teclado. Em pouco tempo, já tínhamos "Distant Early Warning", "Red Sector A" e "Between the Wheels".

Sabíamos, é claro, que os melhores produtores provavelmente já estavam contratados com meses de antecedência, então não posso enfatizar o suficiente como estávamos estressados. *Todos* os produtores de quem gostávamos e que queriam trabalhar com a gente estavam com conflitos na agenda. O tempo de estúdio que reservamos estava se aproximando, assim como um período de aquecimento de cinco noites no Radio City Music Hall, em Nova York. Não foi fácil manobrar o transatlântico RMS *Rush*! Obsessivamente preocupado, eu levava trabalho para casa, passava a maior parte do final de semana falando ao telefone com os empresários sobre produtores e engenheiros, repassando currículos e ouvindo discos e demos. A busca monopolizava todo o espaço do meu cérebro, tornando-me, digamos, um pai e marido bem aquém do ideal. Eu me afastei da minha própria família.

Nancy havia aberto seu próprio negócio com Karen no segundo andar de um prédio sem elevador na esquina da Yorkville com a Yonge. Foi um momento superemocionante para ela, mas, enquanto, em minha mente, eu pensava que a estava apoiando, minha obsessão por encontrar um produtor me impediu de ficar tão feliz por ela quanto deveria. Nenhum dos dois reconheceu o abismo que se abria entre nós, um que cresceria cada vez mais e nos empurraria para mundos separados criados por nós mesmos. Alheio ao fato de Nancy estar se voltando para um novo círculo de amigos e fashionistas, presumi que ela poderia lidar com tudo enquanto cuidava de Jules e da casa e me apoiava, como sempre fez. Na verdade, ela lidou bem com isso, mas minha ausência física e mental tornou as coisas mais difíceis do que deveriam, e o ressentimento dela foi crescendo à medida que ficava cada vez mais independente. A única constante que nos mantinha unidos era nosso amor por Jules.

ENTRE AS LEGIÕES de produtores e engenheiros que haviam entrado e saído da nossa sala de ensaio numa estação de esqui fechada ao norte da cidade, estava um inglês chamado Peter Henderson, cujos créditos de engenharia e coprodução nos impressionaram: *Breakfast in America*, do Supertramp, *Wired*, de Jeff Beck, *Sheik Yerbouti*, de Frank Zappa, e *Wings at the Speed of Sound*, de Paul McCartney, eram apenas alguns dos álbuns em que havia trabalhado e que, na nossa opinião, tinham um som fantástico. Peter era cria do Air Studios, de George Martin, e foi treinado pelo engenheiro de longa data dos Beatles, Geoff Emerick. Era um sujeito típico de escola pública inglesa, amável, inteligente, bem-humorado e fã de esportes, mas o mais importante é que tinha muito conhecimento e era apaixonado por música. Conversou de forma bem-articulada e honesta conosco sobre aspectos de nossas canções de que gostava ou não gostava. Parecia apreciar genuinamente a direção que nossas novas músicas estavam tomando, e foi com um grande suspiro de alívio que o contratamos.

A busca por um novo produtor foi estressante, mas eu acreditava que conversar com todos aqueles cavalheiros talentosos sobre seus trabalhos, técnicas e atitudes me ensinaria mais sobre como fazer discos do que qualquer experiência prática de gravação que havia tido até aquele momento. Contudo, quando finalmente começamos a gravar *Grace Under Pressure*, meu otimismo durou pouco. Eu gostava de Peter como pessoa e respeitava muito suas habilidades. Ele realmente entendia o que era um bom som e como alcançá-lo. Na verdade, deve ter sido o engenheiro de som mais talentoso com quem já trabalhei. Mas, na hora de produzir – pelo menos *nos* produzir –, faltava alguma coisa. Sei que nossas expectativas eram altas, talvez sem uma razão concreta, mas, depois de tudo que passamos para nos separar de Broon, tínhamos algo a provar a nós mesmos. As altas expectativas eram justificadas. E não deveriam ser *sempre*?

Se não me falha a memória, a primeira música que tentamos gravar foi "Distant Early Warning". Com uma pessoa praticamente estranha nos olhando por trás do vidro, estávamos ao mesmo tempo empolgados e um pouco nervosos durante a primeira tomada, mas nos tranquilizamos depois de algumas tentativas. Então, prendemos a respiração aguardando os comentários dele. Mas tudo o que obtivemos foi silêncio... hesitação.

"E aí?", perguntei, "O que *achou?*"

"Sim, sim", disse ele. "Parece bom, mas vocês não querem tentar mais umas vezes?"

Ah, ok. Uma resposta bastante normal. Então, tocamos mais duas vezes, e depois... de novo... hesitação.

"Hum.... Como foi dessa vez, Peter?"

"Sim. *Bom*. Vocês querem... entrar aqui e ouvir?"

Todos sorrimos quando ouvimos os sons – densos, profundos, vigorosos, evocativos. Muito encorajador. Então, notei que alguns dos medidores de VU haviam sido tapados com fita adesiva. Perguntei o motivo, e ele falou algo sobre preferir julgar com os ouvidos a ficar muito preso a leituras mecânicas. *Uau*, pensei, *isso sim que é confiança*. Gostei bastante. Além disso, ele estava *acertando* os sons e os takes pareciam bons... Mesmo assim... sempre havia aquela coisa de "que tal mais alguns takes?".

Esse foi o molde para toda nossa experiência com Peter Henderson. Fazíamos mais e mais tomadas, mas nunca ouvimos o que Broon costumava pronunciar: "Pessoal, acho que conseguimos!". Era como tirar leite de pedra. Estava ficando claro que, por mais inteligente que fosse sua análise de nossa música, ele não tinha capacidade para dar a palavra final.

Durante semanas, foi a mesma coisa em todas as etapas de gravação e de overdubs, e, quando finalmente chegamos à fase de mixagem, foi ainda pior. Fazíamos a mixagem básica de uma música, depois inúmeras versões da mesma mixagem com mudanças de 1 dB ou 2 dB, como "final com a guitarra mais alta" ou "final com a guitarra mais baixa". A verdade é que sempre são feitas algumas mixagens alternativas para TV ou rádios de carro ou se mantém um mix de "vocal *up*" ou "vocal *down*" guardado, caso uma semana depois você perceba que a equalização estava errada, mas nunca tínhamos feito *tantos* antes. É bom ter uma ou duas opções, mas isso foi loucura – principalmente para um cara como eu, ansioso por natureza. Passávamos até quatorze horas por dia no estúdio mixando e ouvindo, mixando e ouvindo, mixando e ouvindo. Levou uma eternidade decidir quais takes realmente iriam para o álbum. Guardamos nossos sentimentos para nós mesmos numa atitude de "não devo resmungar", mas silenciosamente aquilo estava nos desgastando demais.

Aquele longo e tenebroso inverno tirou um pedaço de nós como banda, e de mim como indivíduo. Tinha me esforçado tanto para encontrar o produtor perfeito, depois pressionado tanto para tomarmos decisões durante aquelas sessões frustrantes que ignorei todos os sinais de como havia abandonado meus deveres para com minha esposa e meu filho. E, depois das sessões, eu *ainda* tinha trabalho a fazer, pois tive que levar as fitas para meu velho amigo e brilhante engenheiro de masterização Bob Ludwig poder peneirar a multitude de masters e montar a versão final do disco. Ainda parecia muito bom em sua sala de controle muito bem afinada, embora eu estivesse insatisfeito com o grave obtido do meu baixo Steinberger. Assim, Bob teve que tirar um coelho da cartola em algumas das músicas. No final, meus nervos estavam completamente em frangalhos e não tinha como eu me sentir animado, mas, ei, o que não mata fortalece, certo? (Quem foi o idiota que falou *isso?*)

Retratos da banda feitos por Alex durante as sessões de Grace Under Pressure. *Acha que parecemos estressados o suficiente? E ali está o meu maldito corte de cabelo de novo!*

O LANÇAMENTO DA MTV, em 1981, já havia revolucionado a indústria fonográfica. Fazer videoclipes agora era *de rigueur*, e todas as bandas, até a nossa, eram incentivadas a produzir algo inovador. O orçamento e a qualidade de produção estavam aumentando, às vezes superando verbas de gravação de discos para algumas bandas! Pare e pense nisto por um instante: as gravadoras estavam dispostas a gastar mais dinheiro em videoclipes do que *no próprio disco*. Essa insanidade dá uma ideia do poder que a MTV tinha naquela época.

Como os clipes obviamente tinham tudo a ver com meu amor por filmes, virei a referência para a maioria dos projetos visuais do Rush, mas logo aprendi que fazer videoclipes *não* era o mesmo que fazer filmes. Para começar, as músicas do Rush nunca chegariam ao top 10, então os superiores que financiavam essas coisas (com nosso dinheiro de royalties a receber, devo acrescentar) tinham pouca motivação para nos adiantar um quarto de milhão de dólares por qualquer extravagância que eu imaginasse na minha cabeça. Minhas Grandes Ideias eram invariavelmente recebidas com uma boa dose de realismo: "Bem, adoraríamos fazer isso, mas não temos o orçamento de Steven Spielberg".

Ainda assim, ficamos intrigados com todas aquelas possibilidades, porque muitas das músicas que escrevemos estavam prontas para uma interpretação visual. As letras de Neil eram repletas de argumentos e ideias, protagonistas e antagonistas, cenários fantásticos e histórias épicas – era o ideal, como você pode imaginar, para um enredo e um diretor inventivo. O problema era que sempre odiamos explicar o significado de uma letra, e parecia piegas tentar representar um roteiro literal de cinco minutos com um baixo orçamento. Outro desafio era que tanto nosso empresário quanto a gravadora queriam que aparecêssemos nos videoclipes, e nós não queríamos. Ao dirigir um clipe do Rush, os diretores se deparavam com um conjunto de exigências desafiadoras, inclusive o fato de que não éramos exatamente ícones da moda ou astros de cinema. Neil se recusava a aparecer a menos que estivesse tocando bateria de verdade, *e* insistíamos que qualquer história que um diretor quisesse contar teria que estar intercalada de alguma forma com cenas da banda tocando sem que parecessem intrusivas ou gratuitas. (Se você já se perguntou por que ciborgues em uma distopia totalitária futurista têm Rush em seus monitores que tudo veem – ou por que Neil não aparece –, bem, agora você sabe.)

Nos anos seguintes, nos afastaríamos das histórias em favor de um conceito mais elevado ou de uma abordagem abstrata (como o cara amarrado a um poste em "Stick It Out", do *Counterparts*), em que a aparição intermitente da banda não parecesse tão chocante. Portanto, tudo bem, fizemos os videoclipes – com a mesma engenhosidade, esperávamos, com que fazíamos qualquer outra coisa –, mas foi uma concessão após outra, e minha empolgação logo se dissipou. De qualquer forma, com o passar do tempo, eles se tornaram menos importantes como ferramenta de marketing e praticamente paramos de fazê-los, voltando nossa atenção para os filmes de nossos shows ao vivo, em que poderíamos pegar nossas piadas internas e ideias cômicas e jogá-las no telão, compartilhando nosso senso de humor pateta com um público especial e sem ter que passar pela aprovação de gravadoras, canais de TV ou qualquer outra pessoa.

Grace Under Pressure foi bem-recebido,* e os videoclipes de "Afterimage", "Distant Early Warning", "The Body Electric" e "The Enemy Within"** tiveram uma quantidade surpreendente de reprodução na MTV e em sua equivalente canadense, MuchMusic.*** Éramos os queridinhos da telinha? Bem, apesar do penteado Simon Le

---

* Alcançou o 4º lugar no Canadá, o 5º no Reino Unido e o 10º na *Billboard 200*, quando recebeu o disco de platina (ou seja, vendeu mais de um milhão de cópias). Em 2014, a *Guitar World* colocou o álbum em sua lista de "Novas sensações: 50 álbuns icônicos que definiram 1984".

** Dirigidos, respectivamente, por Tim Pope, David Mallet e pela equipe de Annabel Jankel e Rocky Morton.

*** A MuchMusic começou como um programa semanal de documentários sobre rock chamado *The New Music*, na CityTV, em Toronto, e na verdade, nesse formato, é anterior à gigante MTV, dos Estados Unidos.

Bon de Alex, nunca chegamos ao top 10 do Buzz Clips, mas tivemos uma boa exposição.

DE MAIO A NOVEMBRO DE 1984, fizemos uma turnê pelo Canadá e pelos Estados Unidos; desta vez "apenas" 77 shows em seis meses. Dissemos a Ray que a era de 23 dias seguidos de shows sem um único intervalo tinha acabado. Já tocando sets mais longos, o que exigia muito mais de nós, nossa nova regra determinava no máximo três shows em sequência. Neil trouxe uma bicicleta para o ônibus e passava os dias de folga pedalando longas distâncias e, assim, tinha tempo para espairecer da rotina do mundo do rock n' roll; uma vez, ele pedalou os mais de 150 quilômetros entre Milwaukee e Chicago – um exercício leve e agradável depois de fazer um show de duas horas e meia na noite anterior. Sério, o homem era um monstro tanto na bateria quanto na bike. Como você provavelmente sabe pelos livros que ele escreveria mais tarde, como *The Masked Rider – O Ciclista Mascarado*, seu amor por bicicletas o levou à paixão por motocicletas. Neil era um cara da estrada por completo, mas do que ele realmente gostava era poder manter esse estilo de vida fora da banda, quando podia viajar praticamente no anonimato.

Minha versão de paraíso, por outro lado, era voar; durante a maior parte da turnê, ainda viajávamos de ônibus, mas, desde *A Farewell to Kings*, pegávamos o Concorde para voos transatlânticos. Aquilo, *sim*, era uma máquina incrível, voando perto de Mach 2, tão alto que, quando você olhava para fora, as nuvens abaixo haviam desaparecido e o céu estava preto – você sabe, como no espaço sideral! Ir de Nova York a Londres em pouco mais de três horas era como fazer uma ótima refeição num restaurante apertado, mas gourmet, e a melhor parte é que, quando você chegava, era o início da noite e dava tempo de tomar um drinque e dormir quase o suficiente, sem sofrer tanto com jet-lag.

Também começamos a nos paparicar no final das turnês pelos EUA, fretando um pequeno avião para nos levar para casa mais rápido. Foi durante o último show daquela etapa da turnê *Grace Under Pressure*, em Providence, que Alex e eu notamos que Neil parecia agitado atrás da bateria. A princípio, pensamos que era cansaço e, de fato, ele estava exausto, mas isso era diferente. Ele se controlou, mas evidentemente estava tendo uma crise de ansiedade e parecia praticamente esgotado. Mal conseguimos terminar o show antes de subir a bordo do Learjet que alugamos. Com as bebidas na mão, nos sentamos um de frente para o outro (os Learjets eram rápidos, mas confinados) até cerca de trinta minutos de voo, quando Neil olhou para nós e disse com um gemido: "Eu simplesmente *tenho* que sair daqui". Orientamos o piloto para pousar o mais rápido possível e, felizmente, ele conseguiu descer no Aeroporto de Rochester em questão de minutos, onde um carro aguardava Neil. Ele foi levado para casa, do outro lado da fronteira – e nós ficamos lá, abalados, porque nunca realmente tínhamos percebido o pavor que ele tinha de voar.

DURANTE ANOS, NEIL escondeu isso muito bem, fazia graça, zombava de nós sobre os perigos da aviação e, uma vez, até fez camisetas com a foto de um ônibus com asas, onde se lia O ÔNIBUS NÃO VAI CAIR DO CÉU. Antes de um show em Jacksonville, Flórida, em 1980, ele distribuiu essas camisetas no camarim, sem se dar conta de que estávamos na cidade natal do Lynyrd Skynyrd, cujo Convair CV-240 ficou sem combustível e caiu, matando (entre outros) o vocalista da banda, Ronnie Van Zant, e o guitarrista, Steve Gaines. Felizmente, alguém da nossa equipe teve a presença de espírito de se apressar e apontar aquela terrível coincidência, e o pobre Neil guardou as camisetas antes que alguém se ofendesse.

De qualquer forma, depois do incidente do Learjet, ficamos todos abalados e preocupados – até porque sabíamos que a próxima vez que o veríamos seria no Aeroporto Pearson, em Toronto, para pegarmos um voo para Tóquio. Essa seria sua primeira e última viagem ao Japão, mas não apenas por causa do medo de voar...

Sempre relutamos em ir ao Japão porque queríamos levar nosso show completo da América do Norte, e o tempo e o custo de envio de todo aquele equipamento eram proibitivos. As empresas japonesas nos garantiram que poderiam replicar a configuração de palco de qualquer banda com tanta precisão que você nunca perceberia a diferença, então a maioria das bandas ocidentais que tocava lá nunca levava o próprio equipamento, mas estávamos céticos. Finalmente, porém, chegamos a um acordo, levando apenas parte das nossas coisas e alugando o resto quando chegamos lá, e assim fizemos apenas quatro shows em quatro cidades japonesas: Nagoya, Fukuoka, Osaka, terminando a turnê no famoso Budokan, em Tóquio.

Eu estava animado, mas desorientado (por assim dizer), tanto pelo intenso jet-lag quanto pela cultura totalmente desconhecida. Para começar, rapidamente aprendi que os japoneses não comem sushi de manhã, de tarde e de noite. (Não é assim! É caro, nutritivo e geralmente reservado para ocasiões especiais, embora isso não impedisse Lerxst de comer sushi sempre que podia.) Fiquei impressionado com a mistura da arquitetura japonesa ultramoderna com a tradicional – a maneira como, por exemplo, você pode ver no final de algum beco, entre dois arranha-céus, um antigo santuário xintoísta, cuidado por um sacerdote vestindo *yukata* e calçando *geta*. O mesmo se via na forma como as pessoas se vestiam na rua, onde você encontraria tanto mulheres em quimonos clássicos e *obi*, como também fashionistas, ou ainda grandes grupos de crianças em idade escolar com uniformes idênticos. Foi também o primeiro lugar em que precisei de um cartão com o endereço do hotel (em japonês) para poder encontrar o caminho de volta; se me deixassem a um quarteirão de distância do hotel, eu estaria totalmente perdido, já que não apenas o *layout* de Tóquio era incrivelmente confuso, mas encontrar um transeunte japonês que falasse inglês era quase impossível em 1984.

Os shows também precisaram de certo ajuste cultural, como se pode imaginar. Primeiro, saíamos super cedo, por volta das seis da tarde; depois, quando começasse a tocar, você estaria olhando para um mar de cabelos pretos pulando para cima e para baixo no ritmo da música (bem, *quase* no ritmo), como se fossem marionetes presas por fios. Eles pareciam tão estranhamente robóticos que tivemos que prender o riso no palco, mas, ainda assim, a multidão parecia estar curtindo o show pra caramba.*

Tiramos um dia de folga antes do show em Osaka, e nosso promoter, o lendário Sr. Udo, nos ofereceu um dia de cortesia em um *sentō*, ou casa de banho. Parecia estranho se despir e tomar banho enquanto as atendentes caminhavam ao nosso redor com total desinteresse. Elas nos levaram a uma fileira de mesas de massagem separadas por telas de privacidade, onde um segundo grupo de mulheres, em uniformes de saia branca e galochas curtas brancas, nos cumprimentou de modo impessoal, gesticulando para que deitássemos, e começou a lavar nossos cabelos e esfregar nossos corpos da cabeça aos pés enquanto tirávamos sarro uns dos outros através das telas. Me senti como se estivesse num lava-jato, onde eu era o carro. Depois que secaram nossos cabelos e nos serviram bebidas no salão, nos vestimos e voltamos para o hotel quase que literalmente brilhando.

Depois de uma experiência tão única, estávamos todos de ótimo humor e nos reunimos no bar para alegremente tomarmos mais alguns drinques, até que Neil saiu para usar o banheiro masculino, mas não voltou. Um dos membros da nossa equipe o avistou no saguão e nos chamou: "Ei, pessoal! Neil está discutindo com um cara!". Corremos para fora e lá estava ele, repreendendo um homem atarracado e de aparência hostil que estava brigando com uma mulher. Neil aparentemente ficou indignado ao vê-lo batendo nela enquanto o pessoal da recepção

* O que não sabíamos na época era que, após um tumulto em um show do Deep Purple no Budokan, em 1973, o entusiasmo do público de rock japonês havia sido rigorosamente contido.

(ESQUERDA) *As sessões de composição de Hemispheres, perto do Rockfield Studios.* (ABAIXO) *A chegada do Mamute foi recebida com espanto e exasperação e risadas em igual medida – o olhar de Skip diz tudo.*

A Irmandade: sendo homens estúpidos, decidimos não fazer a barba até terminar de compor o álbum: (DA ESQUERDA PARA A DIREITA) *Skip, Alex, Ian, Shraw, Neil, Jack e Broon.*

As intermináveis sessões em Rockfield incluíram mais gravações ao ar livre e, para mim, uma abençoada visita conjugal.

Evidências de que estávamos confinados em Rockfield por tempo demais: depois que Nancy foi embora, ela e eu tivemos uma discussão a distância sobre o nome do nosso novo gatinho de estimação. Ela queria "Katrina", enquanto eu preferia algo mais sensato, como "Commander Three". Naturalmente, meus compadres concordavam comigo, então enviamos juntos um fax de protesto, tirando sarro dela e de suas amigas com os penteados da moda. E não estávamos chapados... juro!

(ACIMA À ESQUERDA) *Pinkpop 10, 4 de junho de 1979*

No set do videoclipe de "Big Money", muito elegante (e muito caro).

Duas polaroides de teste (ACIMA) *e a foto definitiva* (ABAIXO) *tiradas por Dimo Safari para a capa do álbum* Power Windows. *Antes de decidir a composição de seu quadro, Hugh Syme nos enviou várias fotos de Dimo, que se tornaram o pivô de uma discussão "acalorada" sobre a direção do olhar do garoto (Neill Cunningham) e se os televisores antigos deveriam estar na imagem. Eu queria que o olhar distante do garoto e as TVs atribuíssem uma dimensão enigmática para o título do álbum. O tema da distorção da realidade apareceria de novo na faixa título e em "Window to the World", no meu álbum solo,* My Favourite Headache.

Quando voltamos para o Manor para gravar partes de Hold Your Fire, *estávamos passando por uma fase caubói, nos divertindo enquanto fingíamos ser caipiras – chapéus, sotaques e tudo mais. Lerxst aproveitou o tempo livre durante as sessões de gravação dos teclados e pintou esse lindo retrato.*

Entre os vários reconhecimentos que tivemos a sorte de receber (a Ordem do Canadá, os Junos, o RRHOF e outros), sem dúvida, o mais peculiar, divertido e, por essa razão, o nosso favorito foi o Harvard Lampoon Musicians of the Millenium Award, em 1993. Para mim, o ponto alto daquele evento de dois dias foi quando Mark Twain se levantou para dizer algumas palavras sobre "Tom Sawyer" e nos agradeceu pelo aumento significativo nas vendas de suas camisetas.

Nosso cenário do palco para a turnê Test For Echo, *em 1997, em que eu orgulhosamente exibo meus primeiros eletrodomésticos, incluindo liquidificadores e uma geladeira cheia de ímãs.*

A vanguarda mais quente e saborosa da tecnologia de som de baixo.

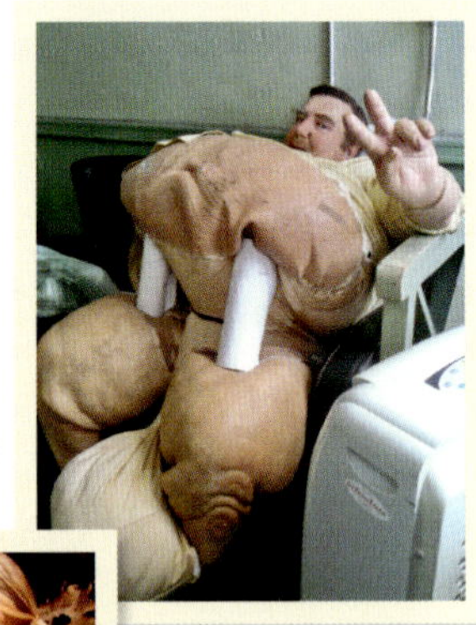

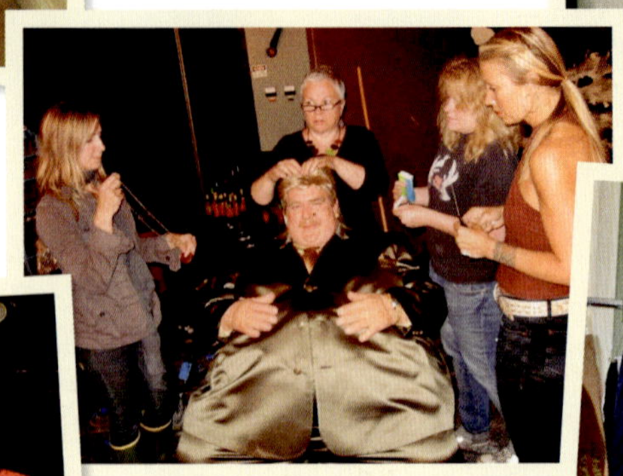

(ACIMA E À ESQUERDA) *Bastidores das filmagens de* The Real History of Rush *para a turnê* Time Machine.

(DIREITA) *O diretor Dale Heslip claramente nunca tinha ouvido um homem das cavernas falando ídiche antes.*

(TOPO) *Eu queria muito poder lembrar o que O Incrível Lerxst fez para nos deixar impressionados desse jeito na turnê* Snakes & Arrows, *mas ele claramente está muito orgulhoso de si mesmo.* (ACIMA) *Talvez as líderes de torcida de sua pedaleira possam nos contar.*

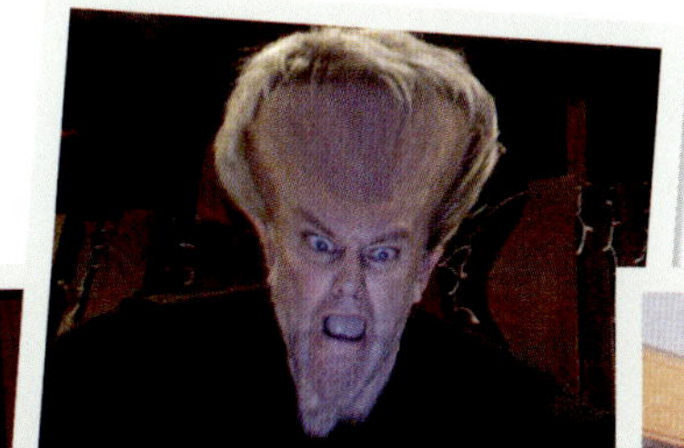

(ESQUERDA E ABAIXO) *Será que o sucesso subiu à nossa cabeça?*

Allaire Studios, perto de Woodstock, Nova York, onde gravamos Snakes & Arrows. Que lugar impressionante e foda para gravar ao vivo.

(ESQUERDA) *Este era o único lugar em que eu podia ficar para os captadores do meu baixo não zunirem.*

(ESQUERDA) *Um dos modelos em miniatura de Dale Heslip para o show* Clockwork Angels. (ABAIXO) *As animações da Crankbunny.*

Uau, quanta diversão! (ACIMA) *Glutões, para o martírio da maquiagem. Adorávamos isso; bem, talvez Neil nem tanto, mas ele era um soldado da cavalaria – assim como o ator/roteirista/diretor Jay Baruchel.* (ESQUERDA) *Que bando de palhaços: Liam; nosso amado road manager, Donovan "Poolie" Lundstrom; e nosso amigo de longa data e carpinteiro, George Steinert.*

Torrando no fogo do inferno? Nada disso, apenas Anaheim.

Maestro Paul Rudd conduzindo a seção de cordas de Clockwork Angels.

Nós três perambulando por Japão, Hong Kong e China em total assombro, acompanhados pela Boozecan International, nossa reserva de bebida móvel, antes que as coisas sofressem uma reviravolta (como vocês vão ver...).

e a segurança passavam por eles demonstrando indiferença. Agora, o homem estava gritando com Neil em japonês, obviamente dizendo para ele cuidar da própria vida. Eles trocaram empurrões, momento em que Alex se meteu e também começou a gritar com o cara, e, então, os funcionários do hotel começaram a gritar *conosco*, pedindo que saíssemos do saguão e, pelo que pudemos perceber, garantindo que aquilo era apenas uma questão entre marido e mulher. Ficamos tão furiosos que continuamos gritando para ele parar, mas nossos protestos só pioraram as coisas. Quando a segurança nos empurrou para dentro do elevador e as portas começaram a se fechar, assistimos horrorizados quando o safado socou a mulher no estômago e ela caiu no chão.

Atordoados, confusos e furiosos, subimos para nossos quartos. O que diabos tinha acabado de acontecer? Era como se tivéssemos entrado num Japão completamente diferente, cheio de brutalidade e de indiferença. No dia seguinte, nosso tradutor explicou que o homem tinha muitas tatuagens, o que – especialmente em Osaka – significava que era um membro da Yakuza e que nenhum japonês ousaria enfrentá-lo. De repente, entendi por que havia placas na casa de banho declarando PROIBIDO TATUAGENS – código, na verdade, para PROIBIDO YAKUZA. Ainda não estávamos prontos para deixar para lá, no entanto. Tentamos argumentar que era barbárie, exigimos saber por que o hotel não fez *nada* a respeito, mas era tudo muito conflituoso para ele e fomos recebidos com silêncio. Naquele momento, senti o choque total entre o Ocidente e o Oriente. É ingênuo e tipicamente norte-americano pensar que um estrangeiro poderia sequer começar a entender, quanto mais desafiar, uma sociedade tão complexa e milenar, principalmente em meio a uma primeira e curta visita, mas, ainda assim, no que nos diz respeito, não havia justificativa para o que presenciamos. Foi certamente um ato abominável e violento em todos os quesitos. Para nós, pelo menos, o encanto acabou ali. Ficamos deprimidos, Neil mais que todos; ele ficou tão perturbado com tudo aquilo que jurou nunca mais voltar ao Japão, e jamais voltou.

CAPÍTULO 19

DEPOIS DAS FESTAS DE FINAL DE ANO de 1984, nos mudamos para o Elora Sound, um estúdio rural a duas horas de Toronto, abrigado num celeiro que ficava em frente à sede da propriedade. Era grande o suficiente para acomodar nosso equipamento e tinha a estrutura de gravação multicanal apropriada, então, dessa vez, conseguiríamos gravar demos mais sofisticadas. Nunca havíamos tido tempo para gravar demos adequadas, porque estávamos sempre em turnê e depois nos atirávamos nos detalhes da gravação de cada álbum novo, portanto parecia um luxo podermos fazer um trabalho preparatório antes de gravar o disco em si. No começo, Neil, Alex e eu tirávamos algumas músicas no baixo, na guitarra e na bateria, com talvez um pouco de teclado que eu acrescentava aqui e ali para certa melodia ou para dar a textura extra de que precisávamos, mas, à medida que fui ficando mais confortável atrás dos teclados, passei a compor com eles com mais frequência; foi por isso que nossa música ficou bem mais densa nesse período. Com toda a tecnologia com que estávamos lidando e a abordagem de múltiplas camadas que desenvolvemos para a composição, as demos não eram apenas úteis, mas necessárias.

Ficamos confinados no frio inverno canadense, trabalhando direto de segunda a sexta e indo passar o final de semana em casa – uma coisa boa, já que meu filho, Jules, faria cinco anos de idade naquele verão e estava cada vez mais difícil ficar longe dele por longos períodos. Nancy e eu levávamos vidas paralelas, já que, nos últimos dois anos, a Zapata tinha evoluído para a produção de coleções sazonais com distribuição em todo o Canadá, usando tecidos incomuns que ela e Karen encontravam em viagens à França e à Itália. Nós nos distanciamos, e isso começou a ficar evidente em público. Muitas pessoas do mundo da moda, com quem Nancy convivia quando não estava sendo mãe, sequer sabiam que ela era casada, muito menos com um cara de uma banda de rock. Ser minha "acompanhante" não era o suficiente para ela; Nancy estava determinada a conquistar uma vida livre dessa associação. Por causa das minhas ausências e da obsessão cada vez maior com minha própria carreira, me tornei um fantasma na vida dela. Tive culpa nessa coisa de estarmos em órbitas distintas, porque, quando nossas agendas se alinhavam, eu simplesmente seguia o fluxo como se tudo estivesse bem, assim como ela, ignorando a gravidade de nossa disfunção. Quanto mais se vive como um indivíduo independente, mais difícil se torna pensar como parte de um casal, e cada vez mais estávamos encontrando dificuldades em achar um denominador comum. Sem saber o que fazer para lidar com isso, simplesmente voltei para o meu trabalho como de costume.

COMEÇAMOS a trabalhar em alguns arranjos com nosso novo produtor, Peter Collins, cujo nome surgiu numa conversa com Gary Moore quando fizemos um show juntos na turnê *Grace Under Pressure*. Peter tinha regravado uma antiga canção de Gary, "Empty Rooms", que nós achávamos que tinha ganhado mais poder e glória com ele, então pedimos para nos reunirmos. A pessoa que entrou no nosso camarim não era do tipo que parecia um aclamado produtor de discos, mas sim um cara baixinho de barba e óculos, alguém que se espera ver atrás de uma escrivaninha num escritório contábil, mas rapidamente ele nos conquistou e o contratamos para comandar *Power Windows.*

Como não éramos músicos com uma educação formal na área, Neil, Alex e eu tivemos que aprender alguns fundamentos que qualquer compositor sabe, posto que são pré-requisitos do ofício. Abordar as coisas instintivamente, sem regras estabelecidas, sempre deu certo para nós, e ouso dizer que foi o que nos permitiu sermos mais originais, mas topamos estudar quando Peter sugeriu que, dessa vez, tentássemos aplicar alguns princípios básicos. Em vez de simplesmente aceitar o modo como escrevemos uma canção, ele nos pedia que experimentássemos tons e tempos diferentes. Às vezes, sugeria uma abordagem mais diminuta, quebrando um verso ou uma ponte em várias partes, eliminando certos instrumentos para abrir espaço para partes mais dinâmicas. Ele acreditava fortemente em injetar explosões de energia ou de detalhe à medida que a canção se desenrolava – tanto com um efeito de som, uma linha de guitarra ou um floreio de teclado –, argumentando que um evento único ou uma mudança repentina na pegada traria longevidade à canção. Seu estilo nunca foi autoritário; ele respeitava o que tínhamos feito no passado sem ele. Mas Peter não hesitava, com o charuto na boca, em estalar os dedos e dizer: "Desculpa aí, camaradas, esta parte não está funcionando. Precisamos mesmo disso? Se não, vamos só dar um *shmeiss* nela".

A primeira vez que ele falou isso, nós caímos na gargalhada e perguntamos: "Hum, 'dar um *shmeiss*' nela?".

Embora Peter seja judeu, não acho que tivesse se dado conta de que estava usando uma palavra em ídiche que, na verdade, significa "golpear" ou "dar uma pancada". Ele insistiu: "Sim! Apagar. Dar um *shmeiss* nela. Se livrar dela!". Se uma parte estivesse apenas ok, em vez de mantê-la na fita para ouvir de novo e tirar a cisma mais tarde, ele dizia para o nosso engenheiro: "Jimbo, dá um *shmeiss*". Se um assistente não estivesse trabalhando direito ou um serviço de catering fosse ruim, ele abria um sorriso largo e perguntava: "Será que dou... um *shmeiss* nele?". Eu adorava aquilo. Esse cara era um produtor foda, decidido. Com sua atitude de assumir o comando, seu amor por charutos e sua leve semelhança com o robusto, porém baixinho, Edward G. Robinson, *voilà*, o apelido "Senhor Grandão" nasceu, e, dali em diante, a gente só falava: "Sim, Senhor G. *Shmeiss*!".

Nos instalamos no Manor Studio, em Oxfordshire. Descrito por um jornal britânico como "o altar supremo do rock dos anos 1970", notoriamente foi lá que Mike Oldfield gravou *Tubular Bells*, assim como o XTC, com *English Settlement*, e os Strawbs, com *Ghost,* que eu particularmente adorava. Depois de completar as faixas-guia, o palco estava pronto para a entrada triunfal de Andy Richards, um expert em teclados e sintetizadores que tinha trabalhado com Frankie Goes to Hollywood, Propaganda e Grace Jones e se especializado em criar texturas sonoras inovadoras. Não apenas era um programador seguro e com muito conhecimento, como, tão logo a fita começava a gravar, ele se transformava num artista *flamboyant* em seu conjunto de teclados, agitando os braços como o Fantasma da Ópera e se tornando o centro das atenções. Peter insistiu que déssemos liberdade total a ele para tocar por cima das faixas, e fiquei preocupado que nossas canções pudessem parecer exageradas, mas concordei, dando a Andy a "tela em branco" que ele havia pedido.

Enquanto isso, Alex devia estar se perguntando onde a guitarra iria caber no meio de tudo aquilo. Ele passava muito tempo dentro do quarto, bravamente trabalhando suas partes num gravador portátil ou se distraindo com suas pinturas a óleo. Por fora, agia de modo totalmente profissional e nunca disse uma palavra. Só agora – quase 40 anos depois – compreendo totalmente o que ele estava passando. Por quê? Porque faz pouco tempo que o questionei frente a frente. E esta foi a resposta dele:

"Até aquele momento", disse ele, "fosse compondo, ensaiando ou gravando, sempre tínhamos trabalhado juntos, mas Peter veio de uma escola que contratava músicos de fora, e, em *Power Windows*, eu sentia que ele *me* via desse jeito. Por isso, passei três semanas sentado no meu quarto, e, ainda que aquelas toneladas de sons parecessem *cool,* na minha visão não éramos nós. Fiquei *ressentido* com aquilo. Eu ficava pensando *o que estou fazendo aqui?* Mas me adaptei. Depois, em *Hold Your Fire,* passei muito tempo trabalhando minhas partes de guitarra no meu pequeno gravador TEAC, pensando que eu tinha me superado, mas, quando toquei para vocês, vocês ficaram meio 'humm, humm, uhum' e eu fiquei pensando: 'Então é *assim?*'. Depois do primeiro dia de gravação, estávamos trabalhando em 'Prime Mover' com *muita* gente dentro do estúdio, e eu toquei aquele riffzinho de trás do console e você disse 'não gostei!'; então, eu disse para mim mesmo: 'Vou guardar a guitarra. Tô fora. Não quero mais fazer isso'. Cinco minutos depois, você se deu conta do que estava acontecendo e me disse para tentar de novo, mas era tarde demais. Eu disse: 'Não. Vou tocar o que você quiser que eu toque'. Sentia que havia muito atrito e descontentamento naquele período. Ged, você sabe como é metido a mandão dentro do estúdio, porque, na sua cabeça, você enxerga *tudo*. Você está totalmente no controle. Eu já sou mais desprendido por natureza, enquanto você é muito planejado e metódico. Mas é claro que, quanto mais trabalhávamos juntos, mais abertos nos tornávamos. Você passou a confiar mais em mim..."

Oh, *puta merda!* Eu já havia admitido que às vezes, sem dúvida, sou o Cara Mandão, mas ouvir isso depois de todos esses anos fez com que eu me sentisse um babaca. Como pude ficar tão cego com relação ao que Alex estava passando, não apenas como meu companheiro de composição, mas como meu melhor amigo? Em nome do progresso e da experimentação, fiz com que ele se sentisse diminuído. Pensando agora, gostaria que tivéssemos conversado sobre nossos sentimentos naquela época. É mais do que interessante imaginar o que poderíamos ter mudado naquele álbum se tivéssemos feito isso...

TEMATICAMENTE, *POWER WINDOWS* é mais um de nossos álbuns conceituais menores, um que trata do poder em suas várias formas. A letra de "The Big Money", por exemplo, menospreza o uso frio e desapaixonado do Poderoso Dólar – o dinheiro apenas pelo dinheiro em si –, mas também reconhece seu poder e sua atração irre-

AIR Studios, Montserrat, onde gravamos as guitarras tanto de Power Windows quanto de Hold Your Fire. Aqui temos a comprovação de como Neil e eu trabalhávamos duro, enquanto Alex (que não aparece aqui) estava lá no bunker tocando guitarra até esfolar os dedos. Cruel, sim, mas justo.

sistível, que era uma coisa que nós mesmos estávamos vivendo naquela época; como não éramos *pop stars* enchendo os bolsos com hits, tínhamos que ganhar nosso dinheiro devagar, do jeito mais duro, fazendo zilhões de shows, mas ao menos as vendas de discos estavam começando a refletir nossos esforços. Mas o Big Money estava nos transformando? Sim e não. Para começar, com nosso empresário atuando para nos manter na linha, sempre mantínhamos um pé na praticidade, reinvestindo nossos dólares nos shows em si, mas agora também podíamos ostentar certos luxos. Cruzar o Atlântico de Concorde era um deles, ter mais conforto em casa era outro, e tínhamos carros muito bons, mas isso nunca mudou nossa ética de trabalho. Nunca houve um sentimento de que as coisas eram fáceis.

Fazendo jus ao seu nome, o Senhor Grandão entendeu que algumas das canções novas mereciam "tudo do bom e do melhor", como ele dizia, propondo não apenas a participação de uma orquestra, mas também de um coral completo. Nós hesitamos. Parecia extremo, obviamente, e também nos perguntávamos se conseguiríamos replicar essa multitude de músicos e cantores num show, mas sucumbimos com um "foda-se, claro, por que não?", pensando que, com todos os samplers e sintetizadores nas minhas mãos, a gente conseguiria fazer isso ao vivo.

Para "Marathon" e "The Manhattan Project", Peter chamou Anne Dudley, que conhecíamos por causa de seu trabalho com Art of Noise, *Rattlesnakes*, de Lloyd Cole, e produções de Trever Horn, como "Two Tribes", do Frankie Goes to Hollywood, e "Buffalo Gals", de Malcolm McLaren. O respeitado compositor e tecladista Andrew Pryce Jackman compôs as partes do coro e também foi quem conduziu os cantores no Angel Studios, um complexo de gravação e de mixagem construído numa linda capela antiga de madeira no norte de Londres. Depois, nos mudamos para o lendário Studio 1, na Abbey Road, um local grande o suficiente que podia tanto acomodar uma orquestra com 110 músicos quanto um coral com 100 cantores. Pensa só: Anne Dudley conduzindo membros da Orquestra Sinfônica de Londres no mais reverenciado estúdio da história da cultura pop – tem como ser melhor que isso? E tocando a *nossa* música esquisita? Foi literalmente de perder o fôlego; era impossível tirar o sorriso da cara. Passei o tempo todo circulando pelo local, tirando fotos e ouvindo os músicos conversarem entre si; a maioria reclamando de ter que tocar várias vezes a mesma música, de como o produtor era um chato etc. Há uma atmosfera diferente ao se trabalhar com esse tipo de músico profissional, veteranos já bem experientes, há muito tempo membros de sindicato, calejados – embora talvez não tão diferentes de nossos roadies, que também só reparavam no que dava errado num show e em como *eles* teriam feito melhor. É simplesmente a natureza humana.

Essas sessões foram espetaculares de todas as formas possíveis. Realmente foi por isso que Peter recebeu esse apelido: nenhuma ideia parecia grande demais para ele. Tínhamos feito um disco o mais diferente possível, mas que ainda assim guardava nossa verdade. Por mais

Liam e Senhor Grandão no histórico Studio 1, na Abbey Road. Infelizmente, minha câmera e todos os filmes com as fotos daquela sessão com a orquestra foram roubados no retorno ao Canadá, junto com o restante do nosso equipamento, portanto esta é a única fotografia que tenho daquele dia mágico. Se você for o ladrão, poderia ao menos me devolver os negativos, por favor?

que tenha a magia do coro, da orquestra e dos teclados, ainda é um disco de hard rock. Apenas acrescentamos mais *música* à nossa música. Costumam dizer que menos é mais, mas, no nosso caso, *mais* era simplesmente *ainda melhor* – e embora as sessões de mixagem tivessem sido árduas e complexas, eu estava começando a aceitar que sempre seriam assim para mim. Após complicados dois anos e meio desde que nos separamos de Broon, finalmente encontramos o que estávamos procurando. Depois da confusão estressante que foi *Grace Under Pressure,* Peter Collins tinha entregado um disco do qual nos orgulhamos – e, por muito tempo, foi meu disco favorito daquele período.

DEPOIS DE OUTRA GRANDE turnê pelos Estados Unidos, no final de 1985 e em 1986, era hora de outro álbum – nosso décimo segundo em apenas treze anos. Muito trabalho? Depois de uma colaboração calorosa e bem-sucedida com o Senhor Grandão, como não poderíamos tentar mais uma vez com o mesmo time? Dessa forma, a programação para *Hold Your Fire* seguia basicamente o que tínhamos feito com seu antecessor. Era uma produção realmente internacional, gravada em cinco estúdios diferentes: o Manor, em Oxfordshire, Ridge Farm, em Surrey, AIR Studios, em Montserrat, McClear Place, em Toronto e Guillaume Tell Studios, em Paris.

Na fase de composição, Lerxst experimentou alguns sons no estúdio em sua casa, enquanto eu me adiantava com um programa de composição musical para computadores Mac que me permitia compor, sequenciar, controlar e gravar visualmente meus vários instrumentos – bom o suficiente para criar rascunhos sonoros que eu poderia mostrar para Neil depois. Voltamos para o Manor, em grande parte porque Neil adorava o som da bateria dentro daquele estúdio com teto de pedra, depois nos realocamos para o mais antigo estúdio residencial do Reino Unido, o Ridge Farm, em Surrey, uma construção do século

XVII transformada em casa de campo que remontava à Idade Média, quando homens eram homens e a maioria deles de baixa estatura: se você não prestasse atenção ao passar pelo vão das portas, perderia um pedaço da testa no batente ou nas vigas do teto. Reforçando a atmosfera medieval, havia uma criação de porcos localizada a favor do vento, o que tornava o mais curto dos passeios uma jornada fedorenta, mas, sim, era um *adorável* cenário rústico.

Mais uma vez, Peter insistiu que fôssemos além, desta vez com "Mission". Além da seção de cordas, ele queria um autêntico conjunto musical inglês de instrumentos de sopro, como aqueles que ouvia na infância. Honestamente, achamos a ideia meio esquisita, mas ele estava tão obcecado com isso que o deixamos fazer por conta própria. Depois, era hora de torturar o pobre Lerxstie mais uma vez, retornando ao esplendor tropical de Montserrat, onde ele ficou confinado no bunker que era o AIR Studios – cujo cofundador era o produtor dos Beatles, George Martin – até que a maior parte das guitarras estivesse terminada.* As cordas que Peter queria para "Mission", assim como em "High Water" e "Second Nature", seriam conduzidas e arranjadas por Steven Margoshes, o talentoso compositor da Broadway, também pianista e colaborador de longa data de Jim Steinman. E, como se uma seção de cordas não fosse o suficiente, Peter queria um coral gospel para o encerramento de "Prime Mover"** Era uma ideia incomum para uma canção do Rush (embora você possa dizer que ela se conectava ao tema da canção de que "qualquer coisa pode acontecer"), mas se fundiu tão sutilmente à música que não podem nos acusar de ter ficado exagerado. Finalmente, pela primeira vez na história da banda,

* Tivemos sorte de gravar lá mais uma vez, porque, dois anos depois, o Furacão Hugo atingiu a ilha e destruiu 90% de sua infraestrutura. O estúdio e a maior parte do equipamento ficaram tão danificados que não havia mais conserto, então George Martin teve que fechar o local.

** Quase escrevi "Mr. Big cannot stop thinking big!" – "O Sr. Grandão não consegue parar de pensar grande" –, mas acho que, na verdade, foi ideia minha. Acho que ele fazia nós todos pensarmos grande.

uma vocalista convidada apareceu numa música do Rush: convidamos a charmosa e absolutamente talentosa Aimee Mann para cantar "Time Stand Still" comigo. Queríamos alguma coisa mais marcante de alguém que parecesse angelical, uma voz que descesse flutuando do céu, e foi exatamente o que ela nos proporcionou. Aimee é uma cantora maravilhosa (sem falar que se trata de uma cantora-compositora realmente talentosa) e não poderia ter sido mais solícita e profissional. Parecíamos garotinhos de colégio babando ao redor dela.

EM CASA, NANCY e eu tínhamos nos afastado o máximo que um casal pode se distanciar enquanto ainda compartilha a mesma casa. Ela demonstrava pouco interesse pela minha vida profissional e estava prosperando no trabalho com a Zapata. Eu respeitava isso, mas estava totalmente alheio ao ambiente profissional dela e também não sabia como criar uma ponte para cruzar esse precipício. Quando eu voltava para casa, é claro que a gente se abraçava forte e se beijava, mas estávamos receosos. Mesmo se, num primeiro momento, parecesse espinhoso, bem lá no fundo ficávamos felizes em nos rever e não queríamos estragar o clima. Você realmente iria querer entrar numa discussão séria naquele instante? Não, a gente queria ficar juntinho e tentar ser um casal novamente. Mas, às vezes, parecíamos dois gatos num beco, dando voltas ao redor um do outro, só analisando, como se pensássemos: "Que porra é essa? Seu cheiro está diferente!". E, mesmo assim, por *não* conversarmos, acabávamos alimentando o ressentimento. Se não conversar, é impossível saber como a outra pessoa está se sentindo. É um sinal de alerta urgente, mas, em vez disso, eu presumia que Nancy estava tranquila com isso e com aquilo – a ponto de dizer "vou voltar um dia mais tarde; ela não vai se importar". Ou *ela* presumia que, como havia tanta coisa para fazer por causa de um desfile justamente no dia em que eu estava em casa, poderíamos nos ver uns dias depois. Então, de repente, vocês ficam lá, sentados, olhando um para o outro como se fossem dois estranhos com um campo minado no meio. Parece que sua vida está prestes a explodir.

Como sempre, as coisas iam escalando até que chegava o momento em que eu *tinha* que voltar para a estrada. Éramos civilizados durante o período em que eu estava em casa, mas depois, *cara*, a gente acabava brigando. Mas nunca conseguíamos chegar a uma conclusão porque, bem, quando estávamos chegando perto do cerne da questão, de novo, eu ia embora dizendo: "Desculpa, *não posso* lidar com isso agora. Tenho que ir". Quase como se fosse... intencional? Não havia certeza, mas uma coisa era certa: não tem como resolver isso agora porque tenho que embarcar num avião em 20 minutos. Ela ficava puta, mas nunca passou pela minha cabeça trocar o voo ou cancelar um show para *salvar meu casamento*. Parece burrice da minha parte e, bem, era mesmo.

No fim, concordamos em fazer terapia. Talvez uma visão objetiva pudesse compreender e explicar o que não conseguíamos sozinhos. Pelo menos, nós dois tínhamos vontade de ir às sessões, e *isso* era um bom sinal. No começo, foi constrangedor, é claro – estar disposto a se abrir a um estranho nunca é fácil –, mas valeu a pena. Nossa terapeuta fez algumas observações que fizeram a casa cair. Para começar, ela observou que estávamos juntos, entre idas e vindas, desde que tínhamos 17 anos de idade e, de certa forma, fugimos das nossas famílias para cairmos direto nos braços um do outro. Ao nos rebelarmos contra a vida que nossos pais queriam para nós, tínhamos inconsciente e intencionalmente nos tornado órfãos, e o resultado disso é que não éramos apenas amantes, mas também pais um do outro, "um ajudando o outro a crescer". A terapeuta sugeriu que, agora que éramos adultos (bem, quase isso), tínhamos ultrapassado as regras do nosso relacionamento original e, por isso, elas não mais pareciam adequadas. Nenhum adulto quer (conscientemente) se envolver romanticamente com uma figura paterna ou materna.

Ela nos encorajou a renovar a visão que tínhamos um do outro e ver se ainda havia ali a atração de namorado e namorada. Nos deu alguns exercícios para fazer; o mais memorável foi tentar "conversar" um com o outro por 24 horas sem usar palavras. Essa nos fez dar muitas risadas, mas tentamos. Não tenho certeza de como isso deveria funcionar exatamente, além de fazer um *ver* o outro de um jeito melhor e simplesmente tornar nossa comunicação mais física novamente. Independentemente disso, o que ela falou sobre reinventar os termos do nosso relacionamento nos deixou pensativos, e lentamente começamos a nos tratar com mais consideração, de um jeito mais parecido como se estivéssemos num encontro e menos daquela forma rotineira como coabitantes de uma casa.

À medida que fomos recuperando nosso relacionamento (e começando a conversar de novo), nos tornamos debatedores fantásticos. Tão logo passamos pela fase mais difícil, descobrimos que poderíamos brigar sem ter medo de que um de nós fosse embora. Mas isso só foi possível porque aprendemos a escutar. Como Robert Fripp falou de um jeito profundo: "Escutar é uma habilidade. Ouvir é uma arte". Acho que a maior razão pelo fracasso de tantos casais é que eles não ouvem realmente o que está sendo dito – não são apenas as palavras, mas o subtexto. É fácil demais pegar algo que sua parceira diz pelo significado aparente e não captar o que está por trás daquilo, que talvez exista uma dor real subjacente ao que ela está tentando compartilhar.

Falando por experiência, posso contar que, quando se fica longe tanto tempo, você perde a arte de ouvir e de se comunicar. Como eu estava na estrada com muita frequência, começamos a nos ver como entidades separadas: as únicas coisas que realmente estávamos compartilhando eram nossas propriedades e nosso lindo filhinho, o que simplesmente não era suficiente. Na estrada, passamos o tempo inteiro com nossos colegas de banda, equipe e fãs, e assim por diante – em relações que são completamente diferentes do tipo que se tem com uma namorada ou esposa –, e se sua mulher se junta a você na turnê, fica parecendo invasivo. Você está indisponível para ela do modo como ela precisa.

De qualquer maneira, são algumas coisas que aprendi naquela época difícil, e todas elas me diziam "eu não quero perder essa mulher". Sempre achei Nancy absurdamente atraente tanto física como intelectualmente. Sim, ela é uma ruiva linda e sexy, mas, acima de tudo, é inteligente e tem raciocínio rápido com superpoderes intuitivos! Também é muito independente e determinada – e talvez por minha mãe ter sido uma mulher muito forte, sempre senti atração por mulheres fortes. Ela também sempre teve um senso inato de certo e de errado. Nancy é uma fonte inesgotável de bondade, não só com os amigos: nós dois cuidamos muito bem dos nossos amigos, mas o coração dela se parte por algo que lê no jornal (é uma leitora voraz de livros e jornais, principalmente matérias de interesse humano), e, quando me dou conta, ela está entrando em contato com a pessoa retratada na reportagem e fazendo uma doação para ajudá-la. Acima de tudo, Nancy tem uma personalidade cheia de vida, é espirituosa e muito engraçada; melhor ainda, nunca faltam histórias e fofocas. Imediatamente, me apaixonei por tudo isso quando nos conhecemos porque eu era um garotinho quieto e meio nerd, e, mais de quarenta anos depois, trancados em casa ou jantando pela milésima vez seguida só nós dois durante as férias, essas ainda são as qualidades que eu mais valorizo nela.

Também ressignificamos a visão da vida profissional do outro durante esse período: eu equilibrei melhor meu tempo entre casa e trabalho, e ela parou de negar em público sua conexão com a banda. Até mesmo passei a frequentar os desfiles de moda da marca de Nancy, embora, num primeiro momento, tenha me sentido um intruso. Alguns amigos aos quais ela me apresentou me olhavam de um jeito estranho. Como mencionei antes, alguns nem sabiam que tinha marido, muito menos alguém com a minha... *aparência*. Mas lembro que fiquei tão impressionado com as roupas, com o bom gosto da música da passarela e com como Nancy e Karen eram em ação – no comando de tudo, sozinhas e *sem ter nada a ver comigo* – que transbordei de orgulho.

Ainda havia muito trabalho a fazer na nossa relação, e não seria a última vez que buscaríamos ajuda, mas a terapia de casal nos deu um bom ponto de partida e, depois de algumas sessões, sentimos que não precisávamos mais voltar. A propósito, não acho que estou sendo indiscreto ao mencionar que meus companheiros de banda também estavam passando por pressões domésticas semelhantes; com filhos para criar, a necessidade de mudar os hábitos no trabalho também ficou evidente, e, nos anos seguintes, isso afetou significativamente o modo como passamos a conduzir os negócios. Seria exagero dizer que, finalmente, estávamos... nos tornando adultos?

E ASSIM... de volta ao trabalho. ("Desculpa, querida, tenho que ir!") Passamos cerca de um mês mixando *Hold Your Fire* no estúdio Guillaume Tell, em Suresnes, um antigo vilarejo no subúrbio da zona oeste de Paris. Esse período continua sendo um dos pontos altos da minha vida nas gravações. Há tanta coisa que eu gostaria de contar a você, já que ali realmente começou meu caso de amor com a cidade, o país e a cultura – de fato, há muita coisa que *escrevi* e que tive de cortar do livro por falta de espaço (eu realmente me estendo demais, você sabe), mas há algumas coisas que vou espremer aqui: alguns anos antes, quando ficou claro que trabalharíamos em Quebec com mais frequência, nós três decidimos fazer aulas de francês e nos matriculamos num curso da Berlitz, a escola de idiomas internacional. Um dos professores vinha até nós no local do show na cidade onde estávamos tocando, e, entre a passagem de som e a hora do espetáculo, tínhamos uma aula de 45 minutos. Que nerds, né? Contudo, essas aulas foram muito úteis e uma ótima maneira de aproveitar o tempo no backstage. Agora, em Paris o investimento estava definitivamente se pagando. Para Neil e para mim, aquela época foi uma grande aventura parisiense. Com todo o tempo de sobra que tínhamos entre as mixagens, estávamos livres para frequentar museus e restaurantes e o que mais você imaginar; Lerxst, contudo, se cansou rapidamente disso e começou a passar horas e horas no apartamento, fumando maconha e assistindo ao seriado *Jornada nas Estrelas* dublado em francês.

De vez em quando, um amigo francês de nosso produtor Peter Collins jantava conosco, nos entretendo com histórias de suas viagens. Certa noite, ele nos levou a um bar minúsculo, mas bem animado. Não tenho certeza se o lugar tinha mesmo um nome oficial – ele se referia ao local apenas como "Gypsy Bar" –, mas sei que ficava no coração de Montmartre, bem pertinho da famosa Basílica de Sacré-Couer. Lá tomamos shots de vodca, comemos fatias de *saucisson* e ouvimos os músicos tocando num canto do salão – quase sempre um duo formado por um violinista e um guitarrista ou baixista com uma pegada indiscutível de Django Reinhardt. Certa noite, o amigo de Peter pegou uma gaita e tocou, sentado à mesa mesmo, enquanto outros cantavam de suas respectivas mesas. Era como a cena de um filme dos anos 1940, outra *époque* revivida. (Paris, como Istambul, está entre as poucas cidades que conheço onde você pode se transportar para outra época completamente.) Bem tarde da noite, saímos de lá bêbados e cambaleando (de novo!), enfeitiçados pela atmosfera esfumaçada. Uma noite em Paris realmente pode ser equivalente a um ano inteiro em outro lugar.

FIZEMOS A TURNÊ do álbum na América do Norte de outubro de 1987 até maio de 1988, terminando com sete shows no Reino Unido, e apenas um na Holanda e dois na Alemanha. Foi depois desses últimos shows na Europa, em Stuttgart, que fui confrontado por um momento diferente de conhecimento pessoal. Viajar juntos, sem a banda, foi uma das maneiras como Nancy e eu tínhamos decidido reconstruir nossa relação, então ela pegou um voo para se juntar a mim numa viagem de carro alugado pela França. Depois do show, vi um grupo de fãs amontoados na saída, segurando cartazes em que se lia Rush Fan Club da Itália. Eles também me viram saindo e tentaram me fazer parar o carro para dar autógrafos; acabei metendo o pé no freio, dei marcha a ré e fugi pelo outro lado. Mas então, à medida que a imagem deles foi diminuindo no retrovisor, senti uma dor aguda de culpa, pensando: *O que há de errado comigo?* Lá estavam fãs fervorosos do Rush, que, sabendo que não iríamos tocar no país deles, tinham viajado horas e horas para nos ver onde fosse possível. Tudo o que queriam eram alguns minutos do meu tempo, ainda assim caí fora como um coelho assustado. Por que aquilo pareceu tão ameaçador para mim? Tive que me questionar: *É esta a pessoa que eu sou agora?* Odiei o modo como lidei com aquilo. Odiei a energia negativa que aquilo gerou. E, quando chegamos ao hotel, jurei que dali em diante eu iria me recompor e transformar o negativo em algo positivo para todos os envolvidos. Acredito que seja o que tenho feito desde então.

Na empolgação do momento, os fãs geralmente perdem a noção de espaço pessoal, por isso cabe a nós assumirmos o controle em tais situações. Um sorriso realmente faz maravilhas para acalmá-los, e depois tudo o que se precisa fazer é dar um autógrafo rapidamente, trocar algumas palavras gentis e desejar o melhor para eles. Não tem nada de mais. Todo mundo sai ganhando: eles ficam felizes, e eu não me sinto culpado! Feito do jeito certo, a interação toda termina em menos de dois minutos. Mas é claro que há vezes em que se precisa estabelecer limites. Quero dizer, já houve fãs que me pediram para assinar alguma coisa enquanto eu estava no banheiro com o pinto na mão. Como vou reagir numa situação dessas? "Ah, claro, camarada. Só segura *isto* aqui por um instante, por favor."

Neil sentia que a adulação era corrosiva. Quando não estava em turnê, apenas sendo um indivíduo qualquer andando de motocicleta ou tomando café num posto de gasolina, era o cara mais simpático que você poderia encontrar, mas, em meados dos anos 1980, não queria mais ter que lidar com as coisas extrínsecas que acompanhavam o fato de ser Neil Peart, o famoso baterista. Ele era absolutamente tímido, mas também era superprotetor de seu espaço pessoal, seguindo em parte o princípio de que a única coisa que devia ao público era uma excelente apresentação. Alex, por outro lado, tende a ser quase próximo *demais* dos fãs. Se alguém quer um abraço, ele dá um abraço; passa tamanha sinceridade, é tão afetuoso, que o fã invariavelmente sente que se tornou seu mais novo melhor amigo – e, em seguida, lá está ele na entrada da garagem da casa dele pedindo para entrar. E, depois, ainda quer se casar com ele. Mas, você sabe, realmente é necessário traçar um limite, por isso eu costumava falar para Alex: "Tenho que te ensinar a ser um pouco babaca, Lerxst. Sou bom nisso"; e ele me pedia: "Dirk, me *ensina!*".

Também tem o "detesto ter que te interromper" durante o jantar com esposa e filhos e bem no meio de uma garfada. Mas, ei, são ossos do ofício, portanto, em vez de ficar tenso com isso, apenas aceito a situação e, antes que você consiga dizer "mafagafinhos", já passou. Sendo uma legítima WASP – Protestante, Branca, Anglo-Saxônica –, a pobre Nancy nunca se acostumou a isso, então sempre que sou abordado por um fã na rua, há anos ela simplesmente continua caminhando, levando seu constrangimento para longe até que a interação termine.

Há algumas situações que devem ser evitadas, por exemplo quando sou abordado por fãs agressivos ou mal-educados, ou em lugares muito movimentados como um shopping ou aeroporto – ou, pior, quando caçadores de autógrafos profissionais fingem ser fãs. Já vi esses caras recorrendo a todo tipo de esquema só para ganhar alguns trocados com minha assinatura. Alguns nos emboscavam na frente do hotel debaixo de chuva, ou até mesmo traziam os filhos pequenos junto para dar legitimidade à abordagem. Não tenho tempo para uma merda dessas.

Você tem que adquirir uma espécie de sexto sentido para separar o que é real do que não é. Quando nos tornamos pessoas públicas, desenvolvemos todo tipo de radar. Consigo perceber alguém circulando a duas quadras de distância porque, em primeiro lugar, os fãs querem se certificar de que realmente sou eu e, depois, precisam tomar coragem de me abordar. Dessa forma, há tempo de me preparar e determinar se há boas intenções ali ou não. Também gosto de pensar que desenvolvi certa habilidade para ver se estão conversando *comigo mesmo* ou com "Geddy Lee" – *minha imagem*, o personagem que existe em sua imaginação. É estranho quando isso acontece, quando "Geddy Lee" se torna um tipo de fantasia que eu habito. É irônico que, quando eu era garoto, os músicos do rock eram a personificação dos super-heróis para mim: eu jamais seria o Super-Homem; não poderia saltar de um arranha-céu, mas poderia fazer música! Bem, cuidado com o que você deseja. Portanto, não quero parecer muito crítico. Entendo por que isso acontece e aprendi a conviver com isso, mas posso me sentir constrangido quando os fãs estão tão envolvidos em sua própria relação com a imagem que têm de mim que, quando encontram o meu eu verdadeiro, acham difícil agir normalmente. Também sofro desse mal: depois que o Blue Jays ganhou o sexto jogo da World Series em Atlanta, em 1992, meu irmão e eu fomos convidados para a festa do time no hotel. O herói do jogo foi o grande Dave Winfield, que fez a jogada dupla que nos conduziu à jornada vitoriosa. Na festa, me aproximei dele e disse: "Estou tão feliz em te conhecer. Parabéns! Acho que eu era a pessoa mais feliz do estádio quando você fez aquela jogada".

Ao que ele respondeu de forma acertada: "Não, a pessoa mais feliz do estádio naquele momento era *eu*".

E, enquanto me dava conta de que tinha parecido um tolo conversando com o grande Dave Winfield, não com a pessoa real, tudo o que pude fazer foi dar um sorriso envergonhado e dizer "oh... certo".

Uma vez conheci um fã que era tão histriônico e engraçado que, com o tempo, ele conquistou nossa confiança – a ponto de darmos um passe livre no backstage para ele. Em níveis variados, ele se tornou amigo de nós três e era bem-recebido em nossas casas, se tornando parte de nosso círculo privado. Presumi que tinha dado o salto de ser apenas mais um fã para ser um amigo *bona fide*, mas, no fim, ficou claro que o cara tinha perdido a perspectiva ou que nunca teve desde o princípio. Começou a ultrapassar alguns limites, trair a confiança e supor excesso de intimidade – a ponto de eu ter que perguntar o que estava acontecendo, ao que ele respondeu, com plena convicção, que achava que suas ações se justificavam porque "todas as canções do último álbum foram escritas a meu respeito".

Como?

Num primeiro momento, não tive certeza se ele estava brincando ou não. Quando expliquei que se tratava de uma ideia louca e completamente irreal, ele olhou para mim como se não pudesse acreditar, como se *eu* é que estivesse confuso. Bem, sim, eu realmente estava confuso, sem dúvida. Quero dizer, como eu não tinha identificado os sinais? Aquilo nos deixou apavorados, e não restou outra escolha a não ser cortar completamente a comunicação com ele. Depois disso, às vezes o via nos shows, no meio do público, e me perguntava se ele tinha colocado a cabeça no lugar. Realmente espero que sim.

Agora, há também o outro lado da moeda: em 1979, um jovem fã bateu na porta da minha casa em Beaches e pediu meu autógrafo. Dei um meio sorriso e o autógrafo imediatamente. (Foi bem no começo da nossa carreira; hoje meu lar definitivamente é zona proibida para fãs.) Logo depois, esse garoto educado e bem-apessoado fundou um fã-clube do Rush e acabou fazendo amizade com o pessoal do nosso escritório, que o deixava acessar o backstage em alguns shows. Sempre se comportou muito bem, e, com o tempo, passamos a conhecê-lo um pouco melhor. Ele também ficou amigo de Nancy, se oferecendo para fazer serviços para a Zapata, e fazia o mesmo para mim de vez em quando. Também tinha um talento evidente para a fotografia e começou a tirar fotos da banda nos shows; em 1989, seu trabalho num estúdio de fotografia tinha alcançado um nível tão alto que nós o contratamos para fazer as fotos para a capa de *Presto*.

Ao longo dos anos, testemunhei esse rapaz se tornar um fotógrafo e videomaker respeitado, criando vários retratos icônicos de celebridades canadenses e se tornando nosso fotógrafo número um, tirando todas as fotos dos nossos discos e o material fotográfico dos nossos shows para divulgação na imprensa. Seu nome (como provavelmente já adivinhou se for um ávido leitor dos créditos dos encartes dos discos) era Andrew "Zulu" MacNaughtan.

(ACIMA E A SEGUIR) *Professor e aluno: Andy MacNaughtan e eu no Turnberry Golf Club e Resort, em Ayrshire, Escócia, num dia tempestuoso em abril de 1992, admirando a Irlanda a distância.*

Andrew me apresentou ao mundo dos gays. Ele me ensinava a respeito da linguagem e das piadas internas, explicando para alguém sem noção como eu, por exemplo, que os gays às vezes eram chamados de Amigos da Dorothy: se ele via alguém por perto que fazia seu radar gay apitar, me dava um cutucão e dizia "A.D.D.". Era um cara incrível, sempre tinha uma história divertida quando estava de bom humor. Ele me levou à primeira boate gay que visitei na vida, em São Francisco – o que foi meio desafiador. Fui até lá, e o segurança checou minha identidade na porta. Enquanto eu pensava *uau, devo parecer bem mais jovem do que realmente sou*, o cara olhou para mim e disse: "Você sabe que esta é uma boate gay, certo?". Eu pensei: *Pareço tão hétero assim?* Geralmente, quando estávamos em turnê, antes de Andrew ter um namorado, ele saía sozinho. Era bom que fosse tão independente, porque se você é gay e quiser conhecer pessoas, isso exige certa proatividade da sua parte – principalmente no altamente heterossexual mundo do rock n' roll. Ele não iria encontrar o que queria nos bastidores de um show do Rush!

Outra vantagem de tê-lo na turnê conosco era que ele também me ajudava com minha própria fotografia amadora. Conversávamos muito sobre arte e música, e Andrew foi até mesmo meu consultor de moda. Na estrada, gostava de me levar para comprar uma nova camiseta ou qualquer coisa que me fizesse parecer mais descolado do que eu realmente era. Conversávamos sobre o trabalho de André Kertesz, Paul Strand, Alexander Coburn, da fotógrafa britânica Julia Margaret Cameron (que, sendo uma mulher, era ignorada em sua época, mas agora as primeiras impressões de suas obras fazem parte de acervos de museus) e do grande fotojornalista investigativo de Nova York, Weegee. Às vezes, saíamos apenas para caminhar com nossas câmeras, e como eu, Andrew também era colecionador; íamos a lojas, conhecíamos marchands e negociantes e conversávamos sobre arte com eles. Andrew realmente tinha transcendido a barreira de fã e se tornado um amigo querido e confiável.

Foi num tempo antes de acharmos prudente nos proteger de fãs malucos fazendo o check-in nos hotéis usando pseudônimos. Logo es-

Andrew no seu hábitat natural – trabalhando no fosso no The Gorge, Washington, em 2011.

taríamos nos divertindo criando os nomes mais idiotas, sempre diferentes em cada turnê. Primeiro, fiz uma homenagem aos meus ídolos do beisebol: Hank Greenberg, depois Moe Berg (ambos judeus, você deve ter notado), então imagine minha surpresa e alegria quando, em Pittsburgh, em 2002, um concierge me entregou uma cópia da lista de quartos do Colorado Rockies, revelando que o astro campista direito, Larry Walker, ex-Expos, estava se registrando nos hotéis com o nome de... Geddy Lee!

Pouco mais tarde, depois de rir muito assistindo a *Superbad–É Hoje*, virei o Sr. McLovin, o que envergonhava Nancy ao extremo sempre que ela se juntava a mim na turnê e tinha que se apresentar como minha esposa na recepção. Lerxst, bobo como ele só, tinha prazer em trocar seu nome o máximo possível durante a turnê, o que deixava Liam maluco, já que ele tinha que notificar cada hotel pelo caminho: Harry Bagg, Dr. Karl Zbourg e, se bem me lembro, Mike Oxonfire; enquanto Pratt se autodenominava como seu personagem favorito de *Uma Família da Pesada*, Brian Griffin, além de Johnny Gilbert, o apresentador do programa de TV *Jeopardy!* Lerxst testou todos os limites numa turnê usando Colonel Dick Hertz, mas Liam o incomodou tanto que ele modificou para Dick Burns e, finalmente, Richard Burns, mas não antes de ameaçar Liam com um apelido próprio, Shitty McCuntcock. Felizmente, nem mesmo Alex teve coragem de ir adiante: em vez disso, nomeou um de nossos torneios de golfe da equipe da banda como "Shitty McCuntcock Invitational". Sim, pessoal, rock n' roll é um negócio sério. No entanto, vou fazer um alerta: quando você se registrar num hotel com um nome extravagante, não perca sua chave, pois precisará mostrar um documento de identidade para entrar de novo no quarto.

PARCIALMENTE COMO jogada estratégica para nos dar uma boa e longa pausa antes de retomarmos o ciclo estúdio-álbum-turnê, gravamos diversos shows das turnês *Power Windows* e *Hold Your Fire* para um disco ao vivo e um vídeo chamado *A Show of Hands*. Enquanto *All the World's a Stage* tinha ficado, na minha opinião, muito cru, e *Exit... Stage Left*, processado demais, nesse acertamos em cheio, com uma sonoridade autenticamente ambiente e vigorosa, mas também bem-ajustada. Sendo uma compilação de gravações de cinco cidades ao longo de duas turnês, representa uma noite *ideal* daquele período: na prática, foi uma bênção, pois podíamos esquecer que a fita estava gravando e tocar o nosso som da melhor forma, mais relaxados. Ouvir esse disco enquanto escrevo este capítulo é um prazer inesperado. Quer dizer, não sinto nem uma pontada de apreensão! Me lembrei do sistema tecnológico aparentemente impossível, em constante evolução e extraordinariamente complexo, que desenvolvemos para continuar tocando como trio. Não consigo pensar em outra banda louca o suficiente para tentar produzir uma configuração dessas, quanto mais seguir com ela por quase trinta anos. A capa, por sua vez, com uma versão de nós arrasando no palco inspirada no Construtivismo, surgiu de minha busca por exemplos de obras de Moholy-Nagy, Popova e Rodchenko em galerias (particularmente os russos; achava os cartazes dos primeiros dias da Revolução Russa bem interessantes), o que levou a conversas com nosso artista gráfico de confiança, Hugh Syme, sobre a direção que a arte do álbum deveria seguir. Ela continua sendo uma das minhas favoritas.

Com a ajuda do meu guru dos teclados, Jim Burgess, e sua equipe na Saved by Technology, uma loja de informática, áudio e vídeo em Toronto, desenvolvemos um sistema com múltiplos discos rígidos que permitia a Jack Secret carregar um conjunto diferente de sons para cada música durante o show, fazendo o upload de arquivos digitais grandes um passo à frente conforme o show avançava. Ele também carregava um conjunto duplicado de discos de backup, então, se um falhasse (e isso *acontecia* de vez em quando), podia acionar o interruptor de segurança e continuar tocando sem atraso. Isso mantinha Jack e eu alertas o tempo todo, com certeza.

O sistema também tinha uma variedade de amostras e notas programadas nas mesmas teclas, o que exigia que eu memorizasse um layout de teclado e de pedal completamente diferente para cada música. A tecla duas oitavas acima do Dó central podia ser um patch de metais para uma música, um efeito especial, uma amostra de coro ou uma peça de piano rítmico de vinte segundos da próxima música; em seguida, para uma música como "Subdivisions", o teclado funcionaria normalmente. Era uma questão constante e enervante de memorizar e não errar *aquela* tecla de jeito nenhum! Uma verdadeira corda bamba noite após noite – usando as mãos *e* os pés. (E pensar que, só porque não consigo preparar aperitivos e prato principal a tempo para o jantar, minha esposa acha que não consigo fazer várias coisas ao mesmo tempo...)

Quando você está no palco, permanece conectado a cada nuance do show. Estou tocando baixo, mas isso é apenas o começo. Sou uma rede neural humana, um ciborgue musical. A prioridade do meu cérebro é cantar afinado; a segunda coisa mais importante é garantir que estou tocando as notas certas na ordem correta; em terceiro lugar vem a coreografia dos pedais e dos interruptores do teclado; em quarto, ouvir todos os outros e garantir que cada aspecto técnico do show esteja funcionando. Portanto, quando vamos para uma nova seção e um efeito de iluminação não acontece ou o telão sai do ar, ou quando a plateia não está curtindo o show, acredite, estou dolorosamente ciente.

Em um show em Denver ou Phoenix, o desastre aconteceu minutos antes da apresentação. Naquela época, tínhamos um sistema bastante elaborado, onde os teclados eram uma parte integrante do nosso som e cada um de nós era uma banda de um homem só, com pads eletrônicos, pedais e assim por diante. E, quando o sistema falhava, falhava *mesmo*. Assim, pouco antes de subirmos ao palco, todo o sistema de computadores caiu e os discos não carregavam nem respondiam. Atrasamos o show o máximo que pudemos, até que finalmente eu disse "foda-se, vamos começar" e entrei no palco com apenas um teclado no estilo antigo, com dois sons básicos para escolher. Anunciei que estávamos tendo problemas técnicos e disse em voz alta que esperava que conseguíssemos passar por isso. E, é claro, as pessoas não se importaram. O show foi um sucesso. No final do dia, você esquece que tudo o que as pessoas que estão lá realmente querem é ver você tocar e cantar. Quando uma corda arrebenta e Alex precisa parar e trocar de guitarra, a plateia geralmente aplaude (se a troca for feita rápido o suficiente).* Isso torna o show ainda mais memorável para eles, embora para nós seja um momento de "ah, não". Nos velhos tempos, qualquer falha súbita costumava nos deixar abalados.

Ser tão dependente da tecnologia é uma maneira perigosa de se viver. Em um dos últimos shows que gravamos, em Toronto, subimos ao palco e, como de costume, cliquei em uma sequência muito longa e complexa que todos tínhamos que acompanhar –, mas, desta vez, houve um atraso momentâneo, tipo meio compasso. Era como se você estivesse assistindo a um filme e os lábios se movessem, mas as palavras saíssem um segundo depois. Ficamos todos completamente confusos. Neil ajustou sua performance, mas Alex não estava acompanhando, então tivemos que nos ajustar de volta para seguir Alex, e eu estava gritando para a lateral do palco: "Está fora do tempo! Está fora do tempo!". Tínhamos um sistema duplicado, "redundante", mas Jack não conseguia ouvir o problema. Ele estava alheio, olhando para mim como se dissesse "hein?", e eu falei: "Você não consegue ouvir isso? Reinicie!", o que ele acabou fazendo. Não tenho certeza se o público estava ciente do atraso, mas eles com certeza perceberam que eu estava surtando por algum motivo – o que realmente é a última coisa que você quer que a multidão veja, principalmente no começo do show.

Esse tipo de coisa acontece apenas uma vez por turnê, mas você nunca sabe quando vai acontecer. Sempre há pequenos erros ou

* Cordas de baixo raramente arrebentam, mas acontece. John Paul Jones me contou recentemente que nunca arrebentou uma corda de baixo na sua carreira inteirinha!

"entraves" devido a erros humanos, é claro, mas os casos em que a tecnologia falha podem realmente te atrapalhar, porque não se sabe como reagir e não se pode fazer uma reunião no palco para discutir o problema. Em retrospecto, pode ser a parte mais engraçada da noite, mas, no momento, é um desastre – especialmente quando a coreografia de instrumentação está calculada em microssegundos e uma batida perdida pode arruinar tudo. A prova de fogo, portanto, é saber como se recuperar, mas não existe um manual que eu conheça intitulado *Como sair de um desastre no palco*. Em vez disso, há essa comunicação psicocinética acontecendo entre nós três sobre quem seguir para sair da zona de desastre. Algumas bandas param a música e reiniciam, mas nós estupidamente continuávamos, fingindo que ninguém notaria se resolvêssemos rapidamente.

Costumava me perguntar como seria fazer turnê com uma banda em que eu pudesse apenas tocar baixo, onde eu não precisasse cantar nem fazer minha dança como um macaco treinado em frente aos teclados e em outros dezesseis instrumentos. É um sonho secreto meu. Deve ser tão divertido. Mas consegue imaginar? Provavelmente, desanimaria toda a banda porque eu não iria parar de fazer firulas no baixo.

CAPÍTULO 20

A *SHOW OF HANDS* GARANTIU À BANDA um intervalo de seis meses entre um disco e outro e, quando nos reunimos novamente, nos sentimos renovados e prontos para enfrentar os novos desafios com determinação. Peter Collins havia seguido em frente para trabalhar com outros artistas, então recorremos a alguém com quem tínhamos esperado trabalhar ainda em *Grace Under Pressure*, Rupert Hine, e desta vez não houve conflitos de agenda. Roop tinha produzido vários dos meus álbuns favoritos com o Brand X, U.K., Bill Bruford e Peter Gabriel, supervisionado a criação de alguns discos muito bons e modernos com Fixx e Howard Jones, Stevie Nicks e Tina Turner; e ele próprio era um músico talentoso com seu projeto Thinkman e sua banda Quantum Jump. Eu o conhecia desde o álbum *I Can See Your House from Here*, do Camel, um disco que eu e Oscar adorávamos. Nele havia uma bela faixa instrumental de movimento lento chamada "Ice", com um dos finais mais delicados e encantadores de qualquer canção daquela fase da música progressiva, apresentando um dos verdadeiramente grandes solos de guitarra dos anos 1970, executado por Andrew Latimer; na minha humilde opinião, Latimer está no mesmo nível de Clapton e Gilmour.

Logo de cara, Roop fez algumas observações inesperadas sobre nosso trabalho, e uma delas tinha a ver com a maneira como eu pronunciava certas vogais quando cantava. Ele percebeu um som de "i" longo, o qual eu tendia a enfatizar demais – como quando canto "ee-letrical" em "The Pass", e pelo qual Paul Rudd zombou de mim em nosso curta-metragem de 2011, *I Still Love You, Man*, dizendo "Tom Saw-yee!". Roop me incentivou a fazer movimentos diferentes com a boca para dar um caráter ligeiramente diferente à minha voz. Talvez isso pareça bobo para leigos (e eu realmente fico ridículo fazendo isso), mas o formato da boca afeta muito o som que sai dela. Se você já viu como os atores levam a sério seus exercícios de aquecimento nos bastidores, entenderá como é importante ter músculos faciais relaxados e flexíveis.

Existem muitas outras técnicas. Alguns cantores gostam de ficar longe do microfone e cantar alto, enquanto outros cantam mais suavemente e deixam o microfone mais perto, movendo-se para frente e para trás dependendo do nível de sopro que desejam; para uma melhor entonação, alguns usam fone apenas num ouvido, enquanto outros tapam um ouvido com o dedo para captar melhor o tom "interno". Às vezes, eu gravava uma parte mais intimista logo de manhã cedo, quando minha voz ainda estava acordando e meio rouca, porque isso me dava um caráter mais áspero,* mas, quando estou cantando em meu registro mais agudo, como ocorre com qualquer músculo, minhas cordas vocais

* Todos sabem que John Lennon cantou a versão elétrica de "Revolution 1" desse jeito, sem abrir a boca depois de acordar, até que ele se deitou no chão do estúdio e entregou tudo à canção.

precisam estar bem aquecidas e relaxadas. Alguns cantores bebem muita água ou um chá orgânico para lubrificar a garganta, enquanto eu prefiro apenas tomar café.

Cada novo álbum do Rush me dava mais uma oportunidade de melhorar como músico e compositor, mas principalmente como cantor. Isso possivelmente se tornou tão importante para mim por causa de todas as críticas que tinha recebido por causa da minha voz ao longo dos anos. Às vezes, minha atitude era: *Ei*, não gosta de como eu canto? Bem, então convido você a se foder e ir atrás de algo mais adequado ao seu gosto sensível. Mas, na maioria das vezes, para manter meu próprio padrão e de mais ninguém, eu trabalhava duro para melhorar meu alcance como cantor e, como compositor, continuava minha busca incessante para desenvolver melodias melhores.

No começo da banda, como já admiti, abusei da minha voz fumando e usando cocaína durante os shows. Como sobrevivi àquela

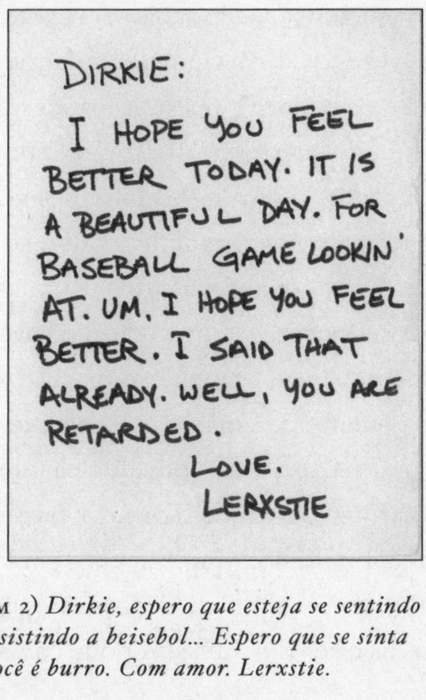

(IMAGEM 1) *Melhore logo, Dirkie.* (IMAGEM 2) *Dirkie, espero que esteja se sentindo melhor hoje. É um dia lindo. Para ficar assistindo a beisebol... Espero que se sinta melhor. Já disse isso antes. Bem, você é burro. Com amor. Lerxstie.*

fase, jamais vou saber, mas, aproximadamente nos últimos quinze anos de turnês, passei a ter muito mais cuidado. Mantive uma dieta rigorosa, porque procurei um especialista em garganta que me estabeleceu algumas regras: nada de laticínios, nada de comidas picantes, nada de alimentos muito ácidos e eu não deveria beber – principalmente vinho branco, pois tem mais acidez. Ele também recomendou que eu não falasse nos dias de folga, o que afetava consideravelmente meu estilo de vida na estrada. Depois que paramos de fazer shows consecutivos, eu passava meus dias de folga sozinho no meu quarto ou caminhando pela cidade em busca de ótimas lojas de vinho, completamente *shtum*, só quebrando meu voto de silêncio durante o jantar com Lerxst. Eu evitava sussurrar, porque, na verdade, é mais prejudicial à voz do que falar normalmente. Praticamente parei de dar entrevistas no dia de um show por esse mesmo motivo. (Boa desculpa, não é?) A vida podia ficar um pouco chata, mas era fundamental estar na melhor forma possível para nossos shows épicos.

De longe, a pior coisa era cantar gripado ou resfriado, o que fiz muitas vezes. Era um tipo particular de tortura. Com nosso lema de "o show deve continuar", resistíamos ao máximo a cancelar uma apresentação a menos que fosse absolutamente inevitável, e eu subia no palco com amigdalite, com tosse e até mesmo com sangue escorrendo pelo nariz, tendo que engolir aquilo (com esse nariz enorme, estávamos falando de uma *grande* quantidade de sangue) ou cuspir durante o show. Quando eu ficava doente, meu técnico de baixo, Skully, também mantinha muitos lenços de papel e uma lixeira na lateral do palco, e eu me virava tomando chá quente de limão e mel entre as músicas.

Uma vez, meus ouvidos ficaram tão entupidos que meu fiel otorrinolaringologista de Toronto teve que perfurar um dos tímpanos para drenar o fluido, simplesmente para eu poder pegar um voo para o próximo show. (Durante a descompressão em altitude, o fluido nas cavidades nasais e seios paranasais pode causar muita dor e deixá-lo parcialmente surdo por dias a fio. Que *divertido!*) Urrei como um condenado enquanto o médico fazia isso. Saindo do consultório, vi um menino na sala de espera, pálido como um fantasma, olhando para mim, horrorizado. Dei uma piscadinha e falei: "Sua vez, garoto".

Mesmo que eu não esteja mais fazendo shows nos dias de hoje, sempre que sinto uma sensação de coceira na garganta, volta todo aquele pavor que vivi durante muitos anos, de ter que cancelar o show ou, pior, de perder minha voz no meio da apresentação. Aí está uma coisa com a qual os outros caras nunca tiveram que se preocupar. Eles também tinham problemas para tocar, mas nada era tão óbvio quanto um vocalista com problemas na voz. Era difícil para Alex tocar por causa da artrite, e Neil sofria de tendinite, mas ele não era tão melindroso quanto eu e suportava as dores estoicamente sem que ninguém percebesse. Certo mês de abril em Austin, acordei com aquela sensação de "ai de mim!", mas não era um resfriado. A primavera chega cedo no Texas, as plantas estavam lançando pólen pelo ar, e meu corpo estava apresentando uma reação extrema a ele. Minha voz resistiu dessa vez, mas em várias ocasiões ela simplesmente sumiu – uma vez, em Ottawa, fiquei sem voz após a terceira música e passei o resto do show piando. Foi um inferno. Ficou um merda, parecia um pesadelo, mas consegui terminar o show. Quando saí do palco e comecei a trocar de roupa, todo mundo veio até o camarim para me dizer como o show tinha sido ótimo! Que porra é essa? Vocês são surdos por acaso? Será que as pessoas têm expectativas tão baixas quanto à minha voz que, quando canto com a garganta *obviamente* inflamada e o nariz congestionado, acham que não muda muito? (A pergunta é retórica, por favor.)

Nos últimos dez anos da minha vida em turnê, ninguém me viu sem um cachecol para proteger a garganta, até mesmo durante a passagem de som, o que me tornou alvo de piadas da equipe. Parecia neurótico, mas não era hipocondria, juro! Com atletas é a mesma coisa. Dave Stieb, do Blue Jays, me disse que alguns arremessadores não permitem que o ar-condicionado seja direcionado para seu braço de arremesso.* A noção de responsabilidade é avassaladora. Você pode conversar com seus colegas de banda e pode conversar com seu empresário, mas ninguém vai cancelar um show, a não ser o cara que não está se sentindo bem. Apenas dão uma olhada em você e dizem: "E aí, Dirk? Vai cancelar o show ou não?". Portanto, cabe somente *a mim* a culpa de decepcionar 20 mil pessoas no último minuto. Claro, você *nunca* quer ter que tomar tal decisão, então cruza os braços e segue em frente de qualquer maneira. No final de uma turnê, eu me sentia eufórico e pensava: "Oba, agora posso ficar doente! Vem com tudo, queridinha, mostre toda sua força!".

INESPERADAMENTE, DURANTE AS sessões de *Presto* – e principalmente vindo de um tecladista –, Roop argumentou que os sintetizadores haviam desviado o Rush do caminho no nosso álbum anterior. Ele queria um retorno ao nosso som básico de power trio e usar os teclados mais como complementos que gravitassem em torno desse núcleo sólido. Naturalmente, eu não achava que tínhamos nos afastado tanto (embora Alex claramente pensasse assim), mas tive que admitir que a predominância de sintetizadores teve, ao menos, um impacto prejudicial no meu humor. Vamos chamar isso de "estresse digital". Exige uma quantidade de foco tremenda domar ruídos selvagens e transformá-los em sons melodiosos. Ninguém quer usar um preset direto da caixa porque todo mundo tem acesso ao mesmo som: é necessário ajustar e moldar para criar algo original, e todo esse esforço de tentativa e erro logo te faz sentir como se tivesse sido sugado para um vácuo, como se o cérebro se fundisse à máquina, soldado aos diodos e osciladores. Não tem como não sentir dor de cabeça. Por isso, até eu estava pronto para voltar a uma coisa mais física.

* Atletas são sabidamente supersticiosos, é claro. A superstição é tamanha no beisebol que eles entram no campo e pulam por cima da linha lateral. "Pise na linha e sua mãe quebra a espinha."

Queríamos construir a produção a partir de uma base sólida – uma sala acusticamente excelente para a bateria –, mas não estávamos satisfeitos com as opções de estúdio em Toronto. Ficamos mal-acostumados com o pé direito alto e o teto de pedra do Manor, então, pela primeira vez desde *Grace Under Pressure*, voltamos ao aconchego familiar do Le Studio, em Morin-Heights, com aquele lindo janelão com vista para o lago. As músicas pareciam boas, passamos pela pré-produção sem problemas e, antes que nos déssemos conta, concluímos o trabalho adiantados no cronograma e estávamos prontos para gravar solos e vocais no Maclear Place, em Toronto. A mixagem foi feita no Reino Unido, em um novo complexo de estúdios em Londres chamado Metropolis, uma maravilha da ciência moderna com salas de controle novinhas em folha e equipamentos de última geração. Todo o processo de produção transcorreu muito bem.

Nas noites de folga, Rupert nos levava a alguns dos melhores restaurantes em Londres e organizava um jantar com seu amigo Bob Geldof, que, apesar de receber muitas críticas por ser excessivamente

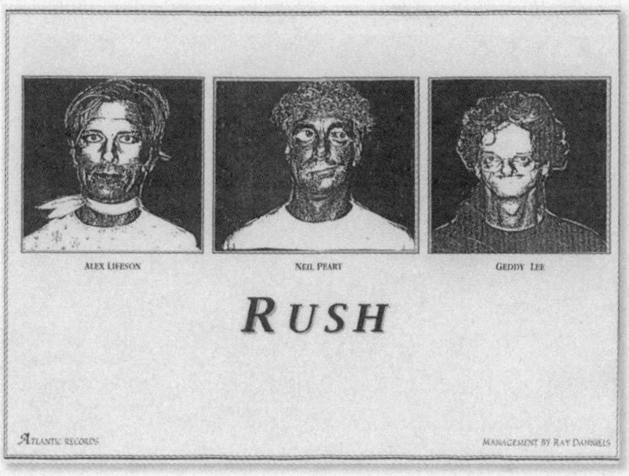

Um estudo de caso de estresse digital: nós três, mais Rupert e Stephen, fomos sintetizados de forma perturbadora. (Não posso imaginar que sérvio na sala de controle criou essa coisa aí.)

sério com relação aos assuntos da atualidade, era um cara legal e engraçado, que nos fazia rir com causos e piadas – incluindo, se me lembro bem, esta aqui:

Então, havia esses exploradores viajando pela Amazônia, no Brasil. Na primeira noite, estavam sentados ao redor da fogueira e ouviram tambores. Ficaram alarmados, mas o guia disse: "Não se preocupe. Tambores bom. Quando tambores para, aí sim *encrenca*".

Na noite seguinte, a mesma coisa: "Tambores? Não se preocupe. Quando tambores *para*, *encrenca*".

Então, na terceira noite (é claro), os tambores pararam. Eles olharam para o guia, com medo, e ele disse: "Ah, não, *solo de baixo*".

O PANO DE FUNDO que usamos para a turnê *Presto* era uma reprodução em tamanho gigante de um pôster de parque de diversões antigo, pintado a óleo, que encontrei pendurado numa parede na casa

Estúdios McClear Place, em Toronto, durante as sessões de Presto. Rupert Hine e Stephen W. Tayler no console com um abobado atrás deles.

do meu amigo Jason Sniderman* e imediatamente pensei que ficaria ótimo em nosso palco... com, é claro, dois coelhos infláveis gigantes nas laterais. Essa turnê foi a primeira a apresentar esse tipo de objeto cênico, além das nossas sequências animadas e dos trechos de filmes habituais, o que significou um aumento no tamanho da nossa equipe, que passou a incluir carpinteiros e auxiliares de palco – ou, como ficaram conhecidos, Wrabbit Wranglers. Sempre admirei a maneira como o Pink Floyd usava objetos infláveis nos shows, e essa foi a primeira vez que tentamos fazer isso, com a diferença de que levamos o recurso a extremos surrealmente cômicos.

Acabamos explorando esses coelhos ao máximo durante várias turnês, e, quando decidimos que eles estavam cansados, nos perguntamos como poderíamos matar a piada. Então, literalmente a matamos. Fize-

Não há nada para ver aqui – só um judeu e um coelho gigante.

* Jason fez um trabalho estupendo ao piano em "Anagram", de *Presto* e, anos depois, em "The Garden" de *Clockwork Angels.*

mos com que um coelho desse um tiro no outro. Colocamos um braço em um deles que se erguia segurando uma espingarda de dois canos, e, em determinado momento do show, com uma explosão pirotécnica para o BUM, ele dava um tiro e projetávamos no telão um desenho animado no estilo Disney, que traçava a trajetória sinuosa da bala furiosa, com presas e fumando charuto, até finalmente encontrar o outro coelho, que murchava em meio a uma nuvem de fumaça. Em vez da amarga crítica social de *Animals*, do Pink Floyd, optamos por uma piada boba, mas, para nosso horror, ouvíamos a plateia dizer "aaah". Pior ainda, o coelho baleado às vezes não murchava rápido o suficiente, apenas ficava flácido ali, encolhendo-se tragicamente sobre o palco, então, mesmo que o desenho animado mostrasse que ele tinha sido levado ao Paraíso por duas angelicais coelhas sensuais, meio que deixávamos o público chateado todas as noites! Acho que os fãs do Rush são uma turma muito sensível. Esteja avisado: entrar no terreno do humor é algo complicado. O show business é difícil, mas fazer comédia é mais difícil ainda!

PODE PARECER clichê, mas como todos nós viajávamos, trabalhávamos e vivíamos juntos durante esse período extremamente agitado, nossa equipe realmente era como uma família para nós. Conversávamos e brincávamos com eles na hora das refeições, tentando nos manter disponíveis e próximos o máximo possível. À medida que seguíamos de estado para estado e de show para show, às vezes nos revezávamos, sentando ao lado dos motoristas para bater um papo e entender como era a vida deles, dirigindo a noite toda, dormindo durante o dia, fazendo compras em postos de gasolina e se comunicando entre si no rádio amador. (Na verdade, foi Neil quem iniciou isso: ele sempre teve curiosidade sobre a vida profissional dos outros e muito respeito pelo que os caras faziam por nós.) Conforme a banda crescia em popularidade e o show se tornava mais elaborado, com lasers, câmeras ao vivo, objetos cênicos e apresentações de animações e filmes mais sofisticados, o exército crescia cada vez mais, incorporando cinegrafistas, técnicos de vídeo, um diretor e mais gente, e a ideia de ser amigo de cada um deles se tornava menos realista. Gosto de pensar que, ao longo dos anos, mantivemos um ambiente de proximidade e de sinceridade com toda a nossa equipe, mas não era fácil e talvez nem sempre conseguíssemos. Era uma atividade de 24 horas por dia. Para dar uma ideia do que estou falando, aqui está um resumo breve da rotina dos roadies:

Os riggers chegam primeiro, às cinco, seis, sete da manhã. Eles e a equipe de iluminação costumavam usar camisetas que diziam:

PRIMEIROS A CHEGAR
ÚLTIMOS A SAIR

Tendo viajado pela estrada a noite toda depois do show anterior, os riggers penduram os pontos de som e iluminação, em seguida ficam por perto para garantir que não haja problemas para a equipe de som quando o sistema de PA é içado. Depois disso, eles e os motoristas dormem o dia inteiro no ônibus ou em um hotel, e quando você os vê novamente, estão esfregando os olhos e resmungando ao chegarem para o jantar. No final da noite, desmontam o show, entram nos ônibus e fazem tudo de novo – dez, vinte, trinta vezes seguidas.

Assim que os pontos de conexão, as luzes e o som estão pendurados nas estruturas, a equipe da banda chega para montar nosso equipamento no palco. Eles são os últimos a chegar e, como dormiram mais, são considerados, numa brincadeira interna, mais "hollywoodianos" do que os outros. As três equipes trabalham durante todo o show, portanto não há realmente descanso para ninguém – e à medida que nossa equipe cresceu e passou a incluir carpinteiros para montar o palco e uma infinidade de adereços, eles também tinham que estar lá o tempo todo, aguardando para depois desmontar tudo. Mesmo durante a apresentação, ninguém podia ficar por perto. Todos tinham orientações de quando e onde deveriam se posicionar, das várias tarefas a serem realizadas, usando protetores auriculares, e, na turnê *R40*, com o tema da retrospectiva, alguns tinham papéis que envolviam entrar no palco e fazer parte do teatro. O fato de um show tão elaborado quanto o nosso ser montado e desmontado em uma única noite era praticamente um milagre. Na *R40*, tínhamos dez carretas cheias de equipamentos sendo transportados via rodoviária – havíamos percorrido um longo caminho desde o tempo em que carregávamos nossos cabos em alguns engradados de Coca-Cola.

Viajar com um grande contingente de pessoas era como um circo itinerante (com animais, inclusive, mesmo que infláveis), e estar longe de casa e de qualquer senso de vida normal em família por tanto tempo

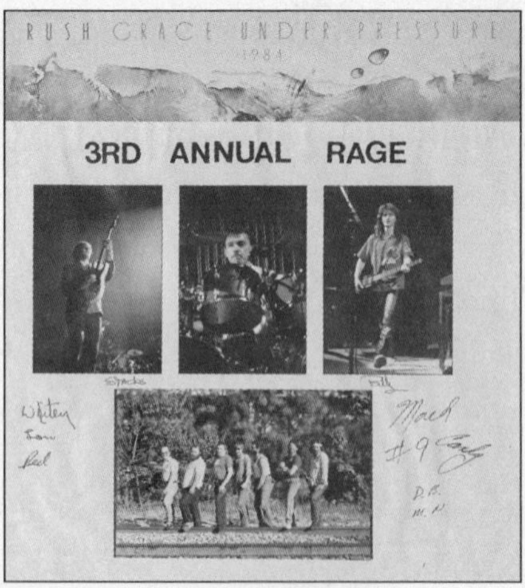

Não apenas nossos motoristas (e riggers) nos levavam para jantar, como também nos presenteavam com lembranças personalizadas, como esta foto emoldurada assinada por todos. Isso significava muito. Infelizmente, perdemos alguns caras legais pelo caminho: dos que estão retratados aqui apenas Arthur "Mack" McLear (o segundo da direita para a esquerda) esteve conosco até o final – uma jornada que começou em 1978 e durou 37 anos.

inevitavelmente gerava uma variedade de problemas para todo mundo, fosse abuso de substâncias tóxicas, estresse no casamento, questões financeiras ou qualquer outra coisa. Como acontece com qualquer família, havia alguns garotos levados, o que às vezes significava visitas indesejadas no meio da noite. E, como eu era o mais engajado dos três integrantes da banda quando se tratava de tomar decisões no dia a dia e do lado empresarial do Rush, a batida na porta às quatro da manhã quase sempre era no *meu* quarto de hotel.

Tivemos um motorista que veio me procurar no meio da noite completamente drogado e abalado, admitindo que havia sido dominado pelo vício. Ele me disse que estava preocupado e que não teria condições de dirigir no dia seguinte. Achei muita irresponsabilidade da parte dele, embora não estivesse convencido de que o problema fosse tão grave quanto ele temia. Talvez só precisasse conversar com "o chefe" por um momento e desabafar, pois esse era o tipo de relação que tínhamos. Eu o escutei com a melhor atitude possível, dei algumas sugestões caso quisesse ajuda, e então ele foi embora. E, felizmente, foi só isso.

Mas nem todo mundo vem até você contar seus problemas antes que seja tarde demais. Houve outras situações em que fui o último a saber. Não uma única vez aconteceu de alguém ser encontrado desacordado no estacionamento e ter que ser levado às pressas para o hospital, ou que alguém tivesse sido encontrado desmaiado dentro do banheiro. Um colega que enviamos para uma clínica de reabilitação em Minnesota saiu de lá por conta própria após alguns dias, sem nos dizer nada. Sem saber que ele havia saído da clínica antes da conclusão do tratamento, o cara apareceu na turnê seguinte fingindo que estava tudo bem e nos agradecendo por tê-lo encaminhado para lá. No meio da turnê, durante uma apresentação em uma arena universitária, onde a equipe de medicina esportiva mantinha seus suprimentos no camarim, esse mesmo cara invadiu o local, roubou alguns remédios de uso controlado e acabou sendo encontrado caído no banheiro. Ele sobreviveu e dizia estar extremamente arrependido, mas tivemos que dispensá-lo.

Me senti um tolo por ter trabalhado tão de perto com alguém e não ter percebido os sinais. Eu me sentia responsável. Como pude ser tão alienado? Não ter notado que havia alguém trabalhando para mim que estava viciado daquele jeito me fez questionar onde eu estava com a cabeça. E ele se encontrava numa situação péssima. E, sim, nós o enviamos para a reabilitação, mas, depois de uma suposta recuperação, não me certifiquei de que ele tinha terminado o tratamento. Não compreendia a gravidade de seu vício, nem percebia como a mente de uma pessoa viciada funciona. Depois da demissão, ele ainda me procurava pedindo dinheiro e, é claro, eu não podia confiar nele nem saber o verdadeiro motivo. Havia um conflito; a confiança havia sido quebrada e eu me afastei, nunca mais falei com ele. Anos mais tarde, quando realmente conseguiu se livrar do vício, ainda estava trabalhando na área e mantinha contato com Neil e parte da equipe, mas eu ainda me sentia tão traído que não consegui restabelecer nossa amizade. E, no fim das contas, ele acabou morrendo. Minha incapacidade de o perdoar me incomoda até hoje. Sim, era ele quem escondia o próprio vício, mas trabalhava para mim, e eu deveria ter percebido. Por outro lado, quando você soma todas as mentiras que já te contaram, é difícil simplesmente perdoar e esquecer.

Às vezes, parecia que, além de ser baixista, vocalista, tecladista, o cara dos negócios do dia a dia e todas as outras funções, eu era terapeuta amador e conselheiro da equipe, mas isso não acontecia todos os dias. Ainda assim, quando acontecia, geralmente terminava em tragédia. Outro rapaz que trabalhava para mim tinha um problema de alcoolismo que ficou tão sério que dava para sentir o cheiro de álcool em seu hálito durante a passagem de som. Na estrada, cada funcionário se torna um representante seu ou de seus colegas de banda, reúne-se com representantes de vendas, funcionários de lojas de instrumentos, entre outros, que obviamente também sentiriam o cheiro, então pensei que não poderíamos ter alguém naquele estado nos representando. Depois de perguntar a um de nossos gerentes de produção de onde vinha toda a bebida, começamos a marcar secretamente as garrafas que fornecíamos, juntamente com os suprimentos de alimentos e lanches a bordo do ônibus da equipe, anotando quem entrava e saía ao longo do dia. E não deu outra: grandes quantidades de bebida desapareciam e estavam relacionadas às idas e vindas de certo indivíduo. Liam e eu fizemos uma intervenção com esse rapaz e o tranquilizamos de que, se ele tivesse um problema com alcoolismo, nós o ajudaríamos, mas ele negou, negou, negou, apenas para o encontrarmos desacordado no estacionamento uma semana mais tarde. A bebida havia causado problemas cardíacos e ele acabou internado em um hospital em Seattle. Depois disso, se sentia muito envergonhado para me ver e nunca mais trabalhou conosco. Em um certo ponto, entrou em contato, e eu o encaminhei para um terapeuta em Toronto, mas ele não completou o programa. Também acabou morrendo.

Toda banda tem histórias como essas, muitas das quais nascem da solidão. É difícil trabalhar para uma banda, com todas as horas de expediente dos roadies, e manter relacionamentos normais, sem falar uma vida normal. Mesmo que o tipo de indivíduo que escolhe esse tipo de trabalho, muitas vezes, não esteja em busca de uma vida "normal", não dá para deixar de se sentir um pouco responsável por eles quando as coisas realmente ficam ruins, mas essa é a natureza da indústria da música. (Felizmente, nunca tivemos problemas com alguém da própria banda, mas muitas bandas têm, e isso deve ser *terrível.*) É um jeito muito difícil de se viver, muito mais difícil do que as pessoas possam perceber. Certamente não é tão glamoroso quanto é retratado.

No fim das contas, acredito que nós e nossa equipe, na maior parte do tempo, desfrutamos de um respeito mútuo, pois muitos ficaram conosco por anos, até décadas. Liam trabalhou conosco dos dezessete aos sessenta anos, ou seja, durante *quarenta e três anos*; Howard trabalhou conosco por quarenta anos; o nosso chefe dos motoristas, Arthur "Mac" McLear, dirigiu para nós praticamente em todas as turnês de 1978 até a última, em 2015. Compartilhamos centenas de milhares de quilômetros e inúmeras experiências, assistindo uns aos outros e às nossas respectivas famílias crescerem, muitas vezes fisicamente distantes, mas sempre próximas do coração. No início dos anos 1980, os motoristas até organizavam um Jantar Anual dos Motoristas, em que éramos os convidados especiais. Isso era realmente emocionante; quero dizer, quantos motoristas levam seus patrões para jantar? Às vezes, as coisas davam errado e as pessoas seguiam seu próprio caminho, mas, na maioria das situações, a ruptura acontecia numa boa. Neil costumava se referir a mim e a Alex como "os caras do trabalho", da mesma forma que se referia à equipe, e ficávamos felizes por sermos considerados assim.

No final de cada turnê, tirávamos uma foto como esta, nós com toda a nossa família da estrada. Eu gostaria que houvesse espaço para imprimir todas essas fotos aqui.

CAPÍTULO 21

DE VOLTA AO CANADÁ DEPOIS DE PASSAR um tempo com a família, a banda estava ansiosa para voltar a compor. No final de agosto, nos isolamos no Chalet Studios, em Claremont, a uma hora de carro ao norte de Toronto, onde passamos dez semanas preparando as demos de *Roll the Bones* – de longe, o período mais longo que tivemos para pré-produção. Era um lugar idílico. Entre o estúdio e os quartos havia uma sala de jogos e uma sala de estar, onde a equipe podia se divertir ao redor da mesa de sinuca jogando Scoozball,* enquanto eu enchia de alpiste

* Você deve ter reparado a menção a Scoozball no encarte de *Power Windows* e se perguntado o que seria aquilo. Inventado pela equipe, Jimmy Johnson, Larry Allen e Skip, era uma variação de sinuca em que se obtinham pontos por fazer as coisas mais *erradas* possíveis: fazer a jogada errada, deixar a bola branca cair no buraco ou jogar uma bola para fora da mesa, esse tipo de coisa.

os comedouros de pássaros e observava os pintassilgos e gaturamos ao entardecer. Mas havia algo sinistro no ar. Dentro e fora do estúdio, era impossível ignorar a TV de tela grande sintonizada na CNN o tempo todo, transmitindo notícias em tempo real sobre a invasão do Iraque ao Kuwait e o iminente conflito no Golfo Pérsico. À medida que a guerra parecia inevitável, muitas vezes parávamos para assistir em silêncio, atônitos, aos desdobramentos do que estava acontecendo bem longe do nosso pequeno paraíso criativo.

Ainda assim, as músicas vieram rapidamente. Para capturar o espírito de "Bravado", Neil tinha em mente a frase "indo em frente independentemente do resultado", do livro *Tidewater Tales,** de John Barth, mas raramente cantei um verso de qualquer música que fosse tão verdadeiro para mim com relação à minha própria experiência pessoal como "We will pay the price / But we will not count the cost" – "Pagaremos o preço / Mas não contaremos o custo". Eu estava tão determinado a me tornar músico que parti o coração da minha mãe no processo; o dano que causei à minha vida em família e aos meus relacionamentos mais importantes... Em todos esses casos, fui ingênuo ao achar que estava preparado para pagar o preço, mas, na verdade, não sabia o que isso significava até que tudo fosse somado e apresentado a mim. Sempre que se segue um sonho, há um custo oculto. Se você tiver sorte, esse custo não sairá tão caro.

O mais dramático foi como a faixa-título ganhou vida: raramente Alex e eu estivemos tão em sintonia ao compor uma música. Queríamos dar uma pegada funkeada a "Roll the Bones", então, depois que ele criou um padrão em sua bateria eletrônica (Alex é o melhor baterista que, na verdade, não sabe tocar bateria), improvisamos com o ritmo mais lento dele, começando com um conjunto de acordes de guitarra entrecortados para me dar mais espaço para uma linha de baixo funkeada. Retomando

* Muitos anos mais tarde, John Barth também foi uma grande influência em *Clockwork Angels.*

nossas raízes em Toronto, adicionamos um órgão de blue-eyed soul ao estilo da banda Mandala para impulsionar uma máquina de riffs funk (brancos canadenses podem ter uma pegada funkeada, *sim!*) à medida que nos aproximávamos da ponte, que ainda não tinha sido escrita, para a qual Pratt havia composto um conjunto de dísticos rimados peculiares – uma espécie de ode ao hip-hop. Olhando para a letra, uma melodia meio falada/meio cantada me veio à cabeça e se encaixou na música como uma luva. Nos divertimos muito brincando com isso e cogitamos adicionar um convidado especial para cantar. Primeiro, pensamos numa mulher, depois em Robbie Robertson, com sua voz rica e grave, ou ainda em John Cleese, fazendo seu personagem Tolo Aristocrata do Ano ou um locutor impessoal da BBC, mas, durante as sessões de gravação, depois de descaracterizar minha voz na faixa-guia com um harmonizador, decidimos deixar assim mesmo.

Quem diria que isso seria considerado controverso? Quando a música foi lançada, alguns fãs a *odiaram*, enquanto algumas rádios de classic rock se recusaram a tocar a menos que cortássemos o tal rap. Sério? Pelo amor de Deus, não passava de uma canção de rock com uma seção falada. O verdadeiro rap vem de rappers com a legitimidade das ruas: tudo é questão de *contexto*, pessoal! Para nós, não foi nada diferente de injetar alguns ritmos de reggae e ska no meio de "The Spirit of Radio" – apenas mais uma de nossas muitas influências, brincadeiras e referências jogadas no nosso caldeirão musical. Éramos roqueiros progressivos nos divertindo com as palavras enquanto prestávamos homenagem a uma forma de arte séria.

Vale ressaltar que o rock n' roll *por inteiro* nasceu da música negra. O que seria de Led Zeppelin, Yardbirds, Rolling Stones ou mesmo do Rush sem o blues ou sem a Motown? Nada. Era um rap legítimo? Claro que não. Não vínhamos dessa escola nem jamais fingimos o contrário. Estávamos tirando o chapéu para o melhor desse gênero, usando eletrônicos para manter certa distância da coisa real, e éramos esponjas absorvendo tudo o que podíamos, mas não quer dizer que estávamos tentando nos apropriar culturalmente do hip-hop! Dizer que o Rush estava fazendo uma apropriação do rap numa canção era uma interpretação absurdamente superficial perpetuada pelo mundo conservador do rádio comercial. Por um tempo, algumas estações se recusaram a tocar *qualquer* música do Rush ou sequer pronunciar nosso nome no ar, mesmo que alguns DJs particularmente adorassem a música. Por quê? Porque nosso *nome* estava muito associado ao hard rock ou ao rock progressivo, que não se encaixava na programação delas, mesmo que a música se encaixasse. (Como eu disse antes, durante anos não parecíamos realmente adequados a nenhum formato, não até que o termo "Classic Rock" surgisse. Tivemos que esperar muito tempo para nos qualificarmos para isso!) *Roll the Bones* foi lançado em um momento em que vários gêneros musicais estavam surgindo, e Neil, sendo um ouvinte que raramente rejeitava algo desconhecido de imediato, ficou impressionado com as rimas, as cadências e a linguagem do rap. Ele estava analisando isso à sua maneira e tentando trazer um pouco de si mesmo para o formato. Ah, e também se *divertindo* um bocado. Era para ser algo divertido, mas, na cabeça de muita gente, o Rush tinha que ser uma banda *séria*, então houve uma reação adversa.

Também é importante observar que, como frequentemente ocorre com o próprio hip-hop, a controvérsia obscureceu o conteúdo real da música. Isolados como estávamos na zona rural, a TV de tela grande pela qual passávamos antes de entrar no estúdio não deixava que ignorássemos o que estava acontecendo no mundo. Embora estivéssemos chocados e desolados com as notícias do assassinato de John Lennon enquanto fazíamos *Moving Pictures*, nossa música não foi afetada porque já tinha sido escrita, mas estávamos nos primeiros estágios de composição de *Roll the Bones* quando a invasão de Saddam Hussein se desdobrou bem diante de nossos olhos. Não foi como se tivéssemos pensado em escrever uma música sobre os poços de petróleo ardendo no Kuwait, mas tudo aquilo afetou nosso humor, e é provável que estivesse fervilhando na mente de Neil enquanto ele trabalhava nas letras. "Roll the Bones", num panorama mais geral, fala sobre o destino, sobre como a vida parece um jogo de dados, e é provável que Neil estivesse pensando nas pessoas explodindo por causa de uma guerra que realmente não tinha nada a ver com elas. Não me lembro de ele falar especificamente disso, mas lendo essas letras hoje em dia dá para imaginar que contenham uma mensagem subjacente em relação à forma como a guerra travada por generais e políticos acaba roubando o controle das vidas das pessoas comuns. Ele *sempre* observava e absorvia. Como escreveu em seus livros, Neil adorava ler as pichações e placas (especialmente as com mensagens em frente a templos e igrejas) que notava da janela do carro ou do ônibus durante a turnê, sempre registrando as mais engraçadas, marcantes ou irônicas. Novamente, não me recordo de vê-lo olhando para uma placa na estrada e imediatamente irrompendo numa música (talvez quando *Rush: O Musical* estrear na Broadway...), mas ele realmente absorvia e assimilava tudo em silêncio; essas coisas passavam por dentro dele e, de repente, lá estava: novo material, que frequentemente era sobre atualidades.

As sessões de *Roll the Bones* foram ainda mais eficientes do que as de *Presto*. Para começar, Neil acertou quase todas as faixas dele num *único take*. Sério, ele completou as dez faixas no prazo ridículo de quatro dias e meio. Fiz o meu melhor para seguir esse ritmo, e acabamos terminando todas as faixas-guia em tempo recorde. Pode acreditar em mim: passar dez semanas compondo e ensaiando *vale a pena*. O mais importante é que os dois álbuns que fizemos com Rupert e Steven são lembranças muito queridas para mim; hoje um pouco sentidas por causa da morte de Rupert, que sofria de câncer, em 4 de junho de 2020, com apenas 72 anos de idade.* Rupert era divertido, amável e,

* "Apenas" 72? Suponho que seja uma boa vida, mas, falando de alguém que está chegando aos 70, parece cedo demais!

Coloque um bando de adultos (falei "adultos"?) num ônibus cheio de suprimentos com quilômetros e quilômetros pela frente que vai dar merda... E, quando Andrew MacNaughtan é seu assistente e fotógrafo, ops: evidência.

acima de tudo, imperturbável. *Nunca* o vi chateado. Ele jamais iniciava uma discussão ou criava atrito no estúdio, sempre mantendo o equilíbrio, não importava o quanto discordasse de você – uma das principais razões pelas quais foi um produtor tão bem-sucedido. Fosse improvisando um som com a galera ou contando uma fofoca, ele era um sujeito encantador e envolvente e sempre foi uma ótima companhia à mesa de jantar. Continuamos amigos mesmo depois de pararmos de trabalhar juntos. Era um sujeito verdadeiramente "iluminado", que irradiava muito mais luz do que calor.*

Depois do lançamento e da turnê de *Roll the Bones*, ponderamos os próximos passos da banda. Tínhamos trabalhado com três equipes de produção diferentes desde Broon, e eu tinha aprendido muito sobre fazer um disco. Apesar de acreditar que nós três, sem dúvida, éramos capazes de nos autoproduzir, eu também compreendia os benefícios de se ter alguém objetivo por perto, alguém para dar conta das inúmeras decisões que fazem parte da produção.

Com o surgimento do grunge no noroeste dos Estados Unidos, a atitude com relação ao rock e à forma de gravar estava voltada agora para um som mais pesado e menos corporativo, e adorávamos a sonoridade de bandas como Nirvana, Pearl Jam e Soundgarden. Para ser honesto, eu não era tão conhecedor e fã de grunge quanto Neil, mas curtia a energia e a vibração de uma mixagem mais crua. A potência e a estrutura das músicas do Soundgarden eram particularmente impressionantes. Ainda que, para os meus ouvidos, o Nirvana tocasse com uma despreocupação livre e rebelde, não eram tão "pesados", e sim uma banda mais melódica e de pegada pop, ainda que grunge. Mas o mais importante, muito do que vinha da cena de Seattle era revigorante, em-

* NT: Aqui é uma referência à canção "Presto": "I'm not one to go pointing my finger/When I radiate more heat than light" – "Não sou de apontar dedos/Quando eu irradio mais calor do que luz". A expressão "more heat than light" em inglês se refere a uma pessoa que gosta de causar atritos sem oferecer soluções, e Rupert Hine era exatamente o oposto disso, por isso Geddy Lee fez o trocadilho e inverteu as palavras.

polgante e inspirador – uma nova abordagem do som americano. Nós também estávamos animados para dar uma nova largada, reunindo essa vibração renovada do rock com as habilidades que tínhamos aprimorado ao longo dos mais de vinte anos desde que o "novato" se juntou a nós.

Ao avaliarmos nossos últimos álbuns, percebemos que faltava algo na parte sonora. Mesmo quando estava na sala de masterização com nosso engenheiro de longa data, Bob Ludwig e ouvia as mixagens finais de *Roll the Bones*, eu reconhecia com certo desapontamento que as faixas careciam de amplitude e de potência, principalmente nas frequências graves, e agora todos concordávamos que era hora de fazer um álbum mais agressivo e mais pesado.

Alex estava irredutível na decisão de mantermos uma formação estritamente de trio, sem teclados. Eu concordava com ele, mas, quando chegamos ao Chalet Studios e ele viu minha configuração usual de teclado, torceu o nariz. Quero dizer, ele deve ter me dito umas dez mil vezes que não queria teclados nesse álbum. Tentei explicar que, como em *Roll the Bones*, eu não os usaria como ferramenta de composição, apenas para adicionar toques criteriosos aos arranjos, mas Alex parecia hesitante e o clima ficou tenso logo no início dessas sessões. Esse tipo de coisa já foi motivo do fim de muitas bandas, mas felizmente *nunca* tivemos discussões. Sei que parece incrível, mas, em 45 anos, embora os sentimentos sobre isso ou aquilo às vezes fervilhassem sob a superfície, nós nunca brigamos. Estávamos ocupados demais falando sobre coisas bobas! Preferíamos fazer piadas sobre entrar para o "Hall das Flatulências" – uma pequena área do estúdio que era o único lugar seguro para ir se você estivesse prestes a ter um episódio gasoso. Esse era o tipo de mentalidade que tínhamos no trabalho – como eu disse, bem *boba*. Não iríamos perder tempo brigando. Quanto aos teclados, mantive a minha palavra e seguimos em frente...

Sempre descrevi Alex como o homem mais engraçado do mundo, mas ele também é sérvio. Ele fica muito emotivo, com a cabeça quente, e é perfeitamente capaz de se exaltar. Muitas vezes, ele explodia durante as reuniões, mas nunca com *você*. Não é nada pessoal, é uma bronca com o universo. Quando você tenta conversar com ele apelando para a razão, ele meio que... lentamente... se acalma..., mas leva um tempo para o calor se dissipar. Aparentemente, a mãe dele agia igualzinho. O pai dizia: "Às vezes, quando olho para ela, dá para ver que tem algo borbulhando ali!". (Alex sempre contava histórias engraçadas sobre os pais, incorporando completamente a linguagem e o sotaque deles. No começo, aprendi alguns palavrões sérvios escolhidos por ele, além de várias expressões úteis que eu poderia usar para agradar a mãe dele, como por exemplo, "Ја сам јако добар дечко",* e, em seguida, apontar o dedo na direção do Alex e dizer: "Он није добар дечко".)**

Chamamos novamente Peter Collins. Apesar dos excessos dos dois álbuns que fizemos com ele, tanto *Power Windows* quanto *Hold Your Fire* tinham um som maior, mais ousado e, francamente, melhor do que *Presto* e *Roll the Bones*, e sua experiência e determinação eram ativos valiosos. Também ouvimos uma ampla variedade de fitas demo de uns caras metidos a engenheiros de som, e havia um conjunto de sons grandiosos e ousados numa delas. O responsável por essa demo era um sujeito chamado Kevin "Caveman" Shirley, um sul-africano radicado na Austrália, mas que estava morando em Nova York na época. Kevin era um homem estranho, corpulento, com mãos grandes e cabeça redonda. Você poderia colocar uma barba nele e ele ficaria igual a um homem das cavernas – daí o apelido "Caveman". Acho que ele *próprio* se chamava assim, mas gostamos dele porque parecíamos digitais demais naquele momento, e Kevin era totalmente analógico; em termos de sonoridade, o cara era o que se chama de dinossauro do rock n' roll. Ele pegou um voo até Toronto para nos conhecer, e o bate-papo foi surpreendentemente direto e sem filtro. Não segurou

* "Eu sou um garoto muito bom."
** "Ele não é um bom garoto."

nada, falou que muitos dos sons dos nossos discos mais recentes eram ruins, fracos ou cheios de efeitos, e fez um forte apelo para voltarmos ao básico. Era um homem analógico até o âmago, e disse que poderia nos ajudar a fazer o melhor disco em termos de sonoridade em anos. *Ah, é?* Haja culhões, mas não tomamos nada disso como algo negativo. Gostamos de como expressava sua opinião com muita confiança e oferecemos o trabalho para ele. Mas será que daria resultado?

Assim que entramos no estúdio, Kevin assumiu o controle do nosso som. Ele fez uma avaliação de como estávamos acostumados a gravar e imediatamente nos desafiou a fazer as coisas do jeito *dele*. E, vou te contar, não adiantava discutir com o cara. Se eu tentasse, Kevin falava coisas como: "Por que você quer usar *aquele* som de novo? Era uma bosta". E implorava a Alex: "Para de usar aquela porra de pedal!". Bem, nós tínhamos escolhido o Caveman por um motivo, e decidimos dar corda suficiente para se enforcar. Mas ele não fez isso. Sabia exatamente o que estava fazendo, e conseguimos uma sonoridade muito melhor do que a gente esperava, mais ousada, mais vigorosa e, ainda assim, mais crua.

E foi assim que entrei na mira de Kevin. Ele pegou um Ampeg que alguém havia resgatado do lixo, o conectou a alguns módulos Trace Elliot que eu tinha e insistiu em equalizar tudo por conta própria: aumentou o volume ao máximo, microfonando as caixas de uma maneira que só ele sabia fazer, e me obrigou a usar meu Fender Jazz Bass da década de 1970, que eu não tocava havia anos, em todas as faixas. Depois, fez Alex tocar lá dentro do estúdio, em vez de ficar na sala de controle, para obter a ressonância natural entre a guitarra e o amplificador. Também peitou Neil de forma destemida. Quando Neil demonstrou preocupação com o som do chimbal, em vez de delicadamente mexer uma fileira de botões na mesa de mixagem, Caveman simplesmente *mudou o microfone de lugar*. Isso era totalmente *old school*! Em vez de contar com a gama de equipamentos de equalização de alta tecnologia disponível, ele bebia direto da fonte. No começo, Neil não gostou muito das atitudes

Depois de gravar as faixas-guia no Le Studio, nos mudamos para o McClear Place, em Toronto, onde (dá para imaginar?) recebemos uma caixa de bonés do único time com deficiência gramatical da NHL. Vai, Leafs!

do cara, mas agora mergulhava nas faixas-guia e, como se estivesse possuído, gravou todas as onze músicas em apenas três dias.

Naquela época, aliás, eu queria adotar uma abordagem mais percussiva e rítmica para a maneira como atacava as cordas e desenvolvi uma espécie de pegada flamenca para tocar. Em parte, essa inspiração surgiu enquanto assistia a Les Claypool, do Primus, tocar ao vivo no palco e ouvia músicos como Flea, que alternavam facilmente entre um estilo de *slap* e uma pegada de rock mais tradicional, ainda que aventureira. O que tornou meu estilo único meio que sem querer foi o fato de eu ser um completo *fracasso* fazendo *slap*. Quando tentava, minhas cordas pareciam muito "clicadas" e perdiam a força, então desenvolvi minha própria técnica de dedilhar para criar uma abordagem rítmica agressiva que mantivesse minha vibração característica, e o que inicialmente pareceu fraco e estranho acabou criando uma espinha dorsal diferente, mas ainda poderosa, no contexto do Rush.

Counterparts foi recebido com entusiasmo por nossos fãs, e todo esse apreço se refletiu nas paradas. "Stick It Out" se tornou a faixa de rock número 1 nas rádios, e o álbum estreou em segundo lugar na *Billboard*; apenas o excelente Pearl Jam nos impediu de alcançar nossa primeira estreia na primeira posição, e certamente não levamos a mal. A turnê subsequente também foi um sucesso, mas decepcionamos nossos empresários e agentes ao limitá-la à América do Norte, encerrando a temporada em maio após apenas 54 shows. O motivo é que eu tinha promessas e responsabilidades a cumprir.

FAZIA ALGUM TEMPO QUE eu queria aumentar nossa pequena família, mas Nancy sequer considerava termos outro bebê, ainda mais se eu pretendia manter minha intensa agenda de trabalho. Ela entendia que seria bom para Jules ter um irmãozinho ou uma irmãzinha, mas agora tinha sua carreira, e não tinha vontade alguma de se dedicar à labuta doméstica. Nossos desejos conflitantes nos levaram a procurar terapia de casal mais uma vez, o que nos ajudou bastante. Pelo menos, Nancy foi convencida de que eu era sincero ao demonstrar que estava disposto a ter igual parcela de responsabilidade na criação do segundo filho, e, relutantemente, ela cedeu. Mas com a Mãe Natureza no comando, a gravidez não veio e tivemos que aceitar que o destino não nos daria uma segunda criança.

É claro que éramos uma pequena família perfeitamente feliz com Jules, que, no verão de 1993, estava comemorando seu décimo terceiro aniversário, o que significava... *bar mitzvah*! Não o criamos dentro da religião, mas eu ainda me identificava como um judeu "cultural", orgulhoso da minha história familiar e da raça de indivíduos que havia

Nancy se protegendo do sol egípcio. Diferentemente de nós, tipos semíticos, as ruivas não foram feitas para encarar a vida no deserto.

superado tantas coisas apenas para sobreviver. Dessa forma, sentimos que seria correto e divertido para Jules ter algum tipo de *bar mitzvah*, mesmo que improvisado ou, digamos, não convencional. Meu plano era levá-lo à Terra Santa para que ele pudesse ter uma ideia das origens de seu povo e de parte de sua história. Nem eu nem Nancy tínhamos estado em Israel antes, por isso consideramos uma oportunidade de aprendizagem para todos nós.

Eu tinha ouvido inúmeras histórias sobre Israel, é claro, e estava ansioso para ver com meus próprios olhos. Não estava interessado em encontrar rabinos ou banqueiros – sabia *como* eram esses caras. Eram os judeus proletários que eu queria conhecer. Queria ver judeus em todas as profissões, atendendo nos restaurantes, limpando ruas... em outras palavras, realizando trabalhos que seriam deixados para imigrantes na sociedade norte-americana. Queria ver se havia alguém como eu, um polonês da terceira geração no *topo* de um poste, consertando a fiação elétrica! Queria ver a quebra, o *avesso* do estereótipo. Costumava brincar sobre isso o tempo todo com amigos judeus: quando a campainha tocava e alguém vinha consertar o vaso sanitário, o cara se pareceria comigo? Seria uma espécie de mundo bizarro em que todos se pareciam, como se todos viessem do mesmo *shtetl* polonês? Quando li o fabuloso romance de Michael Chabon, *Associação Judaica de Polícia*, adorei que os personagens, em sua versão imaginária de Israel situada no Alasca, fossem todos assim: o detetive-chefe era judeu, e assim por diante... Era essa a versão de Israel que eu buscava!

Percorremos Israel de norte a sul, do Monte do Templo a Belém, Cesareia, das Colinas de Golã ao Mar Morto, subindo ao topo de Masada e voltando ao norte de Haifa; e não podíamos deixar de visitar o angustiante Yad Vashem – o Memorial do Holocausto –, que me fez chorar. É difícil expressar quanto fiquei profundamente abalado, mas veja bem: senti que não havia um bom motivo para eu estar ali, vivo. Era como se eu nem devesse existir. Parecia um milagre que eu estivesse ali para testemunhar aquilo tudo ao lado do meu próprio filho. Saber que a linhagem havia continuado deveria ser motivo de comemoração, mas não há vontade de comemorar quando se é confrontado com todo aquele horror. O coração sangra pela lembrança de cada família, é claro, mas, acima de tudo, sangra por sua própria família.

Depois, fomos ao Egito para mais passeios turísticos, acompanhados de nossos amigos Peter Mensch e sua esposa, Melissa.* Tivemos a sorte de contar com uma ótima guia, uma egiptóloga altamente experiente, simpática e muito culta que já havia trabalhado para Anwar Al Sadat. No nosso primeiro dia em Tebas, ela nos levou aos templos de Luxor e Karnak, nos conduzindo até uma área circular aberta onde, bem no centro, havia um pedestal de granito rosa ornamentado com um escaravelho bem no topo.

A guia nos disse que estávamos num local sagrado, onde, antigamente, ficava a estátua do Faraó Amenhotep III, atraindo pessoas de todo o mundo desde os tempos antigos. Ela explicou que dar sete voltas ao redor desse escaravelho, no sentido horário, traria boa sorte e fertilidade para aqueles que estivessem apaixonados. Bem, assim que Peter ouviu a palavra "fertilidade", pegou a mão de Melissa e deu *catorze* voltas apenas por garantia, e então peguei a mão de Nancy e a arrastei ao redor do escaravelho também – apenas modestas sete voltas – enquanto ela ria: "Oh, isso é tolice!".

Bem, em três meses, não apenas Nancy estava grávida, mas Melissa também – e de *gêmeos*. Juro de todo coração que essa é uma história real. Como diz a letra de "Presto", *I'm not one to believe in magic* – "não sou alguém que acredita em mágica" –, mas por Amon! Quando nossa filha chegou, queríamos chamá-la de Cairo por causa dessa experiência, mas Jules, sendo o jovem de espírito conservador que era aos 14

* Peter era sócio da empresa extremamente bem-sucedida Q Prime ao lado de Cliff Burnstein – o mesmo tio Cliff que havia nos contratado para lançar nosso primeiro disco pela Mercury Records.

anos, insistiu que era "idiota" batizar alguém com o nome de uma cidade,* então para manter a paz no lar, mudamos Cairo para Kyla, o que ele aprovou com entusiasmo.

Encerrei a turnê *Counterparts* em antecipação à data em que Nancy teria o bebê, totalmente comprometido a passar um bom tempo afastado do trabalho e ficar completamente envolvido no primeiro ano e meio de vida da minha filha. A experiência da Nancy, dessa vez, foi muito mais tranquila do que 14 anos antes; em 1980, tudo aconteceu no bloco cirúrgico, eu vestido com avental de hospital e máscara, só espiando por cima dos ombros das enfermeiras. Agora, estávamos numa sala de parto apropriada, e eu era uma parte ativa da equipe. Nancy, uma grande defensora de amenidades proporcionadas pela química, aceitou de bom

"Taking a break from my face." – Dando um tempo da minha cara. (ESQUERDA) *Homens de cavanhaque, por volta de 1985.* (DIREITA) *Quando Kyla fez uma visita durante a sessão de mixagem de Test For Echo, em 1996, tudo o que havia restado do cavanhaque foi a mosca debaixo do lábio inferior, que não saiu da minha punim desde então.*

* Adelaide? Cheyenne? Florence? Phoenix? Leon? Não parece tão idiota assim!

grado a anestesia epidural e chegou a pegar no sono durante as contrações. Nunca vou esquecer que precisei *acordá-la* porque já era hora de dar à luz. Eu estava literalmente com as mãos na massa, trazendo Kyla Avril Weinrib-Young ao mundo, e eu mesmo cortei o cordão umbilical. Foi um dos momentos mais felizes de toda a minha vida.

Em fevereiro de 1996, trouxemos Peter Collins de volta para produzir nosso novo álbum, *Test For Echo*, no lendário Bearsville Studios: nossa primeira sessão de gravação nos Estados Unidos. Em trinta anos de operação, mais de dois mil álbuns foram gravados lá por artistas como Metallica, Patti Smith, Todd Rundgren e o já falecido e imenso Jeff Buckley. Era um lugar agradável e aconchegante, mas nos sentimos bastante isolados. Nossas sessões de gravação em meio à neve foram representadas com precisão na capa, que traz um solitário *inukshuk* em vigília sobre uma paisagem estéril coberta de neve, com nada além de uma fileira de antenas parabólicas ao fundo, mas o título do álbum realmente se referia ao isolamento *tecnológico*. As redes sociais ainda estavam em fase embrionária, em plena Era da Informação, mas será que os sinais mais importantes da comunicação humana não estavam sofrendo com o ruído? "O microfone está ligado? Tem alguém *aí* na escuta?" A faixa-título, "Test For Echo", questionava o que era relevante num universo de quinhentos canais. Todo mundo estava afundado até o pescoço em tecnologia, mas alguém estava captando a mensagem? Felizmente, quando o álbum foi lançado em setembro, foi bem recebido, atingindo a 5ª posição nos EUA e a 3ª no Canadá, e também teve boa expressão em vendas no Reino Unido e em toda a Europa.

A turnê consistiu em 68 datas de outubro a julho do ano seguinte, com os shows anunciados como "An Evening with Rush" – "Uma Noite com o Rush" –, e foi a primeira vez que não tivemos banda de abertura. Optamos por isso principalmente para podermos tocar por mais tempo. Com 16 álbuns de estúdio, tínhamos muitas músicas para tocar em apenas duas horas: desse modo, poderíamos tocar três canções extras ou mais, com um intervalo de 20 minutos entre os dois sets para recuperarmos o fôlego. Inserimos aqui e ali canções de *Test For Echo* ao longo dos dois sets, terminando de forma dramática com o lado A de *2112* praticamente na íntegra, dando a largada na segunda metade do show com "Test For Echo" e ainda com tempo de sobra para seis novas faixas e uma vasta gama do material mais antigo.

Sem precisar acomodar o equipamento da outra banda, podíamos montar nosso show nas dimensões que desejávamos. Sem a necessidade de trocar o cenário, o clima no backstage ficava bem mais tranquilo e permitia que fizéssemos os ajustes acústicos necessários para a noite inteirinha antes que o público acessasse o local. Era melhor em todos os sentidos. Charlie Watts comentou certa vez sobre a rotina dos Rolling Stones: "Trabalhar por cinco anos. Ficar de bobeira por 25". Bem, com menos necessidade de "ficar de bobeira" agora, poderíamos chegar no horário, fazer uma passagem de som adequada, dar conta de todos os negócios de backstage e entrar no palco mais cedo. Técnica e psicologicamente foi uma melhoria considerável, que levou a um desempenho superior no show. Tudo muito civilizado.

Certa vez, visitei o camarim de Josh Homme antes de um show na turnê dele com Iggy Pop. Havia um clima de festa total, com música alta e moderninha tocando enquanto Josh servia doses de tequila para todo mundo. Iggy ficou sóbrio em seu camarim, mas o restante estava curtindo o ambiente, e eu fiquei pensando: *Uau. Será que é sempre assim num camarim normal? Com pessoas... se divertindo?* Desculpe desapontar você, mas o nosso camarim sempre foi bem tranquilo. *Nunca* havia música tocando, só os sons que nós mesmos produzíamos nos nossos instrumentos enquanto aquecíamos. Precisávamos de estrutura, de uma rotina tranquila para nos mantermos saudáveis, sãos e serenos no palco. Às vezes, recebíamos familiares, mas até isso poderia complicar as coisas, com crianças correndo por toda parte, atacando o buffet e perseguindo umas às outras pelo sofá enquanto Neil resmungava porque queria ler sossegado. Essa pode muito bem ter sido a razão pela qual ele acabou exigindo ter seu próprio camarim, mas, de qualquer forma, nós três preferíamos um refúgio tranquilo em vez de um salão de festas. Conheço muitos jogadores de beisebol que são assim: eu costumava visitar Mark Langston quando ele jogava no Cleveland Indians; era um cara muito sociável durante a tarde, durante o treino de rebatidas ou sei lá o quê, mas depois sumia, e se eu perguntasse o que havia acontecido com Mark, simplesmente me diziam: "Dia de jogo".

Durante o intervalo nos anos seguintes, as coisas mais emocionantes que aconteciam eram as seguintes: primeiro, brigávamos para ver quem usaria o banheiro primeiro. Depois, Neil fumava um cigarro, eu conferia o placar do beisebol para ver como meu time da liga fantasia estava se saindo, e Alex mergulhava no iPad dele. *Isso* era o máximo de empolgação que rolava nos bastidores com a gente. A última coisa de que precisávamos era ver pessoas.

Mas e no *final* do show? Aí a história era diferente (quando não saíamos correndo direto para o ônibus ou para o avião, é claro). Sempre havia a necessidade de relaxar, de baixar a adrenalina, então, depois de um banho, mesmo que ainda presos num camarim meio bosta depois do show, era bom degustar um elegante vinho Borgonha e um belo pedaço de carne que nosso chef, Frenchy, havia preparado (além de uma fatia bem gordurosa para Alex). Depois de algumas garrafas, nós mesmos poderíamos ser uma festa, mas frequentemente havia uma fila de pessoas esperando do lado de fora para nos cumprimentar, então abriríamos a sala e o que se seguia era um tipo de celebração, mesmo que nunca uma bebedeira completa. Nas noites em que tínhamos que pegar um avião, eu geralmente dizia ao tour manager quais pessoas queria ver e quais não queria, e tínhamos um código de gestos simples para indicar quando precisávamos que o espaço fosse liberado. Se estivéssemos bebendo demais, não havia como não reparar no olhar de desaprovação de Liam enquanto ele batia o pé e olhava o relógio enfaticamente. Ele, pelo menos, ainda estava trabalhando. Tinha que garantir que pudéssemos pegar o voo, ir para a cidade seguinte, chegar ao hotel, fazer o check-in, toda a lenga-lenga. Só poderia relaxar quando todos estivéssemos acomodados; era o último a apagar as luzes e o primeiro a acordar de manhã. Para depois fazer tudo de novo.

CAPÍTULO 22

O FINAL DA SEGUNDA ETAPA DA TURNÊ *Test For Echo* estava planejado de modo que pudéssemos terminar perto de casa, com os três últimos shows marcados para Toronto, Quebec e Ottawa. Nancy e eu pegamos o carro e fomos até nosso chalé no norte de Ontário; Alex estava participando da temporada de golfe e os campos gritavam seu nome; enquanto Neil tinha seguido para sua casa no lago, em Quebec. Foi um verão idílico. Em 29 de julho, no meu aniversário de 44 anos, ele me mandou seu "Prattfax" anual. Neil nunca se esquecia de mandar uma mensagem ou um bilhete para Alex e para mim em nossos aniversários, mesmo se grande parte do conteúdo fosse uma atualização do que *ele* andava fazendo. Para mim, este é particularmente difícil de reler...

Ele descrevia com detalhes como o verão de Quebec estava sendo um deleite para a família, como estava melhor da tendinite no cotovelo que o incomodou muito durante a turnê e falou de um livro que estava escrevendo, ao qual se referiu como "Paisagens com Bateria", sobre suas aventuras na nossa turnê mais recente, no palco, no backstage e pilotando sua moto pelas estradas secundárias da América do Norte. Ele brincava de forma amável sobre como tinha sido limitado a uma "agenda de trabalho apenas pela manhã" por "Suas Majestades Reais Femininas", a esposa Jackie e a filha de 19 anos, Selena, e relatava com orgulho que Selena, a quem apelidou de "A Princesa Guerreira", tinha passado todo o mês de julho com eles, e que, agora que tinha carteira de motorista, estava pronta para pegar a estrada por conta própria antes do início do semestre na Universidade de York, em Toronto, em setembro.

Apenas três semanas mais tarde, na manhã de 11 de agosto de 1997, recebi um telefonema de Ray. Ele mal conseguia deixar as palavras saírem de sua boca: "Ontem... Selena se envolveu num acidente de carro".

Me sentei antes de conseguir falar: "O quê? O que *aconteceu?* Ela está bem?".

Ele compartilhou comigo algumas informações desencontradas, e era o pior que se poderia imaginar. Ela carregou sua caminhonete Jeep Wagoneer e foi para a estrada. Neil acompanhou a filha pilotando sua moto por um pedaço do caminho, parando em Hawkesbury, Ontário, onde eles desceram e deram um grande abraço de despedida entre pai e filha. Ela seguiu dirigindo pela Highway 401, ao oeste de Brighton, quando, de alguma forma, perdeu o controle da caminhonete, que capotou. E, num instante, ela se foi.

Enquanto Ray descrevia para mim o momento terrível quando a polícia bateu na porta da casa do lago de Neil e Jackie e deu a notícia de que a filha deles tinha morrido, me sentei junto à janela da minha casa, perplexo e com o olhar perdido em direção ao lago; o sol brilhava forte, mas o mundo ao meu redor parecia imerso na escuridão. Fiquei paralisado. Nancy e eu estávamos sem chão. Imagens terríveis ficavam dando voltas em minha cabeça...

Ray logo me telefonou novamente para dizer que Neil e Jackie estavam retornando para a casa deles em Toronto, então juntamos nossas coisas e pegamos o carro para voltar para a cidade. Consegui ligar para Alex, que também estava chocado, pasmo. Marcamos de nos encontrar, mas tudo parecia tão nebuloso que não sabíamos qual seria o melhor momento: Naquela noite? Na manhã seguinte? Nancy e eu não conseguíamos decidir e não parávamos de pensar. O que deveríamos fazer? Telefonar? Mandar um bilhete? Ir até lá agora ou mais tarde? Será que Neil sequer iria *querer* nos ver? Será que ele e Jackie não prefeririam ficar sozinhos em seu luto?

Alex, sempre a pessoa que demonstrava suas emoções mais facilmente, foi o primeiro a agir. Minha lembrança do momento exato permanece obscura, então recentemente pedi que ele me ajudasse a lembrar exatamente o que fez naquele momento. "Eu estava jogando golfe quando recebi o telefonema de Ray", me contou. "Fui direto para casa e conversei com meu amigo Syd, porque ele e a esposa tinham passado pela mesma experiência dois anos antes, quando a filha *deles* morreu num acidente de carro. Desde então, ele e Cindy tinham se tornado terapeutas de luto. Perguntei a ele qual era a coisa certa a fazer, e Syd me disse: 'Por mais difícil que seja, você tem que ir até a casa deles tão logo possível. Sente-se lá e os deixe falar. Fale sobre Selena. Fale bastante o nome dela. Faça-os sentir que o nome dela não será esquecido, porque isso será um dos maiores temores deles – que ela seja esquecida. Apenas não pare de dizer o nome dela. Não pare de dizer o nome dela'. Foi difícil fazer isso, mas foi o que fiz. Depois que Neil serviu um uísque para nós, fiz um brinde a Selena. Eu disse: 'À memória dela'. E me lembro de Jackie olhando para mim como se pensasse: *O quê? Um brinde? Agora?* Mas Syd tinha me garantido que era a coisa certa a fazer."

Nunca vou esquecer a cena que eu e Nancy presenciamos no dia seguinte: familiares e amigos totalmente desesperados, devastados, histéricos. Neil estava num estado maníaco e profundo de choque. Ele caiu nos meus braços e, enquanto eu o amparava, me dizia: "*Você* sabe... *Você* sabe!". Ele não estava dizendo isso porque eu era pai e podia imaginar a dor inconcebível e devastadora de perder um filho – no caso dele, a *única* filha; na cabeça de Neil, estávamos conectados porque eu também tinha uma menina. Ao nosso redor, parecia uma cena lunática, uma casa enlutada. Ninguém sabia o que fazer ou como se comportar adequadamente, então uns bebiam e fumavam, uns cheiravam, e foi assim durante dias e noites, com todo mundo que os conhecia e os amava chegando para oferecer qualquer tipo de consolo possível. É claro, tudo em vão. Jackie estava abalada pela dor da perda de um jeito que eu jamais tinha testemunhado, enquanto a família, até mesmo Neil, tentava em desespero consolar alguém inconsolável.

Parece mórbido, sabe, mas por ter passado a infância ouvindo as histórias do Holocausto e ter tido muitos dos meus antepassados assassinados durante a guerra – e depois com a morte do meu pai e o ano de luto que se seguiu –, sempre me considerei mais familiarizado com a morte, mais versado nela do que a maioria dos meus amigos. A morte não era uma estranha para mim, mas eu não tinha visto alguém sofrer tanto, uma dor pura e excruciante, desde a minha mãe, na noite em que meu pai faleceu. Nenhuma experiência prévia poderia ter me preparado para a perda cruel, de partir o coração em pedaços, como a perda da filha de uma pessoa tão próxima a mim. Na ordem natural da vida, os filhos devem sobreviver aos pais, não o contrário.

Então, veio o funeral, que foi absolutamente impossível de enfrentar.

Depois de dias daquele pesadelo, Neil e Jackie decidiram que não havia motivo para continuarem em Toronto ou até mesmo no Canadá. Tudo o que viam, todos os lugares para onde iam não significavam nada a não ser uma lembrança dolorosa de sua menina perdida. Assim, pegaram um voo para Londres, Inglaterra, onde poderiam se refugiar e passar pelo luto durante os meses seguintes. Mas, quando chegaram, encontraram a cidade enlutada por causa da perda de outra princesa: Diana. Ela *também* havia morrido num acidente de carro, apenas 11 dias depois de Selena. Os jornais, a TV e o rádio não paravam de falar no assunto, e para Neil e Jackie não havia escapatória.

Amigos próximos e familiares se revezavam, indo até Londres para se certificar de que eles tivessem companhia. Neil e eu mantivemos contato por fax, enquanto eu me esforçava para dar alguma notícia de casa – qualquer coisa que pudesse animá-lo nem que fosse um pouquinho. Começamos a debochar das "Fofocas Inglesas", enviando manchetes absurdas dos inúmeros tabloides britânicos, qualquer coisa que despertasse um sorriso. Quando tudo falhava, recorríamos a fazer piada à custa do nosso alvo predileto e irresistível, o adorável Lerxst. Tirar sarro dele e de suas idiossincrasias sempre divertiu Neil. Nossa última troça tinha a ver com a obsessão recente de Alex com Super Blue-Green Algae, um produto que ele estava tomando diariamente, com inúmeros benefícios para a saúde de que falava constantemente. Pratt pesquisou artigos de publicações científicas, como a *Berkeley Wellness Letter*, que diziam que a tal "vitamina milagrosa" que ele estava ingerindo não passava de "lodo de açude". Tornou-se uma piada constante. Me sinto grato por haver *alguma coisa*, por mais insignificante que fosse, que pudesse fazê-lo rir.

Naquele mês de dezembro, peguei um voo para Londres e passei alguns dias em meio a neblina sozinho com eles. Me hospedei num hotel nas proximidades; eu ia a pé até o apartamento alugado por eles, atravessando o Hyde Park com o coração na boca, organizando meus pensamentos e me preparando para a visita comovente que aconteceria em seguida. Na época, Neil estava motivado o suficiente para ao menos cuidar de Jackie, que ainda parecia além de qualquer possibilidade de consolo. Ele mantinha a mente e o corpo ocupados aprendendo a cozinhar por conta própria, saindo para comprar ingredientes e preparando as refeições, e, quando eu chegava, geralmente estava na cozinha preparando o jantar. Eu fazia o que estava ao meu alcance para, de alguma forma, aliviar o peso que eles estavam carregando. Tentava divertir Jackie com histórias e fofocas de casa; ocasionalmente, tinha sucesso em ao menos arrancar uma risadinha dela. (Alex era muito melhor em fazê-la rir. Segundo Neil, ele era uma das únicas pessoas que realmente conseguiam. Quando Jackie se recusava a comer, Alex dizia: "Bem, você pode começar uma nova carreira como supermodelo". Meu Deus, eu nunca teria essa coragem!)

Certa noite, eles reservaram uma mesa num restaurante próximo. Fizeram isso mais para me agradar do que para eles mesmos, mas, no meu entendimento, era bom que saíssem de casa um pouco; qualquer contato com o mundo real tinha que ser considerado um progresso, e, apesar da tristeza subjacente, tivemos uma noite agradável. Cara, aquela viagem foi dura. Passou rápido, mas nosso adeus foi doloroso porque eu sabia que eles estariam sozinhos com seu sofrimento até a chegada do próximo visitante.

Foi Ray quem criou um tipo de muralha de proteção ao redor deles, cuidando de quaisquer questões maiores que surgissem durante seu autoexílio. Nos 24 anos desde que Neil havia se juntado à banda, Ray foi se envolvendo cada vez mais com todos nós num nível pessoal e agora era um homem devotado à família e com quatro filhos, portanto a tragédia o abalou tão fortemente quanto nos abalou. Se alguma coisa positiva pode ter surgido dessa época terrível, foi que Ray estreitou os laços de amizade com Neil, que, aos poucos, passou a considerá-lo não só seu empresário, mas alguém em quem poderia confiar e com quem trocava confidências. Ray valorizava isso profundamente e foi muito leal e atencioso a Neil nas horas boas e ruins, até o fim...

Durante aquele período doloroso em Londres, eles procuraram a ajuda de uma terapeuta especializada em luto. "Dra. Deborah", como a chamavam, explicou que estavam sofrendo de um tipo de transtorno de estresse pós-traumático e que tudo o que ela poderia fazer era iniciá-los no caminho da cura, mas a vida dos dois no exílio e na agonia se arrastou por meses. E, então, Jackie começou a sentir fortes dores no peito. De volta a Toronto para fazer exames médicos, foi diagnosticada – inacreditavelmente – com *câncer no pulmão*. Não havia como operar, e o destino dela também estava tragicamente selado.

Neil ficava me dizendo, como dizia a todas as pessoas próximas a ele, que Jackie vinha desejando a morte, que era incapaz de viver num mundo sem sua amada filha.

Deixaram o Canadá para trás novamente, dessa vez com destino a Barbados, onde alugaram uma casa de veraneio tranquila e providenciaram cuidados paliativos para Jackie. Durante aquela época, mantivemos contato regularmente; eu mandava notícias e material para Neil ler, e, entre as atualizações sobre as condições de saúde de Jackie, ele fazia o melhor que podia para manter a cabeça no lugar me informando sobre os pássaros da ilha...

A saúde de Jackie piorou, e apenas 10 meses depois da morte de Selena, ela sucumbiu "à perda que não podia suportar", como Neil escreveu para mim, partindo em 20 de junho de 1998.

Nós, que estávamos observando de fora, ficamos completamente incrédulos – "estarrecidos" é a palavra – que algum homem nesse mundo pudesse ser completamente quebrado em pedaços, sem misericórdia. Estávamos todos *totalmente* perdidos naquele momento, sem saber como confortá-lo, e, embora pareça uma preocupação banal diante das circunstâncias, não fazíamos ideia de como seguir adiante com nossas próprias vidas e nossa carreira.

Enquanto o ano se arrastava, mantive contato com Neil por telefone e por fax. Ele passou o restinho do verão em Quebec, tentando se agarrar à vida, perambulando pela casa do lago em meio aos fantasmas de sua família. Como sempre, recebi uma mensagem dele no meu aniversário:

Como você pode imaginar, foram poucos os aniversários que celebrei no último ano – na verdade, só prestei atenção a duas datas: o aniversário de Selena e o aniversário de Jackie. Contudo, tenho me distraído com os resquícios dos hábitos dos anos que passaram, como remar, andar de motocicleta e tirar sonecas na rede, e agora, de alguma maneira, me parece correto tentar escrever minhas saudações costumeiras de meados de verão e dar notícias.

Ele disse que tinha que lidar com um "vespeiro" em Toronto,

E, então, é chegada a hora de ME PREPARAR PARA O FUTURO.
E isso, meu amigo, é algo assustador!

O que ele queria dizer é que estava planejando partir sozinho com sua motocicleta. Seria o começo da jornada como *Ghost Rider*, que o levaria até o Alasca, depois descendo a costa para visitar o irmão na Colúmbia Britânica, mas seus planos iam até ali. Nós brincamos ao telefone sobre nos encontrarmos em algum lugar no meio do caminho, como Fargo, Missoula ou Pocatello, mas o chamado dele nunca veio. Enquanto rodava pela estrada sem parar, Neil se tornou cada vez mais elusivo, e havia menos notícias, cada vez mais espaçadas, chegando até nós. Ele dizia que pilotar a moto o ajudava a "acalmar sua pequena alma de bebê", mas Alex e eu nos preocupávamos com ele constantemente enquanto vagava por aí, tentando fugir de sua dor. Ele viajava incógnito, se perdendo na paisagem e na companhia de estranhos. Nunca se sabia quando poderia entrar em contato, então formamos uma rede de diversos amigos que se preocupavam com ele; qualquer um em qualquer lugar da América do Norte que recebesse notícias de Neil ou que vagamente tivesse algum conhecimento de seu paradeiro manteria os outros informados.

Durante essa época, de vez em quando, eu recebia cartões-postais anônimos do Alasca ou do México, ou de onde quer que fosse, endereçados a "Gary Canadá", o apelido que Neil me deu, e assinados por um dos seus vários pseudônimos, como Hank Kimball (o vendedor hilário de *Petticoat Junction*) ou Brian Griffin (de *Uma Família da Pesada*) – sinais de fumaça que nos diziam que ele estava bem. Ou quase isso. Para evitar que enlouquecesse completamente, comecei a fazer uma série de viagens. Como o próprio Neil estava descobrindo, simplesmente se pôr em movimento pode ser uma boa forma de se distrair.

PARA COMEMORAR O ANIVERSÁRIO DE NANCY, decidimos fazer uma viagem de bicicleta pelo Marrocos. Pegamos um voo até uma cidade no Alto Atlas marroquino chamada Ouarzazate e começamos nossa jornada pelo Saara. E, claro, fizemos aquelas coisas típicas de turista, andamos de camelo pelo deserto e passamos a noite num acampamento berbere: jantamos e dormimos sob uma tenda montada com estacas de madeira e tapetes ornamentados. E, exatamente como nos filmes, acordei no meio da noite com o vento levando para longe um dos tapetes e percebi que estava dormindo num travesseiro de areia. Fiquei acordado na maior parte do tempo, admirando o universo estrelado, perdido nos meus pensamentos, maravilhado com tudo aquilo.

No dia seguinte, pegamos um ônibus até um hotel adorável chamado Domaine de la Roseraie, luxuoso e lindamente decorado, localizado ao pé das montanhas. Chegamos cansados e suados, despimos as muito elegantes bermudas de ciclismo cheias de areia, pegamos a chave do quarto e corremos para tomar uma ducha e beber uma ou doze taças de champanhe. Nos deram uma das duas suítes que ficavam num dos bangalôs privativos numa das extremidades da propriedade, passando pelas roseiras que davam ao hotel seu nome pitoresco. Nossa porta dava para um pátio pequeno e quadrado; do outro lado havia a porta idêntica do outro bangalô. Enquanto eu colocava a chave na fechadura, a outra porta se abriu e uma linda jovem e um cara mais velho, com o cabelo louro comprido e meio despenteado, saíram de lá. Nossos olhos se encontraram por um momento, intrigados em reconhecer um ao outro, e depois seguimos cada um para o seu lado.

Falei para Nancy: "Aquele cara ali era o *Robert Plant?*".

Ela disse que realmente parecia ele, mas estávamos mais focados em pegar uma bebida refrescante, então deixamos para lá. Depois que estávamos limpos e suficientemente saciados de champanhe, fomos até o restaurante jantar, e, quando me sentei lá, o homem em pessoa veio até mim e se apresentou. Nos cumprimentamos e ele foi o mais gentil que poderia ser.

Quando voltei para casa, não muito tempo depois, o pessoal do escritório mandou uma mensagem para mim. Um cara de pau fingindo ser Robert Plant, disse a recepcionista, estava tentando entrar em contato comigo. Ele tinha sido bastante insistente e deixou um número de telefone celular.

"Ah", disse eu. "Na verdade, deve ser ele *mesmo*."

Acontece que Robert estava na cidade com Jimmy Page para um show do projeto Page/Plant. Expliquei que fazia pouco que a esposa de Neil tinha falecido e que eu ainda não estava me sentindo bem para sair em público. Ele foi muito compreensivo. Conversou comigo e disse que ele mesmo tinha se recuperado de uma terrível perda:* "Algum dia, mais cedo ou mais tarde, você terá que voltar a viver a vida. E, pela minha experiência, melhor cedo do que tarde. Insisto que venha ao show". Bem, eu não podia recusar um convite tão afetuoso, então aceitei e chamei Lerxst, que também estava se sentindo bem para baixo na época. Ele topou e seguimos juntos para o Amphitheatre, onde fomos tratados como reis. Robert nos contou sobre uma viagem recente que tinha feito para Havana e, então, de um jeito sensível, perguntou como Neil

* Em 1977, seu filhinho de 5 anos, Karac, morreu por causa de uma gastroenterite viral.

estava indo antes de sermos levados até a mesa de mixagem na lateral do palco, de onde pudemos assistir a dois dos nossos maiores ídolos da música se apresentarem. Parecia o céu. Depois do show, agradecemos a generosidade de espírito deles e voltamos para casa com muita música e uma aula sobre vida e perda e a importância de tentar seguir em frente – uma lição difícil, mas que guardei no coração, e, desde então, diante das perdas, que têm sido frequentes demais, realmente penso nas palavras de Robert Plant.

CAPÍTULO 23

NOS DOIS ANOS QUE SE SEGUIRAM, POSSO dizer honestamente que Lerxst e eu jamais cogitamos a ideia de continuar sem Neil. Não havia nada para discutir. Simplesmente nos mantivemos ocupados da melhor forma possível, deixando a banda em um estado de animação suspensa. Eu sabia que, um dia, de alguma forma, voltaria à música, mas não fazia ideia se o Rush gravaria ou se me apresentaria novamente.

Antes dos trágicos eventos de 1997 e 1998, eu havia planejado escrever algumas músicas com meu amigo Ben Mink. Nos conhecemos em 1979, numa festa nos estúdios de gravação da Phase One, no East End, em Toronto, quando ele estava tocando violino elétrico e bandolim com a banda FM.* Em questão de minutos, começamos a rir muito do nosso amor mútuo pelo *Yiddishkeit*, especialmente das nossas lembranças da língua e das comidas nojentas da geração de nossos pais, quase como se tivéssemos crescido na mesma casa. Tínhamos muito em comum – quase até demais, já que nossos pais eram todos sobreviventes do Holocausto.

Assim como Ben, eu adorava pastrami e, ao longo da vida, retomei todos os estereótipos básicos da culinária judaica: peixe recheado, arenque em conserva, *kishke*, lox e, é claro, bagels. Pratos que minha mãe costumava fazer, como *cholent* e *potatonyik*, haviam encontrado um lugar carinhoso em nossos bancos de memória, assim como outro prato que adorávamos quando éramos crianças – *mish mash*, uma combinação de penne cozido demais (não conheciam a expressão "al dente" em nossas casas) e *p'tcha*.** Depois de quatro décadas de amizade, quando estamos juntos, ainda nos comportamos como crianças de oito anos. Hoje de manhã, enquanto estava prestes a escrever isso, Ben me ligou para dizer que iria a um otorrinolaringologista. "Meus ouvidos estão entupidos", ele disse. "É alguma obstrução extrema, talvez um pedaço de *klopsz*", o que instantaneamente me trouxe lembranças visuais e olfativas que me fizeram cair na gargalhada: minha mãe costumava preparar *klopsz*, uma espécie de bolo de carne feito com algum tipo de carne misteriosa que eu não saberia dizer qual. Convulsionei com a mera menção daquilo.

Onde eu estava? Ah, sim – nossa música. Toda vez que tínhamos a oportunidade de tocarmos juntos, ficávamos surpresos com a sincro-

---

* Mais tarde, ele teria imenso sucesso compondo, produzindo e se apresentando com a imensamente talentosa *chanteuse* pop e country canadense k.d.lang.

** É tipo um mocotó. Em polonês, *galareta* ou *gala*. Uma iguaria Ashkenazi geralmente servida numa bandejinha como se fosse um patê. Certa vez, numa festa com convidados cheios de trejeitos, Ben e eu colocamos um pouco de *p'tcha* na mesa do buffet e ficamos lá, só observando. Enquanto os fashionistas esbarravam na nossa iguaria escondida, as caras que faziam era uma alegria de assistir, e nossas gargalhadas eram tão estranhas àquele grupo tão chique que tivemos que sair da festa passando mal de tanto rir.

nia de nossa execução – não apenas em termos de ritmo, mas de *sentimento*. Era como se disséssemos: "Uau, você toca como eu!",

"Não, *você* é que toca como *eu*."

Na questão de humor cômico, meu relacionamento com Ben não era menos absurdo do que o meu com Alex, mas musicalmente era outra história. A química com Alex acontecia na maneira como preenchíamos as lacunas um do outro. Ele tinha um coração criativo, selvagem e espontâneo, enquanto eu geralmente adotava uma abordagem mais ponderada, e a mistura claramente resultava numa parceria feliz e prolífica; Ben e eu, por outro lado, éramos farinha do mesmo saco. Estávamos constantemente improvisando e compondo ao mesmo tempo: "Ah! Isso

Quando o Rush estava em turnê com a banda de Ben, a FM, ele e eu morríamos de rir por causa das palavras do velho mundo que nossos pais costumavam falar. Uma era rötz, que significava "meleca". Quando eu era criança e estava acompanhando minha mãe no mercado, ela ficou de saco cheio comigo porque eu não parava de fungar, tirou um lenço de papel nojento com aroma de maquiagem de dentro da bolsa, enfiou no meu nariz e ordenou em um ídiche meio capenga: "Öfshanhtzen de rötz!".

poderia ser um verso! Isso poderia ser um refrão!". Eu começava uma frase, e ele terminava. Então, em termos musicais, nossa relação era muito diferente. Portanto, este álbum foi construído de maneira muito metódica. Ben costumava dizer: "Tudo que precisamos é de seis minutos". Pode levar uma hora tocando inutilmente até se chegar a esses seis minutos, mas haveria uma música em algum lugar ali. Nem tudo entre nós era similar, entretanto – por exemplo, ele era bem instruído em teoria musical, enquanto eu era um músico que aprendeu a tocar de ouvido –, mas, ainda assim, nos perguntávamos se nossas origens e percepções semelhantes poderiam gerar frutos criativos. E, caso nada disso acontecesse, não seria este um experimento psicossocial interessante: natureza, criação ou *nudnik*?

Então, em 1997, perto do final da turnê *Test For Echo*, fizemos planos vagos para nos encontrarmos em Toronto e ver se conseguíamos deixar as piadinhas ídiche de lado para compor música. Mas a tragédia se abateu sobre a vida de Neil, e nossa colaboração em potencial ficou de lado. À medida que o tempo se arrastava após a morte de Jackie, percebi que precisava desesperadamente de algum lugar para canalizar minhas emoções, fazer algo para tirar todo aquele pesar da minha cabeça. Criar música era o que eu fazia, então falei com Ben sobre retomar nossos planos. Passar um tempo juntos, daquele jeito tão leve como sempre fizemos, foi um bálsamo para a alma, mas será que poderíamos transpor tudo isso para um nível mais profissional? E nossa amizade sobreviveria se ficássemos mais sérios? Decidimos experimentar.

Ele veio passar uns dias em Toronto, no meu estúdio caseiro, e, com o cataclismo de Neil ainda na minha mente, a primeira música que escrevemos foi "Gone", uma balada sobre perda. Passamos horas arranjando e gravando partes, mas, no final, decidi que estava emocionalmente crua demais. Não me sentia confortável em lançá-la para o público, e assim permanece guardada no cofre como uma "demo" extremamente bem gravada.* Ainda assim, foi uma faísca, definitivamente o começo de alguma coisa. Fiquei na casa do Ben, em Vancouver, com sessões de composição diárias que acabaram durando semanas, transcrevendo esboços aos trancos e barrancos no papel e passando para a fita, e, depois de alguns meses, tínhamos músicas suficientes para pensar em fazer um álbum de fato. Trabalhamos até o início de 2000 antes de chamar um produtor, e ele logo descobriu como era difícil trabalhar comigo, mas aguentou minha natureza incansável e inflexível e a minha obsessão pelos detalhes da melhor maneira possível.

Avançamos nos trabalhos, compondo, improvisando e experimentando o tempo todo. Sempre anoto ideias, palavras, uma virada de frase, perguntas que quero fazer à vida para ver se ela me responde. Me inspirei na escrita lírica de Neil; me tornei expert nessa arte por tabela, cantando seus versos e discutindo com ele sobre fraseologia (enquanto também aprendia a não ter medo de abordar temas mais profundos). Com Ben, adotamos o princípio da colaboração desde o começo. Ele foi o parceiro de debate perfeito para mim. "Window to the World", por exemplo, surgiu de uma conversa ridícula que tivemos sobre pornografia on-line (acho que revistas como a *Wired* estavam especulando na época a existência de objetos como televibradores) e pessoas navegando pelo ciberespaço e encontrando um portal para algum tipo de paraíso sexual.

Isso aconteceu em um momento de expansão dos dispositivos digitais em todos os aspectos da nossa vida, quando até mesmo computadores pessoais podiam gravar um número quase infinito de faixas – o que era uma bênção e uma maldição ao mesmo tempo. Assim como Lerxst, Ben era excepcionalmente bom em criar sons e efeitos a partir de seu computador, e, à medida que nos envolvíamos mais seriamente, começamos a ir até o extremo para produzir nossas demos "de garagem".

* Recentemente, descobri uma segunda canção que tínhamos deixado de fora daquele disco, chamada "IMUR", também uma demo muito bem-acabada. Não consigo lembrar de forma alguma por que não a usamos. Acho que ficamos sem tempo quando estávamos em Seattle.

Aproveitei ao máximo sua experiência, o incentivando a criar várias faixas de violino e viola erudita (foi ali que aprendi a diferença entre violinos e violas eruditas!) para simular grandes seções de cordas que seriam inacessíveis no mundo real. Ele era tão bom nisso que não pude deixar de compor partes para minha própria orquestra imaginária interna, e, depois dos resultados impressionantes que havia produzido com k.d. lang, também passei a confiar nele implicitamente quando se tratava de gravar os vocais. Ben ouvia nuances na minha voz e me incentivava a explorá-las, e acredito que o resultado final está entre as melhores performances que já gravei. Às vezes, nossa tolerância mútua era colocada à prova devido às longas horas de trabalho e ao estresse familiar que todas as viagens causavam, mas conseguimos superar a pré-produção com a nossa amizade intacta e estávamos prontos para fazer um álbum de verdade.

Em julho de 1999, recebi meu Prattfax anual de aniversário. "Se o primeiro é o ano da tristeza", Neil escreveu, "o segundo é o ano do vazio". No entanto, havia pequenos sinais de luz irrompendo por sua escuridão. Ele começou a visitar Los Angeles com frequência, pois nosso velho amigo e fotógrafo Andrew MacNaughtan estava morando e trabalhando lá. Pouco a pouco, Andrew apresentou Neil ao seu pequeno círculo de canadenses expatriados, bem como a alguns moradores de Los Angeles com quem havia feito amizade, entre eles o ex-torontoniano e parte do elenco de *Kids in the Hall*, Dave Foley, e o hilário Matt Stone, de *South Park*. Só Deus sabe que, se alguém merecia dar umas risadas naquele momento, esse alguém era Neil. Sempre que estava na cidade, esses caras levavam um pouco de alegria para ele, mas também foi através de Andrew que ele começou a *namorar* alguém em São Francisco, um evento que o deixou "confuso e perplexo pelo Grande Mistério da Mulher". Essa primeira tentativa de companhia feminina não deu certo, mas felizmente Neil não desistiu, nem Andrew, e seu próximo encontro seria completamente encantador – com uma mulher chamada Carrie, que estava trabalhando com Andrew quando se conheceram. E, em um ano, ela se tornaria sua esposa.

Ainda mais impressionante foi o relato de Neil de que, de volta a Quebec, ele também havia experimentado algo positivo no campo musical.

Minha reação a essa perplexidade toda foi tocar minha bateria! Foi a primeira vez que toquei em quase dois anos (desde o nosso último show em Ottawa, em 1997)... Fiquei surpreso que as "ferramentas" ainda estivessem todas lá. Consegui tocar tudo o que podia naquela época, e tão bem e tão rápido quanto antes, apenas as transições entre as partes pareciam um pouco enferrujadas. E me senti muito bem.

Ele continuou descrevendo como havia reservado uma sala nos fundos do Le Studio, onde havia montado sua bateria Gretsch amarela e ficava tocando por horas sem parar. Isso dava "um lugar para ir e algo para fazer", disse ele, e como era típico de Neil, quando tentou analisar o que estava obtendo a partir de sua execução, não pôde deixar de mergulhar fundo na prática.

Desde o primeiro dia, algo estranho aconteceu enquanto eu tocava em vários padrões e tempos diferentes; de repente, me dei conta do que eu realmente *estava fazendo: num nível subconsciente, estava* tocando minha história. *Não de uma maneira concreta, com temas musicais e líricos, mas a partir de uma abordagem mais abstrata –* "esta *é aquela* parte"... –, *e vaguei por passagens lentas e tristes, tomadas de raiva, rápidas e rítmicas de "música para viagem" e (sim) o Hino da Redenção... Não apenas eu tinha a* técnica *para tocar música, mas tinha o* espírito *dela, a voz, a capacidade de "contar minha história".*

Fiquei de queixo caído enquanto lia isso. Foi incrível para mim que, depois de tudo o que havia passado e que ainda o afetava, ele tivesse a capacidade de lidar com a descrição da essência da expressão artística em uma linguagem esperançosa e voltada para o futuro. Neil continuou, dizendo:

> *Percebi que, embora eu pudesse estar pronto para* tocar *novamente, não estava pronto para* trabalhar *novamente. De qualquer maneira, ainda não. Assim, voltei a guardar minha bateria por mais um tempo, mas agora sabia que o poder ainda estava* lá, *e que eu poderia tocar se assim quisesse.*

Ele concluiu dizendo que estava me contando tudo isso não apenas porque era meu aniversário, mas porque essa data marcava nosso 25º aniversário como colegas de banda (afinal, ele se juntou ao Rush no meu 21º aniversário, em 1974) e queria me informar "onde me encontro nesse departamento".

Relendo a carta hoje, ela não apenas me lembra da profundidade da alma artística daquele homem, mas também do quanto ele valorizava nosso relacionamento naquele momento particularmente difícil de sua vida. Não acho que eu esteja me autocongratulando ao pensar que, para ele, isso também foi uma espécie de tábua de salvação.

DE VOLTA AO CANADÁ, era um novo milênio e o retorno ao trabalho. Ben e eu já estávamos bem avançados no planejamento de nossas sessões de gravação. Meu álbum *My Favourite Headache* era uma realidade e precisávamos de um produtor, ou ao menos de um ou dois engenheiros. A maioria dos produtores com quem entrei em contato parecia mais interessada em trabalhar num álbum do Rush do que em minha própria empreitada solo, o que suponho que fosse compreensível, mas, ainda assim, isso me deixava incomodado. Ben e eu falamos *foda-se*, vamos encontrar um engenheiro promissor e produzir a droga do álbum nós mesmos, em vez de esperar que um figurão faça isso. Afinal, entre nós dois, já tínhamos gravado dezenas de álbuns e podíamos muito bem nos virar sozinhos.

Um profissional que se destacou foi Adam Kasper, um dos engenheiros e produtores quintessenciais da cena grunge, que também havia trabalhado com Queens of the Stone Age e Tragically Hip. Ele

Com carinho, Daniel Seguin, Ben Mink, Adam Kasper e Matt Cameron no Studio X, Seattle – um jeito maravilhoso de começar minha jornada rumo ao desconhecido. Músicos excelentes e uma cidade convidativa, repleta de pessoas que não faziam outra coisa a não ser falar de música. Perfeito!

conhecia bem Matt Cameron, tendo trabalhado com ele nos álbuns do Soundgarden e do Pearl Jam, o que foi uma ótima coincidência para mim, pois Matt foi um dos primeiros bateristas que me vieram à mente quando comecei a pensar em parceiros rítmicos para o meu projeto. Num instante, estávamos com agenda reservada para gravar em abril no Studio X, de Seattle (anteriormente conhecido como Bad Animals Studio, das irmãs Ann e Nancy Wilson, do Heart).

Obviamente, Matt era um baterista muito diferente do cara com quem eu normalmente trabalhava, mas eu estava procurando uma pegada rítmica revigorante que pudesse expandir minha imaginação. Ele é um baterista sólido pra caramba, mas humilde, um baterista "mais caseiro", com um bom gosto incrível, que instintivamente sabe do que uma faixa precisa. Matt leva seu trabalho muito a sério e não foge de suas responsabilidades. Lembro que comentou durante essas sessões sobre uma virada específica que ele havia acabado de tocar, dizendo algo como: "Gostaria de fazer essa de novo. Agora, soa muito '*ei, olha para mim*!'". Que cara adorável e modesto!

Por outro lado, foi incrível ver como uma cidade onde toquei tantas vezes antes de ter essa fama musical mundial havia se tornado uma meca vibrante. Costumava ser uma cidade sonolenta e meio hippie, mas agora tinha despertado. Todos que encontrei por lá, qualquer que fosse o trabalho que estivessem fazendo – o cara que carregava minhas malas para o quarto do hotel, a mulher que dirigia o táxi –, eram músicos. Ao que parecia, Seattle era uma cidade povoada inteiramente por jovens artistas do grunge, uma cidade de músicos e mais músicos! Além disso, como eu vinha de uma cena musical mais competitiva e desconectada, fiquei impressionado com como essas pessoas estavam sempre dispostas a tocar nos projetos uns dos outros e a apoiar o que os outros estavam fazendo de diferente. (O ótimo álbum do Temple of the Dog é apenas um exemplo disso.) Tenho que dizer que senti muito respeito quando Kim Thayil e Krist Novoselic apareceram no estúdio para dar um oi. Eu tinha 47 anos, quase o dobro da idade deles – um velho estadista do rock! Foi um sinal de quanto tempo eu estava no jogo, que ali estava uma geração mais jovem que havia crescido com nossa música e queria interagir com a gente. Havia uma grande harmonia entre todos no estúdio, uma atmosfera fluida que produzia resultados incríveis. Trabalhamos num horário civilizado, jantamos em restaurantes locais bacanas, provamos vinhos do estado de Washington e nos divertimos muito. Tudo foi muito rápido, mas continua sendo uma das minhas lembranças de gravação mais queridas.

Uma grande vantagem de fazer meu próprio álbum era que eu estava livre de todas as regras e regulamentos do Rush. Podia preencher a sonoridade com vários canais de baixo caso eu quisesse... e foi o que fiz! Na faixa-título, por exemplo, coloquei quatro deles: um direto e bem grave, dois de acordes e outro distorcido numa escala mais aguda para imitar uma guitarra solo. Eu não tinha que me preocupar com a *wall of sound* do Lerxst; eu podia dominar a sonoridade. Por outro lado, quando se tratava de sobrepor instrumentos, o álbum tanto foi uma revelação quanto um pesadelo. Por vezes, exagerei completamente, complicando as coisas para mim mesmo o máximo que podia. Sempre que achava que estávamos perto de terminar uma música, mais ideias irresistíveis surgiam. *Plus ça change...*

Também tive que aceitar que meu estilo de compor e de tocar estão inextricavelmente ligados ao som do Rush, então se eu escrevia algo que parecia o Rush, é porque seria estranho desviar de mim mesmo. A minha voz é a única que o Rush já teve, e eu não podia fugir de mim! Nesse meio-tempo, havia outros caminhos a explorar, por exemplo usar os teclados como uma importante ferramenta de composição sem medo da recriminação de Alex; poderíamos usar sons de guitarra menos distorcidos e menos parecidos com os de Lerxst se quiséssemos; e, como eu não estava preocupado em ter de reproduzir o álbum no palco ao vivo, pude experimentar empilhar várias camadas de vocais. Como resultado, o som do disco é mais exuberante do que o Rush.

Para nos ajudar a finalizar e depois mixar o disco, entramos em contato com David Leonard, que Peter Collins havia elogiado muito.* Ben e eu nos demos incrivelmente bem com ele, e logo nos tornamos três amigos trabalhando longas horas, tanto em Vancouver quanto em Toronto. Eu estava orgulhoso pra caramba do trabalho que fizemos e particularmente impressionado com a mixagem que David fez em "The Angels' Share", que considero uma das melhores músicas que já escrevi. A mixagem final praticamente nos fez chorar. Eu não teria conseguido fazer o disco sem ele e o restante da equipe, e fiquei eufórico por ter encontrado mais um grupo de irmãos. A música é uma arte colaborativa. Sei que existem pessoas que conseguem tocar todos os instrumentos ou ditar exatamente como querem que aconteça e controlar todos os outros, mas encaro isso mais como interconexão, reciprocidade, afinidade e, em última análise, uma expressão de amizade. Há tantos discos solo ruins que revelam o quanto é importante a colaboração e como a grandeza de tantas bandas se deve ao acaso desses músicos se encontrarem e trabalharem juntos.**

O álbum chegou à posição 52 na *Billboard*. Eu queria que tivesse se saído um pouco melhor, mas ainda assim estava orgulhoso. Apesar da experiência comercial de Ben, nunca nos iludimos a ponto de almejar um grande sucesso ou mesmo algum single de expressão. Foi mais do que suficiente para mim e para Ben que tenha sido um projeto tão gratificante e que não tenhamos arruinado nossa amizade no processo – embora tivessem sido necessários alguns meses longe um do outro

* Antes de mim, David tinha trabalhado com Fishbone, John Mellencamp e, mais notoriamente, no estúdio Paisley Park, de Prince, que ele praticamente montou sozinho... e sobreviveu para contar a história.

** Minhas exceções preferidas incluem os álbuns de Thijs van Leer e Jan Akkerman fora do Focus; o disco de David Sylvian depois do Japan; dá ainda para argumentar que o trabalho solo de Peter Gabriel superou seu trabalho junto ao Genesis; e me lembro de gostar de algumas faixas de Mick Ronson em *Slaughter on 10th Avenue* depois que Bowie o demitiu sumariamente do Spiders from Mars.

depois disso. Porque (não sei se já falei isso), dentro do estúdio, sou um pouco... qual é mesmo a palavra?... *Mandão*.

Há mais uma música que gostaria de mencionar antes de voltarmos ao Rush: "Slipping", que escrevi majoritariamente no piano. Embora adore fazer rock, e pesado, há uma parte mais tranquila em mim que deseja simplesmente compor melodias básicas e bonitas. Nunca consegui descobrir como satisfazer ambos os lados igualmente, e o lado mais suave foi deixado de lado na maioria das vezes, mas essa é a música mais vulnerável que já permiti a mim mesmo criar. É tão pessoal que eu nunca teria conseguido fazer isso com minha banda. Esse é um bom exemplo de por que ocasionalmente é necessário aventurar-se só para ver o que você pode revelar sobre si mesmo. De certa forma, fala de minha vida com Nancy. (Eu não poderia dizer isso na época, mas, agora que escrevi sobre minha vida conjugal neste livro, posso falar abertamente.) É um pedido de desculpas pelas minhas falhas como ser humano apaixonado, por como fracassei em compreender, em ter consideração, em tomar uma atitude quando deveria e por toda a dor que causei por estar completamente absorto dentro de mim mesmo.

Não que ela tenha percebido! Na verdade, ninguém da minha família disse uma palavra sobre o disco. Mas sabe de uma coisa? Tudo bem. Não exijo isso deles. Imagino que seja estranho para eles. Também não busquei a aprovação dos meus colegas de banda, mas recebi uma resposta positiva simpática e um bilhete de Neil. Alex não foi muito expressivo, além de dizer que os sons de guitarra não eram do seu agrado. E ninguém sugeriu que o Rush tocasse uma música do meu disco solo (caso nos reuníssemos novamente), assim como ninguém sugeriu uma faixa do disco solo do Alex, *Victor*. Tratamos essas coisas como assuntos pessoais.

Na verdade, tive pouco tempo para refletir sobre *qualquer* coisa com relação a isso, muito menos sofrer com meu habitual período de depressão pós-álbum, em parte porque eu estava cheio de confiança em mim mesmo como compositor independente do Lerxst, mas principalmente porque, finalmente, uma reunião do Rush estava realmente surgindo no horizonte.

CAPÍTULO 24

EM FEVEREIRO DAQUELE ANO, RECEBI outro Prattfax, desta vez de Santa Monica, onde Neil estava morando havia mais ou menos um mês. Ele escreveu:

Fico feliz em dar notícias (muito feliz mesmo). A razão pela qual estou aqui é a mulher da minha vida, Carrie... e preciso dizer que, desta vez, Andrew acertou... Eu estava contando para Leaf [Liam] outro dia que é como se minha vida tivesse passado de um pesadelo para um sonho. E isso é bem legal.

Caralho, legal demais mesmo. Na verdade, o romance deles progrediu tão rapidamente que ele alugou um apartamento em Los Angeles. Isso me surpreendeu, pois jamais imaginei que Neil fosse do tipo que pudesse morar em Los Angeles, mas Deus sabe que, depois de ter sido espancado brutalmente, ele merecia um pouco de amor em sua vida. Ele continuou falando sobre como parou de fumar, passou a frequentar a academia na ACM e recuperou a forma física depois daqueles terríveis dois anos e meio – quando ingeria qualquer bebida ou droga de que precisasse para amortecer a dor –, se tornando a pessoa que agora me dizia: "Estou na melhor forma da minha vida". Isso me deixou impressionado. Neil parecia um homem completamente mudado. Quer dizer, parar de *fumar?* Eu não poderia estar mais feliz por ele. (Na verdade, sabia que isso não duraria. Ele amava demais seus cigarros e logo estaria fumando de novo – um cigarro por hora, quase que no minuto exato, como se um despertador tivesse tocado dentro de sua cabeça.)

Então, veio a verdadeira bomba. Ele queria se reunir com a gente em Toronto (um lugar que evitava por razões óbvias), não apenas porque queria que todos nós conhecêssemos Carrie, mas para discutir sua "busca por emprego e remuneração".

Primeiro, queria conversar sobre os parâmetros de nossa agenda de trabalho. Deixou claro que não queria voltar ao antigo regime, para não se afastar de sua nova namorada por semanas a fio. Ele havia recebido uma segunda chance de ser feliz e não estragaria isso por estar ausente. Em seguida, veio um convite de casamento. Uau! As coisas estavam ficando sérias rapidamente.

FAZER O PRÓXIMO álbum do Rush certamente não seria fácil, já que Alex e eu estávamos lidando com um indivíduo ainda fragilizado. Neil havia provado para si mesmo que podia tocar em alto nível como antes, mas precisava recuperar a força. Havia mais de quatro anos que não ficava imerso num ambiente intenso de composição lírica e precisaria reencontrar a confiança para colocar a caneta no papel novamente, enquanto lidava com uma infinidade de emoções cruas. Basta ouvir "The Stars Look Down" para se ter uma ideia disso. Inspirada no romance de A. J. Cronin de mesmo nome, ela te coloca na garupa da BMW GS de Neil enquanto ele percorre a América do Norte tentando dar sentido à sua vida devastada. É um diálogo entre sua mente e o cosmos, enquanto ele pergunta "que diabos eu fiz para merecer tanta dor?", e as estrelas olham silenciosamente para ele, deixando-o responder à pergunta por si mesmo.

Passamos algumas semanas tomando café e conversando, sem tocar muito, mas nos realinhando um com o outro. No início, a música não era exatamente o que eu chamaria de *vibrante*, e, para ser sincero, bem no meu íntimo, estava preocupado que estivéssemos sem dopamina. Para aliviar a pressão, decidimos apenas tocar por diversão antes de nos dedicarmos a quaisquer músicas reais. Isso nos colocou nos eixos e, em pouco tempo, Neil já tinha escrito *várias* letras.

Montamos uma versão preliminar de "Earthshine", mas, quando ficou claro que a música não estava boa o suficiente, a descartamos e recomeçamos do zero. Ter escrito uma canção tão fraca abalou nossa confiança. Aquelas dúvidas e dificuldades iniciais estabeleceram um estado mental em que até a mais insignificante das boas ideais parecia preciosa para nós a ponto de valer a pena mantê-la nas gravações finais. Durante as longas sessões, isso se mostrou uma maldição, mas apenas o fato de reconhecermos nossos erros de julgamento foi um bom sinal. A mesma coisa aconteceu com a nossa primeira tentativa de "Out of the Cradle". Depois, aos poucos, nos tornamos mais criteriosos e ficamos menos receosos de reescrever algo que parecesse fraco. Pegamos o ritmo, e mais músicas como "The Stars Look Down" começaram a tomar forma rapidamente.

Gostaria de poder dizer como ou por que essas foram as primeiras ideias que tivemos, mas escrevi tantas músicas na minha vida que não consigo lembrar a origem de cada uma delas, e, de qualquer forma, o processo de criação é indescritível. Sempre que uma nova música se forma, desculpe pelo clichê, há certa magia no ar. Se tiver sorte, é claro. Em um mundo perfeito, um riff leva a uma letra que leva a uma melodia que começa a crescer como uma bola de neve. Mas muito pouco de *Vapor Trails* surgiu assim do nada. Muitas vezes, foi um processo de se apegar a uma ideia que parecia ter potencial e trabalhar duro nela, polir implacavelmente até chegarmos a um ponto em que sentíamos que tinha ficado bom. Mas, em seguida, eu dava um tempo e ficava sem ouvir a música por dias, e, muitas vezes, quando voltava ao material com os ouvidos atentos, claramente parecia insatisfatório. Foi por isso que *Vapor Trails* demorou tanto tempo para ser gravado. Havia tanta insegurança e autocensura que foi a sessão mais neurótica de todas as que tivemos na carreira.

Algumas músicas, como "One Little Victory", surgiram de ideias que Alex teve em seu estúdio caseiro, em seu tempo livre. Ele havia criado uma combinação de sons instrumentais maluca com todas aquelas texturas estranhamente maravilhosas, e me lembro de ter pensado: *Como entro nisso? Como atribuímos sentido a isso juntos?* Metodicamente, a desmontei e rearranjei, depois apliquei algumas letras que Neil já havia escrito e que estavam sem destino. Foi uma música que também se beneficiou das habilidades que desenvolvi ao gravar *My Favourite Headache*, especialmente com as melodias vocais. Combinando nossos pontos fortes dessa maneira, criamos uma música triunfante e empolgante para colocar o Rush de volta nos trilhos.

Houve idas e vindas intermináveis e muito trabalho duro, e conversas muito delicadas com Neil em relação às letras que ele havia escrito fazendo referência ao que havia passado. Um dos meus medos na época era que, após tudo o que havia sofrido, suas letras fossem pessoais demais para eu cantar. Às vezes, tinha que incentivá-lo a buscar dar maior universalidade ao texto para permitir, tanto ao ouvinte quanto a mim, nossa própria interpretação e conexão emocional. Se não tivesse uma certa universalidade, eu seria apenas ventríloquo de *sua* dor. Um exemplo perfeito é "Ghost Rider", que era claramente autobiográfica. Fizemos mudanças sutis no ponto de vista, apenas usando "você" em vez de "eu". Deve ter sido difícil para ele engolir, mas, na minha opinião, quase sempre é bom ampliar o escopo de uma música. Há momento e lugar para uma expressão singular e pessoal, mas a capacidade de se identificar é essencial, e acredito que "Sweet Miracle", "The Stars Look Down", "Vapor Trail" e "One Little Victory" se beneficiaram de uma abordagem mais inclusiva.

Eu não mais me sentia disposto a gravar até tarde da noite, então parava por volta das cinco ou seis da tarde e ia para casa jantar com a família, e, é claro, quando Carrie estava na cidade, Pratt fazia o mesmo. Mas com Lerxst era bem diferente. Ele ficava no estúdio, fumava uns baseados e mergulhava nas faixas de guitarra, tocando a noite toda. Na manhã seguinte, eu tinha o imenso prazer de ouvir todas as partes novas e experimentos dele em primeira mão. Isso foi uma grande mudança para nós – especialmente para mim. Tínhamos que confiar um no outro para não estragar uma música quando deixados por conta própria – ou, mais precisamente no meu caso, não me preocupar demais –, porque, se você não está por perto durante a gravação, perde parte do direito de criticá-la depois. Claro, ainda dávamos nossas opiniões, mas estávamos nos dando muito mais liberdade do que jamais havia acontecido. Isso foi especialmente importante para mim. Eu estava deixando de lado a minha compulsão por controlar cada momento das sessões. Fez bem para minha sanidade e também para minha vida familiar. Acho que finalmente tinha me tornado um adulto.

Lerxst parecia totalmente contrário a duas coisas dessa vez: solos de guitarra e teclados. Para não causar problemas (ou, de fato, oscilações), utilizei minha experiência trabalhando em *MFH*, sobrepondo meus vocais para criar os tipos de textura que teria obtido com os sintetizadores. Foi divertido, especialmente em músicas como "Peaceable Kingdom", em que misturei faixas de backing vocals harmônicas e dissonantes. À medida que ficamos mais sérios, no entanto, a maldição à qual aludi há uma ou duas páginas entrou em jogo. Manter tantas gravações desde a fase de composição e de demo se tornou um problema de verdade. No passado, nós as teríamos regravado "pra valer" no estúdio, mas tinha sido um alívio finalmente encontrar nosso ritmo, e tínhamos sentido tanto medo de perder uma parte desse clima, dessa essência ou até mesmo dessa crueza que mantivemos quase *tudo* e, agora, estávamos sofrendo com um caso grave de "demotite". Essa é uma condição da qual ouvi outras bandas reclamarem, mas nunca tinha experimentado pessoalmente: é quando você se apaixona tanto pelas nuances de cada parte que acha impossível descartá-las. Claro, você pode substituir uma faixa por um som melhor, mas fica apavorado com a ideia de que nunca mais conseguirá capturar aquele mesmo momento novamente. A "demotite" ataca sem dó, se infiltra em sua vida!

Ainda assim, persistimos em construir várias músicas dessa forma, reunindo as partes minuciosamente. Esse se tornou nosso método predominante e é por isso que o álbum tem esse som. Não se trata de um plano que eu recomendaria a outra banda. Mas foi só na etapa da mixagem que entendemos que tínhamos criado uma armadilha para nós mesmos. As sessões de mixagem de *Vapor Trails* foram o mais próximo de uma sessão de tortura que já passei. Depois de um ano inteiro trabalhando nas músicas, precisávamos ficar *impressionados* com o resultado... e não ficamos. Tínhamos passado tanto tempo suando para obter cada nota que nos perdemos no processo.

As faixas da fase de demo exigiram uma quantidade excessiva de equalização ou compressão para ficarem no ponto, e tivemos até mesmo que enviar algumas partes de guitarra de volta para um amplificador e regravá-las de lá. Citando novamente os Troggs: "Você tem que jogar um pouco de pó de fada no desgraçado, sabe?". Mas, ao passo que se pode melhorar qualquer som em específico, a acumulação de equalização oferece o risco de adicionar ruído branco e/ou distorção que nem sempre podem ser escondidos na mixagem.

Não importava o tipo de mixagem que nosso pobre produtor Paul Northfield apresentasse, não ficávamos felizes, e logo ele estava arrancando o que restava dos próprios cabelos. Queríamos ouvir a "magia" que sentimos quando escrevemos as músicas em janeiro, e agora já era novembro. Precisávamos de um novo par de ouvidos, então entrei em contato novamente com David Leonard, para ele assumir o controle. Nos instalamos no Metalworks Studio, que o cara conhecia bem porque foi lá que mixamos *My Favourite Headache*. Localizado nas entranhas de um complexo industrial em Mississauga, fica a apenas uma hora de carro de Toronto, mas, como se constatou, era tempo suficiente para Lerxst e eu revisarmos as mixagens da noite anterior e fazermos anotações durante o trajeto. Inúmeras mixagens foram gravadas e depois destruídas ao longo dos três meses fodidos que passamos lá, centenas de CDs foram rotulados genericamente como "Car Mix #3" – "Mix do Carro nº 3" – e coisas assim. *Três meses*. Ouvir essas variações intermináveis era a única coisa que tornava as viagens para os confins de Mississauga suportáveis, mas, ainda assim, naquele ponto, era uma psicomixagem. *Pelamor*, fizemos o disco *2112* inteirinho em quatro semanas.

Quando a última mixagem ficou pronta, em fevereiro de 2002, eu estava francamente atordoado. Toda aquela angústia com tantas opções tinha me esgotado. Mas agora eu tinha que pegar um avião para Nova York, para as sessões de masterização; depois, veio *mais uma rodada* de decisões sonoras minuciosas que exigiam ouvidos muito mais revigorados que os meus, então pedi a David para me acompanhar até a Masterdisk para garantir que eu não arruinasse as primorosas mixagens dele.

Mas aí ele pegou um resfriado. Estava tão congestionado que sentia como se tivesse algodão nos ouvidos. Mal podia ajudar! Encarei as mixagens com Howie Weinberg, o engenheiro chefe da Masterdisk. Ajustamos coisas aqui e ali, mas o cara ficava comparando os níveis de nossas mixagens com outros álbuns que tinha masterizado recentemente, incluindo um do Limp Bizkit, dizendo: "Temos que deixar esse álbum com o volume *alto* para que as músicas não pareçam baixas em comparação com as que vêm antes ou depois quando atingirem as ondas do rádio". Eram os tempos das chamadas "Guerras de Volume".* Com a tecnologia digital, os engenheiros de masterização perceberam que poderiam aumentar impunemente os níveis de saída mais do que nunca. Hum, não era exatamente o caso. Você *pode* masterizar discos num volume alto, mas, em última análise, há um preço sonoro a ser pago. *Sempre* há um limite para o nível de volume que se pode alcançar, mesmo numa gravação digital, e, se você não prestar muita atenção, as respostas transientes e os picos dinâmicos são cortados ou "clipados", o que impede a música de respirar adequadamente. A música fica alta e potente, mas também um tanto rígida; ela perde sutileza e cansa os ouvidos.

Com David doente e tanto Lerxst quanto Pratt longe curtindo suas merecidas férias havia muito atrasadas, eu estava sozinho. Tudo parecia ótimo para mim na Masterdisk, mas era uma falsa impressão. Lembra como mantivemos aquelas performances iniciais e inspiradas das sessões de composição, apesar dos sons nem sempre estarem no ponto? Bem, para ser justo com Howie, o aumento no volume e a compressão começaram a trazer à tona a sutil distorção digital e os artefatos sonoros que estavam presentes desde que aquelas faixas foram gravadas. Agora, estavam de volta para me assombrar.

Todos os dias, eu era pressionado a aprovar e entregar o álbum. Deixei a sala de controle exausto e, no voo de volta a Toronto, me

* *Definitely Maybe*, do Oasis, é largamente creditado como sendo o primeiro CD que superava todas as outras canções das jukeboxes graças ao produtor e engenheiro Owen Morris e sua técnica de *brick wall*. Alguns álbuns conhecidos por desafiar os limites incluem *Death Magnetic*, do Metallica, e *Californication*, do Red Hot Chili Peppers. Hoje, os serviços de streaming deram um fim às práticas competitivas de volume com a Normalização de Áudio. Acredito, a propósito, que as Guerras de Volume ajudaram a levantar o debate sobre o que era superior, digital ou analógico, e acabaram criando outra divergência.

senti confiante de que tinha um conjunto incrível de masters poderosas, mas, quando cheguei em casa e ouvi o álbum novamente em diversos sistemas de som diferentes, pensei que estava enlouquecendo. Comecei a ouvir pequenos defeitos por toda parte. Minha querida esposa me implorou para sairmos logo de férias, então levei meus CDs comigo para St. Croix, nas Ilhas Virgens, decidido a lidar com a situação lá no paraíso.

O que se seguiu foi uma série de telefonemas em pânico indo e vindo da Masterdisk, não importava o horário:

"Pessoal, ouço um pouco de distorção no trigésimo segundo da 'One Little Victory'. Vocês podem baixar um pouco?"

"Ok, Ged, mas não tenho certeza se ouvimos isso também. Vou te enviar a nova versão. Baixo um dB ou meio dB?"

"Bem, *eu* estou ouvindo. Tente baixar meio."

"Ok, ok. Que tal eu diminuir um dB nos primeiros trinta segundos e editar isso na master? A distorção vai sumir e ainda terá a potência do resto da faixa?"

"Ok, sim. Mas também..."

Isso continuou por dias, com cada uma das minhas terminações nervosas eriçadas na superfície da minha pele. Havia uma sobrecarga no sistema, e eu estava uma bagunça. Precisava urgentemente mergulhar a cabeça no oceano que estava bem diante da minha porta. Finalmente, deixei a água do mar me banhar e relaxei um pouco. Mas, quando cheguei em casa, não conseguia *mais* ouvir o disco. Levaria um tempão até que eu pudesse fazer isso. Eu o evitava a todo instante. Para mim, não era mais música, era apenas uma conexão bruta com o meu sistema nervoso. Mas eu não podia fazer mais nada, porque o álbum já havia ido para a fase final.

A pior parte foi não conseguir apreciar o que *tínhamos* conquistado. A gente se reuniu, trouxe Neil de volta à banda tocando tão bem quanto sempre, passamos quatorze meses escrevendo e gravando um álbum complexo, emotivo e intrigante, e agora estávamos planejando nossa primeira turnê desde 1997. Eram ótimas músicas, havia muito o que comemorar, mas eu não estava no clima para festejar.

SE VOCÊ TIVESSE ME PERGUNTADO dois anos antes, enquanto eu estava compondo *My Favourite Headache*, se o Rush faria outra turnê novamente, eu teria dito: "Pouco provável". No fundo do meu coração, eu não conseguia aceitar que a banda tinha acabado, mas não tinha motivo para imaginar que Neil reacenderia sua chama. Mas cá estávamos nós! A turnê de retorno do Rush começaria em Hartford, Connecticut, em 28 de junho de 2002, e iria até novembro, com 66 shows, portanto definitivamente não estávamos encarando as coisas de forma descompromissada, mas, ainda assim, não tínhamos certeza se seria a primeira de muitas turnês ou uma espécie de grande despedida. Foi ótimo ver Neil animado novamente, mas não havia nada garantido. Ainda se percebia certo pesar em sua atitude (aniversários seriam sempre um momento sombrio para ele), mas ele estava animado com seu novo casamento e o bem-vindo retorno à banda. E, como se pode imaginar, estando juntos na estrada novamente durante tanto tempo, só trouxemos do passado as idiotices, as coisas engraçadas, as piadas internas bobas que se tornaram parte de nossa própria mitologia. Nunca as coisas tristes, nem uma única vez.

Os primeiros ensaios sempre são complicados, mas, desta vez – talvez inevitavelmente, já que não tocávamos juntos havia cinco anos –, estávamos *péssimos*, parecíamos uma banda cover do Rush bem bosta. Depois de alguns dias, no entanto, fomos melhorando até finalmente entrar no ritmo, e, à medida que desenferrujávamos, fomos tomados pelo otimismo, totalmente conscientes da segunda chance que nos foi dada.

Em retrospecto, também foi o início do que eu chamo de nosso próprio "Método Costanza", em alusão ao episódio "O Oposto", de

Seinfeld, no qual George reclama que tudo que ele faz na vida dá errado, e Jerry diz: "Se toda intuição que você tem está errada, então o oposto deve dar certo". Não acreditávamos que *tudo* que tínhamos feito estava errado, mas tínhamos desenvolvido uma certa visão estreita. Por exemplo, sempre recusamos pedidos para tocar ao vivo na televisão porque achávamos que bandas de rock pareciam bobas na TV, mas o que acontece quando você diz não mais vezes do que sim é que sua equipe começa a dizer não em seu nome sem se preocupar em discutir o assunto com você. Você sempre deve se reservar o direito de dizer não apenas quando tiver pleno conhecimento da situação, até porque pode acabar se surpreendendo com o convite. Assim, com o Rush 2.0, em vez de rejeitar as oportunidades de imediato, resolvemos arriscar um pouco. Na verdade, nossa primeira Decisão Costanza foi parar de limitar nossas turnês aos EUA e ao Canadá, e finalmente ir para o México e para o Brasil. Estávamos abraçando a mudança sem medo de cometer novos erros!

Outra mudança que fiz foi no meu equipamento. A essa altura, os monitores auriculares ergonômicos, os dispositivos SSD e os pré-amplificadores que eu estava usando para buscar um timbre melhor tornaram os amplificadores empilhados no palco meio desnecessários (mesmo que *parecessem* bacanas). Durante os ensaios para o álbum *Test For Echo*, em 1996, ficou claro que a redução do meu equipamento havia criado um desequilíbrio em comparação com o equipamento de palco de Alex, à minha direita, e pensei *por que não tirar sarro disso?* Pedi à equipe para encontrar alguns eletrodomésticos e logo os seguintes itens surgiram à esquerda do palco: um conjunto de mixers Commodore Deluxe, um liquidificador Osterizer Deluxe de duas velocidades, um espremedor de suco Proctor-Silex Deluxe Juiceit, um moedor de carne manual Beatrice Deluxe #2 e uma torradeira automática Morphy Richards Deluxe. Uma prateleira foi construída para comportar todas essas coisas, mas ainda havia um espaço vazio estranho entre meu amplificador de baixo e a bateria de Neil... que, naturalmente, preenchi com uma geladeira

(ACIMA) *Na SARSfest, em Toronto, com minhas secadoras.* (ABAIXO) *Em turnê no Brasil, com o técnico de bateria de Neil, Gump, se escondendo atrás delas.*

Frigidaire Deluxe. Aquela geladeira recebia uma crescente coleção de ímãs que Pratt adquiria em suas viagens de moto entre os shows, e Herns instalou uma lâmpada superpotente dentro dela para que, durante o show, eu pudesse abrir a porta para pegar uma bebida e essa luz sobrenatural, igual à da maleta em *Pulp Fiction: Tempo de Violência*, chegasse até o fundo da arena.

Quando começamos os ensaios para a turnê *Vapor Trails*, em 2002, eu tinha decidido eliminar *completamente* os amplificadores de baixo do palco; tudo que eu precisava era um rack ao lado do meu técnico, Russ, na lateral do palco, e um pequeno amplificador com microfone sob ele. O técnico de bateria de Neil precisava se esconder atrás de alguma coisa, então a equipe e eu tivemos algumas ideias, passando do conceito da cozinha para uma lavanderia, e bingo! Em uma loja de eletrodomésticos usados nos arredores de Toronto, Liam encontrou três secadoras Maytag, que funcionavam com moedas. Removemos os elementos de aquecimento e instalamos luzes brilhantes por dentro para realçar o movimento. Noite após noite, sentia imenso prazer ao ver os sorrisos nos rostos de alguns fãs e as expressões de total confusão em outros, como se pensassem: "Não estou entendendo. Que *brincadeira* é essa?". Sério, nunca recebi tantas perguntas na vida quanto recebi a respeito dessas porras de secadoras.

A palhaçada com meu equipamento era apenas um aspecto do clima mais solto no palco. Tudo começou com Lerxst na turnê *Test For Echo* e uns monstrinhos de plástico – Godzilla e um bando de dinossauros que ficavam em cima dos amplificadores; depois, a equipe montou um harém de bonecas Barbie como se fossem fãs dele, segurando pequenos cartazes com frases de amor e de admiração na frente de seus pedais. Depois, por alguma razão, entramos fortemente na fase dos piratas: Neil usava um tapa-olho, enquanto meu técnico de baixo passou a prender com fita adesiva um papagaio de pelúcia na alça do meu baixo para que ele ficasse em pé no meu ombro. No final de "The Temples of Syrinx", eu cantava o último verso com minha melhor imitação de voz de Barba Negra: "Arrr, matey, we are the *pirates* of the Temples of Syrinx" – "Ah, camarada, somos os *piratas* dos Templos de Syrinx". Imagino que alguns de nossos fãs mais sérios de rock progressivo acharam que tínhamos ido longe demais, mas não havia *como* voltar atrás. Em seguida, a comédia do absurdo começou a fazer parte do material do telão do fundo do palco. Ben Mink criou um vídeo de introdução para nós, replicando o tema do programa de TV *Os Três Patetas*, ao qual todos nós assistíamos religiosamente quando éramos crianças, com Curly, Larry e Moe editados como eu, Pratt e Lerxst. Sabíamos que muitos de nossos fãs – os mais jovens, pelo menos – não entenderiam a piada, mas nunca nos importamos. Pensamos nesses personagens como representantes de nossos eu interiores: tumultuados, rudes e bobos, três garotos atrevidos, três idiotas, assim como nós. Eles eram nosso totem, nossa referência. Tinham sido cinco anos intensos, mas aqui estávamos nós, Os Três Patetas, de volta à estrada, porra!

E FOI ASSIM QUE, de repente, chegamos à noite de estreia. Enquanto eu me preparava para aquele primeiro espetáculo em Hartford, não podia esquecer o quanto aquele momento era um verdadeiro milagre. Neil havia chegado até os limites do desespero, mas, de alguma forma, havia encontrado o caminho de volta para fazer o que nasceu para fazer. Conforme avançávamos novamente em direção à luz, por trás da minha calma aparente, as emoções borbulhavam sem controle – e, quando olhei para os rostos dos meus parceiros, vi que não estava sozinho. Saindo do camarim em direção ao palco, podíamos sentir o quanto a atmosfera no local parecia elétrica. Todos estávamos tentando controlar os nervos, ninguém mais do que o grandalhão de baquetas nas mãos, que parecia visivelmente agitado enquanto esperava para começar. Cada um de nós estava perdido no momento à sua maneira, mas é claro que a colina dele tinha sido de longe a mais difícil de escalar. Então, de repente, os acordes de "Three Blind Mice" foram diminuindo e era hora de subir ao palco. O rugido da multidão realmente me surpreendeu. Eu quase havia esquecido como era receber qualquer tipo de aplauso, mas aquela recepção foi absolutamente um estrondo. Começamos com "Tom Sawyer" e, à medida que nossos nervos se acalmavam, Alex e eu nos reunimos no centro do palco para dar uma checada no nosso amigo – foi nosso primeiro encontro perto da bateria durante uma música em longos cinco anos – e nos pegamos ambos sorrindo de orelha a orelha, emocionados, não apenas por sermos uma irmandade novamente, mas também por saber que nossos fãs não haviam esquecido a gente. Na época, eu tinha 49 anos e nenhum problema físico sério; Neil e eu mantivemos uma rotina de academia e estávamos em boa forma física; Alex continuava sendo Alex; éramos homens de meia-idade retornando a um show com que muitos adolescentes só poderiam sonhar, e, ainda assim, nunca parecia trabalho. Havia dias em que resmungávamos e reclamávamos diante da perspectiva de três horas de esforços vocais e dedos destruídos, mas, ao final de cada apresentação, sabíamos que tínhamos feito algo de bom para muitas pessoas e as mandávamos para casa felizes. Essa era a vida que havíamos escolhido, e eu me sentia muito grato por isso.

A TURNÊ PROSSEGUIU, triunfante, cruzando o país, revisitando antigos lugares e amigos com os quais havíamos perdido contato, encorajando-os a fazer uma participação especial no palco e tirar roupas das secadoras. Uma participação especialmente notável aconteceu em 2004, quando tocamos em Irvine, Califórnia, e Jack Black subiu ao palco no meio de "2112" vestindo apenas uma cueca, jogou suas roupas na secadora e posou em cima de uma delas como o Starman; depois, pulou de lá, deslizou até mim de joelhos tocando *air guitar*, se levantou e desapareceu. O que ele talvez não tenha percebido naquela hora foi que sua cueca havia escorregado um pouco, imortalizando o momento como "O Cofrinho de Jack Black".

Aquelas secadoras geraram grande burburinho nos bastidores do maior show de nossa carreira. O show beneficente da SARS, em 30 de julho de 2003, também conhecido como Toronto Rocks, foi um evento de arrecadação de fundos para os profissionais de saúde da linha de frente e de hospitais canadenses, bem como para a indústria do turismo, que tanto sofreram com as restrições globais durante *aquela* pandemia. Na época, estávamos de férias após a turnê *Vapor Trails*, mas concordamos imediatamente em participar, mesmo antes de saber da lista de artistas: Rolling Stones, AC/DC, Isley Brothers, Blue Rodeo, The Guess Who, Sass Jordan, Justin Timberlake e muitos outros.

No dia do evento, nos encontramos na Union Station, no centro de Toronto, e fomos levados diretamente aos bastidores de trem. Lembro que desembarquei e vi apenas uma pequena parte do público, sem ter ideia de quantas pessoas apareceriam; os organizadores esperavam talvez cinquenta mil ou cem mil, mas acabaria chegando a quase meio milhão de pessoas.

Enquanto esperávamos nossa deixa para entrar, ficamos posicionados à direita do palco; foi quando um senhor idoso subiu e pediu para conhecer Neil. Como eu já disse, Pratt sofria de crises de medo de palco e, como aquela era a maior multidão para a qual já tínhamos tocado, ele estava imerso na sua tensa zona pré-show; portanto, quando esse senhor de cabelos brancos se aproximou, pude vê-lo virar com uma expressão séria, como se dissesse: "Não vê que estou *ocupado?*". Foi só quando o homem passou por mim que o reconheci. Fiz um gesto para Neil, captei seu olhar, apontei e movi os lábios, "Char-lie *Watts!*". Os olhos de Neil se arregalaram e um sorriso se abriu em seu rosto. Ele imediatamente tirou o monitor de ouvido e apertou a mão do lendário baterista. Pratt, é claro, era um grande fã de Charlie, especialmente

Participações especiais do Blue Man Group e de Jack Black.

do seu trabalho com jazz, e claramente o respeito era mútuo, então foi ótimo que eles pudessem compartilhar alguns momentos antes de subirmos ao palco – e, mesmo quando Charlie disse "vou ficar te *assistindo*", Neil pareceu (quase) tranquilo... Que sensação incrível!

Em seguida, entramos no palco e, meu Deus, que visão: havia pessoas até onde a vista alcançava – o próprio horizonte parecia estar se mexendo. É uma sensação incrível tocar para uma multidão assim. Tentei descrever isso muitas vezes, mas talvez nunca tenha sido bem-sucedido, então vou tentar novamente: antes de subir ao palco, você tem o conhecimento e a confiança de meses de ensaios e de apresentações. Você conhece o material em todos os aspectos possíveis. Ainda assim, por mais que tenha feito o aquecimento no camarim, o objetivo na primeira música é sempre se livrar das teias de aranha – principalmente se você está cantando –, mesmo que lá em cima eu pareça um tocador de realejo, ainda que sem a caneca de lata, mais do que tudo, o foco está em cantar no tom certo. Numa noite boa, assim que me concentro, entro num tipo de estado onírico. Fico maravilhado, mas não posso ficar ali parado, boquiaberto; há trabalho a fazer, e minha mente meio que alça voo. Esse tipo de consciência sempre me fascinou: quando se sente conectado a cada pequena coisa que está acontecendo ao redor, mas, em certo sentido, não se está lá realmente. As funções motoras do cérebro estão a todo vapor, os dedos estão voando para cima e para baixo na escala do instrumento, mas os pensamentos estão em outro lugar. Você pode estar pensando no que vem *depois* da música que está tocando, ou se preocupando com as pessoas que a equipe de segurança está empurrando lá embaixo, ou pensando *nossa, tem uma garota bem bonita na terceira fila! Ela deve estar achando que os Stones logo vão entrar no palco*... e ainda assim, de alguma forma, você chega até o final do show. Nesse ponto, estou vivendo a música, ela se torna uma extensão de mim. Meus dedos estão conectados diretamente ao cérebro, e o coração é impulsionado pela multidão. Estou suando,

(ACIMA) *Toda vez que vejo essa foto das marcações do SARSfest, de 2003, em Toronto, tenho que rir: "Stones – Rack de Keith; AC/DC – Suportes de Guitarra; Rush – Secadoras".* (ABAIXO) *Esta foto foi tirada pelo segurança de Neil e companheiro de viagens de motocicleta, Michael Mosbach. Fico muito feliz que ele tenha feito o registro!*

hiperconsciente, entregue ao momento. Estou ciente não apenas dos meus companheiros, mas de cada alma no recinto. Tenho uma visão periférica psíquica que me faz sentir conectado a tudo. E, quando nós três estamos nesse mesmo estado, não há sensação igual. O que mais sinto falta é da sincronicidade dessa parceria – tanto das habilidades quanto do impulso emocional. Nunca tive experiência mais gratificante na face da Terra, com a possível exceção de... Ok, ei, espere um segundo. Acalme-se, por favor. Se você achou que eu iria dizer algo estúpido como "um orgasmo", bem, não. Eu iria dizer "uma taça de Musigny 1978".

EM OUTUBRO DE 2002, cruzamos a fronteira para a Cidade do México para o nosso primeiro show lá. Eu mal podia esperar para ser um turista, incógnito, mas não foi tão simples assim. Não estava preparado para a segurança que a produção costumava fornecer a artistas visitantes; o produtor me disse que o sequestro de estrangeiros de alto perfil era quase um negócio legítimo no país. Caramba! Não vi nada fora do comum no aeroporto ou ao chegar no Four Seasons; portanto, quando chegamos, disse aos meus colegas do escritório, Pegi e Shelley, que, assim que pudesse largar minhas malas, queria um carro para me levar à praça principal, a Plaza de la Constitución, para dar o primeiro passeio. Entramos em um SUV e fomos para o centro da cidade, quando notei que éramos parte de um comboio de *três* veículos. Então, na histórica Zócalo (como os mexicanos chamam), percebi um grupo de homens grandes em ternos pretos volumosos me escoltando a cerca de seis metros de distância, de ambos os lados. "Peg", chamei-a, "esses caras são *para mim*?"

"Sim, Ged", ela assentiu. "E eles estão armados."

Todas as principais bandas de rock que já fizeram turnê haviam tocado no México – exceto nós. Mais um exemplo da visão estreita do

Rush. Já havíamos sido convidados para tocar na América Central e na América do Sul antes – por exemplo, no Rock in Rio, o maior festival de música pop do mundo –, mas ou o momento não era certo ou não era prioridade para nosso empresário. Agora, quando vimos a enormidade dos estádios onde iríamos tocar, nos perguntamos por que não sabíamos a imensa quantidade de fãs que tínhamos naqueles lugares. Por que demoramos tanto para ir lá?* Por mais que eu não goste de apontar o dedo, especialmente tantos anos depois, só posso culpar a SRO. Ou não fizeram uma pesquisa adequada ou não nos informaram. Para ser justo, já havia muito tempo que limitávamos as turnês internacionais pelo bem de nossas famílias; mesmo antes das tragédias, Neil queria passar mais tempo com a família, a ponto de não querer tocar no verão nem na temporada de esqui, então Ray se concentrava em destinos mais próximos e menos dispendiosos.

Fomos avisados antecipadamente que "Closer to the Heart" era uma das favoritas dos fãs na América Latina, então, depois de ficar um tempo sem tocá-la – sendo que havíamos tocado essa música durante vinte e cinco anos em todas as turnês –, a trouxemos novamente ao repertório. Mas não estávamos preparados para a reação. Os fãs que esperaram para nos ver durante todo esse tempo curtiram com vontade. Eles conheciam muito bem nossa música e fizeram festa com pelo menos tanta paixão quanto nossas plateias no Texas haviam feito do outro lado da fronteira. Jovens e velhos, todos dançavam, empolgados de uma maneira que eu nunca tinha visto antes.

Em São Paulo, Brasil, eu estava igualmente despreparado para o tamanho da multidão de fãs aos prantos que faziam filas para nos ver.

* Uma explicação para o nosso sucesso "secreto" no Brasil (e no Chile) é a imensa indústria de discos pirateados e de bootlegs; nossas vendas reais superavam enormemente o que a gravadora contabilizava. Mas esse deve ser o caso de quase todos os artistas internacionais mais importantes. A coisa mais engraçada, contudo, é que *Profissão: Perigo* usava trechos de "Tom Sawyer" como tema de abertura; o programa era tão popular no Brasil que impulsionou as vendas de *Moving Pictures* e do restante do nosso catálogo. Obrigado, MacGyver!

Posamos para fotos, demos alguns autógrafos e depois nos reunimos no bar do hotel para consumir quantidades pouco sábias do coquetel nacional doce e altamente alcoólico do Brasil, a caipirinha. Lerxst liderou o ataque, é claro, consumindo doze delas e ficando lá, completamente embriagado, até muito depois de todos nós termos nos retirado. Vai fundo, Big Al! Ou devo dizer: "Vai *dormir*, Big Al!".

Na coletiva de imprensa, no dia seguinte, ficamos impressionados.

Paparazzi? Para *nós?* Iguaizinhos a verdadeiros popstars, Alex e eu ficamos ali, em meio a um bombardeio de flashes e, então, como bons e educados rapazes canadenses, respondemos a tantas perguntas quanto possível de um grupo de repórteres que, pelo número de autógrafos que nos pediram, eram também fãs apaixonados do Rush. Inevitavelmente, a primeira pergunta foi "Onde está Neil?" – o que sempre era difícil de responder, mas particularmente delicado pelas tragédias recentes. Lerxst e eu explicamos de maneira sucinta e atenciosa que ele simplesmente não conseguia lidar com isso. Depois, fizemos um passeio pela cidade, acompanhados por seguranças que nunca saíam de perto (embora esses fossem um pouco mais discretos do que os do México). Descobrimos que o negócio de sequestro de pessoas de certa relevância também estava crescendo no país.

No dia seguinte, pegamos um voo para Porto Alegre para o nosso primeiro show. O avião foi sacudido por um clima extremamente úmido e ventoso, deixando vários membros de nossa equipe bastante nervosos. Desde que Buddy Holly e sua banda caíram com aquele Beechcraft Bonanza, em 1959, todas as bandas de rock que voam em um avião pequeno têm motivos para ter medo, mas, por algum motivo, eu nunca fico nervoso. Podemos ser jogados de cabeça para baixo e virados do avesso, e eu nunca fico tenso, nem Alex. No entanto, aquela foi uma experiência de arrepiar até para nós, assim como teria sido para Neil. (*Ele* sabiamente optou por ir de moto, tendo trazido sua motocicleta para a América do Sul, o que deixou Ray apavorado, com medo de que o Neil fosse interceptado por bandidos.)* E então, quando chegamos, recebemos a notícia de que nosso equipamento estava encharcado, a mesa de som tinha entrado em curto e nosso técnico de som, Brad, teria que nos providenciar um mix meio que de improviso da lateral do palco.

Enquanto isso, mais de 30 mil fãs entusiasmados de todo o país esperavam quase o dia inteiro destemidamente do lado de fora do estádio debaixo de chuva e, depois, esperavam ainda mais algumas horas lá dentro, se entretendo com cânticos de torcida, tremulando bandeiras e cantando músicas do Rush *a capella*. Do backstage, eu achava que podia ouvi-los cantando "Hush! Hush! Hush! Hush!" – que quer dizer "Silêncio! Silêncio! Silêncio! Silêncio!" em inglês –, até que me explicaram que no português do Brasil a letra "R" é pronunciada como o som do "H" em inglês. Ah-*hah*, entendi!

Ficamos impressionados com as diferentes gerações que vieram celebrar nossa música conosco e ainda mais surpresos com o grande contingente de mulheres roqueiras – uma novidade para nós! É preciso dizer que, naquele momento, mesmo na América do Norte, várias gerações de fãs estavam vindo nos ver – pais, filhas, filhos e crianças pequenas (já estávamos na estrada havia muito tempo) –, mas eu *não* esperava isso no Brasil. Ver todas aquelas famílias mostrou como éramos populares por lá havia um bom tempo, e fiquei impressionado. A plateia inteira parecia conhecer cada riff e cada verso, dançando do começo ao fim (como se dança em 7/4?), pulando para cima e para baixo como se estivesse em um trampolim do tamanho do estádio e erguendo os punhos no ar. Eles não só conheciam as músicas de cor, cantando junto com as mudanças de ritmo e compasso de "YYZ", mas também adicionavam à música o que pareciam ser partes novas. Isso aconteceu em todos os

* Uma opinião exclusiva minha, mas acho que um dos motivos pelos quais nunca tínhamos tocado na América do Sul antes é que Ray estava projetando em nós o medo que tinha de lugares estrangeiros.

shows que fizemos lá, tão sincronizados como se tivessem ensaiado juntos antes de chegarmos. Com o tempo, entendemos que isso era resultado da cultura do futebol: uma versão roqueira de um canto de torcida adaptado à nossa música.

A chuva deu uma trégua por um dia, mas voltou com *timing* perfeito para o show em São Paulo. Depois de muitos atrasos, começamos às 22h, mas o show foi ameaçado durante toda a noite, com pouca proteção contra as rajadas de vento que encharcavam o palco e respingavam nos equipamentos eletrônicos, me dando choques ocasionais pelo microfone e fazendo a bateria eletrônica de Neil enlouquecer. Ele improvisou em torno dos sons distorcidos que seus pads estavam emitindo até que o sistema simplesmente colapsou. Enquanto isso, eu nunca tinha visto uma plateia daquele tipo na minha vida, quase 60 mil brasileiros nos implorando para tocar suas músicas favoritas, dançando e (sem exagero) chorando de alegria. Tocamos da melhor forma que pudemos, impulsionados por seu espírito resiliente e inabalável, mas, enquanto dançávamos pelo palco, fazendo poses como fazem os roqueiros, estávamos seriamente cientes do perigo de eletrocussão. Era traiçoeiro. Quer dizer, realmente poderíamos ter escorregado ou levado um choque fatal.

Mas o verdadeiro teste ainda estava por vir. É raro que bandas com shows do tamanho dos nossos toquem em São Paulo e no Rio de Janeiro em sequência, porque a viagem de 425 quilômetros é simplesmente longa demais para um comboio de caminhões conseguir fazer num único dia e ter tempo suficiente para montar tudo, mas, graças a outro erro de gestão/produção, era exatamente essa nossa programação. No momento em que nossa equipe exausta saiu dos ônibus brasileiros sacolejantes, já estava seis horas atrasada, mas sendo os profissionais que eram, se ajudaram da maneira que puderam para montar o show a tempo – mesmo depois de descobrir que grande parte do equipamento ainda estava molhado da noite anterior, especialmente o carpete do palco, e que a rede elétrica tinha problemas de aterramento e de isolamento. No meio da tarde, o cabo principal arqueou e rompeu a conexão, cortando a energia do sistema de som. Preocupado com nossa segurança, nosso gerente de produção não nos deixou tocar uma nota até que tudo fosse resolvido. Com multidões de pessoas reunidas impacientemente do lado de fora, ficamos sem tempo para a passagem de som, e a equipe de filmagem que nos acompanhou à América do Sul também não pôde fazer um teste. Teríamos que entrar frios e esperar pelo melhor.

Felizmente, foi uma daquelas noites em que a banda estava totalmente em sintonia. A parte eletrônica do kit de Neil estava de volta ao normal, a plateia de mais de 40 mil pessoas estava com o coro afinado, nos proporcionando uma gravação da qual todos poderíamos nos orgulhar. O estádio era como um caldeirão fumegante cheio de macarrão se contorcendo na fervura do fogo alimentado pela banda! Foi um milagre realmente, porque, assim que o show terminou, começou a chover novamente bem em cima de nossa pobre e cansada equipe, enquanto eles carregavam o equipamento; o carpete ficou tão encharcado que tiveram que deixá-lo para trás,* e, no processo, meu excelente técnico de monitor, Brent Carpenter, escorregou da rampa de um dos caminhões e deslocou o ombro. Eles trabalharam a noite toda, depois seguiram para o aeroporto e descarregaram tudo de novo em paletes a serem enviados ao Canadá. De volta ao hotel, mais tarde naquela noite, me juntei a eles no bar da piscina e os agradeci por trabalharem *mais de quarenta horas seguidas*. Depois do cronograma brutal que haviam enfrentado, eram um grupo exausto esperando o voo para casa. Não houve festa de final de turnê como de costume, mal tínhamos tempo para um tapinha nas costas, porque nosso empresário e nosso contador sovina estavam preocupados em perder dinheiro na turnê sul-americana depois de enviar

* Depois, foi cortado e vendido no eBay, provavelmente por alguém da produção local.

nosso equipamento por via aérea, mas eu queria pagar ao menos uma bebida para a equipe. Conforme a chuva se dissipava no calor tropical, bebemos e nos abraçamos ao nos despedirmos, e fiquei emocionado com a ideia de que não teria havido show (e, portanto, nenhuma gravação) sem aqueles caras – simples assim. Heróis, todos eles.

Algumas horas antes, depois que Alex, Neil e eu saímos correndo do palco para a van que nos aguardava com nossas esposas, nos acomodamos nos assentos, suados, com toalhas em volta do pescoço e copos nas mãos enquanto atravessávamos as ruas movimentadas do Rio. Neil olhou para os semáforos e para as luzes de neon acima das casas noturnas, que piscavam pelas janelas molhadas da chuva, e disse: "Bem, acho que agora podemos dizer que somos realmente uma banda internacional. Saúde!". E, naquele exato momento, percebi que, finalmente, ele estava de volta, pronto para enfrentar seja lá o que a próxima fase do Rush reservasse. Mais do que qualquer outra coisa, isso, *sim*, era motivo para comemorar.

CAPÍTULO 25

DEPOIS DE DESGASTANTES 14 MESES criando *Vapor Trails*, mais a frenética turnê que se seguiu, eu não tinha pressa de sequer pensar em outro álbum. Mas então, Ray, que nunca perdia uma oportunidade, observou que nosso trigésimo aniversário estava se aproximando rapidamente (trinta anos, quem diria?!) e que era imperativa uma turnê para comemorar a data e que não poderíamos voltar à estrada sem algo novo.

Na verdade, a perspectiva de apresentar a primeira retrospectiva de nossa longa carreira era atraente, repleta de possibilidades, e ele estava certo: parecia fácil demais e pura exploração fazer só uma turnê – não era assim que trabalhávamos. Mas mesmo que pudéssemos deixar para trás as lembranças das sessões de *Vapor Trails*, seria possível compor e gravar material novo a tempo? Foi então que meu camarada Jason Sniderman sugeriu o seguinte: em vez de escrever músicas novas, poderíamos regravar algumas das canções favoritas de nossos anos formativos – uma homenagem às bandas e artistas que nos fizeram querer ser músicos em primeiro lugar, como The Who, Buffalo Springfield, Procol Harum, Blue Cheer, Love, Cream... *Humm*... Rush como banda cover? Era uma ideia bem legal. Uma nova gravação, mas, em vez de um projeto *mental* pesado, apenas um lançamento rápido e alegre. Não haveria a angústia habitual de nos preocuparmos se as músicas eram boas o suficiente, porque elas já teriam sobrevivido ao teste do tempo. Nós as gravaríamos em poucos dias e elas se encaixariam perfeitamente no tema da retrospectiva. Tudo o que tínhamos que fazer era tocá-las com empenho!

Todos ficaram animados. Completamente oposto aos 14 meses extenuantes que passamos trabalhando minuciosamente cada minuto de *Vapor Trails,* "confinados" em nossos computadores, gravamos as faixas para *Feedback** nós três, juntos no estúdio, a toda velocidade, fazendo poucos ajustes na guitarra e no baixo na sala de controle e *bum*: o EP foi finalizado em pouco mais de um mês. Igualzinho aos velhos tempos! Agora, tínhamos algo para montar um show que seria diferente de tudo o que tínhamos feito antes.

Além do virtuosismo e das composições complexas, uma coisa importante que nossas bandas favoritas do Reino Unido tinham em comum era um toque teatral: Jethro Tull, Pink Floyd, Genesis e Yes, em particular, sabiam como hipnotizar com um visual grandioso, cenas surreais, conceitos elevados, apresentações engraçadas e dramáticas. Elas foram nossa inspiração. Vi o Tull tocar no Maple Leaf Gardens, em Toronto, em 4 de junho de 1972. Oscar e eu ouvimos juntos *Thick*

---

* Neil sugeriu o título em parte porque o som do *feedback* (microfonia) era uma marca daquela época; a maldição do rock n' roll ao vivo, uma irritação constante que roubou minha audição na frequência de 2.8k. Mas Feedback também representava o que estávamos tentando fazer: prestar uma homenagem, retroalimentar a música que ajudou a nos tornarmos quem éramos.

as a Brick inúmeras vezes, saboreando cada trechinho da música até memorizar por completo, mas o show abriu uma dimensão completamente nova para nós. Começou com as luzes da casa ainda acesas e uma equipe de limpeza varrendo o palco. Um por um, eles despiram suas roupas de trabalho e pegaram um instrumento; eram, na verdade, os integrantes da banda, que, em seguida, mandaram ver uma versão aprimorada de uma hora do álbum, interpolando (para usar uma palavra que se via muitas vezes nas capas de LPs de rock progressivo da época) trechos de outras músicas e parando de repente para que, por exemplo, Ian Anderson atendesse um telefone, ou o baixista, Jeffrey Hammond-Hammond, apresentasse uma falsa previsão do tempo ou um boletim de notícias. Em certo ponto, um homem vestido com roupa de mergulho atravessou o palco; em outro, as luzes se apagaram por um momento, voltando a acender para revelar uma tenda beduína da qual emergiu o guitarrista, Martin Barre, para fazer um solo de guitarra empolgante. Foi o mais próximo possível de rock n' roll combinado com *Monty Python*, a primeira vez que vi tal mistura de habilidade musical, composição complexa repleta de assinaturas de tempo estranhas e uma saudável dose de bom humor. Um nível tão alto era uma inspiração para qualquer músico jovem e ambicioso, ao mesmo tempo que lembrava meu eu de 19 anos de idade a levar minha música a sério, mas não *me* levar tão a sério.

Muito antes de *Feedback* e da turnê *R30*, nossos shows já incluíam vídeos curtos, sequências de animação e arte geradas por computador, mas agora estávamos avançando para outro nível. Pratt teve a ideia de um prelúdio, uma sequência de fotos e clipes de filmes acompanhados por trechos musicais que acompanhariam o curso de nossa carreira. Conversamos a respeito de um curto vídeo de introdução que apresentava personagens e logotipos das capas dos nossos álbuns ganhando vida, passando o bastão uns para os outros em uma sequência de viagem no tempo e terminando com uma cena *live action* de um de nossos fãs mais antigos (interpretado por Jerry Stiller, o pai de George Costanza em *Seinfeld*) acordando abruptamente de um sonho com o Rush, com medo de que tivesse perdido o show.

Como qualquer um que me conhece pode atestar, não sou um cara muito preocupado com preço, e minhas Grandes Ideias ultrapassavam o orçamento com certa regularidade: depois de ver como os fãs na turnê *Signals* adoraram a aparição de Joe Flaherty no palco como o extremamente inofensivo Conde Floyd, do *Monster Chiller Horror Theater*, da SCTV, entendemos que um toque de humor dava certa leveza a um show de prog rock pesado e valia a pena gastar dinheiro com isso: por isso, os coelhos dando tiros na turnê *Presto* (animação estilo Disney não é barata) e os dragões carnavalescos cuspindo fogo e bebendo coquetéis no *Rush in Rio* (esses foram *bem caros*). O pobre Herns teve que fazer sua parte com o que sobrou de dinheiro da minha extravagância, e como seus projetos iniciais também incluiriam a lua e os foguetes necessários para nos levar até lá, foi o pior dos dilemas escolher o que cortar. A cada turnê, lutávamos para financiar nossos sonhos em tecnicolor – como as telas e cortinas robóticas giratórias que ele criaria mais tarde para a turnê *Clockwork Angels*. Eu adorava todas essas discussões – coisa de Broadway de verdade! A cada turnê, tínhamos que escolher entre telas e cortinas, explosões e lasers e outros, sempre querendo mais, o que significava um sistema de iluminação maior, uma equipe maior, um comboio maior de caminhões. Muitas vezes, havia resistência por parte dos empresários, mas uma das coisas caras de que Ray realmente gostava eram as câmeras ao vivo usadas para projetar nossa imagem nos telões de 21 metros de altura acima do palco. Por quê? Porque isso significava que ele poderia vender ingressos para os lugares lá no fundão da arena. É *assim* que empresários e promoters pensam – de repente, um lugar ruim já não é mais tão ruim assim!

Com frequência, eu ficava secretamente surpreso com o tanto de liberdade e confiança que meus colegas me davam, mas é claro que eles também se preocupavam em criar um espetáculo impressionante. Naquela época, o show já tinha quase três horas de duração, uma linha que não queríamos ultrapassar porque era muito difícil para nosso físico e minhas cordas vocais, e porque não queríamos arcar com as pesadas taxas de horas extras dos locais controlados por sindicatos; em lugares como o Madison Square Garden, onde você poderia lidar com até dez sindicatos diferentes, a conta poderia ficar bem alta. Essa é uma das razões pelas quais Pratt sugeriu que criássemos a "R30 Overture", uma maneira astuta de ter uma música "nova" para os fãs *e* nos manter dentro do limite de tempo.

Finalmente, tínhamos chegado meio por acaso a uma imagem única para nós mesmos: uma combinação de rock progressivo complexo e melódico apresentado em um pacote abstrato, absurdo e autodepreciativo. Até onde sei, nenhuma outra banda (exceto talvez o Primus) levou sua própria tolice pessoal a tal extremo. O sucesso da *R30* também nos fez entender que não havia problema algum em aproveitar o passado de vez em quando, desde que continuássemos adicionando ideias novas e mantendo um olhar atento no futuro. Estávamos determinados a nunca nos tornarmos coisa do passado – um destino que, como pudemos testemunhar, encerrou a carreira de muitas outras bandas.

Na turnê *Snakes & Arrows*, de 2007, já estávamos totalmente comprometidos com o tema "Uma Noite com ...", um show de três horas dividido em duas partes, sem outras bandas no programa; e o orçamento de produção estava crescendo exponencialmente. Estávamos ainda mais determinados a preencher o tempo com adereços loucos e vídeos absurdos, indo mais longe do que nunca, estrelando nós mesmos os filmes. Em *The Real History of Rush* – "A Verdadeira História do Rush" –, na turnê *Time Machine*, interpretamos personagens enraizados em nossas próprias origens étnicas: eu me tornei Gershon, dono de uma delicatéssen ídiche (com Kyla interpretando Kugel, a filha de Gershon); Lerxst interpretou Slobović, um inventor sérvio obeso; e Pratt se tornou O'Malley, um policial irlandês que bebia uísque e fazia observações sarcásticas; além das versões jovens de nós mesmos em uma banda de oom-pah-pah chamada Rash, que tocava na delicatéssen. Criei Slobović para canalizar o Lerxst interior. Desde sua adolescência magrinha, ele sempre se olhava no espelho e via apenas o Lerxst Gordo, então "Slobović", uma combinação de "slob" ("grosseirão") e a terrível bebida alcoólica iugoslava slivovitz, era o gordo sérvio perfeito.* Muito trabalho sério e muita reflexão fazem parte da preparação de uma turnê, veja bem. Não é *só* diversão e brincadeira.

A tolice também se estendeu às nossas personas no palco. Acho que quando se passa por algo tão sério quanto Neil, mas se retorna do abismo, você simplesmente não se estressa tanto com as pequenas coisas. Ficamos mais descontraídos, mais festivos, mais parecidos com nós mesmos lá em cima do palco. Na noite de abertura em Hartford, em 2002, Alex começou uma improvisação verbal como as que ele só fazia nos ensaios para quebrar a monotonia e entreter a equipe. Na frente de um público ao vivo agora, e sem aviso prévio para Neil e para mim, ele foi até o microfone durante "La Villa Strangiato" e cantou "Hey Baba Reba!" (de "Café Polka", de Frankie Yankovic, uma canção de bebedeira que seus pais costumavam curtir com os amigos). Essa improvisação se tornou um fluxo de consciência noturno regular, apresentando tópicos como "While My Guitar Gently Vomits" e "Chris Isaak on Acid". Nas vezes em que ele se perdia ou se colocava em uma situação difícil, Pratt desenvolveu um sinal de bateria que indicava que era hora de encerrar – como nos dias do vaudeville, quando faziam um sinal a um artista para mostrar que ele havia ultrapassado o tempo.

Enquanto isso, uma questão urgente era como superar minhas secadoras de roupas. Sua ação de centrifugação havia adicionado uma energia sutil ao show, então me perguntei que outras máquinas se moviam,

* A roupa de gordo de Lerxst exigiu horas do departamento de figurino e maquiagem. O dia em que filmamos foi um dos mais quentes naquele mês de junho, e estávamos trabalhando num café abandonado que não tinha ar-condicionado. Entre os takes, o pobre rapaz suando em bicas tinha que tirar partes da fantasia imensa para soprar um pouco de ar frio dentro do traje.

giravam ou rodavam, e pronto!, surgiram as rotisserias giratórias de frango na minha mente – aquelas que se veem em restaurantes, padarias e açougues, com aquele brilho alaranjado-avermelhado, com espetos rotatórios girando frangos e mais frangos – e a "Casa das Galinhas" nasceu, completa com frangos de borracha giratórios. Eu queria espalhar o aroma de frango assado na multidão, mas isso era difícil de se conseguir em locais grandes (até chegamos a considerar esconder um frango de verdade entre os de borracha para alguém comer, mas isso também não era prático), então havia convidados ou membros da equipe saindo no meio do show com um chapéu de chef, ignorando completamente a multidão e a banda tocando a pleno vapor, para regar os frangos – e, às vezes, até a bateria de Pratt para garantir. (Você não acreditaria no número de fãs que encontro até hoje que realmente acreditavam que havia frangos de verdade assando na Casa das Galinhas. Bom trabalho cênico, equipe!)

A ETAPA NORTE-AMERICANA da turnê *Feedback/R30*, de 2004, veio com uma dor no coração para mim: a morte do meu velho amigo Oscar Peterson Jr.

Tínhamos mantido contato ao longo dos anos, inclusive formando uma banda paralela lá no início chamada Midnight Marauders, fazendo jams no espaço de ensaio do Rush em East Toronto após o expediente – não tocávamos a sério, era apenas uma válvula de escape para nos divertir com músicas pseudocountry malucas e paródias de disco music. Ele era bem-querido por todos no Rush, pela banda e pela equipe, e era um visitante regular durante as gravações dos álbuns, aparecendo nas sessões no Le Studio, onde fez uma participação especial como Presidente Ronald Reagan em "The Jack Secret Show", um programa satírico de variedades que a banda e a equipe gravavam para dar risadas. À medida que eu fazia mais sucesso e viajava para lugares distantes, entretanto, nossa amizade ficou meio abalada. Eu dizia para mim mesmo que o motivo era porque eu ficava fora muito tempo, mas havia outras coisas em jogo. De vez em quando, Oscar trabalhava como road manager do pai e o ajudava em seu estúdio caseiro. Me contou que adorava isso, mas houve desentendimentos entre os dois, e meu amigo se viu desempregado enquanto minha sorte continuava a aumentar. Tentei ajudar, mas Oscar era um cara orgulhoso e se recusava terminantemente a me sobrecarregar com o que estava passando.

Então, num show em 2003, Oscar apareceu do nada em nosso camarim, falando seu habitual "sim, senhor!", e, apesar de me sentir culpado por ele ter sido obrigado a dar o primeiro passo, foi como se eu o tivesse visto no dia anterior e retomamos nossa amizade de onde tínhamos parado. Mas, pouco depois do nosso reencontro, ele ficou doente. Diagnosticado com um tumor cerebral, passou por uma cirurgia que o deixou paralisado de um lado do corpo. Então, passou alguns meses numa casa de repouso, onde eu o visitava sempre que podia. Ele adorava cachorros, especialmente os grandes terra-novas, então eu levava comigo meu pequeno cairn terrier, Duke. Duke subia na cama, andava por cima dele e lambia seu rosto até ele se contorcer rindo, olhando desamparadamente para mim em busca de ajuda, mas eu apenas ficava lá e deixava acontecer porque adorava escutar suas risadas. Pouco depois, eu tinha acabado de fazer um show na Filadélfia, quando recebi a terrível notícia de que ele havia falecido em casa, ao lado de sua parceira, Louise, e dos filhos. A perda dele foi devastadora para mim e para todos que o conheciam. Penso em Oscar com frequência. Eu amava aquele homem.

NO OUTONO DE 2004, o Rush fez um retorno muito esperado ao Reino Unido e à Europa. Foram os primeiros shows do outro lado do Atlântico em mais de doze anos. Embarcamos com o circo completo da *R30* e cruzamos o oceano para iniciar na Wembley

Arena, em Londres, uma turnê de 14 shows. Para marcar a ocasião, foi sugerido pelo escritório (na hora do desespero, como de costume) que filmássemos o elaborado show para lançá-lo em DVD. Como a decisão foi tomada quase na etapa complementar da partida, não tivemos escolha senão gravar um dos shows mais para o final da turnê, no cavernoso e bastante assustador Festhalle, em Frankfurt, Alemanha.

O venerável edifício neobarroco antigo tem um significado especial para qualquer filho do Holocausto, graças ao papel que desempenhou na Alemanha de Hitler antes e durante a Segunda Guerra Mundial. Em 16 de março de 1936, Hitler se posicionou naquele púlpito para fazer um discurso cheio de ódio e declarou que a suástica seria a nova bandeira oficial da Alemanha. E, em 8 e 9 de novembro de 1938, quase 66 anos antes do nosso show, o Festhalle foi cenário de terror para os judeus de Frankfurt, que foram reunidos à força sob seu teto de vidro ornamentado para aguardar o transporte em massa para vários campos de concentração nazistas. Me arrepiei com esse pensamento, passando o show inteiro olhando para o local de onde o *Führer* costumava discursar. (Desde então, soube de mais detalhes sobre a história sombria daquele prédio. Em 1945, foi bombardeado e seriamente danificado, depois reconstruído, tendo como única lembrança daquele momento terrível para os judeus uma placa na rotunda. Uma nota de rodapé. Suficientemente arrepiante para você? Para mim, foi.)

Mas essa viagem sempre será memorável pelo tempo que passei com Shelley Nott. Perdi muitos amigos, companheiros e colegas de trabalho ao longo da estrada, e uma amizade de que ainda sinto muita falta é a dela. (Sei que provavelmente contei muitas histórias sobre pessoas que conheci e que morreram, mas, bem, assim é a vida – ou assim parece ser a minha vida...) Como nossa escudeira diária que lidava com a imprensa e com demandas da produção e qualquer outra questão que precisasse de atenção imediata, Shelley passou a maior parte de sua vida entre 1996 e 2008 viajando conosco, e se tornou minha companhia constante para jantares nos dias de folga, muitas vezes fingindo pacientemente estar interessada nas minhas histórias sobre vinhos finos. Ela tornou minha vida na estrada nos anos 2000 muito mais suportável. Qualquer noite em que eu perguntasse se estava livre para jantar, ela sempre dizia "sim!", mas nunca me deixava buscá-la em seu quarto, insistindo que nos encontrássemos no saguão, porque não queria ser vista sem maquiagem e traje gótico completo. E nunca sairia sob o sol para se juntar a nós para tomar uns drinques à beira da piscina com sua pele pálida e aquelas unhas pretas. "Oh, Sr. G", ela dizia. "Eu não posso! Nós, Pessoas da Noite, nunca nos expomos ao sol." Apesar disso, em dado momento tivemos três dias de folga em Calgary, e ela concordou em fazer uma trilha nas Montanhas Rochosas perto de Banff sob o céu de verão, com pequenos sinos atados a nós para assustar os ursos.

Shelley era um ser humano precioso. (Sim, Virginia, os góticos também são humanos.) Depois que sofreu um terrível susto ao ser diagnosticada com câncer de mama e sentiu que estava vivendo sob a Espada de Dâmocles, decidi levá-la para conhecer o máximo de lugares possível enquanto ainda estava bem. Na turnê *Feedback*, em 2004, perambulamos pelo Reino Unido, fazendo uma parada no Fat Duck, em Berkshire, justamente quando o chef, Heston Blumenthal, estava ganhando fama internacional com sua gastronomia molecular e incríveis experiências culinárias teatrais; depois, viajamos de carro pelo norte da Itália até a Suíça, passando por charmosos vilarejos nas montanhas, onde paramos para tomar *espresso*, comer sanduíches de *Bündnerfleisch* e respirar o ar revigorante dos Alpes; em Zurique, no exclusivo hotel Baur au Lac, bebemos vinho e Calvados em excesso; em Paris, ela e Nancy foram às compras, e fizemos uma refeição exagerada no L'Ami Louis (bebendo muito vinho Borgonha excelente e nos deliciando com o famoso *Poulet de Bresse*). Eu a acompanhei em todos os lugares interessantes que pude pensar – embora o único que ela realmente quisesse ver fossem as Catacumbas. Quando perguntei por que queria tanto ir lá, ela me olhou como se fosse óbvio e disse: "Caveiras, Sr. G. Caveiras".

Em algum momento da primeira perna da turnê *Snakes & Arrows*, ela se apaixonou por um dos novos técnicos de iluminação, casou-se repentinamente e se mudou para Nashville com ele. Sobreviventes de câncer não podem se dar ao luxo de perder tempo, eu acho, e ela abraçou totalmente a chance de começar uma nova vida, mas, caramba, aquela garota sabia guardar um segredo! Por um tempo, aparentemente, foram só festas e momentos felizes, mas, quando o outono de 2007 chegou, ela me disse que não iria para a Europa conosco, porque havia tido uma recaída e precisava voltar para o Canadá para fazer a cirurgia e o tratamento.

"Caveiras, Sr. G. Caveiras."

Maldição, nada disso teve o resultado desejado. Antes do final de janeiro de 2008, ela faleceu, e eu fiquei arrasado. (Ainda prefiro pensar em Shelley como alguém que simplesmente está "fora da cidade".) Para manter seu espírito vivo e roqueiro, na turnê seguinte fiz algumas camisetas para usar no palco todas as noites: uma com as iniciais "SN" sobrepostas por uma concha do mar – seu apelido era Shell Belle, a Bela da Concha – e outra com uma de suas expressões favoritas, "Keep the Rawk".

A última vez que a vi foi no hospital. Ela ficou terrivelmente chateada quando entrei. Porque, veja só... não estava usando maquiagem.

CAPÍTULO 26

NA PRIMAVERA DE 2006, ALEX E EU compusemos algumas músicas para *Snakes & Arrows* no meu estúdio caseiro conforme Neil nos enviava as letras da Califórnia. Num surto criativo, ele escreveu "The Larger Bowl" como um jogo de palavras *pantoum* que vinha tentando incorporar em nossas canções havia bastante tempo. A origem do *pantoum* é malaia e indonésia, com ecos dos ritmos entrelaçados da música de orquestra de gamelão: nele, o segundo e o quarto versos de cada estrofe se tornam o primeiro e o terceiro da seguinte.* Que cara inteligente o Neil! (Ele estendeu

* Na verdade, eu quebrei o padrão transformando a segunda estrofe no refrão da canção, mas o estilo original é bem bacana.

o tema do *pantoum* para a capa do álbum, apresentando um jogo de tabuleiro chamado Leela,* precursor do jogo "Cobras e Escadas". Originalmente criado por santos e sábios budistas na Índia antiga, é chamado de "Jogo do Autoconhecimento" e, de certa forma, é um tipo de manual de instruções para se autoguiar através das provações da vida com graça e esperança.

Foi uma época bastante idílica. Lerxst e eu conversávamos, brincávamos, tomávamos café e tocávamos de improviso por horas a fio, gravando cada riff, cada ideia. Sendo o mais técnico, ele brigava com os equipamentos, plugava coisas, mexia com compressores e assim por diante, enquanto eu ficava num canto. No final do dia, ele tirava um cochilo no sofá, e eu organizava as gravações. Esse era o nível de confiança que tínhamos alcançado depois de trabalharmos juntos por décadas; já não importava mais quem tinha tido qual ideia. De vez em quando, eu perguntava "Lerxst, o que acha desse som?", e o ouvia responder, sonolento: "Hã? Ah, sim. Parece ótimo, Dirk!". Tudo o que importava era o resultado final. (A ludicidade e a facilidade das nossas composições estão resumidas no título da faixa instrumental do álbum, "The Main Monkey Business", "A Falcatrua Principal", que foi inspirada num comentário que minha mãe fez sobre um parente nosso: "Tenho a sensação", disse ela, "de que ele está envolvido em alguma falcatrua". "Que tipo de falcatrua, mãe?", perguntei. "Você sabe", ela disse. "A *principal* falcatrua".)

Em março, Pratt estava de volta à sua casa do lago, em Quebec, aproveitando a temporada de esqui cross-country, então Lerxst e eu decidimos encarar a neve e passar um tempo com ele lá. Em vez de enviar fitas e nos comunicarmos por e-mail, queríamos que ele ouvisse as demos cruas na nossa frente, para podermos conversar ali na hora e olhos nos olhos. Ele percebeu que havia uma nova direção na nossa

* "Leela" é a palavra hindi para "jogo".

música, algo que Lerxst e eu havíamos meio que sentido, mas, estando tão imersos nas demos, não pudemos perceber objetivamente: mais riffs blueseiros, algo meio folk (especialmente em "The Way the Wind Blows") e um toque de misticismo oriental, elementos que tínhamos usado no passado, mas que agora estavam sobrepostos de maneira mais sofisticada. Isso era típico do Rush. Fizemos experimentos em alguns discos e depois surgiu *2112*; fizemos mais experiência em outros discos e apareceu *Moving Pictures*; mais experimentos e concebemos *Power Windows*. E, por fim, dá para ouvir que *Vapor Trails* e *Snakes & Arrows* foram os degraus que nos levaram a *Clockwork Angels*.

Para produzir o álbum, contratamos o produtor e engenheiro americano Nick Raskulinecz, que havia produzido alguns álbuns do Foo Fighters, incluindo *One By One*, cujo hit "All My Life" ganhou o Grammy de Melhor Performance de Hard Rock. (Dave Grohl não tinha ficado satisfeito com a versão original do álbum e regravou tudo em apenas duas semanas com Nick no comando.) O rapaz, cheio de energia, estava na casa dos trinta e poucos anos, mas parecia *muito* mais jovem; seu jeito era *bem* "americano" – nunca tinha conhecido alguém antes dele que usasse o termo "badass", "fodão", com tanta frequência;* e havia nele um *entusiasmo* exagerado que nunca tínhamos visto em outro produtor. Esse entusiasmo indisciplinado era sua marca registrada, e passei a entender que isso seria bom para nós, veteranos experientes, mas Nick também expressava suas ideias com detalhes e nuances.

Em novembro, fomos para o Allaire Studios, um amplo complexo de gravação e estúdio residencial num monte isolado próximo a Woodstock, Nova York, onde Neil havia gravado um vídeo instrucional chamado *Anatomy of a Drum Solo* um ano antes. Lá passamos um período criativo e animado. O estúdio de última geração e a propriedade com

* Quando o conhecemos, ele chamou nossa música de "badass" ou "kickass" (ninguém tinha feito isso antes) e me disse que Taylor Hawkins, do Foo Fighters, jamais o chamava por outro nome que não fosse "Kickass".

vista para as Montanhas Catskill nos fizeram bem, parecia que estávamos de volta ao Le Studio em toda sua glória. Deixando *Vapor Trails* para trás em todos os sentidos, estávamos mais soltos e confiantes. A maneira como nossos fãs nos acolheram em nosso retorno, o sucesso de *Feedback* e a diversão explosiva da turnê *R30*, o casamento feliz de Neil – tudo isso acalmou nossos nervos.

A orientação de Nick para gravar as faixas de apoio só com o acompanhamento rítmico era deixar o mais parecido com a forma de tocarmos ao vivo e sermos o mais soltos possível. Em discos anteriores, Neil geralmente tocava suas partes com faixas-guia pré-gravadas, e ainda as usávamos para certas coisas, mas, dessa vez, nós três estávamos no estúdio tocando juntos como banda para dar a ele aquela pegada verdadeira de música ao vivo. E quer eu estivesse dentro do estúdio ou fazendo ajustes na mesa de mixagem, era um prazer ver nossa nova inspiração em ação. "Ei, cara", dizia Nick. "Que tal tentar *isto?*", e então ele cantava e tocava *air guitar* ou *air bass* para nós. Com seu vocabulário de gírias americanas audaciosas – *that's badass*, *wha-at?*, *fuck, yeah!*, *killer, dude!* – e cada expressão onomatopeica que podia inventar para descrever um som específico que estava procurando, era difícil manter a seriedade, mas ele era um cara autêntico. Talvez fosse meio bruto e pouco sofisticado, mas musicalmente não era nada tosco. Ele tinha um ouvido apurado e sabia tocar todos os instrumentos com certa habilidade; portanto seus gestos faziam sentido visualmente (na maioria das vezes). Acima de tudo, era bom em perceber o menor sinal de complacência da nossa parte e estava determinado a nos levar além – a ir mais fundo e tocar, essencialmente, mais como nós mesmos. E, caramba, ele sempre falava o que estava pensando e nos lembrava constantemente de que éramos, acima de tudo, uma banda de hard rock e deveríamos tocar mais como... bem, como o *Rush* – o Rush que ele conhecia e amava, mas criando uma nova música.

De certa forma, as sessões de *Snakes & Arrows* foram as mais felizes que tivemos. Estávamos todos numa fase contente de nossas vidas, e, depois de pisar em ovos durante as sessões meticulosas e mais tecnicamente orientadas de *Vapor Trails*, desfrutamos de uma relação de trabalho tranquila e segura. Com a possível exceção das sessões de *Permanent Waves*, essas foram as minhas favoritas de toda a nossa carreira. Pela primeira vez, eu realmente me sentia realizado com o trabalho que havíamos feito!

COMEÇAMOS A RECEBER convites improváveis porque profissionais que tinham sido fãs do Rush na adolescência agora eram adultos atuando no mercado de trabalho. Uma geração que agora ocupava posições de poder e de influência cultural na mídia, na área jurídica, em Hollywood e até na política.* Fomos transformados em personagens de animação para TV em *South Park* e *Uma Família da Pesada*, e fomos convidados pela primeira vez para um talk show norte-americano *e* para uma participação especial num legítimo filme de Hollywood.

Será que o público em geral estava começando a nos notar ou, mais provavelmente, tínhamos agentes secretos do Rush infiltrados? John Hamburg, diretor e roteirista de *Eu Te Amo, Cara*, era fã do Rush e entendia que nós – ou, mais especificamente, nossos seguidores extremamente dedicados – seríamos perfeitos para ancorar o "bromance" do filme; o coastro do filme, Jason Segel, nos contou que já havia interpretado um fã do Rush no seriado *Freaks and Geeks*; e um dos produtores me disse: "Sabe, durante o desenvolvimento desse projeto, perguntei ao John: 'E se o Rush não quiser participar? Qual é seu plano B?'. E ele me disse: '*Não* há plano B'." (Nossa, isso me deixou surpreso!)

Aquele filme fez muito pela nossa reputação, nos tirando do status de banda cult e nos conduzindo a uma certa aceitação esquisita por

* Quase isso. Costumávamos brincar que mal podíamos esperar que um fã do Rush chegasse à Casa Branca e, na verdade, chegamos bem perto disso quando um deles começou a trabalhar na equipe de marketing de Obama.

parte do mainstream. Depois, saltamos das telonas para a telinha da TV. Praticamente, vínhamos evitando aparecer na televisão desde os programas *Don Kirshner's Rock Concert* e *In Concert*, em 1974, porque parecia que bandas como a nossa nunca tinham um som potente o suficiente na tela, mas, com nossa nova determinação de nos desafiar segundo o Método Costanza, quando fomos convidados para o *The Colbert Report*, nossa resposta foi um enfático *sim*.

Já éramos grandes fãs de Colbert e do *The Daily Show*, e ficamos muito empolgados. Andamos pelo estúdio com sorrisos nos rostos, mas tremendo. (Esses lugares geralmente são frios para evitar que os que estão diante das câmeras fiquem suados e também para resfriar os equipamentos e manter a equipe e a plateia alerta e responsiva.) No camarim, com uma temperatura mais confortável, Stephen nos disse que seu diretor era fã de Rush e insistia havia anos para nos receber no programa, acrescentando: "*Meu* personagem é propositadamente ignorante. A melhor coisa que vocês podem fazer é me deixar ser o idiota, e tudo dará certo".

Nancy é muito discreta, então fiquei chocado quando, sem hesitar, ela se sentou na cadeira de Stephen Colbert!

Ok, mensagem recebida: "Não tente superar o apresentador!". (Ele é tão hilário que isso seria difícil de qualquer maneira.) Sentamos obedientemente em nossas banquetas enquanto Colbert disparava sua sequência de "perguntas", que, na verdade, eram piadinhas, como: "Vocês são conhecidos pelas músicas compridas. Já escreveram uma música tão épica que, no final, estavam sendo influenciados por *vocês mesmos?*" e "Vocês ainda não foram incluídos no Rock and Roll Hall of Fame. Existe alguma chance de o próximo álbum se chamar *Que Burrice?*". Surpreendentemente, Neil foi o mais eloquente de nós três. Depois que todos assinamos a mão de Stephen, Neil brincou, dizendo "não quero ver isso no eBay", o que trouxe um lento sorriso ao rosto de Stephen ao perceber que não era o único engraçadinho no estúdio.

Então, era isso; de repente, algumas pessoas bem legais estavam se manifestando e mostrando que não tinham medo de admitir que gostavam de nós. Percebemos que havia muita gente para quem ser fã do Rush tinha sido um tipo de rito de passagem em certo momento da vida e que, mais tarde, já adultos realizados, estavam descobrindo essa comunhão com seus pares. Finalmente, podiam compartilhar a paixão quase secreta que haviam guardado anos atrás, quando, por muito tempo, não era *cool* curtir a gente. Colbert e o filme *Eu Te Amo, Cara* sinalizaram que os ventos da mudança finalmente estavam soprando a nosso favor. Não que isso tirasse o nosso sono ou algo assim. Ainda tínhamos muitos detratores influentes – alguns dos quais, por exemplo, faziam parte do conselho do Rock and Roll Hall of Fame. (Qual era mesmo o nome que iríamos dar ao nosso próximo álbum?)

LOGO APÓS AS FILMAGENS de *Eu Te Amo, Cara* e enquanto estávamos em turnê na Califórnia, fui informado de que John Rutsey havia morrido de um aparente ataque cardíaco relacionado a complicações da diabetes com apenas 55 anos de idade. Embora tivéssemos perdido contato e não nos víssemos fazia anos, a notícia foi um choque. Partir tão jovem me pareceu triste e injusto. No funeral, Alex falou bem e generosamente do velho amigo, enquanto eu lutava com meus sentimentos, e uma enxurrada de memórias tanto boas quanto dolorosas de tempos mais inocentes inundou minha mente. Não falei, mas, se tivesse, certamente teria contado estas duas histórias sobre ele...

John era travesso e, por vezes, cativante. Certa vez, nos falou da casa mal-assombrada do seu vizinho e do homem sem cabeça que nela vivia. Claro que não acreditamos numa única palavra, mas, à medida que a noite avançava e ficávamos cada vez mais chapados com diferentes tipos de ácido ou maconha ruim ou ambos, ele nos chamou, sussurrando: "Venham aqui, rápido! Lá está ele. Lá está ele". Olhamos para o quintal e, sem dúvida alguma, havia uma figura sombria sentada de costas para nós... sem cabeça! Um truque de luz? Uma sombra em movimento? O cara estava apenas curvado? No começo, rimos. Um pouco. Depois, não rimos mais. Assustados, demos mais uma olhada e, num piscar de olhos, o homem desapareceu. Até hoje, não faço ideia do que realmente vimos.

Depois, teve aquele glorioso dia ensolarado no final do verão de 1969, quando John me convidou para tomar ácido com ele (Purple Owsley, se quiser saber) e depois irmos ao show *Rock and Roll Revival*, no Varsity Stadium, em Toronto. O ar estava tomado de incenso enquanto literalmente viajávamos pelo local, curtindo a companhia um do outro e o ritmo de várias bandas fantásticas, de Bo Diddley e John Lennon em sua primeira aparição solo pós-Beatles a The Doors. Foi quase um festival do amor livre! John estava *animado* naquele dia, e foi assim que escolhi me lembrar dele hoje em dia – profundamente envolvido com música e com um senso de humor malicioso que poderia fazer uma sala inteira cair na gargalhada. Ele foi meu companheiro de banda por seis anos, em um momento indelével e incrivelmente formativo de nossas vidas, e, mesmo que pudesse ser uma companhia difícil às vezes, sou eternamente grato por termos compartilhado o começo de uma jornada incrível.

ENQUANTO LERXST E EU aproveitávamos nosso tempo livre de muitas maneiras ao longo de 2009, Neil e a esposa tiveram um bebê. Olivia Louise Peart veio ao mundo em 12 de agosto com muita alegria enquanto Neil abraçava sua segunda chance como pai. Não passou despercebido que Olivia tivesse nascido apenas dois dias após o aniversário da morte de Selena. Só posso imaginar como aquele momento deve ter sido agridoce para o meu amigo. Pouco depois, ele nos convidou para irmos até a Califórnia conhecer a garotinha pessoalmente e, ao mesmo tempo, discutir nossos planos para a banda. Neil havia prometido a si mesmo ser um pai o mais envolvido e atencioso possível, o que exigiria uma agenda mais cuidadosa e bem-pensada da parte de todos.

Já havia passado quase três anos desde que começamos a trabalhar em *Snakes & Arrows*, e fazia mais de um ano desde nosso último show, portanto Ray estava nos pressionando para pegarmos a estrada a tempo de organizar uma turnê de verão. Como 2010 seria o trigésimo aniversário de *Moving Pictures*, nosso empresário sugeriu que tocássemos o álbum ao vivo na íntegra. Naquela época, várias bandas estavam tocando seus álbuns clássicos nos shows – na verdade, quase todo mundo, dos Beach Boys ao Public Enemy –, mas nunca tínhamos feito nada parecido e ficamos intrigados.

Também pensei em reunir todas as nossas faixas instrumentais num novo álbum, atualizado com uma peça épica sem letra, o que também nos daria algo novo para tocarmos na turnê. Por mais que Pratt e Lerxst gostassem da ideia, ela virou simplesmente um fator catalisador: alimentou a ambição de Pratt de escrever uma suíte de canções de duração épica que fariam parte de nosso primeiro álbum conceitual em quase vinte e cinco anos, baseada no interesse dele pelo steampunk, um subgênero de ficção científica que ele descrevia como "o futuro visto a partir do passado" – um mundo futurista feito de mecânica vitoriana. Durante todo o mês de dezembro, compartilhamos artigos e imagens enquanto as engrenagens de sua mente começavam a trabalhar. O que inicialmente chamamos de "Serenata Steampunk: Um Trabalho em Progresso" concebemos para ocupar os dois lados do álbum, com o enredo se desenrolando em três partes: "Caravan", "Carnival" e, no começo, "Caravel". Na transição de conceito para obra gravada, ela se transformou de "serenata" em "rapsódia steampunk" e, finalmente, em *Clockwork Angels*.

Enquanto Lerxst e eu trabalhávamos duro nas músicas, tive a forte sensação de que havíamos alcançado um novo patamar de entendimento e de solidariedade como parceiros de composição. A partir de *Snakes & Arrows*, minha autoridade estava dando lugar à confiança, já que passei a confiar mais do que nunca no gosto e nas ideias de Alex. Depois de 40 anos, nossa parceria finalmente havia encontrado seu ritmo! Para ter certeza de que eu não estava enganado, perguntei a ele recentemente como se sentia e (graças a Deus) esta foi a resposta: "Fazer *Clockwork Angels* foi uma completa alegria. Nunca me senti tão feliz trabalhando junto. Naquela época, você começou a me dizer 'não vou vir amanhã, então siga em frente e faça o seu trabalho', e eu pensei: 'Adoro esse cara!'. Estava feliz fumando maconha e fazendo meu trabalho! E, se você entrasse no estúdio no dia seguinte e não gostasse do que ouvisse, em vez de ficarmos na defensiva, simplesmente trabalhávamos mais naquele material. Acho que isso é sinal da maturidade".

Embora eu ache que esse álbum representa um avanço na nossa curva de aprendizado em composição de músicas, não foi nada fácil. As letras que Pratt nos enviou inicialmente eram trabalhos inacabados, que exigiam muita tentativa e erro da minha parte e da parte de Lerxst. A primeira versão de sua história parecia um enredo de aventura de capa e espada que não se traduzia facilmente para um contexto de rock pesado sem parecer melodramático ou exagerado. A trama acabava me fazendo cantar menos como eu mesmo e mais como algum tipo de "progster" poser – cheio de pompa, cheio de si. Lerxst e eu queríamos algo muito mais atual e intenso – não como Gilbert e Sullivan com guitarras – e, às vezes, até nos perguntávamos se o conceito não seria mais adequado para apenas um único lado do disco. Além disso, Neil havia sido inspirado pela clássica sátira de Voltaire, *Cândido, ou O Otimismo* (no início, o nome do personagem principal era Candido), e, embora houvesse muitas coisas boas no que ele havia escrito, eu sentia que se a influência não fosse tão óbvia, poderíamos tornar a história mais autoral e ampliar sua universalidade.

Um verso do primeiro rascunho de "Caravan" realmente ficou na minha cabeça: *Can't stop thinking big – Não consigo parar de pensar grande*. Essas palavras captaram a maneira como sempre me senti sobre fazer música e praticamente tudo o mais em que já coloquei minha mente. Conforme a canção evoluía, Neil trouxe ainda mais beleza com *In a world where I feel so small, I can't stop thinking big – Em um mundo onde me sinto tão pequeno, não consigo parar de pensar grande* –, o que me fez voltar para meu quarto de infância e pré-adolescência, sonhando em fugir da minha vida solitária e sem saída depois que meu pai faleceu. Tornou-se tão pessoal para mim que eu sabia que tinha que ser o refrão da música e que tinha que encontrar uma melodia forte o suficiente para fazê-lo ter tanto significado para os ouvintes quanto tinha para mim.

Apresentamos nosso fascínio pelo steampunk e os primeiros estágios do álbum conceitual na nossa turnê *Time Machine*, que foi dividida em duas etapas – de julho a outubro de 2010 e de abril a julho de 2011. O repertório incluía várias músicas do passado, o álbum *Moving Pictures* na íntegra e duas músicas inéditas, "Caravan" e "BU2B" ("Brought Up to Believe"). Ambas tiveram boa execução nas rádios, e os novos clipes da estética do absurdo que fizemos para acompanhar o show foram um sucesso, o que era um bom presságio para o que se tornaria *Clockwork Angels*.

Como se isso não bastasse, John Hamburg, o diretor de *Eu Te Amo, Cara*, ofereceu-se para filmar uma sequência para essa turnê, apropriadamente chamada de *I Still Love You, Man – Ainda Te Amo, Cara* –, com Paul Rudd e Jason Segel reprisando seus papéis de fãs que se infiltram nos bastidores durante um show do Rush e finalmente conhecem seus ídolos pessoalmente. Exibimos o curta no final do show como um agrado ao público depois de passar por aquela maratona de três horas. Como George M. Cohan escreveu em 1904, "sempre deixe as pessoas rindo quando disser adeus".

Foi uma turnê de altos e baixos: altos incríveis, mas também baixos preocupantes. Por um lado, numa gloriosa noite de verão durante o *Festival d'été*, nos arredores da cidade de Quebec, mais de 80 mil pessoas compareceram ao nosso show no Parque Plaines d'Abraham – nosso maior show como atração principal. Por outro lado, a turnê *Time Machine* foi atormentada por problemas de saúde. Neil sofreu com uma infecção nos ouvidos por causa do calor e da umidade do

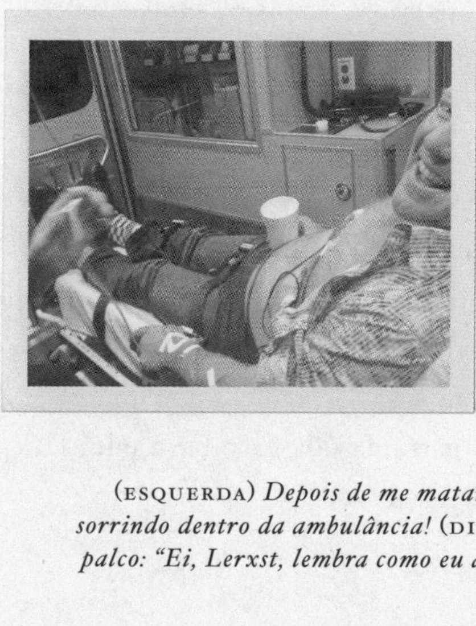

(ESQUERDA) *Depois de me matar de medo, ali está o filha da puta do Alex, sorrindo dentro da ambulância!* (DIREITA) *E, 14 horas depois, fiquei pensando no palco: "Ei, Lerxst, lembra como eu achei que você tinha morrido noite passada?".*

verão, o que se agravou por causa dos monitores intra-auriculares e dos protetores que usava para abafar o barulho da motocicleta enquanto percorria as estradas de show em show. A infecção foi tão séria que, mesmo entupido de antibióticos, Neil teve que apelar para fones de ouvido supra-auriculares grandes (agora, você sabe por que ele está usando essas coisas nas fotos da turnê). Ao longo dos anos, Neil havia se tornado cada vez mais vulnerável a infecções, mas seguiu em frente com seu estoicismo característico. Lerxst, por sua vez, estava sofrendo com estresse cardíaco causado por uma úlcera hemorrágica, e episódios de fadiga repentina e de falta de ar estavam se tornando comuns. Ele já havia tido esses episódios antes, na estrada e fora dela, mas, agora, enquanto os médicos lutavam para encontrar uma cura, ficávamos preocupados. E, então, houve um incidente envolvendo Alex em St. Louis que me deixou completamente apavorado.

Depois de suportar o clima abafado, fizemos alguns shows em alta altitude no seco estado do Colorado (onde colocaram uma máscara de oxigênio cobrindo minha boca e meu nariz* para me ajudar a combater a tontura e cantar mais facilmente - na verdade, nada tão incomum para artistas que se apresentam em Denver), e depois seguimos para o calorento Meio-Oeste. Eu conhecia muita gente em St. Louis – alguns eram funcionários do clube de beisebol Cardinals, outros trabalhavam com vinhos – e, toda vez que tocávamos lá, éramos recebidos com ótimas refeições e raras garrafas da região de Borgonha em vários restaurantes do Central West End. Numa noite tranquila de domingo em agosto, fazia cerca de 31 graus Celsius, com 80 por cento de umidade, quando nos encontramos com dois amigos para o jantar. Alex, ignorando os males que a mudança de atmosfera estava causando em nossos corpos, juntou-se a nós após *duas rodadas* de golfe; acho que ele jogou *36 buracos* naquele calor infernal. Esvaziamos garrafa após garrafa, e então

* Uma máscara bem grande, obviamente.

ele saiu com um de nossos amigos para fumar um baseado naquela noite de verão sufocante, enquanto eu continuei lá dentro do restaurante, divagando sobre as qualidades de um vinho Château Margaux ou algum outro capricho desse tipo. Depois de cerca de dez minutos, dei uma olhada pela janela e vi que ele estava com a cabeça baixa na mesa do lado de fora. Saí correndo, gritando seu nome, mas ele não respondia. Nossos amigos olhavam em silêncio, atônitos. Entrei em pânico, temendo que ele tivesse tido um ataque cardíaco. Levantei a cabeça pesada de Alex e tentei dar um tapa para acordá-lo. Ele estava respirando, mas completamente apagado. Dei uma sacudida mais forte, gritando: "Alguém aí chame uma ambulância!". Uma ambulância chegou quase imediatamente e, por milagre, assim que os paramédicos o levantaram para dentro do veículo, ele começou a acordar e até encontrou forças para fazer algumas piadas no meio daquele caos. Liguei para o Liam e disse para ele me encontrar no hospital, e lá ficamos até altas horas da noite aguardando notícias. Finalmente, um médico nos disse que Lerxst estava acordado na UTI. Ele sugeriu que tinha sido um caso de insolação, mas queria mantê-lo sob observação durante a noite, tomando soro para reidratação. Que alívio, mas, cara, aquele foi um dos momentos mais assustadores da minha vida – e, sinceramente, parte de mim queria dar um murro na cara dele. Privando-se de sono para jogar golfe num dia infernal, depois bebendo vinho por horas, *com aquela condição de saúde?*

Alex voltou para o hotel na manhã seguinte, visivelmente abalado, e depois dormiu por várias horas. Ele ainda insistiu em fazer o show daquela noite, ao ar livre e num calor de matar, mas passou bem e completou 57 anos de idade cinco dias depois – e ainda está por aqui, aleluia, para ser recebido por todos nós com camisetas comemorativas.*

* Na verdade, ele tocou superbem naquela noite. Mas falando sério: essa porra de golfe, cara. Isso vai te matar!

A TURNÊ CONTINUOU até outubro, quando voltamos ao Brasil e fizemos nossos primeiros shows na Argentina e no Chile – este último sendo outro país onde subestimamos gravemente nossa popularidade. Um hábito embaraçoso! Nosso show lá aconteceu apenas alguns dias após o resgate de trinta e três mineiros presos em um poço colapsado em Copiapó, o que certamente contribuiu para a atmosfera eufórica. A plateia foi absolutamente incrível, e uma manchete de jornal do dia seguinte dizia "RUSH RECOMPENSA O CHILE POR 40 ANOS DE ESPERA!".

Em outubro, retornamos ao estúdio para finalizar o álbum *Clockwork Angels*. Ainda tínhamos mais da metade do álbum para compor, mas o conceito estava se alinhando tanto na parte lírica quanto na musical. Quando leio as correspondências que Neil e eu trocamos na época, lembro-me dos vários livros e imagens que o inspiraram além de *Cândido*, de Voltaire: *The Depford Trilogy*, de Robertson Davies, para "Carnies", vários romances de Cormac McCarthy para "Seven Cities of Gold", *The Sot-Weed Factor* (que, na verdade, se trata de uma releitura da história de Cândido), de John Barth, para "The Anarchist", e também Daphne du Maurier, H. G. Wells, Júlio Verne, Joseph Conrad, Herbert Gold e vários outros, além de conversas contínuas com seu amigo e pioneiro do steampunk, Kevin Anderson. Essa rica mistura já havia sido uma influência para o clima da turnê *Time Machine* e foi precursora de mais por vir, enquanto Neil trabalhava incansavelmente com uma energia implacável. Fico tonto só de pensar em como era vasto o banco de dados criativo que operava na mente daquele homem.

As peças restantes do quebra-cabeça eram "The Anarchist", "Carnies", "Seven Cities of Gold", "Halo Effect", e a minha favorita, "Headlong Flight". Espere, não... "The Anarchist" é a minha favorita... ou seria "The Garden"? Cada música teve sua própria trajetória e, por vezes, problemas a superar, mas, caramba, à medida que ganhavam forma, eu realmente comecei a me apaixonar por elas. Houve momentos no Rush em que tive uma intuição, um sentimento visceral de que estávamos no nosso auge: *2112*, *Permanent Waves*, *Moving Pictures* e *Power Windows* me vêm à mente, e, falando agora, *Clockwork Angels*. Mas, na época, não tive essa intuição. Eu estava muito ocupado e concentrado no *trabalho* para apreciar a qualidade dessa obra. Não foi assim com Pratt, que estava confiante desde o início de que tínhamos algo especial em mãos.

Enquanto isso, a fé e o respeito absolutos de Pratt por Nick Raskulinecz eram sem precedentes, permitindo que ele ficasse dentro do estúdio quando a luz vermelha estava acesa e o *conduzisse* com uma batuta. Ele deu praticamente liberdade total a Nick não apenas para sugerir ideias para as partes de bateria, algo que já seria imenso o suficiente, mas para se atrever a tocar *air drums* ao dar sugestões, levando o próprio Professor ao seu limite. Eu não conseguia acreditar no que estava vendo, mas Pratt, longe de achar uma interferência, aceitava os gestos de Nick com o espírito de um metrônomo, uma maneira útil e mais rápida de obter um resultado melhor e, mais do que isso, confiava em Nick para ajudá-lo a criar padrões mais complicados do que ele poderia ter criado sozinho. Nicky, devo acrescentar, estava no paraíso *badass*.

A maioria das músicas tomou forma em sincronia, cada uma com sua própria identidade, mas fluindo umas para as outras. Comparadas às músicas mais antigas do Rush, elas têm uma fúria que não parece rápida demais. Escuto algumas de nossas músicas mais antigas agora e me pergunto: *Onde é o incêndio? Do que esses caras estão fugindo?* Era como se alguém tivesse acelerado a fita. Agora, finalmente tínhamos descoberto como ter fúria sem ter pressa; estávamos ajustados ao ritmo. Há peso em músicas como "The Anarchist", "Carnies", "Headlong Flight" e "Wish Them Well" que mostra o quanto estávamos mais firmes em nossa implacabilidade. Era como se fôssemos motoristas confortavelmente sentados em uma locomotiva fumegante e desgovernada, confiantes que a manteríamos nos trilhos. O álbum soa mais pesado e mais robusto, mas também delicado e ricamente melódico quando a música assim exige.

Como mencionei antes, nem tudo foi tão fácil assim. Neil havia desenvolvido um personagem conhecido como The Pedlar – o caixeiro-viajante –, a quem descreveu como "uma espécie de fantasma amorfo que vaga pela história, provocando os solilóquios dos personagens principais"; em sua mente, essa pessoa era "um provocador, um enigma disfarçado", alguém que sussurra coisas no seu ouvido (*O que te falta?*), e, dessa forma, um recurso importante para se expor numa música sobre ele. Se isso fosse um romance com espaço para desenvolver tal personagem, Lerxst e eu poderíamos entender o ponto de Neil (e ele já estava trabalhando em uma novelização da narrativa com um amigo escritor), mas, dentro das limitações mais restritas de uma ópera rock, sentimos que seria mais fácil transmitir sua presença por meio de um leitmotiv ou apenas de um clima musical complementado por algumas notas da história junto às letras das músicas, como fizemos com o Starman em *2112*. Com tantas músicas já se encaixando tão bem, outra peça musical representativa com diálogo pareceria pesada e supérflua. Com isso, Lerxst e eu ficamos com medo de exagerar, de inflar a ópera. Perderíamos o foco. Esperávamos realizar a mesma coisa tornando o clima mais sinistro para representar o espírito malévolo do caixeiro-viajante, como se ouve em "Carnies".

Durante as sessões, o Enigma do Caixeiro-Viajante persistiu. Neil continuou argumentando a favor de mais exposição do personagem, e nós tentamos fazer dar certo, reduzindo a presença do caixeiro a um único verso simples que aparece duas vezes no álbum – mas mesmo esse verso teve um tanto de controvérsia. Neil queria que eu cantasse ou dissesse "What do *ye* lack?" – "O que falta a *você*?" –, mas, toda vez que eu tentava cantar "ye", me sentia como um pirata de perna de pau com um papagaio: "*Urrgh, matey. What do ye lack?*",* e Lerxst caía na gargalhada. Então, sugeri simplesmente substituir "*ye*" por "*you*", mas, no final, Neil

* Um efeito colateral, talvez, de muitos shows tirando sarro de "2112" com a minha voz de pirata e um papagaio de pelúcia no meu ombro?

se ofereceu para fazer a vocalização ele próprio. Combinado! Isso e a adição de notas da narrativa deixaram todos satisfeitos. Portanto, se você ouvir o final da faixa-título do álbum, pode escutar o próprio Pratt sussurrando a frase.

Nick achava que algumas músicas se beneficiariam de um tratamento orquestral (*todo* produtor quer seu grande momento), e recomendou que contratássemos David Campbell, com quem havia trabalhado no álbum homônimo da banda Evanescence no início do ano. Como o Rush era um grupo tão insular, eu estava ansioso para ouvir como os arranjos de David seriam executados pelos músicos de estúdio que ele mesmo havia escolhido em Los Angeles. Quando usamos cordas pela primeira vez em "Marathon", eu temia que o tratamento orquestral suavizasse demais nossa música – que reduzisse seu espírito rock n' roll e a floreasse demais. Também pode dar tudo errado quando se dá à orquestra as partes mais vigorosas da canção, que deveriam ser tocadas pela banda de rock. O resultado acaba sendo algo como um pseudo-Beethoven. Mas, se gravado com a quantidade certa de ambientação na mixagem, não é necessário diminuir o poder da banda. Foi Terry Brown, lá no começo da nossa carreira, que nos apresentou essa noção de "perspectiva": o que você quer que seus ouvintes ouçam e, quando fecharem os olhos, o que quer que eles vejam? Dar muito espaço para a seção de cordas pode de fato deixar uma música melosa demais; dar pouco espaço é como se nem houvesse cordas. De algum jeito, os instintos de David Campbell estavam tão sintonizados que ele acrescentou quase nada que fosse inadequado ou supérfluo.

Tínhamos trabalhado com orquestras antes, mas assistir a isso tudo acontecendo em tempo real disparou minha adrenalina e me deixou arrepiado. Como já tinha acontecido em anos anteriores, parecia um tipo de milagre que composições que haviam começado como um simples dedilhado no meu baixo pudessem alcançar tal dimensão. Com toda a sua experiência, David parecia ver de dentro para fora a maneira como

Ocean Way Recording, Los Angeles, 18 de janeiro de 2012.

estruturamos nossas músicas, onde os espaços ficavam, onde poderia adicionar as cordas sem atrapalhar. E a orquestra, cara, como foram profissionais! Os ensaios do Rush eram uma questão de aprender as notas por repetição, mas esses músicos – treinados para tocar, pensa só, a trilha sonora do filme mais recente do James Bond, ou fazer parte da orquestra do musical *The Book of Mormon*, na Broadway, e ler aquelas pequenas marcas pretas sem sequer pensar – só liam as partituras de David e as executavam de primeira. Eu costumava tirar sarro deles, falando: "Como é? Vocês têm que ler enquanto tocam?".

PEDIMOS AO ANDREW MacNaughtan que pegasse um avião e filmasse a sessão de gravação. Ele chegou morto de cansaço do voo e, enquanto circulava pelo estúdio naquele dia, não parecia ele mesmo. Andrew trabalhou de forma lenta e hesitante, algo bem incomum, e, na segunda-feira seguinte, quando nos reunimos num estúdio que ele alugou para tirar a foto para a capa e algumas fotos extras de divulgação, ainda não parecia em sua melhor forma. Alguns dias mais tarde, voltando para o hotel depois de uma partida de tênis com nosso representante, Andy Curran, me deparei com um alvoroço no saguão. A polícia estava por lá, mas, ei, estávamos em *Hollywood*, portanto...

No momento em que fechei a porta do quarto, o telefone tocou. Andy estava angustiado do outro lado da linha me contando que Andrew havia sido encontrado morto no quarto por causa de insuficiência cardíaca. Tais palavras não fizeram sentido para mim. Tive dificuldade de compreender. Desliguei o telefone e me sentei na cama tentando reunir forças para ligar para Nancy. Desde que Andrew havia trabalhado como assistente dela na Zapata, os dois ficaram muito próximos, e ele e seu parceiro, Alex Kane, haviam se tornado parte de nossa família. O telefonema, como você pode imaginar, foi simplesmente horrível.

O resto do dia seguiu como se estivesse em câmera lenta, e, quando Neil, Alex e eu conseguimos nos falar, estávamos tão entorpecidos pelo choque que não dissemos nada de relevante. Pratt estava em casa tentando consolar Carrie, que, tendo trabalhado com Andrew quando ela e Neil se conheceram, estava tão abalada quanto ele. Nick, Lerxst, Andy e eu acabamos no bar, bebendo até fechar. Estava evitando ir para o meu quarto, sabendo que tudo ficaria real demais quando estivesse sozinho com meus pensamentos. Era difícil entender como alguém tão jovem – apenas 47 anos de idade – pudesse ser levado tão repentinamente. Mais uma vez, fiquei desconcertado e irritado com o quanto nossa vida é frágil. Meu pai tinha apenas 45 anos quando morreu devido aos trabalhos forçados durante seus cinco anos nos campos de concentração... mas *isso?* Isso não deveria acontecer. Em um instante, um dos meus amigos mais próximos – que não tinha exibido sinais de doença grave – havia desaparecido. Mas era fato que Andrew fazia o tipo nervoso, que vinha lutando por muitos anos, de tempos em tempos, contra graves surtos de ansiedade. Prescreviam vários medicamentos para ele que o deixavam debilitado – principalmente fatigado. Às vezes, a cura pode ser pior do que a doença e, nesse caso, oficialmente determinado como decorrência de falência múltipla de órgãos, pode muito bem ter contribuído para sua morte. Viver sobrecarregado por seus próprios demônios dessa forma é um jeito solitário e podre de encerrar uma vida tão brilhante.

Não querendo desviar a atenção para mim mesmo, mas tenho que dizer que às vezes parece que esses surtos de angústia existencial que eu sofria na infância eram justificados, até premonitórios. Depois que meu pai morreu, minha obsessão foi alimentada ainda mais pelas muitas histórias que me contaram sobre todas as pessoas do "meu povo" que haviam morrido no Holocausto. Já adulto, com todas as baixas ao longo da estrada, um número desproporcional de mortes de amigos e colegas, eu me sentia cada vez mais vulnerável. Tentando fazer graça, costumava me lembrar do episódio de *Os Três Patetas* em que um bolo fica grudado no teto e Symona Bonaface diz a Moe: "Você age como se a Espada de Dâmocles estivesse pairando sobre sua cabeça". Falando sério, às vezes sinto que foi desse jeito que vivi grande parte da minha vida.

Fazia pouco tempo que Andrew tinha fundado uma organização beneficente chamada Art Gives Hope, inaugurando os trabalhos com o lançamento de um livro de fotografias que ele tirou na África Ocidental, chamado *Grace: Africa in Photographs*, com o lucro revertido para famílias afetadas pelo HIV e pela AIDS no continente. Ter esse pé fora da indústria do entretenimento significava muito para ele, e Andrew estava orgulhoso, com justiça, das imagens impressionantes que produziu para ajudar os mais necessitados. Nos dias que se sucederam, pensei muito no adolescente bem-apessoado que apareceu pela primeira vez à minha porta em meados dos anos 1970, pedindo um autógrafo. Seu último trabalho tinha sido justamente tirar fotos da banda e nos fazer rir.

***CLOCKWORK ANGELS* FOI** lançado em junho e teve um desempenho excelente logo de cara, chegando ao primeiro lugar nas paradas de álbuns de rock do Canadá e da *Billboard*, e ficando apenas em segundo lugar na parada mainstream da revista. O mais gratificante foi perceber que os fãs pareciam realmente gostar do novo material e estavam engajados com o conceito. Agora, eu poderia dividir meu verão entre ficar à toa no deque da minha casa no lago, participar das reuniões de design de produção com nossa equipe na cidade para criar o cenário da turnê *Clockwork Angels* e aprender a tocar pra valer as músicas que tínhamos passado tanto tempo compondo e aprimorando no estúdio. Há quem pense que essa familiaridade com o material torna o processo um pouco mais fácil, mas não é bem assim. Arranjar músicas trecho por trecho é bem diferente de tocá-las ao vivo simultaneamente com baixo, vocais e teclados. E, pode acreditar, algumas daquelas músicas eram difíceis pra caralho de cantar e tocar ao mesmo tempo. Para ilustrar a luta inglória, segue um relatório que enviei por e-mail aos meus parceiros durante os ensaios daquele mês de julho.

> *12 de julho de 2012*
> *QUEM ESCREVEU ESSAS MÚSICAS IGNORANTES?*
> *profundamente imerso nisso... caramba, tem como contratar um vocalista? sério, estou me saindo bem com o material novo... mas que porra é essa! há 3 partes fodidas aqui para mim... o refrão de Anarchist, os versos de Carnies e o pré-refrão quase impossível de Headlong... consegui a primeira metade, mas e a segunda? pode esquecer ... Leke, VOCÊ canta, ok?? e por hoje é só diretamente do bunker do inferno de Deke.*

Neil respondeu dizendo quase a mesma coisa, contando que estava tirando um dia de folga da "Casa da Dor" e nos enviou um vídeo curto dele no ensaio, que, com a ajuda do aplicativo Action Movie FX, terminava com um míssil explodindo a bateria e ele junto. *Sim, tudo explodia de verdade!*

Assim que as grandes engrenagens da turnê começaram a girar, ter aquele conjunto de cordas no palco foi uma experiência transformadora. Para mim, foi fascinante trabalhar com David nos arranjos. Eu adorava vê-lo em ação, observando como ele conseguia rapidamente transformar o material de várias músicas antigas que, segundo pensávamos, também se beneficiariam das cordas. Profissionalmente, aprendi muito sobre escrita melódica e, pessoalmente, senti-me sortudo por ter feito parte de uma turma tão simpática e poder socializar com eles o máximo possível. Cresci meio tosco e sem muita educação formal no circo do rock n' roll – assim como o garoto de *Clockwork Angels*, que foge para se juntar ao circo –, ao passo que esses músicos haviam trilhado um caminho bem diferente, com uma educação adequada, diplomas, tornando-se músicos contratados e assim por diante. Poder ouvi-los compartilhando suas histórias realmente elevava meu espírito todos os dias durante a passagem de som.

Desde o primeiro dia de ensaio, ficamos animados por estarmos cercados não apenas por tantos músicos experientes, mas também por tantos *sons*, camada sobre camada de melodias revigorantes e sutis que faziam com que as músicas que tocávamos havia anos parecessem renovadas. Fiquci impressionado com a energia extra que trouxeram

(ACIMA) *Protejam seus preciosos violinos! E, rapazes, também seus coques!* (ABAIXO) *"Xana-duuuu!"*

para a performance com sua empolgação. (Falando em energia extra, eles não estavam preparados para o calor que vinha dos lança-chamas que tínhamos instalado para explodir atrás deles durante o show. Sei onde me posicionar no palco quando aqueles desgraçados flamejantes explodem e como você sente toda a parte posterior do corpo ficar subitamente muito quente. E como era ficar onde eles estavam posicionados? Senhor!)

Tínhamos uma equipe com a qual eu já havia trabalhado e confiava implicitamente: meu irmão e produtor, Allan Weinrib, e o diretor Dale Heslip. Eles eram encarregados da cenografia e da produção de vídeo dos nossos shows havia anos. Abraçaram o conceito steampunk e, para complementar o luxuoso cenário que tínhamos introduzido na turnê *Time Machine*, contrataram vários animadores para dar vida a esse mundo estranho de múltiplas maneiras. Um dos nossos animadores favoritos mais antigos era a Crankbunny, também conhecida como Norma V. Toraya, que havia criado as transições para todas as músicas de *Moving Pictures* na turnê *Time Machine*, e, mais tarde, criaria mais segmentos para nós, especialmente o incrível vídeo de abertura para a turnê *R40*. O trabalho dela é te enganar: à primeira vista, há todas as flores exuberantes e criaturas fantásticas de um livro infantil vitoriano, mas tudo é tão exagerado na verdade que ver no enorme telão do show te faz cambalear como se alguém tivesse colocado algo na sua bebida. Teletubbies depois de tomar ecstasy! A profundidade e a amplitude da imaginação dela sempre nos deixavam impressionados.

A cereja do bolo foi o novo vídeo de apresentação, a história de dois gnomos e um troll – os guardiões sarcásticos e travessos do Watchmaker, o relojoeiro, interpretados por Lerxst, Pratt e eu, cujo principal propósito na vida era torturar o pobre cobrador de impostos (interpretado por Jay Baruchel). Foi o nosso questionamento ao estilo de *O Mágico de Oz* para a ideia da existência de Deus, projetado para deixar você se perguntando se os loucos tomaram conta do universo.

EM ABRIL DE 2013, nos reunimos em Los Angeles e ensaiamos para a segunda etapa da turnê, que deveria começar imediatamente após a nossa cerimônia de indução no, pasmem, Rock and Roll Hall of Fame. Após quinze anos de elegibilidade e sendo constantemente questionados pela mídia – "Como se sentem sendo esnobados mais uma vez?" –, desenvolvemos um saudável foda-se com relação a esse prêmio específico, então, agora que estava realmente acontecendo, mal sabíamos como reagir. Será que agora, de repente, nós nos importávamos? Quero dizer, nós *realmente* nos importávamos? A princípio, para ser bem honesto, não muito, mas, à medida que a notícia era assimilada, fomos nos entusiasmando. Pessoalmente, eu estava mais feliz pelos fãs leais que haviam falado abertamente sobre nossa exclusão por tantos anos; foi uma recompensa tanto para eles quanto foi um tapinha nas nossas costas.

Um bom número de amigos e familiares veio para a cerimônia – nossos pais também; minha mãe sorria sem parar. Era a primeira vez dela em Los Angeles, e ela estava pronta para a festa. Nunca escrevi sobre esse lado dela, mas minha mãe *adorava* receber atenção e ser reconhecida pelos fãs, ainda mais depois do documentário *Beyond the Lighted Stage*, o que realmente a deixou animada. "Estou me sentindo uma celebridade!", ela disse.

Tínhamos preparado um discurso para cada um, dividindo as responsabilidades e garantindo que não nos esqueceríamos de agradecer às pessoas mais próximas no calor do momento. No carro, a caminho do local do evento, Lerxst estava em seu próprio mundinho particular ao meu lado, ensaiando o discurso dele, e me lembro de ter ficado surpreso com a quantidade de gestos com as mãos. Parecia incongruente no contexto do que eu *achava* que ele iria dizer, mas eu tinha que pensar no meu próprio discurso, então não dei muita bola. Não me ocorreu que Alex tinha algo a mais "na manga", como o pai dele costumava dizer.

Aguardando no estúdio antes do show, estávamos calmos como de costume. Quero dizer, como você pode ficar nervoso com algo que você se convenceu de que não era importante o suficiente para se importar, não é? Nós, assim como os já nomeados anteriormente e os atuais, fomos pressionados a comparecer a uma festa pré-show e interagir com os doadores do evento, que haviam pagado a mais pelo privilégio de estar perto dos astros. Neil não queria fazer parte disso, mas Alex e eu, a contragosto, concordamos em comparecer, brincando no elevador, debochando de todos os bajuladores, enquanto um casal, que também se dirigia para o evento, demonstrava certo desconforto com a situação. Tínhamos pouca tolerância para esse tipo de panelinha e geralmente ficávamos o tempo mínimo necessário para manter as aparências. Sentados já dentro do teatro depois da festa, fiquei encantado em conversar com Spike Lee, a quem admiro muito, na mesa do Public Enemy, que ficava ao lado da nossa, mas, quando Joan Baez se sentou nas proximidades, para minha vergonha eterna, percebi que ela era a metade do casal que teve de aguentar nosso mau comportamento no elevador. Ai.

Discurso após discurso, apresentação após apresentação, os nomeados foram homenageados e as câmeras se moviam pelo local, demorando-se sobre as pessoas mais famosas presentes – gente realmente famosa, como Jack Nicholson, Oprah e Harry Belafonte. A tensão aumentou quando comecei a sentir um senso de – ok, estou *admitindo* agora – importância se infiltrando no ar e dentro de mim. Ao longo da noite, vários músicos, como Tom Petty, Tom Morello, Jackson Browne e Chuck D, também fizeram questão de dizer algo legal para mim. Como eu poderia manter uma fachada de indiferença diante de tudo isso? Bem, vou ser honesto: não tinha como. Fui seduzido por tudo aquilo. Parecia uma doce rendição.

Quando, em seu discurso de apresentação, Jann Wenner, fundador e editor-chefe da *Rolling Stone*, pronunciou as palavras "de Toronto" antes mesmo de dizer nosso nome, a plateia explodiu. Ele parecia chocado,

(ESQUERDA) *Um discurso histórico.*

(ABAIXO) *Não há dúvida, Super Dave sabe com quem festejar. (Ela ficou lá mais tempo do que eu!)* (DIREITA) *E você conhece esses caras.*

(DIREITA, ESQUERDA PARA DIREITA) *Dave, Taylor, Nick Raskulinecz, Neil, eu e Al.*

pois ficou claro a partir daquele momento que uma parte considerável do público tinha vindo estritamente para celebrar nosso momento ao sol, e seus aplausos barulhentos me deixaram arrepiado. Após sua introdução (quando ele foi vaiado), se aproximou de nossa mesa e se curvou, sussurrando em meu ouvido: "Uau… simplesmente incrível!". O homem que tinha sido o alvo da ira dos fãs do Rush ao longo dos anos, aquele que nós achávamos ser o culpado por *não* entrarmos naquele salão sagrado (e que tinha ignorado a banda em sua revista), parecia visivelmente abalado pelo amor que agora estava sendo derramado sobre nós. Tenho que admitir, esse também foi um momento doce.

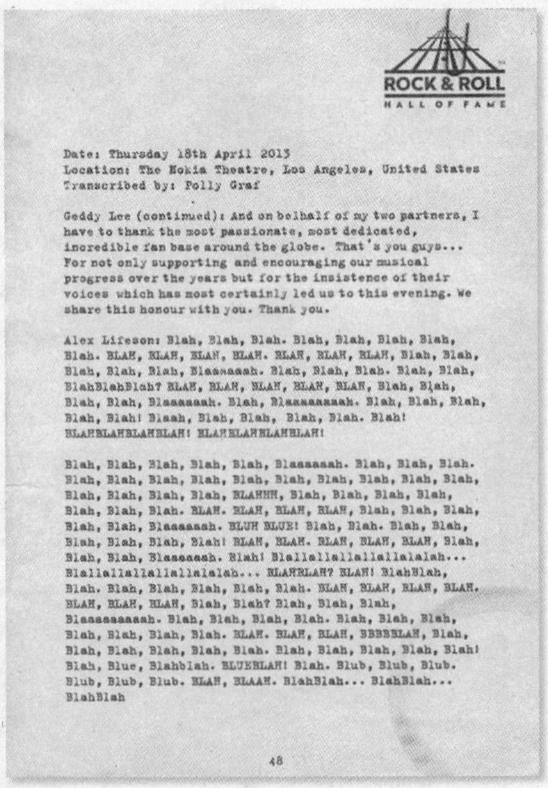
ROCK & ROLL HALL OF FAME

Date: Thursday 18th April 2013
Location: The Nokia Theatre, Los Angeles, United States
Transcribed by: Polly Graf

Geddy Lee (continued): And on belhalf of my two partners, I have to thank the most passionate, most dedicated, incredible fan base around the globe. That's you guys... For not only supporting and encouraging our musical progress over the years but for the insistence of their voices which has most certainly led us to this evening. We share this honour with you. Thank you.

Alex Lifeson: Blah, Blah, Blah. Blah, Blah, Blah, Blah, Blah. BLAH, BLAH, BLAH, BLAH. BLAH, BLAH, BLAH, Blah, Blah, Blah, Blah, Blah, Blaaaaaah. Blah, Blah, Blah. Blah, Blah, BlahBlahBlah? BLAH, BLAH, BLAH, BLAH, BLAH, Blah, Blah, Blah, Blah, Blaaaaaah. Blah, Blaaaaaaaah. Blah, Blah, Blah, Blah, Blah! Blaah, Blah, Blah, Blah, Blah. Blah! BLAHBLAHBLAHBLAH! BLAHBLAHBLAHBLAH!

Blah, Blah, Blah, Blah, Blah, Blaaaaaah. Blah, Blah, Blah. Blah, Blah, Blah, Blah, Blah, Blah, Blah, Blah, Blah, Blah, Blah, Blah, Blah, Blah, BLAHHH, Blah, Blah, Blah, Blah, Blah, Blah, Blah. BLAH. BLAH, BLAH, BLAH, Blah, Blah, Blah, Blah, Blah, Blaaaaaah. BLUH BLUE! Blah, Blah. Blah, Blah, Blah, Blah, Blah, Blah! BLAH, BLAH. BLAH, BLAH, BLAH, Blah, Blah, Blah, Blaaaaaah. Blah! Blallallallallalalah... Blallallallallalalah... BLAHBLAH? BLAH! BlahBlah, Blah. Blah, Blah, Blah, Blah, Blah. BLAH, BLAH, BLAH, BLAH. BLAH, BLAH, BLAH, Blah, Blah? Blah, Blah, Blah, Blaaaaaaaaah. Blah, Blah, Blah, Blah. Blah, Blah, Blah, Blah, Blah, Blah, Blah. BLAH. BLAH, BLAH, BBBBBLAH, Blah, Blah, Blah, Blah, Blah, Blah. Blah, Blah, Blah, Blah, Blah! Blah, Blue, Blahblah. BLUEBLAH! Blah. Blub, Blub, Blub. Blub, Blub, Blub. BLAH, BLAAH. BlahBlah... BlahBlah... BlahBlah

48

Alguns dos discursos que se seguiram foram muito longos e autocongratulatórios – sim, é isso aí, Flavor Flav, estou falando de *você*, cara. Mas finalmente chegou a nossa vez. Do púlpito, Taylor Hawkins e Dave Grohl fizeram uma apresentação empolgante, e quero dizer empolgante *mesmo*. Eles foram tão engraçados, especialmente ao zoarem nossas fotos da capa do álbum *2112*, que nos deixaram eufóricos, mas seu endosso vigoroso a nós como músicos, ao que significávamos para músicos como eles, foi o que realmente tornou a noite valiosa.

Então, nos chamaram ao palco. Neil fez um discurso cheio de sagacidade e sabedoria, como qualquer um que o conhecia poderia esperar, mas o momento mais bonito para mim foi quando ele disse: "Todos os nomeados anteriores neste panteão do rock são como uma constelação de estrelas no céu noturno. Entre eles, somos um pequeno ponto de luz... na forma de uma folha de bordo". Quando falei minha parte, agradecendo aos nossos fãs pela dedicação que tornou o prêmio uma realidade, a maneira como Taylor estava pulando de alegria me fez achar que ele saltaria para fora dos próprios sapatos. Finalmente, passei o microfone para Lerxst e olhei de volta para o teleprompter, onde o discurso que ele havia escrito estava pronto para ser exibido. Mas não. Ignorando-o completamente, ele surpreendeu a todos com um cativante e longo número mímico, interpretando seus sentimentos ao longo de nossa jornada, os anos de trabalho, a fadiga, a exaltação de tocar, a persistência e a decepção, o "foda-se" à rejeição, a incredulidade de finalmente sermos aceitos, o senso de orgulho e gratidão em relação à galeria – tudo com gestos e paixão, e as palavras, apenas as palavras, "blah blah blah, blah blah blah", repetidamente. Neil e eu ficamos perplexos, para dizer o mínimo, mas continuamos sorrindo lá em cima por uma eternidade. Parados atrás dele como estávamos, não podíamos apreciar as nuances de sua performance, e, em certo momento, me inclinei para Neil e disse: "Vou *bater* nele com meu troféu, e *você* o arrasta para fora do palco, ok?". Para nós, parecia que ele estava desagradando o público, embora estivesse muito longe disso. Aquele discurso deixou uma impressão duradoura em todos os presentes e em todos que assistiram de casa quando a premiação foi ao ar na TV. E se tornaria uma coisa regular pelo resto da turnê ver pessoas na plateia com placas e camisetas com aquelas três palavras simples, mas eloquentes e reveladoras.*

* Não sei como Flavor Flav se sentiu ao ser tão ofuscado, mas, depois que pegamos o prêmio e terminamos a apresentação, Chuck D olhou para Alex e disse: "Cara, aquilo foi uma obra de arte!".

CAPÍTULO 27

APÓS A TURNÊ *CLOCKWORK ANGELS*, nós três seguimos em grande parte por caminhos diferentes. Neil se dedicou ao papel de pai e marido, trabalhando na adaptação do romance *Clockwork Angels – Os Anjos do Tempo* e se rendendo ao amor por carros esportivos clássicos e motocicletas, saindo ocasionalmente para dar um passeio, mas principalmente ampliando sua coleção "Silver Surfer", todo feliz e orgulhoso. (Todos os carros eram prateados, exceto um, na verdade: o Shelby Cobra preto de 1964. Não entendo muito de carros, mas essa fera sempre foi a minha favorita.)

Lerxst, por outro lado, deu uma escapada do desgaste barulhento de nossa vida rock n' roll ao aprimorar seu jogo de golfe e se associar a outros entusiastas do esporte para construir um campo ao norte de Toronto. Mentalmente, ele estava bastante empolgado com o desafio de projetá-lo, mas ainda sofria da mesma artrite e dos problemas cardíacos e digestivos que haviam piorado durante a turnê. Na verdade, embora Alex estivesse consultando vários médicos e experimentando uma gama de novos medicamentos, sua condição estava se agravando. A pausa das turnês e das gravações não poderia ter vindo em momento mais oportuno para ele.

Em 28 de maio de 2014, nossa família cresceu gloriosamente com a chegada de nosso primeiro neto, Finnian Moses Weinrib. A partir desse dia, eu assumiria mais uma identidade: "Zaidy" Lee!* Não vou negar que fui dominado pela emoção. Por anos, vi os olhos de Lerxst cheios de amor quando ele nos contava histórias de seus netos, enquanto eu achava um saco. Mas, agora, estava olhando para o meu próprio neto todo emocionado. Quem diria? É simplesmente puro amor. Espere e veja por si mesmo: você só vai entender quando acontecer com você!

No final do verão, os relatórios sobre a saúde de Lerxst não eram nada bons. Ele sentia um desconforto terrível e finalmente havia recebido o diagnóstico correto, que recomendava cirurgia. Basicamente, Alex sofria de úlceras hemorrágicas agravadas pelo fato de seu estômago ter, de alguma forma, se deslocado muito para cima em seu abdômen, gerando pressão sobre essas úlceras e os pulmões, o que, por sua vez, causava falta de ar e arritmia cardíaca. Como se isso não bastasse para nos preocuparmos, também estava acontecendo alguma coisa com Pratt, que passou a insistir em se reunir conosco e com Ray menos de uma semana após a cirurgia de Alex. Neil estava com a agenda apertada para promover seu livro mais recente, *Far and Near: On Days Like These*, no Canadá e nos disse que não havia outra opção de data. Isso não me parecia nada bom. Ele estava agindo de modo bastante intransigente, principalmente considerando a condição de Lerxst, o que era uma atitude muito inco-

* Baseada na palavra ídiche *zeda*, Zaidy ou Zaidie ou Zayde significa "avô".

mum de sua parte; portanto, obviamente havia algo sério acontecendo. Então, concordamos com a data sugerida por ele.

Nos encontramos em um lugar que frequentávamos regularmente. Fora do hospital havia apenas quatro dias e incapaz de se inclinar para a frente com facilidade, Lerxst entrou devagar e teve dificuldades para se sentar, ficando bem ereto, lutando para não demonstrar seu desconforto pela vontade de seguir adiante com a reunião. A tensão pairava no ar, algo extremamente fora do normal para nós três. Depois de uma troca de palavras meio incômodas, Neil foi direto ao ponto: ele não queria fazer uma turnê em 2015. Nos disse que desejava adiar quaisquer shows por pelo menos um ano para passar mais tempo em casa... e acrescentou que estava pensando em se aposentar.

Bum. A palavra que começa com "A".

Ficamos em silêncio enquanto ele nos dizia o quanto estava orgulhoso de *Clockwork Angels*. Era a nossa melhor obra, falou, mas difícil de superar, e ele temia que o desgaste em seu corpo logo começasse a afetar sua performance. Mesmo que não afetasse, não podia mais justificar a si mesmo ficar longe de Olivia por causa de uma turnê. Ele precisava e *queria* ser uma presença mais constante em sua vida.

Por mais incontestáveis que esses argumentos parecessem, tentamos contestá-los, mas nada o fez mudar de ideia, até que Lerxst admitiu que, depois de todos os problemas de saúde que tinha enfrentado nos últimos anos, *também* estava quase pronto para abandonar a estrada. Enquanto isso, fiquei lá sentado, em choque – ele nunca havia compartilhado tais sentimentos comigo antes –, e Alex continuou, explicando que preferiria fazer uma turnê logo antes que fosse tarde demais, ou seja, antes que sua saúde piorasse. Ao ouvir isso, o rosto de Neil se contorceu. Claramente parecia irritado. De dedo em riste para Lerxst, falou algo como: "Antes desta reunião, disse a mim mesmo que a *única* coisa que poderia enfraquecer minha determinação era se Lerxst realmente quisesse fazer a turnê agora...".

Ficamos em silêncio por um tempo. E, então, concordamos em ir para casa e pensar no assunto depois de uma noite de sono.

NO INÍCIO DE NOVEMBRO, fui para Londres, animado porque iria me apresentar com o The Who no 50º aniversário da banda, no evento beneficente do Teenage Cancer Trust, e, assim que cheguei, recebi um e-mail de Neil com o assunto: "Meu Deus. Seu Safado." Aqui está um trecho que ilustra nosso estado de espírito após aquela reunião difícil em Toronto (ah, ajuda explicar que, nessa fase, nossos apelidos tinham evoluído depois de uma vida inteira juntos. Neil agora era "Peke", Alex era "Leke", e eu tinha virado "Deke", ao passo que "Ekes" se tornou o pronome de tratamento no plural):*

Ekes:

A única porta que eu tinha deixado aberta –

A única pequena alavanca.

É foda.

Em todos os meus planos de NÃO trabalhar no próximo ano, e talvez até abraçar a palavra com "A" (e não me refiro à "A turnê R40") – em todas as minhas intenções de continuar no meu modo de vida atual, por minha causa e por Olivia –

a única *porta que eu tinha deixado aberta no cenário criado na minha mente era...*

Que se Lerxst realmente *quisesse fazer isso e sentisse que talvez não conseguisse fazê-lo em 2016, então eu seria obrigado a concordar.*

E o safado fodido vai lá e joga logo essa carta na mesa...

---

* Recentemente, me deparei com outro e-mail de Neil, de quando ele estava doente e tendo dificuldade para formular frases: "Ei, Deke. Tenho uma clara lembrança de quando esse apelido nasceu. E de tantas outras coisas. Era a resposta para uma cruzadinha sobre uma jogada de hóquei, DEKE. E, logo depois disso, você passou a escrever sua assinatura também desse jeito. Era bom demais para deixar passar batido".

Chamar Lerxst de "safado fodido" era obviamente uma brincadeira. Ele nunca teria cedido se não fosse pelo amor e pelo respeito que sentia pelo homem. Neil escreveu que nossa reunião o fez passar uma noite inteira andando de um lado para o outro no quarto e falando *fuck* mil vezes, mas, no final, tinha decidido seguir a vontade de Lerxst sem reclamar.

Então, continuou, dizendo:

Mas, agora, de volta em casa e forçosamente redirecionado, estou me adaptando a outra palavra que começa com "A": "aceitação" – as coisas são como são. Vou abraçar meu destino, aceitar graciosamente o inevitável; posso encarar tudo isso como um desafio necessário – reorientar meu foco e minhas energias... Começar a pensar em um novo kit de bateria... Em que músicas estranhas poderíamos tocar... Num (eca!) novo solo de bateria...

Respondi da forma mais positiva que pude:

Ekes,

tantas coisas para discutir... agora que Peke está condicionado à palavra que começa com "A"...

Primeiro, deixe-me dizer, Peke, que qualquer coisa que possamos fazer para dar a você mais tempo em casa com Olivia está perfeito para mim e que eu entendo completamente a situação... então, se ensaiar em LA for útil de alguma forma, vamos fazer isso... para que você possa estar em casa mais prontamente... Quanto à agenda... fico feliz em deixar que você e Ray decidam a maior parte dela, conforme o que se ajustar melhor à sua vida...

De qualquer maneira... vamos tentar tornar isso o menos doloroso possível e fazer algo que possamos desfrutar o mais humanamente possível, apesar do número de palavrões que serão proferidos do meio do palco...

Permaneço seu fiel judeu,

Deke.

Foi bom tirar isso do meu peito, mas meu coração ficou mais pesado quando li a resposta de Alex:

Ekes,

Também estou aceitando o fato de que esta seja provavelmente a última turnê que faremos juntos. Me sinto triste e aliviado ao mesmo tempo; amo demais tocar junto com vocês e sentirei muita falta disso, mas também me sinto culpado por ter cravado um punhal em seu coração, Peke. Como Deke disse, faremos o possível para tornar isso mais confortável para você...

... Permaneço sei lá o quê,

Leke

Era minha vez de dizer "*fuck*". Essa troca de mensagens havia lançado uma sombra sobre nosso futuro, mas eu estava determinado a seguir em frente, reunir a equipe e planejar o que se tornaria a turnê *R40*. Tínhamos desviado de uma bala e, fiel a seus mantras "Nada de se lamentar" e "As coisas são como são", Neil voltou ao trabalho sem reclamar, mas eu sabia bem que não seria a última vez que ouviríamos a palavra que começa com "A". "Aposentadoria", a meu ver, é uma palavra incongruente para um músico, e definitivamente não é um conceito que eu havia – ou tenha – considerado. Eu sequer conseguia conceber tal palavra. Quando Neil mencionou essa possibilidade pela primeira vez, instintivamente pensei: *Ridículo! Músicos não se aposentam, artistas não se aposentam. Eles trabalham ou não, mas sempre deixam a porta aberta para quando a inspiração surgir novamente. A porta deve sempre ficar entreaberta,*

aberta para a possibilidade de que sentimentos possam mudar e frequentemente mudam, então por que impor um fim a isso? Mas afastei tais pensamentos da melhor maneira que pude e me dediquei mais uma vez à empreitada, partindo para um conceito de turnê que eu já tinha em mente havia algum tempo: uma retrospectiva teatral do Rush, mas *em modo reverso*. Um tipo de regressão, não apenas musical, mas também visual e tridimensional.

O SHOW COMEÇARIA no presente, com as músicas e o visual do palco exatamente do jeito como a turnê *Clockwork Angels* havia terminado: em nosso próprio universo steampunk; a partir daí, voltaríamos no tempo passando por todas as fases de nossa carreira até, no final, sermos reduzidos ao nosso começo humilde, com os elaborados cenários sendo desmontados no palco e substituídos por uma bateria simples e um par de amplificadores em cima de cadeiras num ginásio genérico de um colégio – uma reprodução do meu primeiro show com o Dusty Coconuts, no auditório da Fisherville Junior High, em 1967, competindo na Batalha das Bandas.

Por anos, eu havia assistido a peças e musicais em Londres e Nova York acompanhado de Nancy, e agora aquelas centenas de horas estavam mostrando seu valor.* Eu sempre ficava admirado assistindo às trocas de cenário – como quando o palco começava a girar no meio do ato, ou se erguiam painéis para revelar algo completamente novo. No teatro, é perfeitamente normal ver as coisas mudarem diante dos seus olhos; você até mesmo vê os *atores* moverem os móveis enquanto montam a próxima cena, e, ainda assim, quando as luzes se acendem novamente, você mantém a suspensão da descrença! Por outro lado, no

* As projeções no telão do fundo para "The Wreckers" na turnê *Clockwork Angels* foram inspiradas pela apresentação de Miyako Odori, a que assisti certa vez em Kyoto, onde os músicos e as gueixas tocavam diante de um fundo com a imagem do oceano ao estilo de Hokusai, com inúmeras ondas recortadas em papel ondulando no ritmo da música.

mundo do rock, existe uma espécie de acordo tácito de jamais quebrar a chamada terceira parede; você nunca vê a mecânica da coisa, nunca vê o Mágico de Oz escondido atrás da cortina, apenas vê a magia que está sendo realizada. Então, pensei, não seria ótimo trazer essa abordagem para um show de rock n' roll, onde você realmente possa ver os roadies movendo as coisas? Na minha cabeça, visualizei as alterações de cenário ao longo do show, o que exigiria que nossa equipe de carpinteiros, vestida com macacões vermelhos no estilo de *Moving Pictures*, trocasse os cenários diante da plateia – e com um toque de exagero para anunciar claramente as muitas eras na história do Rush. Ao retrocedermos para os anos 1970, por exemplo, quando o *rigueur* eram as torres de amplificadores, nós os empilhamos até quase chegar ao céu – embora, agora, é claro, se tratasse de caixas vazias com os logotipos personalizados "Dirk" e "Lerxst", os meus estilizados como os Ampegs que eu usava naquele período, e os de Alex iguais aos Marshalls.

A empolgação aumentou após os ensaios gerais em Tulsa, Oklahoma, quando ficou claro que a ideia de retrospectiva reversa ia dar muito certo. E foi o que aconteceu na noite de abertura, em 8 de maio de 2015, e na primeira semana de shows; mas, por mais contente que eu estivesse, era doloroso ver tão poucos shows marcados na agenda. Pratt havia concordado em fazer 30, que Ray aumentou para 35, mas isso significava que não haveria datas no Reino Unido, na Europa ou na América do Sul. O fato de atingirmos apenas os maiores centros populacionais da América do Norte foi frustrante pra caramba para mim. Parecia tão inadequado, tão injusto com nossos fãs, mas tive que manter a calma e considerar as coisas filosoficamente: afinal, com tudo o que Neil havia perdido, depois sobrevivido e, em certa medida, recuperado, o fato de ele *conseguir* reunir entusiasmo suficiente para voltar já foi um milagre. Tudo o que conquistamos depois de 2002 tinha que ser visto como um bônus para o que já tinha sido uma ótima e proveitosa carreira.

Ouvindo *Clockwork Angels* outro dia, quase fiquei chocado ao constatar o quanto esse álbum se mantém relevante e é especial, mas quem identificou isso na época foi Neil. Essencialmente, foi por isso que ele se aposentou: assim que escutou as primeiras demos e, novamente, quando todos nós ouvimos o álbum completo, claramente pensou: *Não tem como sermos melhores que isso*. Ele tinha um medo mortal de subir ao palco e não tocar em alto nível para nosso público e para *si próprio*. No entanto, ironicamente, na turnê *R40*, Neil tocou melhor do que nunca. Na verdade, ele ficou um pouco chateado, porque sabia que estava tocando no seu auge, mas achava que nem Alex nem eu o estávamos elogiando o suficiente. Ele contou a outras pessoas que estava decepcionado, mas juro que, todas as noites, me posicionava na lateral do palco e assistia ao seu solo de bateria admirado. Olhe para qualquer filmagem dos bastidores dessa turnê, e ali estou eu: ouvindo. Eu nem mesmo tirava meus fones de ouvido. No final das contas, porém, não era que ele não quisesse mais tocar no Rush; ele simplesmente não queria mais tocar, *ponto final*. Já havia perdido uma família, e não arriscaria ser um pai ausente para Olivia.

Essas eram as coisas que eu dizia para mim mesmo, mas meu coração não queria ouvir. Então, me apegava aos "e se", e havia muitos deles pairando no ar... *E se Neil se divertir tanto nesta turnê que vai acabar cedendo e nós poderemos acrescentar mais algumas semanas de shows? E se depois de uma pausa em casa, ele quiser voltar e fazer outra perna ou até duas? E se depois de um ano longe da rotina de turnês, ele se sentir revigorado e sedento pelo desafio mais uma vez?* E havia também a saúde de Alex a considerar. A artrite representava uma ameaça para sua performance, e sei que isso pesava muito sobre ele, mas Alex parecia estar lidando bem com todas essas questões; a cirurgia tinha dado certo, e pelo menos alguns de seus problemas de saúde tinham desaparecido ou ficado em segundo plano. Foi por isso que me recusei a chamar a *R40* de turnê de despedida. Se há uma coisa que aprendi na vida, é que – para citar meu velho parceiro – "qualquer coisa pode acontecer". Houve muitos artistas (vocês sabem quem são) que disseram adeus e que depois voltaram fazendo papel de tolos, ultrapassados ou simplesmente parecendo que estavam precisando desesperadamente de dinheiro. Eu me recusava a explorar nosso público desse jeito. Se fosse realmente o fim, então que seja, mas, antes de a turnê começar, eu certamente não estava preparado para fazer esse tipo de pronunciamento público. Me agarrava a um pouquinho de esperança, e sempre que me perguntavam sobre o assunto, eu simplesmente respondia "provavelmente é nossa última turnê", mas nada mais definitivo do que isso.

A turnê continuou e foi ganhando força, recebendo fãs do mundo todo como se tivessem ouvido rumores de que aquela pudesse ser a nossa última, ou porque não havia tido anúncios de shows no exterior. Noite após noite, avistávamos pessoas segurando placas com o nome de seus países de origem, e toda vez que eu via uma, secretamente esperava convencer Pratt de alguma forma a estender a turnê. No entanto, não podia ficar falando disso constantemente sem criar um clima desconfortável. E eu realmente não queria ser o responsável por um ambiente ruim durante aquela que poderia muito bem ser a nossa última jornada.

Então, Neil começou a apresentar novos problemas de saúde. Depois de passar alguns dias inteiros andando de moto debaixo de chuva, com os pés encharcados dentro das botas, ele foi acometido por uma infecção extremamente dolorosa. Foi diagnosticado como um fungo que causava eczema, psoríase e infecções bacterianas. Neil tentou usar pomadas, mas elas só pioraram as coisas. Qualquer alegria que estivesse sentindo por tocar bem – e, como falei, ele estava tocando no melhor nível que eu já havia testemunhado – parecia ofuscada por causa dessa enfermidade agonizante. Sendo o indivíduo ultraestoico que era, cancelar ou remarcar alguns shows não era uma opção; ele teimosamente insistia em tocar apesar da dor, e isso era difícil de assistir. Mal conseguia andar até o palco sem fazer caretas, mesmo assim batia forte nos

(ABAIXO) *Eu e meu "irmão de outra mãe", nosso tour manager, Craig "C.B." Blazier (que conheci no nosso primeiro show com o KISS, em 1974, quando C.B. trabalhava com eles como técnico de mixagem).*

(ACIMA) *Donovan faz uma selfie bem rock n' roll enquanto reabastecemos em Gander, Newfoundland.*

(ESQUERDA) *Liam "Leaf" Birt e Herns se juntaram a nós num dos nossos últimos voos: e eu com meu camarada Skully contando uma piada (provavelmente à custa de outra pessoa).*

bumbos noite após noite. Como ele mesmo descreveu para nós: "No final da segunda etapa da turnê, eu estava andando com os dois pés em carne viva".

Conforme avançávamos do nordeste para o sudoeste, os últimos shows ficavam cada vez mais próximos, e eu tinha que manter a tristeza que borbulhava dentro de mim sob controle. Acho que consegui disfarçar bem, e suspeito que Lerxst se sentia da mesma forma, mas Neil estava numa fase ascendente. Depois de uma semana de folga em casa, seus pés estavam começando a melhorar. Acho que ele sabia que estava na reta final e se sentia bem por ter cumprido sua obrigação conosco – principalmente com Lerxst – e não conseguia esconder sua crescente felicidade. Acredito que tenha sido a única pessoa em toda a organização que ficava mais feliz a cada passo mais próximo do fim; chegou até mesmo a fazer um lote de camisetas comemorando sua liberdade iminente, com sua foto de braços abertos sobre a motocicleta e os dizeres BRING THAT HORIZON TO ME! – TRAGA ESSE HORIZONTE PARA MIM! – estampados logo acima da imagem.* Ele parecia alheio ao semblante dos membros de longa data da nossa equipe, que, para mim, demonstravam tristeza pela jornada *deles*, que também estava chegando ao fim.

Depois, em Los Angeles, inevitavelmente, veio o último show. Enquanto eu estava sozinho no banco de trás da carona até a arena, me sentia nervoso, em conflito comigo mesmo, lutando contra isso, tentando ficar calmo, tratando aquele como apenas mais um show, mas cheio de maus presságios. Antes de entrar no The Forum, parei e fiquei olhando em volta, tentando assimilar tudo, e sabia que seria um dia de emoções conflitantes. Fizemos nossa costumeira rotina de passagem de som, mas passamos mais tempo conversando com a equipe do que realmente tocando, e o tempo todo tive que fazer um esforço imenso

* Ele usou a mesma foto e o mesmo subtítulo na capa de *Far and Wide*, o livro em que Neil narra a versão dele sobre os mesmos eventos a que estou me referindo aqui.

apenas para parecer normal. Em seguida, jantamos como de costume, enquanto nos preparávamos para o show. Algumas piadas foram feitas, mas não tantas como antigamente. Neil passou a maior parte do tempo dentro do camarim dele, com família e amigos, onde eu suspeitava que o clima predominante era de festa. Ele estava prestes a ser libertado. Enquanto escrevo isso, a expressão "Duas Solitudes" me vem à mente. Esse é o título do romance de Hugh MacLennan – *Two Solitudes* – sobre a falta de comunicação entre os canadenses de língua inglesa e de língua francesa, mas sem dúvida também se aplica aqui. Naquela noite, havia dois camarins, que poderiam muito bem ter sido dois mundos diferentes; se não era uma nação, certamente era uma *banda* dividida. Sem querer, escutei Liam dizer que Neil havia pedido algo que nunca havia pedido depois de uma turnê: ele queria que seu case não retornasse para nosso depósito em Toronto, mas que fosse levado para a Bubba Cave, em LA, seu santuário pessoal e escritório/garagem privativos, onde guardava os Silver Surfers, as motos e a escrivaninha. Esse foi o momento que selou tudo para mim – era realmente o seu show derradeiro.

Pouco antes de o show começar, Pratt veio até o nosso camarim como de costume, brincamos como sempre, seguimos até o palco como sempre. Mas o turbilhão de emoções que todos nós carregávamos estava longe do habitual. Naquela noite, tocamos com todo o nosso coração, e fiz questão de aproveitar o máximo que podia no intervalo entre uma música e outra. Foi um espetáculo sensacional, e eu podia ver gente com lágrimas nos olhos no meio do público. Como sempre, me senti incrivelmente vivo e consciente de tudo o que acontecia naquela arena, mas, dessa vez, numa dimensão puramente emocional; e à medida que chegávamos cada vez mais perto da última música, tive que lidar com o nó se formando na minha garganta.

Pouco antes de subirmos ao palco, Alex e eu sugerimos a Neil que talvez ele quisesse atravessar a linha imaginária entre sua bateria e a parte da frente do palco e ir até lá para fazer uma reverência, mas ele se recusou. Uma de suas tradições era jamais deixar o conforto de seu praticável para se aventurar em nosso território, assim, depois de tocarmos as últimas notas de "Working Man", quando ele se levantou para tirar as três fotos de mim, de Alex e do público que estão na página seguinte, aceitei que seria isso. Mas, enquanto eu estava fazendo o meu melhor para me despedir da plateia sem perder a compostura, senti um toque no meu ombro. Olhei para trás e vi que o grandalhão tinha descido da bateria para nos dar um abraço afinal. Em seguida, nós três fizemos nossa última reverência no centro do palco. E tudo terminou.

Neil correu para o camarim dele, onde sua família e amigos estavam esperando, e Alex e eu fomos para o nosso. A gente se abraçou e depois trocou de roupa em silêncio para nos prepararmos para a festa. Acho que nunca senti emoções tão confusas. Estávamos felizes por estarmos na companhia um do outro, mas não nos sentíamos exatamente festivos. Sabíamos que seriam necessários vários drinques bem fortes para colocar um sorriso no rosto.

Como LA agora era o lar de Pratt, ele estava ocupado com seus convidados, e não me lembro de tê-lo visto pelo resto da noite. Nosso último contato naquele dia foi o abraço no palco. Neil até mesmo havia isolado uma área da festa no mezanino só para ele, seus amigos e familiares. Alguns de seus convidados saíram de lá para tomar uma bebida conosco, mas ele não o fez, e nem eu nem Alex nos aventuramos a subir até lá. Foi uma maneira perturbadora de terminar tudo, mas me forcei a lembrar que, ao longo de nossos 40 anos juntos, Pratt foi ficando cada vez mais desconfortável em situações de festa, principalmente quando havia muitas pessoas que ele não conhecia.

Fosse uma festa incrível ou um velório, não dava para dizer, mas ficamos por lá bebendo o suficiente até que os caras da equipe da banda carregassem todo o equipamento nos caminhões e se juntassem a nós para um brinde antes de deixarmos a arena. Parti sentindo entu-

Fotos tiradas por Neil de trás de sua bateria no The Forum, 1° de agosto de 2015.

siasmo por ter feito um show monumental, mas meu conflito interno me deixou cansado e emocionalmente esgotado. Parte de mim estava convencida de que tinha acabado, mas ainda me agarrei a um pequeno fragmento de esperança com relação ao destino da minha banda de mais de 40 anos de existência.

No voo de volta para casa, Lerxst, eu e nossas famílias ficamos em silêncio, tanto pelo desgaste da festa que terminou bem tarde quanto por causa montanha-russa emocional da última semana. Na manhã seguinte, como tantas vezes havia acontecido após uma turnê ou uma sessão de gravação, e depois que a intensidade diminuiu e os picos de adrenalina cessaram, acordei em minha própria cama doente com uma tosse que duraria semanas. Depois de passar uma semana em casa com visitas regulares do meu neto, o que sempre é um tônico para minha alma, colocamos os cachorros no carro e partimos rumo ao norte,

Nancy tirou essa foto minutos após nosso último show.

para nossa casa do lago, para passar momentos tranquilos junto à água ondulante. Não tenho muita certeza se ficar sozinho com meus pensamentos, sem distração alguma, foi a melhor coisa para o meu cérebro naquele momento específico, mas meu corpo sem dúvida precisava de descanso.

Dizem que a depressão, na verdade, é raiva reprimida, e admito que encerrar a turnê após somente 35 shows me deixou frustrado e ressentido. Tentei manter o espírito elevado, mas não conseguia esconder minha decepção. Eu estava tão orgulhoso da turnê que tínhamos criado e da qualidade de nossas apresentações até o último show, que, para mim, parecia que estávamos ganhando força, e não encerrando a jornada. Foi por isso que ainda mantive a esperança de que Neil mudasse de ideia. Fiquei com a sensação de que a festa havia terminado justamente quando estava no ápice.

Eu entendia que Pratt merecia a nova vida que havia escolhido para si, mas, quando escolheu encerrar sua carreira, também havia encerrado a minha – pelo menos com o Rush. Alex estava mais preparado para essa mudança do que eu devido a seus problemas de saúde, mas mesmo ele sentia que a *R40* deveria ter sido mais longa. Ele não ia mais sair em turnê como um projeto de longo prazo, mas, graças à cirurgia, estava se sentindo melhor a cada dia, e, depois de todo o trabalho que havíamos colocado em *Clockwork Angels*, ele também queria levá-lo a mais pessoas. Sim, éramos livres para contratar outro baterista e reinventar a banda, mas sentíamos que nossa identidade essencial estava inextricavelmente ligada às nossas três personalidades e expressa na música que só nós poderíamos criar juntos. Estava fora de cogitação encontrar um substituto – e isso nem passou pela nossa mente na época. Lerxst e eu poderíamos continuar compondo juntos, mas não como Rush. O círculo havia sido quebrado. No entanto, qualquer que fosse o nosso próximo passo, teria que ser algo novo, diferente, mas eu não estava em condições de imaginar como faríamos isso.

Nunca houve uma reunião depois da turnê, nem qualquer conversa sobre o futuro. Tínhamos seguido caminhos diferentes, deixando para trás o elefante na sala. No final, Neil nunca realmente disse: "É isso, pessoal, estou fora. Foi ótimo, amo vocês, mas agora estou fora". Ele nos levou a acreditar que a aposentadoria era iminente, mas nunca disse adeus de fato. Sabíamos que *essa* turnê havia terminado e que ele não faria turnês por um tempo, se é que voltaria a fazer, mas ele nunca disse se trabalharia conosco novamente ou não, nem de uma forma nem de outra. De qualquer maneira, havia muito trabalho inacabado com que lidar imediatamente após a turnê. Havia as edições das filmagens da *R40* e as mixagens da trilha sonora para aprovar, e inúmeras decisões relacionadas a outra decisão que havíamos tomado fazia pouco tempo: vender nossos direitos editoriais. Embora mantivéssemos uma comunicação razoavelmente regular, o teor desses e-mails apresentava poucas oportunidades para brincadeiras, e havia pouco assunto pessoal em evidência. No final de agosto, enquanto Lerxst e eu ajustávamos a versão final das filmagens do show e assistíamos à nossa retrospectiva reversa se desenrolar na tela exatamente como eu esperava, uma sensação estranha tomou conta de mim. Eu me senti orgulhoso, mas também pensativo e distante, e acabei saindo da exibição mais cedo.

DECIDI que era hora de entrar em contato com Pratt, individualmente, para falar sobre qualquer coisa além das monótonas decisões relacionadas aos negócios, que vinham sendo o único foco de nossas supostas conversas havia meses. Amei o que estava ouvindo nas mixagens da *R40*, fiquei impressionado com o solo dele e com como ele foi perfeito na primeira noite em que gravamos em Toronto. Ouvir novamente aquilo me fez querer dizer a ele o quanto me sentia orgulhoso, então mandei uma breve mensagem:

29 de agosto de 2015

E aí, Peke,

Espero que esta mensagem te encontre bem e curtindo Quebec, presumo...

Estou só dando uma atualizada em todas as mixagens e queria dizer que o solo de bateria ficou incrível pra caralho!... é da primeira noite? Porque, como te disse na época, achei que você arrasou naquele show, cara!! A estrutura está muito legal e realmente se destaca com todos os efeitos e também com as melodias...

Fora isso, espero que tudo esteja bem por aí...

Beijos e abraços,

Deke

Bem, isso certamente quebrou o gelo.

4 de setembro de 2015, 8h59

Sa-Mo-Ca

Deke!

Muito obrigado por essa mensagem. Foi estranho que, nos ensaios e nos primeiros dias da turnê, enquanto eu elaborava o tema do solo – um cara sentado na bateria tocando uma história –, e, no final das contas o desenvolvi no que pensei como "a trilha sonora de um filme imaginário" (para o DVD, estou chamando de "A História Até Agora"), ninguém tenha dito nada! Mesmo nos ensaios de bateria com o Gump, ele nunca disse uma palavra sobre o solo, e nem vocês, ou o Brad, nem ninguém. Acho que foi apenas o reflexo de "ele já sabe que é bom, não precisamos nem dizer", mas tendo me desafiado tão além da minha zona de conforto habitual, e com aquele silêncio ensurdecedor após cada vez que eu tentava, tive que pensar: "Humm, talvez não esteja dando certo...". Mas foi por pura determinação que continuei em direção ao que achava ser um objetivo valioso e a "fronteira final" para mim em termos de abordar a real espontaneidade, deixando a estrutura final crescer por si mesma, por assim dizer, em vez de se encaixar em um arranjo, como eu costumava fazer.

Ele continuou:

No final da turnê, Carrie me perguntou se eu estava ansioso por aquele último show, e eu disse: "Sabe de uma coisa? Estou ansioso pelo mês de outubro". Pensando em como as coisas se acomodariam em uma rotina confortável e gratificante até lá. Dias da semana na Cave, duas manhãs por semana na academia (bu!), e o resto do tempo mais ou menos no Planeta Olivia.

Me ofereci como voluntário na biblioteca da escola dela duas terças-feiras por mês, o trabalho perfeito para mim depois da aposentadoria: Assistente de Bibliotecário!

... Me conte onde você anda e quais são seus planos, e... não deixe de entrar em contato!

Le Pique

Essa última parte me abateu com toda força. Eu podia sentir através dessas meras palavras – voluntariado, escola, aposentadoria – o quanto significava para ele estar em casa e se fazer presente na vida de Olivia. Se "Assistente de Bibliotecário" era o máximo de ambição que ele tinha agora para seu futuro próximo, quem eu achava que era para não festejar o tipo de vida que Neil queria para si mesmo? Eu estava cego pelo meu próprio egoísmo e meus próprios interesses, colocando a parceria de trabalho acima da nossa amizade.

Assim que Nancy e eu partimos para outra viagem para fazer trilhas no Reino Unido, me encontrei com uma mentalidade mais positiva. Enquanto subíamos e descíamos as colinas e cruzávamos vales, fiz um esforço para entender a mim mesmo. Entre os penhascos, a neblina e as ovelhas surpreendentemente lindas que vimos (sério, as ovelhas são inacreditavelmente bonitas!), respirei o ar puro e expeli todas as coisas ruins. Quando estiver em dúvida, saia para o mundo para absorver algo revigorante. Assim que Nancy e eu terminamos de arrastar nossos pés doloridos até o fim daquela jornada, eu já havia ampliado meus horizontes e recuperado um pouco de contexto para minha vida. Ainda havia arrependimentos com relação àquela última turnê ter sido tão severamente encurtada, mas eu sabia que essas questões eram apenas minhas e somente eu tinha que lidar com elas, e precisava parar de culpar os outros. Agora, eu precisava traçar um rumo para o meu próprio futuro pessoal.

Foi então que recebi notícias de Pratt novamente.

Era 12 de abril de 2016. Nosso advogado e amigo próximo, David Steinberg,* tinha acabado de visitá-lo em Los Angeles. Depois de conversarem sobre o futuro dele, Neil sentiu a obrigação de atualizar a Lerxst e a mim sobre a felicidade em seu lar:

> *... um tempo atrás, Olivia, com uma fantasia de gênio, estava na cozinha enquanto eu começava o jantar depois de um dia agradável na Cave, e ela me perguntou quais seriam meus três desejos.*
>
> *Depois de pensar por um momento, respondi: "Sabe, só tenho um desejo agora – mais do mesmo, por favor!".*
>
> *Gosto da rotina de escrever das 9h às 17h aqui na Cave, de mexer nos carros e de fazer o que mais tiver vontade. Como Mark Twain definiu o trabalho: "Qualquer coisa que você preferiria não fazer". Então, evito coisas assim, exceto ir à academia, porque, claro, é... necessário.*
>
> *Quanto à composição de músicas e tocar bateria, simplesmente não passa pela minha cabeça. Talvez um dia – nunca diga nunca –, mas não agora.*

---

* Nos anos 1980, ele tocou bateria em várias bandas, incluindo o Dead Boys, com Stiv Bator. Sim, Virginia, há vida depois do rock n' roll.

Basicamente, "estou muito superficial e vazio e não tenho absolutamente nenhuma ideia".

E eu gosto *disso!...*

Enquanto isso, espero que tudo esteja bem com vocês e os seus, do mesmo jeito que as coisas estão comigo e os meus. Sinto saudades de vocês e estou dando um apertão etéreo em suas bochechas.

Beijos e abraços... ¡El Pico!

E ali está. "Talvez um dia – nunca diga nunca –, mas não agora." O elefante na sala estava diminuindo de tamanho. Enquanto isso, claramente era hora de Lerxst e eu seguirmos em frente.*

ERA FINAL de agosto e Nancy e eu estávamos de volta a Londres, nos preparando para outra caminhada, desta vez pelo chuvoso e montanhoso Lake District. Estávamos sentados num restaurante da vizinhança quando olhei para o meu telefone e vi um e-mail de Neil – não apenas endereçado a mim, mas também a Alex e Ray. Curioso, abri a mensagem e, enquanto lia, meu estômago se revirou até virar um nó:

Então...
Tenho um tumor no cérebro.
Parece uma piada, eu sei, mas, infelizmente, não tem piada nenhuma.
Senti essa coisa chegando no verão, e consultei meu médico local na segunda-feira,
depois outro cara no Cedars-Sinai hoje, e é pra valer.
Vou fazer uma cirurgia na próxima quarta-feira.
Tentando manter isso em sigilo, mas... eu tinha que compartilhar com vocês.

* Mais recentemente, David me contou: "Falamos de muitas coisas naquele dia e, no geral, foi muito agradável. Ele me recebeu na porta com um abraço bem apertado e, na verdade, me ergueu do chão. Nunca vou esquecer isso. Ele era um cara grandalhão, forte. Mas estava determinado a nunca mais tocar."

Choque dilacerante. Não dava para acreditar. Escrevi de volta imediatamente; minha resposta era pura emoção: *O QUÊ? Detalhes, por favor*. Só Ray respondeu, me contando que ele tinha acabado de encontrar Pratt, Carrie e Olivia em sua casa de campo, e que Neil não parecia bem, estava distante e calado. Imaginando que se tratava de um caso de depressão, consultaram um médico assim que voltaram para Los Angeles, e aí a verdade foi revelada. Pratt ainda estava assimilando a notícia, e não haveria mais informação alguma até a cirurgia passar, mas o fato de terem encaminhado Neil para o tratamento cirúrgico tão rápido não era um bom sinal.

Nancy e eu estávamos chocados, impotentes para fazer qualquer coisa além de continuar nossas caminhadas enquanto aguardávamos os resultados da cirurgia. Tínhamos que fazer *algo*, e, no final das contas, caminhar sempre havia me ajudado a colocar as ideias em ordem. Passamos a semana seguinte subindo e descendo as colinas encharcadas pela chuva de Eastern Fells, avançando em meio às águas enquanto tentávamos dar sentido ao incompreensível, simplesmente colocando um pé na frente do outro enquanto aguardávamos o próximo e-mail de Ray, e eu me perguntava que tipo de apoio poderia oferecer. Caminhar era uma espécie de distração, mas pouco fazia para aliviar o pior dos meus medos.

Uma semana depois, Lerxst e eu pegamos um voo de Toronto para LA. Nós três não nos víamos havia mais de um ano, desde o último show. Que reencontro, hein? Depois de alguns abraços muito demorados, Neil compartilhou conosco o que sabia: tinha glioblastoma, a mesma doença de nosso amigo Gord Downey, do Tragically Hip. A cirurgia tinha corrido bem, os médicos conseguiram remover a maior parte do tumor, cerca de 95% dele, mas retirar tudo teria arriscado uma incapacitação total. Isso significava que eventual e inexoravelmente o câncer retornaria. Ele precisaria de radioterapia e quimioterapia para vencê-lo, mas, ao longo do processo, o câncer provavelmente *venceria*, o que Neil disse que era seu temor. Mesmo assim, tentava se manter positivo, com sua velha atitude estoica – "não devo reclamar" –, e até passou a se referir a si mesmo como "ChemoMan™".

Na realidade, não haveria como vencer. Os médicos deram a ele apenas dezoito meses de vida. A única razão para otimismo era que alguns pacientes com glioblastoma tinham sobrevivido por até dez anos. Nos agarramos a essa esperança, mas Pratt sabia o inferno que o aguardava. Como hoje sabemos, ele superou todas as previsões. Neil sempre foi um homem determinado, e aquela sentença de morte em dezoito meses se foi e se transformou em três anos e meio de altos e baixos, momentos em que esteve muito doente, com mais tratamentos e um estresse insuportável para sua esposa, Carrie, e sua filha, Olivia. Elas foram amorosamente amparadas pelos fiéis amigos de Neil, Michael Mosbach, Juan Lopez e pela maravilhosa equipe que trabalhava em sua casa, enquanto Neil recebia visitas regulares de seus irmãos e de seu círculo íntimo de amigos – Craig Renwick, Matt Scannell, Doane Perry, Chris Stankee, Stewart Copeland e Marjorie Wallace, viúva do baterista Ian Wallace, que Neil havia amparado ao longo da batalha do próprio Ian contra o câncer. Enquanto isso, Ray Danniels e David Steinberg permaneceram sólidos como uma rocha. Ray havia perdido um dos filhos por causa de um câncer no cérebro, portanto Neil o via como um companheiro de batalha, enquanto David foi um conselheiro inestimável, ajudando a manter a vida dele em ordem da melhor maneira que pôde.

Durante esses três anos, Lerxst e eu mantivemos contato regular com Pratt e o visitávamos sempre que possível, às vezes um de cada vez e às vezes juntos, esta última sempre a melhor opção, já que nós três automaticamente caíamos na risada com nossas piadas sem sentido. Nosso dever era contar histórias a Neil e fazê-lo rir; isso era tudo o que importava. Lerxst facilmente o fazia cair na gargalhada como de costume, enquanto eu fazia o mesmo zoando Lerxst, e isso sempre trazia um sorriso travesso ao rosto de Neil (*ninguém* zoava Lerxst melhor do que eu; eu tinha 50 anos de bobagens dele acumuladas para usar), mas, com nossas próprias vidas nos esperando no Canadá, essas visitas eram sempre curtas, e dizer adeus sem realmente saber quando ou se o veríamos novamente era brutal. Depois que saíamos de lá, ficávamos completamente acabados, sempre com a sensação de que não tínhamos feito o suficiente por ele. Não dava sequer para imaginar como deve ter sido difícil para sua esposa e sua família suportarem esse momento.

Pratt exigiu que mantivéssemos sua doença em segredo, e, embora honrássemos sua vontade, manter um segredo tão terrível era mais fácil na teoria do que na prática. Exigia enganarmos as pessoas constantemente. Havia funcionários em nossa própria organização, além de amigos e familiares, a quem não podíamos contar. Vivíamos com o medo constante de que a história vazasse. Neil pediu a Ray que contratasse uma profissional de relações públicas que fosse especialista em sufocar esse tipo de boato. De tempos em tempos, alguma coisa vazava para outros músicos, alguns dos quais me perguntavam diretamente se era verdade que Neil estava doente. Para minha consternação, me tornei muito bom em mudar de assunto ou mentir descaradamente sobre o tema. Eu me sentia péssimo ao ter de esconder o câncer de Neil de certas pessoas que achava que realmente deveriam saber, mas não cabia a mim tomar tal decisão. Eu tinha que confiar que, no final de tudo, os verdadeiros amigos entenderiam que eu tinha escolhido ser leal a Neil em vez de ser honesto com eles.

Nesses poucos anos, Neil, Alex e eu compartilhamos momentos incríveis e comoventes. Sempre me lembrarei do orgulho no rosto de Neil quando nos contou que estava dando aulas de bateria para Olivia – e quando ela tocou para nós na bateria da sala de estar deles, ele não poderia parecer mais feliz. Todas as vezes que Lerxst e eu íamos à sua casa, ele ficava nos esperando na varanda com um grande sorriso no rosto, e, somente após nos saudar lá de cima, descia para abrir a porta e nos dar um forte abraço de olá e nos levava até a cozinha, onde colocava três copos sobre o balcão. Em seguida, ele nos servia duas doses generosas de Macallan e nós brindávamos. Às vezes, porém – e para um homem das letras isso deveria ser particularmente doloroso –, sua perspicácia verbal falhava, como quando, por exemplo, quis me oferecer um cubo de gelo, mas disse "bacon?". Eu ri e coloquei meu braço em volta do ombro dele e disse "sim, por favor; bacon", ao que ele me retribuiu com um olhar de estranheza, como se *eu* tivesse falado errado e não ele.

Lerxst e eu nos revezávamos brincando com Olivia no jardim e passávamos um tempo conversando com Carrie, enquanto Neil ia fumar na varanda – um hábito que ele se recusava a abandonar e manteve até o fim. No início, saíamos para jantar fora de vez em quando, mas logo jantar em casa tornou-se a norma.

Essa foi nossa convivência por mais de três anos, durante os quais achei impossível compor música.

Em sua melhor representação, o rock n' roll é uma celebração, uma expressão de alegria, mas, quando o coração está vazio, tentar agitar as moléculas é quase impossível. Em outros momentos de tristeza e perda, fui capaz de ir a fundo e encontrar uma fagulha de esperança para me iluminar e me conduzir ao meu instrumento – por exemplo, depois que nosso amigo Robbie Whelan morreu num acidente de carro, ressignificamos o luto e escrevemos "Afterimage"; quando meu velho amigo Oscar se foi, eu me perdi em nossos shows; e quando Selena e Jackie morreram, encontrei consolo trabalhando em *My Favourite Headache*. Mas isso era diferente. Era simplesmente grave demais. O melhor que eu podia fazer era mergulhar no meu projeto mais recente, o livro *Big Beautiful Book of Bass*. Talvez porque, às vezes, se tratasse de um exercício mais estritamente técnico do que criativo – um relato histórico, factual e anedótico sobre o baixo –, oferecia uma distração razoavelmente boa.

Quando foi publicado, naturalmente enviei uma cópia para meus parceiros. Lerxst ficou efusivo, e Pratt imediatamente me enviou uma nota que, considerando o quão raras e breves suas mensagens tinham se tornado durante esse período, significou muito para mim.

> *Ei, Deke – Apenas para dizer ao estilo de M. Joe,* "Excellente!". *Já passei mais tempo lendo esse livro do que jamais poderia imaginar, mas é claro que é um livro muito,* muito *maior sobre o baixo do que o mundo jamais pensou que queria!*

Simplesmente adorável.

Uma visita que Lerxst e eu fizemos a ele, em outubro de 2019, se destaca nas minhas lembranças. Tínhamos ficado um tempo na Bubba Cave mais cedo naquele dia, contando histórias de antigamente e rindo, mas Pratt se cansava facilmente e, depois do almoço, vimos que ele precisava descansar, então concordamos em nos encontrar mais tarde em sua casa. Depois do jantar, fiquei com Neil na varanda, onde ele desfrutava de seu cigarro ao ar livre naquela bela noite. Ele estava passando por um mau momento, mas, naquele período, conseguia usar as palavras com relativa facilidade. Conversamos sobre o quanto sua casa era agradável, com vista para os periquitos gorjeando nas matas ali perto (sempre compartilhamos esse amor pelos pássaros), e ele disse como tinha sorte por estar vivo, e, em seguida, o assunto mudou para música. Fiquei surpreso ao saber que, todos os dias durante os últimos meses, enquanto ele ia para a Cave de carona com seu amigo Juan Lopez, ouviu cada um dos nossos álbuns em ordem no trajeto, analisando músicas diferentes em cada viagem. Ele me contou que ficou surpreso e feliz ao ouvir como a interação do baixo e da bateria se manteve bem mesmo depois de todos esses anos. Reanalisou a estrutura das músicas e escutou atentamente nossas partes individuais, comentando como nosso estilo de tocar, ambicioso e peculiar, "preenchia as lacunas um do outro", fazendo com que ambos soássemos melhor. Se, por um lado, ele me deixou embasbacado com o quanto estava orgulhoso de tudo o que havíamos realizado, por outro fiquei impressionado com a atenção que dedicou a essas audições. Enquanto escrevo isso agora, me emociono ao pensar que Neil estava repassando sua vida, sabendo que estava no fim dela, e me contava sobre o quanto nossa relação de trabalho significou para ele, querendo que eu ouvisse isso de seus próprios lábios.

Então, ele me contou que recentemente estava ouvindo "Town Without Pity", de Gene Pitney, e como foi chocante para ele que, no início dos anos 1960, uma música com esse tipo de letra (essencialmente fala de uma mulher que tenta provar num tribunal que havia sido estuprada) tenha se tornado um grande sucesso – um sucesso entre as 20 mais, na verdade. Era o monólogo notável de alguém que estava tão doente, mostrando que, apesar das suas limitações aparentes, a sua mente estava muito viva e trabalhando de todas as maneiras que eu esperaria dele. Até o fim, ele continuou engajado e sendo edificado pela música em todas as suas expressões.

Logo Alex e Carrie vieram até a varanda para se juntar a nós. Demos algumas risadas e, então, chegou a hora de ir embora. Na porta, ele deu um abraço de urso em cada um de nós e disse como ficava triste ao se despedir. Foi a última vez que o vi.

Nos dois meses seguintes, Neil piorou progressivamente, mas ainda insistia em visitar sua amada Bubba Cave todos os dias, mesmo que apenas por algumas horas. Isso o deixava tão feliz que pensei que, desde que conseguisse ir até lá, ele ficaria bem. Mas o declínio continuou enquanto Carrie, sua equipe e seu círculo íntimo davam tanto conforto quanto podiam. Até que, no começo do ano seguinte – em 7 de janeiro de 2020 –, enquanto eu fazia compras, meu telefone tocou. Foi David quem me contou que Neil havia partido.

Foi o único dia em que ele não teve forças para ir até sua caverna.

CAPÍTULO 28

MUITOS FINAIS. MUITAS PESSOAS QUE se foram. Uma banda e uma amizade acabaram em tragédia. Duas frases vêm à minha mente: "Para tudo há uma estação", de Pete Seeger, e "A estrada segue sempre avante...", de Tolkien. Com ou sem nossa permissão, na vida e na morte, essas duas coisas são imutáveis. A banda completou seu curso, mas a música permanece.

Como descrevi anteriormente, na fé judaica existe um processo chamado *shiva*, que permite que você se entregue ao luto por um período limitado de tempo, mas depois requer que o deixe para trás, exceto um dia por ano, no aniversário de falecimento do seu ente querido. Conheço isso muito bem desde os meus doze anos de idade.

Como já disse mais de uma vez, não sou um homem religioso, mas esse conceito me agrada. É dogmático e imperfeito, mas tem um sentido prático. Após uma perda profunda, você precisa de estrutura, e o *shiva* provê algo parecido com isso. No entanto, depois que Neil faleceu, não houve funeral, apenas uma cerimônia de cremação privada, então a maioria de nós não teve nem oportunidade nem ritual para processar o luto, nenhum lugar onde colocá-lo. Na esperança de nos confortarmos e encontrarmos algum tipo de desfecho, quem fazia parte de seu círculo de Toronto foi até Los Angeles para estar junto a Carrie, Olivia, aos pais de Neil, seus irmãos e amigos íntimos – uma espécie de *shiva*, mas não era a mesma coisa. Foi o mais difícil, silencioso e melancólico que se pode imaginar. Era estranho estar naquela casa pela primeira vez sem ele. Eu continuava esperando que Neil descesse aquelas escadas para nos cumprimentar na porta com um abraço apertado – abraços que se tornaram mais longos e mais fortes depois que soubemos que sua sobrevida já era um bônus. Carrie havia providenciado para que seu case de camarim fosse trazido da Bubba Cave e colocado na entrada da sala de estar. Lá estava ele quando entramos, o case que eu conhecia havia quase quarenta anos. Para outros, poderia ser apenas mais um case de camarim, mas para os Caras do Trabalho (como costumávamos ser), com todos os quilômetros que sabíamos que estavam nele, as centenas e centenas de shows, foi um momento dilacerante. Ainda assim, fiquei feliz que tenha sido colocado lá. Seu espírito estava naquele case. Ele guardava suas baquetas lá, seus cigarros, sua maconha, suas roupas de palco... Era seu escritório móvel, seu pedacinho de casa na estrada. Era a personificação dele.

Na cozinha, notei que um dos funcionários da família, Jody, também se sentia assim, porque havia colocado um copo com a bebida usual de Neil no balcão e, em cima dele, um guardanapo dobrado com o nome dele escrito. Foi um gesto tão amável, reverberando o que eu estava pensando o tempo todo: que o homem que conhecíamos havia tanto tempo iria preferir uma despedida mais animada. Alex e eu concordamos que Neil teria adorado ver os amigos reunidos, cada um segurando um copo com dois dedos de Macallan, contando suas façanhas e todas as coisas que amávamos nele. Um verdadeiro velório. Algo a que ele teria comparecido por qualquer outra pessoa.

Assim, reservamos um bar discreto que ele costumava frequentar e, na noite do segundo dia com sua família, demos uma escapada para encontrar um grupo de seus companheiros de bebedeiras para brindar a ele e contar histórias sobre o impacto que Neil teve em nossas vidas. Cara, houve risadas, mas, ao mesmo tempo, era impossível falar de Pratt no passado sem a voz ficar embargada. Nos abraçamos, choramos com nossos copos de uísque e bebemos muito mais do que deveríamos. Tenho certeza de que ele teria aprovado.

Houve um silêncio surreal nos poucos dias que passamos em Los Angeles depois de sua morte, com sua doença ainda um fato desconhecido para o resto do mundo. Sabíamos que isso mudaria rapidamente e nos preparamos. Quando a história veio à tona do nada, deve ter sido como um soco no estômago para os amigos fora do círculo mais íntimos e para os nossos fãs, e de repente não nos faltou companhia em nosso luto. Houve uma torrente de e-mails e ligações telefônicas, todos cheios de simpatia e gentileza, mas difíceis de ler em nosso próprio estado sensível. As revistas e programas de rádio começaram a tratar da notícia de um jeito respeitoso, alguns citando os poucos amigos que suspeitavam que ele estava doente ou que de fato sabiam o que Neil estava passando, mas também houve algumas entrevistas com gente que mal podia esperar para tomar os holofotes, contando a suposta "história real dos bastidores" de sua luta – nomes que acrescentei à minha lista negra especial. (Sim, *sou* o tipo de babaca que guarda rancor.) No início, ficamos preocupados que os fãs pudessem perturbar a família indo à casa de Neil, mas, fiéis ao seu estilo, eles sabiam a coisa certa a fazer e permaneceram incrivelmente respeitosos. Enquanto isso, Lerxst e eu continuamos em silêncio. Não atendemos ligações. Por muitos meses, não conseguimos falar sobre isso publicamente.

Dez dias depois, Nancy e eu embarcamos em um voo para a tranquila Nova Zelândia, um bom lugar para acalmar a alma e tentar processar tudo o que tinha acontecido nos últimos anos. Isso ajudou um pouco, mas parecia mais fácil na teoria do que na prática. A serenidade daquelas maravilhas da natureza não parecia menos surreal do que tinha sido em La-La Land; no caso, a fantasmagoria ao estilo Crankbunny potencializava a irrealidade. A experiência do luto continuaria ao retornarmos para casa.

Na volta, soubemos que Carrie havia organizado um memorial em LA para família e amigos, então arrumamos as malas novamente e voltamos para um evento cheio de emoção enquanto parentes e amigos mais próximos e queridos homenageavam Neil, e as fotos de sua vida passavam no telão ao fundo. Depois, enquanto Alex e eu estávamos começando a organizar um evento semelhante para o contingente canadense de familiares e amigos que não tinham conseguido se despedir, aconteceu essa coisa chamada Covid-19. O limbo em que a maldita pandemia nos jogou, pode-se dizer, foi uma espécie de *shiva* forçado, mas solitário, não comunitário como deveria ser, nos mantendo trancafiados não por um, mas por dois anos, com pouco a fazer além de pensar nas coisas. Coisas como a perda de entes queridos.

Durante o primeiro *lockdown* rigoroso no Canadá, como tantas outras pessoas, meus irmãos e eu fomos proibidos de ver nossa mãe. A distribuição das vacinas andava a passos dolorosamente lentos, e ela era altamente vulnerável. Naquela época, lutava contra a demência, que piorou por causa do isolamento. Quando as restrições mais severas foram suspensas, começamos a fazer breves visitas, mas o estrago já estava feito. Na maioria das vezes, minha mãe parecia presa em outro tempo e lugar; em algumas ocasiões, eu tinha certeza de que ela havia voltado para a guerra e para aquela época assustadora em Starachowice-Wierzbnik. Minha irmã, meu irmão e eu tentávamos gentilmente trazê-la de volta para o aqui e agora, mas de repente ela ficou gravemente doente e morreu em julho de 2021. Meu Deus, que perda dolorosa foi para nós – e até para aqueles que nem a conheciam tão bem, mas que a respeitavam muito. Ela tinha tocado a alma de muitas pessoas. Você sabe, não importa a idade da pessoa – minha mãe tinha 95 anos –, você pode até se preparar para a morte dela, mas nunca realmente acredita que vai acontecer. E, então, acontece, e você não consegue acreditar.

O que posso dizer? Tivemos uma pandemia terrível.

A demência de minha mãe foi um lembrete doloroso de como são frágeis nossos bancos de memória, mas eu já estava em modo de reflexão antes de sua morte e decidi que, enquanto ainda tivesse matéria cinzenta funcional o suficiente, passaria algum tempo escrevendo minha própria história de vida. Pelo menos, seria um jeito de passar o tempo em casa. No começo, foi um desafio tremendo. Precisei de muita investigação para juntar as peças do quebra-cabeça da minha vida e a da vida dos meus pais antes de mim. Foi doloroso reviver os eventos mais difíceis, mas também divertido revisitar os momentos mais felizes (às vezes, usando as lentes cor-de-rosa da nostalgia). No geral, foi, como Pratt teria chamado, uma "estrada de cura", um exercício de olhar para trás para poder seguir em frente; talvez seja verdade, como ele também disse, que o caminho para fora é o caminho para dentro... Aprendi muitas coisas sobre mim mesmo – a mais óbvia é que falo demais –, mas, agora que passei quase três anos nisso e a vida está voltando a um novo normal, tenho que me perguntar: isso tudo me ajudou a determinar o que o futuro me reserva?

Quando me concentro em algo, seja uma música, uma turnê, uma coleção, uma jornada ou um livro, a atividade toma minha mente de forma impiedosa. Por muitos anos, acordei no meio da noite, pensando em uma parte de uma música que não estava se encaixando e ficava mexendo com ela dentro da minha cabeça até que fosse consertada e eu pudesse voltar a dormir, dizendo a mim mesmo que, se eu não conseguisse me lembrar na manhã seguinte, era porque não era tão boa assim para começo de conversa. Independentemente de com quem estou ou do que estou fazendo, uma parte da minha mente trabalha obsessivamente e impede que eu me envolva completamente com o que está diante de mim. (Era o que Mendelson Joe, Ben Mink e eu chamávamos de ser "um judeu mental".) Sempre achei que, ao longo dos anos, tinha me saído muito bem em disfarçar isso nas ocasiões sociais, escondendo o fato de que realmente não estava completamente presente, mas Nancy parece saber. Ela olha para mim e diz: "Você está distraído". Merda. Fui pego!

Este livro foi uma odisseia em que nunca imaginei embarcar – uma que me obrigou a mergulhar mais fundo em minha massa cinzenta do que jamais havia feito antes, às vezes me deliciando com minhas escapadas na juventude, às vezes me contorcendo por causa de meus erros e indiscrições. Atravessar com cautela um campo minado de dificuldades, raspando camadas de poeira para revelar algum tipo de verdade, tem sido exaustivo e, por vezes, angustiante, mas, agora que estou chegando ao fim, já posso sentir um peso saindo dos meus ombros. Sinto que posso, pela primeira vez, respirar ar fresco por estas narinas cavernosas depois de muito tempo. E posso pensar no futuro – em retomar o instrumento que me impulsionou em minha maravilhosa jornada e me trouxe muitas recompensas gratificantes. Costumava aconselhar meus filhos ou meus amigos, sempre que se encontravam numa encruzilhada, a continuar seguindo em frente com energia positiva: ou você encontrará a resposta ou a resposta encontrará você. Humm... Melhor tomar nota disso.

Há uma expectativa compreensível de que eu continuasse fazendo música, fosse com Lerxst ao meu lado ou sozinho. Eu nunca descartaria isso e, francamente, a ideia de nunca mais subir num palco parece, bem, um erro! Amo Lerxstie demais e não tenho dúvidas de que nos divertiríamos muito compondo e tocando juntos novamente. Na teoria, eu poderia facilmente dizer que talvez faça uma coisa ou outra, ou ambas, mas agora realmente tenho que tomar a iniciativa. Quero dizer, *né?*

Não importa o que eu acabe fazendo, não usarei a palavra que começa com "A". Não, minha atitude quanto a isso não mudou nem um pouco. (Não seria irônico ou até hipócrita da minha parte, depois de *todas* as minhas reclamações?) Portanto, não preciso fazer pronunciamentos cataclísmicos, mas comecei a entender um pouco o que levou *Pratt* a fazer as coisas do jeito que fez...

Agora, acredito que ele abraçou (ok, pode falar) a *aposentadoria* porque não queria acordar e encontrar, por exemplo, um e-mail de Ray perguntando se ele estava pronto para voltar ao trabalho. Ou mensagens de outros músicos pedindo para que fizesse um ou outro show. Ou ficar incessantemente se perguntando se era hora de tomar um novo posicionamento musical. Ele não queria nada disso. Estava satisfeito por ter feito o que fez da melhor maneira possível. Neil optou por não se deixar enlouquecer por perguntas de fora *e* de dentro. Ele queria a liberdade de aproveitar a vida sem o barulho de uma voz interna constantemente duvidando de sua decisão – para poder sair "desimpedido e vivo", como Joni Mitchell tão poeticamente colocou. Ele tinha sido baterista, o trabalho musical mais fisicamente exigente do planeta, e seu corpo vinha dando sinais de alerta, mas Neil ainda estava intacto o suficiente para cuidar de todas as outras coisas que importavam. Mais uma vez, ele estava à frente da curva. Não fui capaz de ver isso em 2015, quando ainda estava em pleno calor musical e alimentando ambições futuras, mas agora entendo, meu amigo, e sinto muito por ter demorado tanto.

E, NESTE INSTANTE, ASSIM QUE terminei de contar esse episódio, chegou a notícia da morte repentina de Taylor Hawkins, em Bogotá. Aos 50 anos. Trágico e realmente devastador. Poucas semanas antes, ele tinha entrado em contato comigo por e-mail sem motivo algum além de saber como eu estava. Taylor era esse tipo de cara. A última vez que o vi foi no memorial de Neil, quando ele me disse em meio ao meu luto: "Estou de olho em você. Você fica aí, todo calado, mas, de vez em quando, diz algo que me mostra que é um cara *durão*". Ele se importava com as pessoas – e, é claro, com a música –, me incentivando alguns meses depois a "tirar aquela Lamborghini da garagem!". Acima de tudo, Taylor adorava tocar bateria e era um músico *monstruoso*. "Exuberante" não faz jus à sua natureza. Que tal "eufórico"? Ou talvez "explosivo"? Poucas vezes conheci alguém tão cheio de energia. Praticamente não há uma foto dele em que não esteja com aquele sorriso contagiante. É difícil aceitar que alguém tão vibrante, tão cheio de vida, tenha morrido. Um verdadeiro roqueiro até o fim.

Em setembro de 2022, Alex e eu participamos de dois tributos de proporções gigantescas organizados por Dave Grohl em homenagem a Taylor – o primeiro na Wembley Arena, em Londres, e o segundo no The Forum, em Los Angeles. Ambos os shows foram experiências cheias de emoção. Eu estava cercado por muitos músicos fantásticos e amigos compartilhando uma imensidão de amor e de talento, mas, durante todo aquele dia em Los Angeles, eu não estava sendo eu mesmo.

Pudera: foi naquele mesmo palco que Lerxst, Pratt e eu fizemos nosso último show. Mas, depois que voltei para casa, comecei a entender que havia algo me corroendo ainda mais profundamente... Depois que perdi meu pai, aos doze anos, fui treinado para o luto. O dogma e os rituais da fé judaica me ensinaram que, quando você perde alguém próximo, não é tão simples seguir em frente. É uma questão de demonstrar o devido respeito tanto para os mortos quanto para seus próprios sentimentos. Neil era mais do que um amigo para mim; ele foi um mentor, um parceiro, um *irmão* e, como tal, eu tinha perdido mais um membro da família. Considerando-o dessa forma, de repente pude entender por que reagi à sua morte de forma tão... bem... *séria*, e por que me senti totalmente incapaz de sequer pensar em fazer música. Meu treinamento proibia isso. Então, para mim, aquele show em Los Angeles também marcou, finalmente, o fim do meu *shiva* tanto por Neil quanto pela minha banda. Como um sábio rabino me disse uma vez, era hora de passar do luto para a lembrança.

Assim, rumo ao futuro! Ainda tenho o bicho carpinteiro, e minha adorável companheira, Nancy, também, e ainda há tantos lugares na face da Terra para explorar. Se aprendi alguma coisa nos últimos dois anos, é o valor do tempo, e, antes de me comprometer com *qualquer* projeto, tenho que considerar a vida dela, assim como a minha. Nancy passou muitos anos sendo minha acompanhante e permitindo que eu colocasse a banda em primeiro lugar. Agora, isso acabou. Nós decidimos o que queremos fazer juntos, e qualquer grande ideia que eu tenha também terá que se encaixar na agenda *dela*. Felizmente, ela ainda é uma mulher que gosta de sua independência e fica feliz em se livrar de mim de vez em quando – eu digo "feliz", mas essa mulher me conhece bem o suficiente para entender que, independentemente de como ela se sinta, *sempre* haverá algo à espreita para me levar embora.

Me incomoda o fato de que escrever este livro significou passar tanto tempo vivendo no passado. Nunca vivi minha vida olhando para outro lugar senão para a frente, por isso resisti tanto tempo a fazer esse tipo de coisa. Estar em uma banda todos esses anos foi reconfortante porque era algo contínuo. Parecia que era para sempre. Sempre havia negócios inacabados: o próximo disco, o próximo cenário de palco, a próxima turnê. Aprendi há muito tempo que é melhor parar o trabalho quando se sabe onde vai retomá-lo no dia seguinte. Foi o tema da minha vida. Mas você precisa de muito mais determinação para continuar no mundo da música sem o conforto dos seus companheiros de banda, e só posso esperar que concluir este livro me liberte para voltar ao que amo e faço melhor.

Dito isso, na minha tenra idade, meus interesses criativos "extracurriculares" – escrever livros, viajar, fotografar pássaros, colecionar memorabilia de beisebol, ah, e beber bons vinhos – se tornaram quase tão importantes para mim quanto compor música. Claro que essas coisas não inspiram a mesma reação visceral e aquele afago no ego como uma plateia ao vivo em êxtase, mas, de muitas maneiras, são igualmente satisfatórias para a alma. Há um prazer criativo mais contemplativo em trabalhar sozinho. A fotografia, por necessidade, é uma expressão mais singular e solitária – não "arte por comitê" como fazer um disco –, e é profundamente acalentador para mim neste estágio da vida poder ter esse tipo de conversa criativa comigo mesmo. E, se eu realmente gostar do resultado, bem, que bônus incrível, não é!

Fora isso, confesso que não consigo imaginar minha vida sem a interação suada e a alegria que obtenho ao compor uma boa música ou tocá-la bem ao vivo, especialmente ao lado de pessoas que amo e respeito. Alguns músicos gostam de compor e gravar sozinhos e, na verdade, prosperaram durante a pandemia, recebendo arquivos por e-mail, adicionando suas próprias ideias às músicas e enviando o material de volta pelo cano cibernético, mas, para mim, a química de trabalhar com outro ser humano – cara a cara, lado a lado, riso a riso, assistindo às chamas trepidando – é o que mais me empolga e, na minha visão, o que captura o verdadeiro espírito do rock n' roll. A ideia de eu nunca mais fazer isso novamente é totalmente equivocada! Nada substitui a sensação de estar no meio de uma música, tocando uma série complexa de riffs, absorto naquele momento, enquanto tento cantar sem desafinar. Nada pode superar isso!

UM DOS POUCOS aspectos positivos da pandemia de Covid foi o tempo que ela me deu para eu passar com meu neto. Finnian é uma pequena alma notável, alheio ao que fiz na minha vida, mas cuja presença imediatamente me enche de otimismo e de esperança para o futuro. Não há nada como um neto para nos fazer perceber o ciclo completo da vida. Recentemente, o levei ao cemitério de Toronto, onde grande parte da minha família está enterrada. Perto dos túmulos que guardam meus pais, há um grande monumento dedicado aos judeus da cidade da minha mãe, Wierzbnik, que foram mortos durante seu extermínio em 1942. Mostrei a ele para que pudesse ver um nome gravado lá: o de meu homônimo e seu tataravô, Gershon Eliezer. Ele ficou intrigado com a versão em hebraico, então eu disse a ele que a tradução é Gary Lee, meu nome de nascimento antes de mudá-lo para Geddy. Seus olhos se arregalaram, depois ele sorriu e disse, brincando: "Oi, *Gary*". Ele conseguiu enxergar através de todos os meus *alter egos*, nomes alternativos e apelidos, a minha essência. Não tem como enganá-lo!

Que figura incrível ele é. Desde os primeiros dias, meu neto parece entender ironia, o que acho incomum para uma criança. Ele sempre entende minhas piadas e as devolve para mim, enquanto juntos aperfeiçoamos a Arte de Ser Bobo. Está com oito anos agora e adora ler; seus pais – ambos educadores – incutiram nele um grande amor pelos livros, em grande parte limitando rigorosamente seu tempo de tela. Ele adora ciência. Quando os adultos se reuniram em sua festa de aniversário recentemente e o chamaram para brincar conosco, ele disse: "Não... Ganhei livros novos". Quando comecei a dar a ele livros sobre pássaros, ele os devorava na cama à noite. Um deles tinha botões para ouvir os cantos dos pássaros, e ele memorizou todos. Recentemente, estávamos andando pela floresta onde fica a casa de campo quando eu disse: "Pare! Escute, Finn... O que você acha que é?".

Ele revirou os olhos e disse: "Zaidy, isso é só um *tordo-americano*".

"Você tem certeza?", perguntei. "Eu não *acho*...", e insisti que fôssemos em busca do pássaro. Obviamente, enquanto nos aproximávamos de uma árvore, lá estava ele, o tordo, empoleirado no galho. Ele acerta todas de um jeito irritante.

Então, numa tarde tranquila durante o primeiro *lockdown*, estávamos passando o tempo lendo e começamos a falar sobre espaço sideral e galáxias. Mencionei que havia uma pequena estrela muito distante, que, na verdade, tinha o meu nome.*

É claro que ele não acreditou em mim, então pesquisei no Google para mostrar a ele.

Ele olhou para mim maravilhado e disse: "Uau, Zaidy. Um dia, você vai ser *famoso*".

* A Royal Astronomical Society of Canada também batizou uma estrela em homenagem a Lerxst e outra, a Pratt; a minha é Asteroid 12272 Geddylee.

AGRADECIMENTOS

Pelo capítulo sobre o Holocausto, gostaria de agradecer a:

Meus irmãos, Susie e Allan, e meu cunhado Arthur Gitajn por seu apoio inabalável e suas contribuições.

Christopher R. Browning pela pesquisa bem-fundamentada em seu livro *Remembering Survival: Inside a Nazi Slave-Labor Camp*, que trouxe à luz as vidas e as mortes de tantos, incluindo membros da minha própria família, que, de outra forma, teriam permanecido nas sombras.

A extensa, esclarecedora, comovente e inestimável coleção de histórias pessoais compiladas em *Wierzbnik-Starachowitz: A Memorial Book* (Wierzbnik, Polônia).

Abe Glowinsky pela introdução a Matan Shefi com o Museu POLIN da História dos Judeus Poloneses, e Maciej Wzorek (pesquisador no Centro de Recursos do Museu POLIN, em Varsóvia) por fornecer informações inestimáveis e documentos que detalham a história da minha família.

Fundação Shoah por ajudar a garantir que as vozes do passado não sejam esquecidas.

Daniel Patt e seu incrível projeto *Numbers-to-Names* por usar tecnologia de IA para rastrear evidências fotográficas das experiências da minha família após a Segunda Guerra Mundial.

E por este livro como um todo:

Como sempre, Nancy Young, minha companheira magnânima, vivaz e resignada dos últimos mil anos, por tornar nossa vida juntos tudo menos entediante e ainda me permitir escrever sobre ela! E, é claro, meus maravilhosos filhos, nem tão resignados assim.

As dezenas de membros da equipe, assistentes, pessoal do administrativo, técnicos e profissionais tão essenciais para eu levar essa minha vida, mas cujos nomes mal apareceram nas páginas deste livro... Todos vocês merecem muito mais espaço do que fui capaz de dar aqui.

O departamento Acima e Além: o incansável Richard Sibbald. Noah Eaker, Lynne Yeamans e a galera gente boa da HarperCollins. Paul Kepple, da Headcase. Ron Eckel, da Cooke International, Meghan Symsyk e Sheila Posner, e minha arquivista, Veronica Sinnaeve.

Meu amigo, coautor, editor, instrutor de gramática, mentor literário e instigador involuntário deste livro de memórias: Daniel Richler. Este livro simplesmente não existiria sem suas "evocações" e não seria o que é sem seu bom humor e olhar sempre atento.

E por último, mas não menos importante, meus irmãos de alma Alex e Neil por serem parceiros tão incrivelmente bons e hilários, e por suportarem durante quase meio século o Sr. Mandão.

CRÉDITOS DAS FOTOS

Ace Frehley: encarte colorido #1/página 12 (parte superior direita)

Acervo de Geddy Lee: 12, 14, 16, 18, 20, 22, 27 (baixo), 40, 45, 66, 80, 84 (esquerda, direita), 86 (parte superior esquerda, parte superior direita, baixo), 96, 104, 111, 116, 119, 125 (baixo), 130, 139, 140, encarte colorido #1/página 2 (parte superior esquerda, parte superior direita, parte inferior esquerda, parte inferior direita), encarte colorido #1/página 3 (parte superior esquerda, parte superior direita, parte central esquerda, parte central direita, parte inferior esquerda, parte inferior central, parte inferior direita), encarte colorido #1/página 4 (cima, meio, baixo), encarte colorido #1/página 5 (meio), 153 (cima, meio, baixo), 154 (parte inferior direita), 163 (parte superior esquerda, parte superior direita, parte inferior esquerda, parte inferior direita), 197, 205, encarte colorido #1/página 10 (parte superior esquerda, parte superior direita), encarte colorido #1/página 11, parte inferior direita, encarte colorido #1/página 12 (meio, parte inferior direita), encarte colorido #1/página 13 (cima), encarte colorido #1/página 14 (parte superior esquerda, parte central direita), encarte colorido #1/página 15 (parte superior esquerda, parte superior direita), 269, 272 (cima, meio, baixo), 285 (parte superior esquerda), 301 (cima, meio, baixo), 323, 325, 335, 338, 345, encarte colorido #2/página 1 (baixo), encarte colorido #2/página 3 (baixo), encarte colorido #2/página 8 (parte central esquerda, parte inferior central, parte inferior direita), 392 (esquerda), 394, 441 (baixo), 446 (esquerda, direita), 464, 470 (cima), 492 (baixo), encarte colorido #2/página 10 (parte superior direita, parte central direita)

Alex Lifeson: encarte colorido #1/página 16 (esquerda), encarte colorido #2/página 6 (cima), 378 (esquerda, meio, direita), 417 (esquerda, direita), 421, 542, encarte colorido #2/página 9 (parte inferior central)

Allan Weinrib: 92 (direita)

Andrew MacNaughtan: 319, 362 (parte inferior direita), encarte colorido #2/página 6 (baixo), encarte colorido #2/página 7 (cima), 407, 415, 423, 431, 436

(parte superior esquerda, parte superior direita, parte inferior esquerda, parte inferior direita), 474, 476, 519 (esquerda, direita), 574

Anthony Brown, Susie Brown: encarte colorido #1/página 1 (cima, baixo)

Arnold Bauer Barach — Museu Memorial do Holocausto dos Estados Unidos: 89 (esquerda)

Barry Philp/Getty Images: 32

Bill Hawryschuk: 239

Cidade de Cochrane: encarte colorido #1/página 11 (parte superior esquerda)

Copyright © Patrick Harbron/rockandrollicons.com: 253, 262 (baixo)

Cortesia de Anthem Core Music Publishing: 224 (parte superior esquerda, parte superior direita, parte inferior esquerda)

Cortesia de SRO/YYZ Entertainment Group Inc.: 224 (parte inferior direita)

Craig M. Renwick: 541 (parte superior direita, parte central direita, baixo), encarte colorido #2/página 9 (cima)

Dale Heslip: encarte colorido #2/página 11 (cima)

David Gahr Archive/Rock Negatives: 182,

199 (cima, meio, baixo)

Deborah Samuel: 352 (cima, meio, baixo), encarte colorido #2/página 4 (baixo)

Dimo Safari: 354 (cima), encarte colorido #2/página 5 (parte superior esquerda, parte superior direita, baixo)

Donovan Lundstrom: encarte colorido #2/página 12 (parte superior esquerda), 555 (parte superior esquerda, parte superior direita, meio), 555 (parte inferior direita)

Ed Rottinger: encarte colorido #1/página 13 (meio, baixo)

Everett Collection Inc/Alamy Stock Photo: 362 (parte inferior esquerda)

Fin Costello/Getty Images: 274 (cima, baixo), 299 (esquerda), 335 (parte superior esquerda, parte superior direita, meio, parte inferior esquerda), 361, 362 (parte superior esquerda)

Foto de Joyce True, usada com a permissão da Fender: 262 (cima)

Geddy Lee: 49, 88 (esquerda, direita), 89 (direita), 92 (esquerda), 93 (parte superior esquerda, parte superior direita, parte central esquerda, parte inferior esquerda, parte inferior direita, 154 (parte inferior esquerda, parte inferior central), 179 (esquerda), 189, 194 (parte superior esquerda, parte superior direita, meio, parte inferior esquerda, parte inferior direita), 203, 210 (esquerda, direita), 217 (esquerda), 233, encarte colorido #1/página 9 (parte superior esquerda, parte superior direita, meio, parte inferior esquerda, parte inferior direita), encarte colorido #1/página 10 (parte central esquerda, parte central, parte central direita, parte inferior esquerda, parte inferior direita), encarte colorido #1/página 11 (parte central esquerda, parte central, parte central direita), encarte colorido #1/página 12 (parte superior esquerda), encarte colorido #1/página 14 (parte superior direita, parte central esquerda, parte inferior direita), encarte colorido #1/página 15 (parte central esquerda, parte central direita, parte inferior esquerda, parte inferior direita), encarte colorido #1/página 16 (parte superior direita, parte central direita mais acima, parte central direita mais abaixo, parte inferior direita), 263 (esquerda, direita), 282, 334 (parte inferior direita), 343 (esquerda), 349, 351 (parte superior esquerda), 363, encarte colorido #2/página 1 (parte superior esquerda, parte superior direita, parte central esquerda, parte central direita), encarte colorido #2/página 2 (parte superior esquerda, parte central esquerda, parte central direita, baixo, parte superior esquerda), encarte colorido #2/página 3 (parte central direita), encarte colorido #2/página 8 (parte superior central, parte superior direita, parte central, parte central direita), 371, 385 (cima, parte central esquerda, parte central direita, parte inferior esquerda, parte inferior direita), 392 (direita), 407, 422, 441 (cima), 443, 470 (baixo), 512, 525 (esquerda), 532 (cima, meio, baixo), encarte colorido #2/página 9 (parte inferior esquerda, parte inferior direita), 572

Hugh Syme: 514

Jeff Ervin: 219 (cima, baixo)

John Arrowsmith: 409, 492 (cima, meio), 537 (cima), encarte colorido #2/página 9 (meio), encarte colorido #2/página 16 (cima, baixo), 555 (parte inferior esquerda)

John Catto: 174 (cima, parte central direita)

Larry Back: encarte colorido #1/página 5 (cima)

"Mapa: Wierzbnik-Starachowice: Gueto, Fábricas e Campos" de *REMEMBERING SURVIVAL: INSIDE A NAZI SLAVE-LABOR CAMP* por Christopher Browning. Copyright © 2010 by Christopher R. Browning. Usado com permissão da W. W. Norton & Company, Inc.: 61

Melody Maker: 285 (parte superior direita)

Michael Capotosto: 204 (cima, meio, baixo)

Michael Mosbach: 494 (baixo)

Mike Curran: encarte colorido #2/página 8 (parte superior esquerda, parte inferior esquerda), 502

MRossi: 487 (baixo)

Museu POLIN da História dos Judeus Poloneses: (cima, meio, baixo): 58

Nancy Crompton/Gaby Landry: encarte colorido #1/página 5 (baixo)

Nancy Young: 3, 141, 145 (parte superior esquerda, parte inferior esquerda, parte inferior direita), 147, encarte colorido #1/página 8 (cima), 343 (direita), 560

Neil Peart: 348 (parte superior direita, parte central esquerda, parte central direita, parte inferior esquerda), encarte colorido #2/página 3 (parte central esquerda), 559 (cima, meio, baixo)

Nick Raskulinecz: encarte colorido #2/página 10 (parte superior esquerda, parte central esquerda, baixo)

Nigel Scott: 27 (cima)

Norma V. Toraya/Crankbunny: encarte colorido #2/página 11 (meio, baixo)

Ossie Parsons: 154 (parte superior esquerda, parte superior direita, parte central esquerda, parte central direita)

Oscar Peterson Jr.: 145 (parte superior direita)

Paolo Rizzo: encarte colorido #2/página 7 (baixo)

Pinkpop Festival: encarte colorido #2/página 4 (parte superior esquerda)

Randy Johnson: 537 (baixo)

REUTERS/Alamy Stock Photo: 487, 541 (parte superior esquerda)

Richard Sibbald: encarte colorido #1/página 6 (cima), 348 (parte inferior esquerda), 426, 451, 462, 545, encarte colorido #2/página 12 (parte superior central, parte central direita), encarte colorido #2/página 13 (cima, baixo), encarte colorido #2/páginas 14-15, 591 (imagem final)

Richard Sibbald, Veronica Sinnaeve: guardas

Roger Stowell: 300

Shawn O'Hearn: 525 (direita)

Sheila Posner: encarte colorido #1/página 8 (baixo)

Sounds Magazine: 285 (parte inferior esquerda, parte inferior direita)

SRO/Acervo do Rush: 3, 113, 125 (cima), encarte colorido #1/página 6 (baixo), encarte colorido #1/página 7, 156, 157, 159, 162 (cima, meio, baixo), 167, 170, 172, 174 (baixo), 179 (direita), 185, 207, 217 (direita), encarte colorido #1/página 11 (parte inferior esquerda), encarte colorido #1/página 14 (parte inferior esquerda), 264 (cima, baixo), 299 (direita), 354 (baixo), 362 (parte superior direita), encarte colorido #2/página 4 (parte superior direita), 369, 387, 430, 494 (cima), 541 (parte central esquerda), encarte colorido #2/página 12 (parte central esquerda, baixo)

Sulfiati Magnuson/Getty Images: 101

Terrance Bert: 221, 236 (parte superior esquerda, parte superior direita, baixo)

Yaël Brandeis Perry: 346, 351 (parte superior direita, meio, baixo), 365

RUSH
RUSH
21
RUSH
RUSH
31
39
11
RUSH
64
RUSH
TIME AND MOTION

Este livro foi composto em Hoefler e impresso em papel pólen natural 70 g em novembro de 2023.